В. А. ИЛАРИОНОВ
А. И. КУПЕРМАН
В. М. МИШУРИН

# ПРАВИЛА ДОРОЖНОГО ДВИЖЕНИЯ И ОСНОВЫ БЕЗОПАСНОГО УПРАВЛЕНИЯ АВТОМОБИЛЕМ

Допущено
Государственным комитетом СССР
по народному образованию
в качестве учебника
для профессионально-технических училищ

МОСКВА «ТРАНСПОРТ» 1990

ББК 39.808
И 43
УДК 656.13.05.001.25(038)

Рецензенты: канд. техн. наук М. Б. Афанасьев (I—IV разделы);
М. И. Барыкин (I и II разделы); д-р мед. наук
Н. М. Молоденков (III раздел)

Заведующий редакцией В. И. Лапшин
Редактор Н. В. Пинчук

**Иларионов В. А. и др.**

И 43   Правила дорожного движения и основы безопасного управления автомобилем: Учеб. для ПТУ/В. А. Иларионов, А. И. Куперман, В. М. Мишурин — М.: Транспорт, 1990.— 416 с.: ил.

ISBN 5-277-00733-4

В учебнике обоснованы и разъяснены требования Правил дорожного движения, рассмотрены приемы эффективного и безопасного управления автомобилем. Описаны принципы организации медицинской помощи пострадавшим при дорожно-транспортных происшествиях. Изложены основы правоведения на автомобильном транспорте.

Предназначен для подготовки водителей автотранспортных средств. Учебник может быть использован при профессиональном обучении рабочих на производстве.

$$И \frac{3203010000-066}{049(01)-90} 153\text{-}90$$   ББК.39.808

ISBN 5-277-00733-4   © Издательство "Транспорт", 1989

## ВВЕДЕНИЕ

Автомобильный транспорт имеет большое значение для общей транспортной системы нашей страны: на его долю приходится значительная часть всех грузовых перевозок в народном хозяйстве. Автомобиль широко используется для подвоза грузов к железным дорогам, речным и морским причалам, обслуживания промышленных и торговых предприятий, совхозов, колхозов, перевозки миллионов пассажиров.

Современный автомобиль является результатом деятельности многих ученых, инженеров, рабочих и изобретателей различных стран. В конце XIX в. во всех промышленных странах мира наблюдалось ускоренное развитие техники, в том числе и транспортных средств. В 1886–1888 гг. построили свои первые автомобили К. Бенц и Г. Даймлер, в 1896 г. А. Яковлев демонстрировал первый русский автомобиль.

С возрастанием промышленного потенциала нашей страны и развитием новой структуры народного хозяйства созданы условия для массового выпуска автомобилей различных типов.

Цель автомобильного транспорта – обеспечить безопасную перевозку грузов и пассажиров в кратчайшее время. Однако чем больше скорость автомобиля, тем больше вероятность и тяжелее последствия дорожно-транспортных происшествий (ДТП). Одновременно с ростом автомобильного парка и скорости автомобилей возникает серьезная задача – обеспечить безопасность дорожного движения.

Одна из особенностей работы автомобиля заключается в невозможности полной изоляции его от других транспортных средств, пешеходов, гужевых повозок. Это вызывает необходимость разработки мероприятий по организации дорожного движения. Основой такой организации являются Правила дорожного движения – специальный документ, который определяет требования, предъявляемые к участникам движения, транспортным средствам, а также к управлению движением.

Подготовка водителей на право управления транспортными средствами категорий "В" и "С" охватывает несколько дисциплин, среди которых большое внимание уделено безопасности дорожного движения и способам уменьшения аварийности. Особое значение придается обучению и воспитанию водителей. Анализ причин ДТП, уровень которых пока не снижается, показал, что основная их масса происходит не из-за незнания Правил дорожного движения, а в результате пренебрежения их требованиями. Существенную роль играют также недостаточная квалификация водителя, отсутствие у него навыков правильно оценивать сложную дорожную обстановку, прогнозировать предстоящие ее изменения и принимать нужные решения. Значительная часть ДТП является следствием неправильно принятого решения или слишком позднего его выполнения. Водители, даже хорошо знающие устройство автомобиля и выучившие Правила, не всегда ориентируются в возникающей опасной обстановке, не имеют навыков быстрого выполнения приемов безопасного управления транспортным средством.

Эти проблемы можно решить, научив водителя основам управления автомобилем в сложных дорожно-транспортных ситуациях (ДТС): в ограниченном пространстве, в транспортном потоке, на перекрестках и пешеходных переходах и др. Зная эксплуатационные свойства автомобиля и оценивая дорожные условия, он сможет прогнозировать развитие ДТС и вовремя принимать меры к предупреждению ДТП.

Водителю важно знать основы психофизиологии своего труда, своей профессиональной надежности. Он должен владеть навыками оказания первой помощи пострадавшим при ДТП: знать основные приемы наложения повязок, устранения кровотечения и др.

Водителю автомобиля необходимо также обладать знаниями в области правоведения: изучить основные положения Устава автомобильного транспорта; иметь понятие о трудовом законодательстве, праве собственности на автомобильном транспорте; быть информированным о государственном страховании, порядке назначения и выплаты пособий и пенсий. Только обладание комплексом этих знаний может создать предпосылки для высокопроизводительной и надежной (безопасной) работы современного водителя.

Учебник для подготовки и переподготовки водителей по комплексной программе разрабатывается впервые и, возможно, не свободен от некоторых недостатков. Все замечания и пожелания по содержанию и оформлению учебника просьба направлять по адресу: 103064, Москва, Басманный туп., 6а, изд-во "Транспорт".

# Раздел 1

# ПРАВИЛА ДОРОЖНОГО ДВИЖЕНИЯ

## Глава 1.1. ОБЯЗАННОСТИ УЧАСТНИКОВ ДВИЖЕНИЯ И ДОЛЖНОСТНЫХ ЛИЦ ПО ОБЕСПЕЧЕНИЮ БЕЗОПАСНОСТИ ДОРОЖНОГО ДВИЖЕНИЯ

### 1.1.1. ОБЩИЕ ПОЛОЖЕНИЯ

Правила дорожного движения (Правила) являются правовым документом, утвержденным Министерством внутренних дел СССР. Они устанавливают нормы общественного поведения участников дорожного движения и призваны обеспечить безопасность везде, где возможно движение всех наземных транспортных средств, кроме железнодорожных. Современные транспортные средства обладают большой кинетической энергией, столкновения их или наезды на людей и неподвижные препятствия вызывают, как правило, тяжелые последствия.

Правила дают также информацию о значении и применении основных средств организации движения, регламентируют порядок перевозки людей, грузов и обязанности должностных лиц различных организаций по обеспечению безопасности дорожного движения, устанавливают требования к техническому состоянию и оборудованию транспортных средств, находящихся в эксплуатации.

В нашей стране первые Правила в виде декрета "Об автодвижении по г. Москве и ее окрестностям (Правила)", подписанные В. И. Лениным, были введены в 1920 г. В дальнейшем Правила периодически изменялись и совершенствовались. До 1940 г. они утверждались местными Советами депутатов трудящихся. С 1940 г. разрабатывались и утверждались типовые Правила движения по улицам городов и дорогам СССР, на основе которых местные органы власти их уточняли применительно к условиям соответствующей союзной республики. Однако отличия Правил в различных регионах страны вызывали трудности, которые возникали, когда, например, водитель пересекал границы республик. Он вынужден был знать особенности Правил каждого региона, по дорогам которого ему приходилось двигаться. Поэтому с 1961 г. вводятся единые для всей страны Правила и Государственный стандарт ГОСТ 2965-60 "Знаки дорожные сигнальные".

В течение почти 30-летнего периода Правила несколько раз обновляли в целях увеличения пропускной способности дорог и повышения уровня безопасности на них. При обновлении Правил учитывали научно-технические достижения в управлении дорожным движением, а также международные соглашения и рекомендации, отражающие уровень организационно-технического и правового обеспечения безопасности дорожного движения.

Действующие с 1 января 1987 г. Правила дорожного движения сохраняют преемственность с предыдущими редакциями Правил. Они соответствуют международным Конвенциям 1968 г. о дорожном движении, дорожных знаках и сигналах, а также дополняющим эти Конвенции Европейским соглашениям, принятым в 1971 г. Европейской экономической комиссией ООН.

Введение к Правилам формулирует основное их назначение как средства укрепления безопасности дорожного движения на современном этапе строительства советского общества, связанного с ускорением социально-экономического развития страны. Введение содержит обращение к трудовым коллективам, общественным организациям, руководителям автотранспортных и других предприятий о необходимости работы по созданию нетерпимой обстановки к нарушителям Правил.

В Правилах освещаются следующие вопросы:

общие положения, основные понятия и термины (разд. 1 и 2);

обязанности участников движения и должностных лиц организаций по обеспечению безопасности движения (разд. 3–6 и 27);

средства управления дорожным движением (разд. 7, приложения 1 и 2);

порядок движения, остановка и стоянка транспортных средств (разд. 8–13);

проезд перекрестков, пешеходных переходов и остановок транспортных средств общего пользования (разд. 14 и 15);

особые условия движения (разд. 16–21);

перевозка людей и грузов (разд. 22 и 23);

дополнительные требования к движению велосипедов, мопедов, гужевых повозок и прогону животных (разд. 24);

требования к техническому состоянию и оборудованию транспортных средств (разд. 25, 26 и приложение 3).

Отдельные положения Правил носят общий характер. В практике использования транспортных средств возникает необходимость уточнить обязанности водителей или нормативы, относящиеся к порядку движения для случаев, не предусмотренных Правилами. Например, бывает необходимой разработка правил перевозки специальных грузов или инструкции по эксплуатации транспортных средств отдельных типов. Если эти документы касаются каких-либо особенностей дорожного движения, они должны основываться на требованиях Правил и не противоречить им. Если между этими документами и Правилами имеются противоречия, водитель должен руководствоваться предписаниями Правил, иначе всякое отступление от них может нарушить установленный порядок движения и создать угрозу для безопасности: между участниками движения не будет взаимопонимания.

В конкретных дорожных условиях часто возникает необходимость вводить ограничения или менять порядок дорожного движения. Например, при реконструкции или ремонте дороги приходится уменьшать скорость или менять расположение транспортных средств на проезжей части; при проведении массовых общественных мероприятий – запрещать или ограничивать проезд транспортных средств и т. п. В подобных случаях информация об этих изменениях должна доводиться до участников движения только понятными для них средствами, т. е. с помощью технических средств организации движения, выполненных и установленных в соответствии с требованиями соответствующих государственных стандартов.

На пути следования транспортных средств и пешеходов возможны разнообразные помехи их движению. Чаще всего помехи исходят от самих участников движения. Для уменьшения возможности взаимных помех со стороны участников движения в разных странах мира устанавливают право- или левостороннее движение транспортных средств, в соответствии с которым транспортные средства должны двигаться так, чтобы при встречном разъезде они не создавали помех друг другу. На основе этого правила строятся основные положения о порядке движения и проезда перекрестков транспортными средствами. С учетом его оборудуют рабочее место водителей в кабинах большинства транспортных средств, располагают двери трамваев, троллейбусов и автобусов, оборудуют дороги средствами регулирования.

Правостороннее движение принято по традиции в СССР и в большинстве стран мира. Лишь в некоторых странах сохранена их национальная традиция левостороннего движения.

Опасность на дороге может возникнуть не только из-за встречного движения транспортных средств. Опасные ситуации могут возникать и создавать предпосылки к ДТП по разным причинам. Содержание Правил поясняет, как нужно вести себя на дороге, чтобы не возникало большинство таких причин. Поэтому предотвратить ДТП можно прежде всего неукоснительным соблюдением Правил. Но выполнить предписания какого-либо нормативного акта можно лишь тогда, когда их хорошо изучишь. Знание Правил является обязанностью каждого водителя, а точное выполнение их требований представляет собой важнейший фактор в обеспечении безопасности дорожного движения. В Правилах провозглашен принцип, при котором может эффективно поддерживаться порядок на дорогах: каждый участник дорожного движения, соблюдающий Правила, вправе рассчитывать на их выполнение другими участниками движения. Это положение способствует установлению взаимопонимания, взаимного доверия, уважения и безопасного сосуществования на дороге.

Обеспечение безопасности на дорогах является обязанностью и заботой не только участников движения и органов Государственной автомобильной инспекции (ГАИ). Правила требуют от должностных лиц транспортных, дорожных, коммунальных и иных предприятий и организаций действовать таким образом, чтобы не создавать опасности и помех для движения. Такие же обязанности возлагаются на рабочих, производящих на дорогах какую-либо работу, а также любых лиц, действия которых могут повлиять на установленный порядок дорожного движения.

Несмотря на требования к участникам движения и перечисленным лицам не допускать помех для движения, случаи нарушения этого предписания, к сожалению, встречаются нередко. Правила обязывают водителя принять меры для исключения ДТП в случае, когда он обнаруживает препятствие или опасность для движения независимо от того, по чьей вине они возникли. Это положение подчеркивает гуманизм Правил, главные цели которых – забота о безопасности людей, сохранности имущества государственных, общественных организаций и граждан.

Контролировать соблюдение Правил обязаны органы и должностные лица ГАИ. В вопросах, касающихся порядка движения, ГАИ взаимодействует с другими службами милиции. По традиции работникам ГАИ на дорогах помогают военные регулировщики, внештатные сотрудники милиции, дружинники, работники дорожно-эксплуатационных служб, дежурные на железнодорожных переездах и паромных переправах. Все эти лица являются уполномоченными регулировать дорожное движение. Участники дорожного движения должны выполнять распоряжения работников милиции и лиц, уполномоченных регулировать дорожное движение, касающиеся порядка движения. Эти лица имеют право:

давать участникам движения указания, относящиеся к порядку движения;

при необходимости останавливать транспортные средства, проверять у водителей удостоверения на право управления, регистрационные документы на транспортное средство и документы на перевозимый груз, путевые (маршрутные) листы;

отстранять от управления транспортными средствами лиц, находящихся в состоянии опьянения, или грубо нарушающих Правила, или не имеющих прав на управление транспортным средством данного вида;

при необходимости направлять водителей на освидетельствование в медицинские учреждения для определения состояния опьянения и т. п.

Работники милиции и лица, уполномоченные регулировать дорожное движение, должны действовать в пределах предоставленных им прав. Так, например, дежурные на железнодорожных переездах вправе давать указания, связанные лишь с порядком движения через переезд, а дежурные паромных переправ – через переправы. Все перечисленные лица должны иметь при себе соответствующие документы, удостоверяющие личность, и предъявлять их в необходимых случаях участникам движения. Лица, уполномоченные регулировать дорожное движение, для их опознания участниками дорожного движения должны иметь отличительные знаки – нарукавную повязку, жезл, диск с красным сигналом (световозвращателем) или флажок.

Участники движения и другие лица, нарушающие Правила, несут ответственность в соответствии с действующим законодательством СССР и союзных республик.

## 1.1.2. ОСНОВНЫЕ ПОНЯТИЯ И ТЕРМИНЫ

В Правилах часто встречаются понятия и термины, которые употребляются в основном в нормативных актах и литературе по безопасности дорожного движения, например, "участник дорожного движения", "полоса движения" и др. Ряд встречающихся в Правилах терминов и понятий по своему смыслу отличается от общепринятых их значений в других отраслях знаний, например "преимущество", "населенный пункт" и др. Для исключения различных толкований в отдельном разделе Правил даны определения и краткие разъяснения наиболее часто употребляемых понятий и терминов.

**Дорога** с ее составными частями является объектом, на котором имеют силу основные предписания Правил. Это понятие охватывает все возможные для движения транспортных средств и пешеходов пути (улицы, проспекты, дороги, переезды), в том числе естественные (полевые, лесные) и временные "зимники" по всей ширине, включая тротуары, обочины и разделительные полосы (рис. 1.1).

**Проезжая часть** – часть дороги, предназначенная для движения транспортных средств. Дорога может иметь несколько смежных проезжих частей, в этих случаях они разграничиваются **разделительной полосой**. Движение или остановка транспортных средств на разделительной полосе запрещены. Границей проезжей части является обочина, тротуар или разделительная полоса. В случаях, когда они отсутствуют, границей является край проезжей части, а на грунтовых или временных дорогах – край накатанной полосы. Границей проезжей части могут служить горизонтальные линии продольной разметки 1.1 или 1.2.

Трамвайные пути являются элементом дороги. Когда они располагаются слева на одном уровне с проезжей частью, то могут использоваться для движения безрельсовыми транспортными средствами. Однако трамвайные пути не рассматриваются Правилами в качестве проезжей части дороги для безрельсовых транспортных средств. Трамвайный путь независимо от расположения на проезжей части (посередине или по краям) является ее границей.

**Полоса движения** – любая из продольных полос проезжей части, имеющая ширину, достаточную для движения автомобилей в один ряд. Полосы движения могут быть обозначены продольной разметкой или дорожными знаками 5.8.1 "Направления движения по полосам", 5.8.2 "Направления движения по полосе", 5.8.7 или 5.8.8 "Направление

Рис. 1.1. Основные элементы дороги:

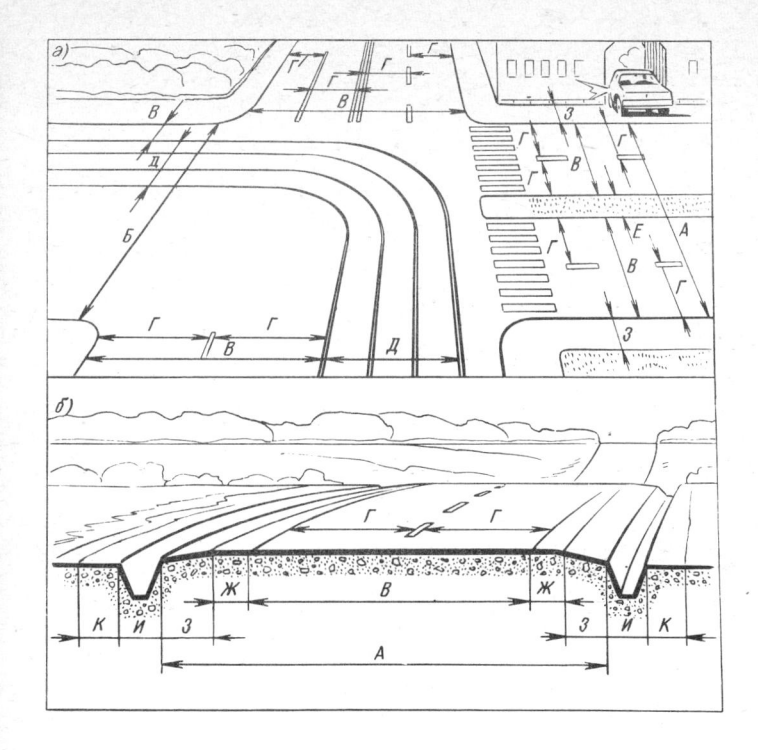

*а* — в населенном пункте; *б* — вне населенного пункта; *А* — ширина дороги; *Б* — проезжая часть; *В* —проезжая часть для безрельсовых транспортных средств; *Г* — полоса движения; *Д* — трамвайное полотно; *Е* — разделительная полоса; *Ж* — краевая полоса; *З* — тротуар (обочина); *И* — кювет; *К* — обрез

движения по полосам". Если полосы не обозначены, то их число определяет сам водитель.

На различных дорогах полоса движения может иметь ширину 2,75–3,75 м, а на специальных промышленных дорогах до 5,5 м.

Дороги могут пересекаться между собой, примыкать друг к другу или разветвляться. В интересах безопасности движения и пропускной способности желательным является пересечение (примыкание, разветвление) дорог в разных уровнях, однако повсеместное строительство таких сооружений потребовало бы значительных материальных затрат. Поэтому в большинстве случаев дороги пересекаются (примыкают, разветвляются) на одном уровне.

**Перекресток** – место пересечения, примыкания или разветвления дорог на одном уровне, ограниченное воображаемыми линиями, соединяющими соответственно противоположные начала закруглений проезжей части (рис. 1.2). На перекрестках пересекаются траектории транспортных средств и пешеходов. Движение на их территории отличается, как правило, наибольшей интенсивностью, и не случайно, что на них совершается много ДТП. Поэтому проезду перекрестков и соблюдению установленных требований на них нужно уделять особое внимание.

Различают перекрестки *регулируемые и нерегулируемые*. На регулируемых перекрестках очередность проезда транспортных средств определяется сигналами светофора или регулировщика. На нерегулируемых перекрестках нет регулировщика, отсутствует или отключен светофор или у него включен желтый мигающий сигнал. Нерегулируемые перекрестки могут образовываться пересечением *равнозначных* и *неравнозначных* дорог. При пересечении неравнозначных дорог одна из них является главной, а другая второстепенной.

Одним из признаков **главной дороги** является наличие на ней любого покрытия по отношению к грунтовой дороге без покрытия. При этом второстепенная дорога не делается равной по значению с пересекаемой, если непосредственно перед перекрестком имеется участок с покрытием. Главную дорогу можно отличить от второстепенной, кроме того, если она обозначена соответствующими дорожными знаками приоритета.

Пересечения, образованные дорогой с выездами на нее из дворов, с мест стоянки, от автозаправочных станций (АЗС), с территорий предприятий и других прилегающих к дороге территорий, не считаются перекрестками. Например, выезжающий из-под арки междуквартального проезда автомобиль (см. рис. 1.1, *а*) не находится на перекрестке.

Рис. 1.2. Типы перекрестков:
*а* — четырехсторонний; *б* — трехсторонний *У*-образный; *в* — трехсторонний *Т*-образный

Для движения пешеходов дороги в населенных пунктах имеют **тротуары** – часть дороги, примыкающая к проезжей части или отделенная от нее газоном. Для безопасного пересечения проезжей части оборудуют подземные, надземные и наземные **пешеходные переходы.** Для безопасности пешеходов оборудуют специальные **пешеходные дорожки** с покрытием, которые могут обозначаться знаком 4.6. "Движение транспортных средств по пешеходным дорожкам запрещено".

Большинство лиц, находящихся на дороге, является **участниками дорожного движения.** Признаком этих лиц является непосредственное их участие в процессе движения. К ним относятся водители, пассажиры, пешеходы и погонщики животных.

**Водитель** – лицо, управляющее каким-либо транспортным средством: механическим или немеханическим, в том числе велосипедом, повозкой, санями. Предписания Правил, касающиеся водителей, справедливы не только при нахождении транспортного средства на дороге, а также и в местах, не предназначенных для их движения (поля, просеки, броды, покрытые льдом водоемы, изолированные территории и т. п.). Требования к водителям справедливы также и для погонщиков животных, но лишь в ситуациях, когда стадо или его часть располагается на дороге. Другие лица, кроме водителя, находящиеся в транспортном средстве, называются пассажирами. Правила предусматривают предписания, касающиеся поведения пассажиров во время посадки, высадки и движения транспортного средства, а также мер безопасности в отношении пассажиров со стороны водителя.

**Пешеход** – лицо, находящееся вне транспортного средства на дороге и не выполняющее на ней работу. К этой категории участников движения относятся также лица, ведущие мотоцикл, мопед, велосипед, везущие санки, детскую или инвалидную коляску, а также лица, передвигающиеся в инвалидных колясках без двигателя. Не рассматриваются в качестве пешеходов лица, находящиеся вне дороги, следовательно, относящиеся к пешеходам. Предписания Правил на них не распространяются. Последнее замечание требует от водителя особых бдительности и осторожности в отношении людей, находящихся вне пределов дороги, например при движении транспортного средства по территории гаража, двора или детской площадки и т. п.

Правила не рассматривают в качестве участников движения, в том числе и в качестве пешеходов, лиц, регулирующих дорожное движение, производящих в пределах дороги разнообразные работы по ремонту и обслуживанию дороги, погрузке или разгрузке транспортного средства.

Из всех участников движения наибольшая ответственность за безопасность на дорогах ложится на водителей, так как они управляют **транспортными средствами** – устройствами, предназначенными для перевозки людей и (или) груза. Степень опасности различных видов транспортных средств неодинакова. **Механическое транспортное средство** – транспортное средство, оборудованное двигателем, способно при движении развить большую кинетическую энергию. Поэтому гражданское законодательство относит механические транспортные средства к источникам повышенной опасности. Кстати, к ДТП относят лишь те происшествия, в которых участвовали механические транспортные средства. Поэтому к их водителям и к техническому состоянию этих средств Правила предъявляют повышенные требования. К механическим транспортным средствам относятся автомобили всех видов, различные тракторы и самоходные машины (автокраны, бульдозеры, катки), **средства** городского электротранспорта, мотоколяски, мотонарты и мотоциклы (рис. 1.3, *а*).

**Мотоцикл** – двух- или трехколесное механическое транспортное средство с боковым прицепом или без него. К мотоциклам приравнивают трехколесные механические транспортные средства, снаряженная масса которых не превышает 400 кг (рис. 1.3).

**Транспортные средства общего пользования** – трамваи, троллейбусы, а также движущиеся по установленным маршрутам автобусы и маршрутные такси выделены в отдельную группу, так как на них производятся массовые пассажирские перевозки. Водители других транспортных средств должны проявлять повышенное внимание при взаимодействии с транспортными средствами общего пользования, особенно в зоне их остановки.

На рис. 1.3, *б* показаны основные виды немеханических транспортных средств. Большая их часть приводится в движение посторонним источником энергии. Так, **прицеп** (полуприцеп, роспуск) может двигаться только в составе с механическим транспортным средством в виде автопоезда, **велосипед** приводится в движение мускульной силой людей, находящихся на нем, а гужевая повозка (сани) – усилием животного. К немеханическим транспортным средствам относят **мопед**, имеющий автономный двигатель. Однако мопед не способен развить значительную кинетиче-

Рис. 1.3. Транспортные средства:

*а* — механические; *б* — немеханические; *1* — трамвай; *2* — автобус; *3* — троллейбус; *4* — грузовой автомобиль; *5* — легковой автомобиль; *6* — автокран; *7* — бульдозер; *8* — трактор; *9* — двухколесный мотоцикл; *10* — мотоцикл с боковым прицепом; *11* — прицеп; *12* — полуприцеп; *13* — прицеп-роспуск; *14* — гужевая повозка; *15* — мопед; *16* — велосипед

скую энергию, так как имеет небольшую массу, рабочий объем его двигателя менее 50 см³, а максимальная конструктивная скорость 40 км/ч.

Основные данные о транспортном средстве внесены предприятием-изготовителем в его техническую характеристику.

**Полная масса** – максимально допустимая масса снаряженного транспортного средства с грузом, водителем и пассажирами, установленная предприятием-изготовителем. Для каждого транспортного средства полная масса не может быть большей или меньшей, так как она постоянна. Если два или более транспортных средства сцеплены и движутся как одно целое (например, автопоезд), то полная масса состава транспортных средств определяется суммой полных масс транспортных средств, входящих в состав (например, суммой полных масс тягача и прицепа).

Полная масса транспортного средства является одним из его параметров, влияющих на безопасность дорожного движения. Транспортные средства или составы транспортных средств с относительно большей полной массой имеют большие габаритные размеры и занимают больше места на проезжей части, обладают, как правило, ограниченными скоростью движения и способностью к маневрированию, следовательно, они могут создавать помехи для движения другим участникам движения. Это особенно характерно для грузовых автомобилей, поэтому Правила вводят определенные ограничения для грузовых автотранспортных средств (автопоездов), полная масса которых превышает 3,5 т. Например, дорожным знаком 3.4 запрещено движение грузовых автомобилей (автопоездов) полной массой более 3,5 т (если на знаке не указано иное значение полной массы).

Фактическая масса транспортного средства обычно меньше его полной массы. Если масса груза превышает грузоподъемность транспортного средства, что запрещено Правилами, то его фактическая масса больше полной. Фактическая масса периодически изменяется в результате загрузки или разгрузки автомобиля, посадки или высадки пассажиров, расхода топлива. Водители должны знать значения фактической массы, особенно транспортных средств большой и особо большой грузоподъемности. Это важно для безопасного проезда через разнообразные сооружения или по участкам дорог с ограниченной несущей способностью дорожного полотна. Информация о таких участках дороги исходит соответственно от устанавливаемых перед такими участками дорожных знаков 3.11 "Ограничение массы" и 3.12 "Ограничение нагрузки на ось".

В процессе движения водителям приходится взаимодействовать между собой и с пешеходами. В случаях, когда ни для одного из участников не запрещено движение, а их траектории пересекаются или сливаются, может возникнуть конфликтная ситуация. Такие ситуации возможны при выполнении перестроений, изменении направления движения транспортных средств, пересечении перекрестков, отдельных участков дороги и т. д. Для того чтобы исключить перерастание конфликтных ситуаций в аварийные, Правилами введены два взаимосвязанных понятия: **преимущество** – право на первоочередное движение в намеченном направлении по отношению к другим участникам движения и **уступить дорогу** (не создавать помех) – требование, означающее, что участник дорожного движения не должен возобновлять (продолжать) движение или маневрировать, если это вынудит других участников движения изменить направление движения или скорость. Все случаи преимущества и требований уступить дорогу оговорены Правилами, в частности они определены требованиями знаков приоритета, а также содержатся в ряде пунктов Правил.

Правила содержат ряд ограничений, касающихся скорости движения и подачи звуковых сигналов в населенных пунктах. **Населенный пункт** характеризуется двумя признаками: наличие застроенной территории (город, поселок, деревня) и обозначения въездов на эту территорию дорожным знаком 5.22 или 5.24, а выездов с нее – знаком 5.23 или 5.25. Информацией для водителя о вступлении в действие ограничений для движения в населенном пункте является только знак 5.22 независимо от наличия на данном участке дороги застройки.

**Железнодорожный переезд** – любое пересечение дороги с железнодорожными путями на одном уровне. Он представляет собой место повышенной опасности, так как железнодорожный состав, обладающий огромной кинетической энергией, остановить намного труднее, чем любое другое транспортное средство. Дорожно-транспортные происшествия на железнодорожных переездах отличаются наиболее тяжелыми последствиями. Поэтому при подъезде к железнодорожному переезду водитель должен проявлять повышенное внимание и строго выполнять предписания Правил.

**Обгон** – опережение одного или нескольких транспортных средств, связанное с выездом на полосу (сторону проезжей части) встречного движения и последующим возвращением на ранее занимаемую полосу (сторону проезжей части). Сложность и опасность обгона в отличие от других видов опережения (рис. 1.4) заключаются в том, что обгоняющее транспортное средство движется по встречной полосе, причем часто с предельной разрешенной для данного участка дороги или транспортного средства скоростью.

Наблюдение за дорогой и взаимодействие участников движения сильно усложняется в условиях **недостаточной видимости** и в **темное время суток**. Правила дают четкие определения этих понятий. На основе опыта установлено, что управление транспортным средством становится опасным при видимости дороги менее 300 м, что возможно при тумане, дожде, снегопаде. Условия недостаточной видимости характерны для переходного периода от светлого к темному времени суток, и наоборот, т. е. в сумерки.

Транспортные средства периодически прекращают движение, причем водитель делает это преднамеренно или

Рис. 1.4. Опережение транспортных средств:
*а* — без выезда на полосу встречного движения; *б* — обгон

по причинам, не зависящим от него. Преднамеренное прекращение движения транспортных средств на дороге может создавать помехи другим участникам движения. Продолжительность его может быть разной, поэтому Правила рассматривают раздельно понятия остановки и стоянки.

**Остановкой** считается прекращение движения на срок до 5 мин, а **стоянкой** – более 5 мин. Считается остановкой и прекращение движения на срок более 5 мин, если транспортное средство находится под погрузкой или разгрузкой либо производится посадка или высадка пассажиров. Продолжительность времени остановки в этих случаях оценивается из расчета, что погрузка началась с учетом конкретной обстановки немедленно и продолжалась непрерывно.

**Вынужденная остановка** – прекращение движения транспортного средства из-за технической неисправности или опасности, создаваемой перевозимым грузом, состоянием водителя, пассажиров и др.

### 1.1.3. ОБЩИЕ ОБЯЗАННОСТИ ВОДИТЕЛЕЙ

Водитель имеет право управлять транспортным средством, если он имеет при себе предусмотренные Правилами документы.

Основным документом водителя механического транспортного средства является удостоверение на право управления транспортным средством. Для водителей мотоциклов, автомобилей, автобусов и автопоездов установлено единое водительское удостоверение, в котором ставят специальные штампы, разрешающие управление транспортным средством определенной категории. Для водителей трамваев, троллейбусов и мотоколясок предусмотрены специальные удостоверения. Без водительского удостоверения за рулем транспортного средства может находиться только тот, кто обучается вождению. Но и он обязан знать и выполнять требования Правил.

Помимо удостоверения, водитель должен иметь при себе регистрационные документы на транспортное средство, а водители государственных транспортных средств и документы, свидетельствующие о цели поездки и характере перевозки. Для всех механических транспортных средств регистрационными документами являются технический паспорт и номерные знаки, а для принадлежащих государственным, кооперативным или общественным организациям — дополнительно талон технического паспорта. Водители указанных организаций, кроме того, должны иметь заполненный путевой или маршрутный лист, а водители грузовых автомобилей — документы на перевозимый груз.

При отсутствии владельца индивидуального транспортного средства водитель должен иметь заверенную в установленном порядке доверенность на право управления транспортным средством. Доверенность не нужна, если у водителя есть свидетельство о праве общей собственности на транспортное средство, которое могут получить, например, супруги.

Все перечисленные документы водитель должен передавать для проверки работникам милиции, дружинникам и внештатным сотрудникам милиции, контролирующим законность использования транспортного средства.

Перед выездом в рейс водитель должен проверить комплектность транспортного средства, обратив внимание на наличие аптечки, огнетушителя и знака (фонаря) аварийной остановки. Внешним осмотром нужно убедиться в исправности шин, отсутствии течи масла и жидкостей из агрегатов и узлов автомобиля. Особое внимание водитель должен уделять проверке работы частей транспортного средства, от которых зависит безопасность движения (тормозная система, рулевое управление, шины, приборы наружного освещения и сигнализации, стеклоочистители и др.).

Во время движения водитель должен следить за техническим состоянием транспортного средства. При возникновении признаков неисправностей (вибрации, ненормальные шумы, перегрев узлов и агрегатов, повышенные люфты, пониженное давление) водитель должен действовать согласно требованиям раздела Правил "Техническое состояние и оборудование транспортных средств".

При столкновении или опрокидывании транспортных средств, а иногда даже в результате резкого торможения водитель и пассажиры могут получить серьезные телесные повреждения. Больше всего страдает, как правило, пассажир на переднем сиденье.

Если автомобиль или автобус оборудован ремнями безопасности, то водитель должен пристегнуться ими и не перевозить непристегнутых пассажиров. Мотоциклист и его пассажиры при движении должны быть в застегнутых мотошлемах. Эти требования Правил отражают международные рекомендации и опыт нашей страны по применению ремней и мотошлемов. Они снижают тяжесть последствий при ДТП. Ответственность за нарушение данного предписания Правил возлагается на водителя, поэтому он должен следить за надлежащим состоянием ремней и шлемов и требовать их применения пассажирами.

Исключение по применению ремней только в населенных пунктах сделано Правилами для водителей-инвалидов, управляющих автомобилями с ручным управлением, водителей и пассажиров автомобилей-такси, связи, скорой медицинской помощи и других оперативных служб. Пристегиваться ремнем не обязательно и мастеру обучения вождению, когда за рулем находится обучаемый. Не обязательно пользоваться ремнями детям до 12-летнего возраста на заднем сиденье, даже при наличии там ремней.

Обязанностью водителя является оказание помощи на дороге пострадавшим в результате ДТП, а также больным. Характер помощи со стороны водителя может быть различный: он обучен методам доврачебной медицинской помощи, в распоряжении его имеется аптечка. Наиболее эффективной помощью может оказаться доставка в лечебное учреждение лиц, нуждающихся в безотлагательной медицинской помощи. Для этой цели водитель должен предоставлять транспортное средство работникам и внештатным сотрудникам милиции, дружинникам или медицинским работникам. Предоставлять транспортное средство, кроме того, необходимо врачам и среднему медицинскому персоналу для проезда независимо от направления к больному в случаях, угрожающих его жизни, а также работникам милиции для выполнения неотложного служебного задания и транспортировки (на грузовых автомобилях) поврежденных при ДТП или неисправных транспортных средств.

Весьма опасным нарушением Правил является управление транспортным средством в состоянии алкогольного или наркотического опьянения, что приводит к ДТП с тяжелыми последствиями. Правила запрещают управлять транспортным средством в болезненном состоянии, в состоянии утомления, а также под воздействием лекарственных препаратов, снижающих скорость реакции и ухудшающих внимание. Водитель, почувствовав, что его работоспособность нарушена, должен прекратить движение и принять необходимые меры: обратиться за медицинской помощью, отдохнуть или воздержаться от выезда в рейс и т. п.

Водители могут передавать управление транспортным средством только лицам, имеющим соответствующее удостоверение. Причем передавать управление государственным (общественным) транспортным средством можно лишь лицам, указанным в путевом (маршрутном) листе. Правила запрещают водителю передавать управление транспортным средством лицам, находящимся в состоянии алкогольного или наркотического опьянения, а также в болезненном состоянии, в состоянии утомления или под воздействием лекарственных препаратов, снижающих скорость реакции и внимание.

### 1.1.4. ОБЯЗАННОСТИ ВОДИТЕЛЕЙ В ОСОБЫХ СЛУЧАЯХ

В качестве особых случаев Правила выделяют взаимодействие водителей при проезде специальных транспортных средств (рис. 1.5) и действия водителей при ДТП.

Государственный стандарт СССР (ГОСТ 21392–75*) "Транспортные средства оперативных служб. Цветографические схемы, опознавательные знаки, специальные световые и звуковые сигналы. Технические требования" устанавливает технические требования к окраске и опознавательным знакам, а также огням с изменяющейся силой света и многозвучным сигналам с чередованием тонов для оперативных транспортных средств пожарной охраны, милиции, "Скорой медицинской помощи", аварийной газовой служ-

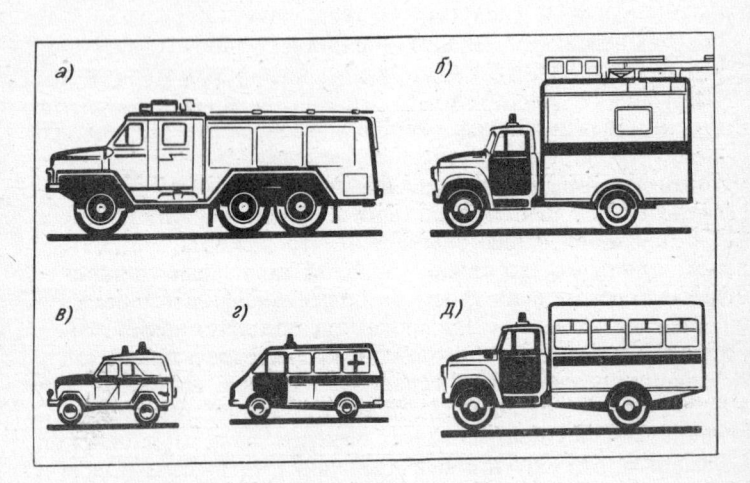

Рис. 1.5. Транспортные средства оперативных служб:
*а* — пожарной охраны; *б* — аварийной службы контактных сетей; *в* — милиции; *г* — скорой медицинской помощи; *д* — аварийной газовой службы

бы, контактной электросети и военизированных горноспасательных частей.

Такие транспортные средства легко распознать. Если они движутся с включенным проблесковым маячком синего цвета и (или) специальным звуковым сигналом, это означает, что их водители выполняют неотложное служебное задание и могут отступать от большинства требований Правил, касающихся порядка движения, проезда перекрестков, значений технических средств регулирования дорожного движения. Причем этим же правом пользуются и водители транспортных средств, которые сопровождают оперативные транспортные средства. Остальные водители обязаны уступать дорогу водителям указанных транспортных средств и при необходимости остановиться.

Однако бывают случаи, в которых требуются дополнительные гарантии беспрепятственного и безопасного проезда автомобилям, выполняющим неотложное задание. О такой необходимости водителей информируют одновременно включенные проблесковые маячки красного и синего цветов. В этом случае на дорогах, имеющих не более двух полос для движения в каждом направлении, водители попутных и встречных транспортных средств должны *остановиться* на обочине, у тротуара, а при их отсутствии – у края проезжей части и пропустить оперативные и сопровождаемые ими транспортные средства (рис. 1.6, *а*). При наличии на дороге разделительной полосы встречным транспортным средствам останавливаться не нужно (рис. 1.6, *б*).

В случае остановки транспортных средств возобновлять движение можно только после проезда замыкающего колонну автомобиля с включеными проблесковыми маячками синего и (или) зеленого цветов. Водители транспортных средств с включенными проблесковыми световыми (кроме оранжевого цвета) или специальными звуковыми сигналами могут при необходимости отступать от отдельных требований Правил. Однако они обязаны обеспечивать безопасность движения, подчиняться сигналам регулировщика, выполнять общие обязанности водителей и своевременно подавать предупредительные сигналы.

Для безопасности работы транспортные средства дорожно-эксплуатационной службы снабжают проблесковым маячком оранжевого цвета. Им приходится располагаться в разных местах и по всей ширине дороги, перемещаться по ней в разных направлениях, часто с очень малой скоростью. Поэтому их водители в процессе выполнения работы на

Рис. 1.6. Действия водителей при проезде специальных транспортных средств: *а* — на дороге, имеющей не более двух полос для движения в каждом направлении; *б* — на дороге с разделительной полосой

дороге могут отступать от требований дорожных знаков и разметки, а также требований Правил, касающихся расположения на проезжей части, в том числе на автомагистралях. Проблесковый маячок оранжевого цвета служит средством привлечения внимания и предупреждения об опасности других водителей, которые не должны затруднять работу водителей автомобилей дорожно-эксплуатационной службы. Такой маячок не дает преимущества, поэтому водитель транспортного средства с проблесковым маячком оранжевого цвета не должен создавать помехи для движения другим водителям.

Дорожно-транспортные происшествия могут быть сопряжены с тяжелыми последствиями. В связи с этим всегда есть необходимость установления их причин, определения виновных в происшествии лиц для привлечения их к ответственности и возмещению причиненного материального ущерба. Поэтому Правила четко определяют действия причастного к ДТП водителя. Водители, причастные к ДТП, должны немедленно остановиться и включить аварийную световую сигнализацию или выставить знак аварийной остановки (мигающий красный фонарь).

Пострадавшим в ДТП должно быть уделено первоочередное внимание. Им как можно быстрее нужно оказать доврачебную помощь и при необходимости отправить в ближайшее лечебное учреждение. Водителю, причастному к ДТП, покидать место происшествия нельзя. Исключение составляют лишь случаи, когда необходимо на своем автомобиле доставить пострадавшего в лечебное учреждение.

На месте ДТП, кроме помощи пострадавшему, водителю необходимо выполнить следующее:

зафиксировать доступными средствами (мелком, острым предметом) положение транспортного средства на месте происшествия, а также предметов, следов и других признаков, имеющих отношение к происшествию;

освободить проезжую часть от предметов, которые создают помехи движению;

записать фамилии и адреса очевидцев происшествия;

сообщить о случившемся по телефону или с помощью проезжающих водителей органам внутренних дел или сотрудникам милиции.

Водители, причастные к ДТП, могут самостоятельно прибыть на ближайший пост ГАИ или в орган милиции для оформления происшествия в установленном порядке, если:

в результате происшествия нет пострадавших;

материальный ущерб является несущественным (не более 500 р.);

нет разногласий в оценке обстоятельств случившегося;

отсутствуют неисправности транспортных средств, исключающие возможность их движения.

При этом водители должны составить схему ДТП или запомнить расположение транспортных средств и других объектов, имеющих отношение к происшествию.

Нужно помнить, что попытка водителя скрыться с места ДТП или неоказание им помощи потерпевшим, может повлечь уголовную ответственность, причем ответственность наступает независимо от вины водителя в данном ДТП.

### 1.1.5. ОБЯЗАННОСТИ ПЕШЕХОДОВ И ПАССАЖИРОВ

Из всех участников дорожного движения пешеход самый незащищенный, наезд на него современного транспортного средства приводит к тяжелым телесным повреждениям и к смертельному исходу.

Правила предусматривают разнообразные меры безопасного взаимодействия пешеходов и водителей. Важнейшими из этих мер можно считать разделение транспортных и пешеходных потоков, выполнение правил поведения водителей и пешеходов на проезжей части в случаях, когда их траектории пересекаются.

Благодаря разделению транспортных и пешеходных потоков появление пешеходов на проезжей части маловероятно, так как Правила обязывают их идти по тротуарам, пешеходным дорожкам, подземным или надземным переходам. Безопасным является перемещение пешеходов по обочине или по велосипедной дорожке.

На многих дорогах, где нет тротуаров, пешеходных и велосипедных дорожек, пешеходам приходится идти по проезжей части, что создает угрозу наезда на них и помехи движения транспортным средствам. Для уменьшения опасности пешеходы должны двигаться в один ряд по краю проезжей части, причем на дорогах с разделительной полосой лишь по внешнему, правому ее краю. Таким же способом должны перемещаться на любых дорогах лица в инвалидных колясках без двигателя, ведущие велосипед, мопед, мотоцикл или переносящие громоздкие предметы.

Вне населенных пунктов, где обычно транспортные средства движутся с относительно более высокой скоростью, пешеходы должны идти навстречу по обочине или по краю проезжей части. При этом они имеют возможность наблюдать за приближающимися транспортными средствами и при необходимости принять верное решение (остановиться, сойти с дороги и т. п.). Движение пешеходов в попутном направлении примерно в 3 раза опаснее движения навстречу транспортным средствам, и последствия наезда на попутного пешехода обычно также тяжелее. Движение по левой стороне недопустимо для лиц, ведущих мотоцикл, мопед, велосипед или перемещающихся в инвалидных колясках, так как их транспортные средства оснащены фонарями и отражателями света (спереди – белые, а сзади – красные) и в случае их движения ночью по левой стороне водители, следующие за ними, могут потерять ориентировку.

Для снижения опасности движения пешеходов по проезжей части ночью или в условиях недостаточной видимости им рекомендуется пользоваться зажженным фонарем или прикреплять к своей одежде световозвращающие элементы, позволяющие водителям распознать людей в свете фар.

Организованные группы людей, выполняющие какое-либо служебное или общественное задание, передвигающиеся колоннами, должны двигаться строем не более чем по 4 чел. в ряду по правой стороне проезжей части с таким расчетом, чтобы по оставшейся ее ширине могли свободно проехать транспортные средства. Колонна на уровне левого ее края должна обозначаться сопровождающими с красными флажками, а в темное время суток и в условиях недостаточной видимости – с зажженными фонарями; спереди – белого цвета, сзади – красного.

Группы детей разрешается водить по тротуару или по пешеходной дорожке, а при их отсутствии лишь в светлое время – по обочине. Всегда группу детей должны возглавлять взрослые.

Пересекать проезжую часть пешеходы должны по пешеходным переходам, обозначенным знаками 5.16.1 и 5.16.2, 5.17.1 и 5.17.2 или разметкой 1.14.1–1.14.3, а при их отсутствии – на перекрестках по линии тротуаров или обочин. При отсутствии в зоне видимости перехода или перекрестка можно переходить дорогу под прямым углом к краю проезжей части на участках, где она хорошо просматривается. В местах, где движение регулируется, пешеходы должны руководствоваться сигналами регулировщика или светофора.

Пешеходы должны опасаться неожиданного появления быстродвижущихся транспортных средств. Поэтому Правила запрещают пешеходам пересекать проезжую часть вне пешеходного перехода на дорогах с разделительной полосой и в местах, где установлены пешеходные или дорожные ограждения. Запрещается также выходить из-за стоящего транспортного средства или другого препятствия, ограничивающего обзор. На дороге, обозначенной знаком 5.1 "Автомагистраль", пешеходам разрешается ходить только по пешеходным дорожкам, в зоне мест стоянки и отдыха. Пешеходам следует воздерживаться от перехода проезжей части даже на разрешающий сигнал светофора при приближении транспортных средств с включенным проблесковым маячком и (или) специальным звуковым сигналом.

Водители, пешеходы и пассажиры должны проявлять повышенную бдительность в местах ожидания транспортных средств общего пользования. Посадку и высадку пассажиров разрешают после остановки транспортного средства.

Часто трамвайные остановки не оборудуют посадочными площадками. В таких случаях выходить на проезжую часть для посадки разрешается лишь после остановки трамвая. После высадки из трамвая пассажиры должны покинуть проезжую часть.

Посадка пассажиров в грузовые автомобили и высадка из них разрешаются со стороны тротуара, обочины или края проезжей части, а если это невозможно, то со стороны проезжей части при условии, что это будет безопасно и не создаст помех другим участникам движения. Водители должны следить за выполнением пассажирами этого требования и при необходимости делать им соответствующие предупреждения.

На безопасность движения транспортного средства могут отрицательно повлиять пассажиры, создающие помехи водителю и отвлекающие его от управления.

### 1.1.6. ОБЯЗАННОСТИ ДОЛЖНОСТНЫХ ЛИЦ АВТОТРАНСПОРТНЫХ И ДРУГИХ ОРГАНИЗАЦИЙ ПО ОБЕСПЕЧЕНИЮ БЕЗОПАСНОСТИ ДОРОЖНОГО ДВИЖЕНИЯ

Безопасность дорожного движения зависит не только от его участников, но и от должностных лиц, ответственных за эксплуатацию транспортных средств, дорог, дорожных сооружений, организацию движения и др.

Должностные лица предприятий, ответственные за эксплуатацию и техническое состояние транспортных средств, обязаны организовать контроль закрепления водителей за транспортными средствами и прохождения водителями медицинского освидетельствования. Запрещается допускать к управлению транспортными средствами водителей, не имеющих права управления транспортным средством данной категории и не прошедших в установленный срок медицинское освидетельствование.

Среди других мероприятий, которые обязаны организовать в интересах безопасности движения должностные лица, ответственные за эксплуатацию и техническое состояние транспортных средств, особое место занимают предрейсовые медицинские осмотры водителей и контроль технического состояния выпускаемых на линию транспортных средств. Предрейсовый осмотр позволяет исключить выпуск на линию водителей, находящихся в состоянии алкогольного или наркотического опьянения, в болезненном состоянии или под воздействием лекарственных препаратов, снижающих их реакцию и внимание. Контроль автомобиля перед рейсом должен исключить выпуск на линию транспортных средств, техническое состояние и оборудование которых не отвечают требованиям Правил, а также не зарегистрированных в установленном порядке или не прошедших государственного периодического технического осмотра.

Дороги и их оборудование, железнодорожные переезды, мосты и другие дорожные сооружения должны содержаться в состоянии, отвечающем установленным требованиям безопасности движения. Такими требованиями являются, в частности, отсутствие на поверхности дороги (моста, железнодорожного переезда) наносов снега, песка, грязи и явных разрушений (ямы, колдобины), применение дорожных знаков в соответствии с требованиями ГОСТ 23457–86 и чистота их поверхности и др. Обязанности по содержанию дорог и их оборудованию, эксплуатации железнодорожных переездов, мостов, путепроводов и других сооружений возлагаются на соответствующих должностных лиц. При возникновении на дороге условий, угрожающих безопасности движения, эти лица должны принять меры для своевременного запрещения или ограничения движения, а также восстановления нормальных условий для движения. Для сохранения усовершенствованного покрытия дорог должностные лица должны принимать меры к запрещению движения на них подведомственных транспортных средств на гусеничном ходу.

Правилами запрещается загораживать и повреждать, а также самовольно устанавливать или снимать дорожные знаки, светофоры и другие технические средства организации движения, так как это может дезориентировать участников движения и создавать предпосылки к нарушению безопасности движения.

Для предупреждения водителей об опасности места проведения работ на дороге, а также оставленные на ней дорожные машины, конструкции, строительные материалы должны обозначаться соответствующими дорожными знаками, ограждениями и направляющими устройствами, а в темное время суток и в условиях недостаточной видимости красными или желтыми сигнальными огнями. За выполнение этих мероприятий отвечают должностные лица дорожных, строительных и других организаций. После окончания работ эти лица должны немедленно устранить созданные работами помехи и привести дорогу в состояние, обеспечивающее беспрепятственное и безопасное движение транспортных средств и пешеходов.

Если помеха для движения возникла вследствие чьих-либо умышленных или неосторожных действий, лицо, создавшее помеху, должно немедленно принять меры для ее устранения, а если это невозможно – для предупреждения других участников движения.

Обязанностью соответствующих должностных лиц является согласование с ГАИ следующих вопросов:

переоборудование транспортных средств, установка на них специальной световой и звуковой сигнализации, нанесение белой наклонной полосы на грузовые автомобили;

перевозка тяжеловесных и крупногабаритных грузов, порядок буксировки двух или более механических транспортных средств;

маршруты следования транспортных средств, перевозящих взрывчатые, радиоактивные и сильнодействующие ядовитые вещества;

маршруты движения транспортных средств общего пользования;

оборудование дорог техническими средствами организации дорожного движения;

производство любых работ на дорогах;

проведение на дорогах массовых и спортивных мероприятий;

установка в непосредственной близости от дороги транспарантов, плакатов, рекламных щитов и т. п.

## Контрольные вопросы

1. Какие лица уполномочены регулировать дорожное движение? Что они должны иметь при себе?
2. Какими правами в отношении участников движения пользуются лица, уполномоченные регулировать дорожное движение?
3. Что называется дорогой и из каких элементов она состоит? Как отличить главную дорогу от второстепенной?
4. Что называется перекрестком? Какие бывают типы перекрестков?
5. Какая разница между понятиями "остановка", "стоянка" и "вынужденная остановка"?
6. Что означают понятия "преимущество" и "уступите дорогу"?
7. Какие транспортные средства относятся к механическим и немеханическим?
8. Какая разница между понятиями "полная масса" и "фактическая масса" транспортного средства?
9. Какие документы водитель должен иметь при себе? Кому он должен передавать эти документы для проверки?
10. Кому водитель должен предоставлять транспортное средство?
11. В каких случаях водителю запрещается управлять транспортным средством и передавать управление им другим лицам?
12. Как должен действовать водитель, если во время движения к нему приближается специальное транспортное средство с включенными проблесковыми маячками и (или) специальным звуковым сигналом?
13. Как должен действовать водитель при ДТП?
14. В каких местах пешеходы должны пересекать проезжую часть?
15. Какие обязанности по обеспечению безопасности движения возлагаются Правилами на должностных лиц, ответственных за эксплуатацию и техническое состояние транспортных средств?
16. Какие обязанности по обеспечению безопасности движения возлагаются Правилами на должностных лиц, ответственных за эксплуатацию дорог и дорожных сооружений?

## Глава 1.2. ПОРЯДОК ДВИЖЕНИЯ, ОСТАНОВКА И СТОЯНКА ТРАНСПОРТНЫХ СРЕДСТВ

### 1.2.1. ПРЕДУПРЕДИТЕЛЬНЫЕ СИГНАЛЫ

Опасная дорожная обстановка часто возникает из-за того, что один участник движения не знает намерений другого, не может предугадать, какие действия собирается предпринять водитель встречного или попутного автомобиля. Любой из маневров (разгон, торможение, обгон, поворот) может оказаться неожиданным для других участников движения и привести к ДТП. Поэтому выработана целая система предупредительных сигналов, с помощью которых водитель информирует пешеходов и других участников движения о том, какие действия он хочет выполнить.

Согласно Правилам, предупредительные сигналы подают с помощью световых указателей поворота (рис. 1.7), стоп-сигнала, света фар, звукового сигнала, аварийной сигнализации. При отсутствии или неисправности световой сигнализации, а также в тех случаях, когда водитель не уверен, что другие участники движения правильно воспримут его сигнал, он может предупреждать их о своих намерениях рукой (рис. 1.8).

Чаще всего водителю приходится подавать сигналы о маневрировании, используя световые указатели поворота. Перед началом движения от правой кромки дороги, отклонением влево или перестроением на полосу, расположенную слева, а также перед левым поворотом или разворотом водитель предупреждает об этом, включая левые указатели поворота (рис. 1.7, *а, в–е*). О таких же маневрах он предупреждает, вытянув в сторону левую руку либо вытянув в сторону и согнув под прямым углом вверх правую руку (рис. 1.8, *а*).

О намерении начать движение от левой кромки дороги, отклониться вправо или перестроиться на расположенную справа полосу, а также о предстоящем повороте направо водитель предупреждает, включая правые указатели пово-

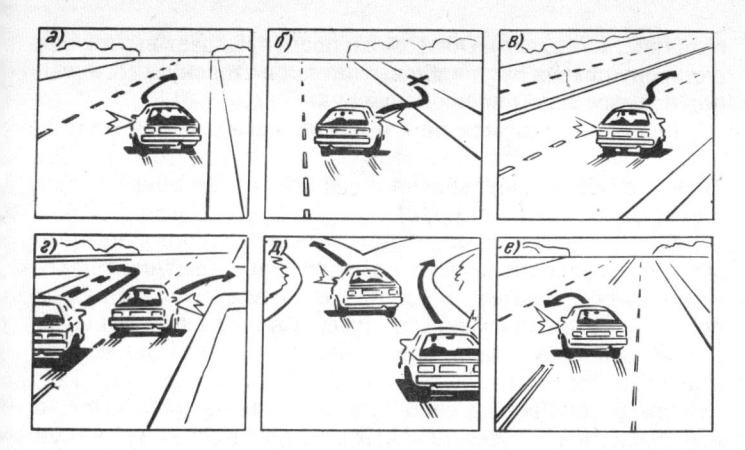

Рис. 1.7. Предупредительные сигналы, подаваемые указателями поворота перед:

*а* — началом движения; *б* — остановкой; *в* — перестроением; *г* и *д* — поворотами; *е* — разворотом

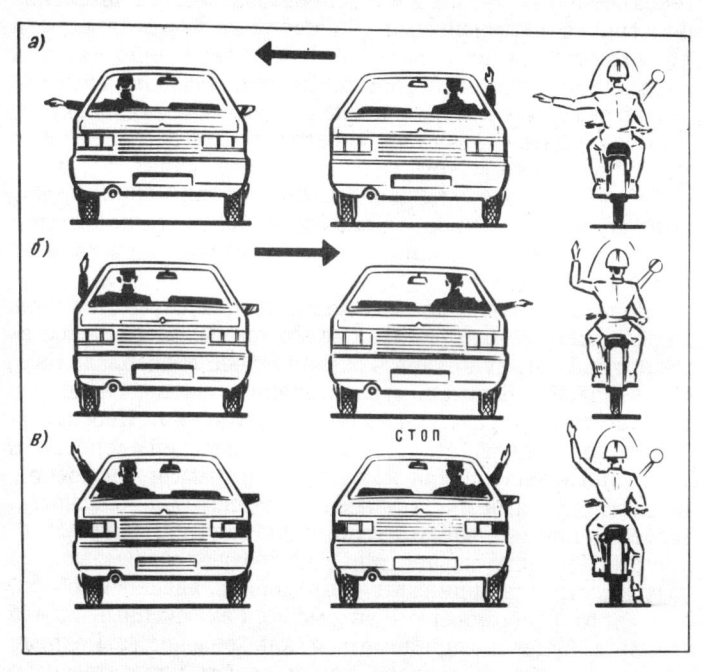

Рис. 1.8. Предупредительные сигналы, подаваемые рукой перед:

*а* — началом движения, поворотом налево и разворотом; *б* — поворотом направо; *в* — остановкой

рота (рис. 1.7, *б, г, д*). Об этом же предупреждает вытянутая в сторону правая рука либо вытянутая в сторону и согнутая под прямым углом вверх левая рука (рис. 1.8, *б*).

При всяком торможении в начале перемещения тормозной педали автоматически включается фонарь стоп-сигнала. Сигнал о торможении можно подавать подняв вверх левую или правую руку (рис. 1.8, *в*).

Чтобы оценить замеченный сигнал и принять нужные меры безопасности, участникам движения требуется некоторое время. Поэтому предупредительные сигналы нужно подавать заблаговременно до начала выполнения маневра. Правилами не указано время подачи сигнала до начала маневра. Это зависит от конкретной обстановки. Так, например, если дорога свободна, то подавать сигнал можно непосредственно перед началом маневра. Когда участников движения много или возможно их неожиданное появление, сигнал нужно подавать заранее. В плотных транспортных потоках правильное пользование указателями поворота имеет очень важное значение для безопасности. Длительное движение с включенными указателями может ввести в заблуждение других водителей. Нужно терпеливо ожидать ситуации, которая может позволить выполнить намеченный маневр без помех и только после этого включить сигнал.

Прекращать подачу предупредительного сигнала нужно сразу после окончания маневра, иначе водитель также может ввести в заблуждение участников движения. Подачу сигнала рукой можно прекратить перед выполнением маневра, чтобы управлять транспортным средством с помощью обеих рук.

Подача сигналов не дает водителю преимущества и не освобождает его от принятия необходимых мер предосторожности. Поэтому подавать сигнал нужно лишь после того, как водитель убедится, что, выполняя маневр, он не создает помехи другим участникам движения. Иногда он бывает вынужден отказаться от намерений совершить намеченный маневр, так как поданный им сигнал воспринимается другими участниками движения как опасность. Особенно внимательным нужно быть водителю при подготовке к повороту налево или развороту, когда можно не заметить, что сзади движется автомобиль, начавший обгон. Для водителя обгоняющего автомобиля включенный сигнал поворота будет восприниматься как опасность. Поэтому Правилами подача сигнала перед левым поворотом или разворотом разрешается только после того, как водитель убедится, что ни одному из следующих за ним водителей, которые начали обгон, не будет создана помеха.

Умелая подача предупредительных сигналов указателями поворота особенно важна для безопасности движения при выполнении обгона. Для привлечения внимания обгоняемого водителя может применяться переключение света фар, а вне населенных пунктов и звуковой сигнал. О необходимости использования этих дополнительных предупредительных мер водитель должен решать сам в зависимости от того, насколько они окажутся эффективными и безопасными в конкретной обстановке. Так, переключение света фар эффективно в темное время суток, на неосвещенной или заснеженной дороге, но хуже воспринимается в летнее время, в сумерки и на освещенной дороге. Причем во избежание ослепления водителей встречного и обгоняемого транспортных средств включение фар, особенно дальнего света, должно быть очень кратковременным. Переключение фар рекомендуется выполнять до тех пор, пока водитель не убедится в том, что сигнал его воспринят. Обычно об этом свидетельствует ответный кратковременный сигнал водителя обгоняемого транспортного средства. Пользоваться для привлечения внимания обгоняемого водителя звуковым сигналом также нужно с расчетом на безопасность. Резкий, сильный сигнал может испугать водителя (животных при обгоне гужевых повозок) и создать опасную ситуацию.

Звуковые сигналы беспокоят жителей населенных пунктов, нервируют пешеходов и водителей. Поэтому подача звуковых сигналов в населенных пунктах запрещена. Исключением являются случаи, когда на дороге возникает опасная ситуация. Например, если водитель увидел пешехода, неосмотрительно вышедшего на проезжую часть, и трудно его объехать или остановить транспортное средство, он вынужден подать звуковой сигнал, предупреждающий пешехода об опасности. Если же водитель может без затруднений объехать помеху или остановиться, подавать звуковой сигнал нельзя.

Многие виды перевозок требуют повышенной бдительности со стороны других участников движения. Так, столкновения с мотоциклами часто происходят из-за того, что вследствие малых размеров их трудно различить на дороге среди других транспортных средств. Чтобы уменьшить число несчастных случаев и выделить мотоциклы из общей массы транспортных средств, на них даже в дневное время должен быть включен ближний свет фар.

Такая же мера предосторожности должна быть применена при следовании организованной колонны, при перевозке групп детей в автобусах и грузовых автомобилях, при буксировке механического транспортного средства, а также в случае перевозки тяжеловесных и крупногабаритных грузов.

Если на дороге выделена специальная полоса для движения транспортных средств общего пользования, то, выезжая на эту полосу навстречу транспортному потоку, также нужно включить ближний свет фар.

При движении в тоннелях с искусственным освещением для обозначения транспортного средства нужно включать габаритные огни или ближний свет по усмотрению водителя.

На буксируемом механическом транспортном средстве в любое время суток должны быть включены габаритные огни, а при их неисправности сзади транспортного средства для его обозначения должен быть укреплен знак аварийной остановки (рис. 1.9, *а*).

Рис. 1.9. Обозначение знаком аварийной остановки:
*а* — буксируемого механического транспортного средства; *б* — места вынужденной остановки

Аварийная световая сигнализация позволяет включать все указатели поворота одновременно. Пользоваться ею нужно при ДТП, при вынужденной остановке в местах, где остановка запрещена, а также при остановке и стоянке на неосвещенных участках дорог или в условиях недостаточной видимости, если неисправны габаритные или стояночные огни. Если аварийная сигнализация отсутствует или неисправна, водитель должен выставить знак аварийной остановки или мигающий красный фонарь. В населенных пунктах знак или фонарь выставляют за 15—20 м от транспортного средства, а вне населенных пунктов за 30—40 м (рис. 1.9, *б*). Этой же мерой предупреждения должен воспользоваться водитель механического транспортного средства при вынужденной остановке в местах с видимостью дороги менее 100 м хотя бы в одном направлении. Для мотоцикла без бокового прицепа установка знака в этом случае необязательна.

### 1.2.2. НАЧАЛО ДВИЖЕНИЯ, ИЗМЕНЕНИЕ НАПРАВЛЕНИЯ ДВИЖЕНИЯ

Перед тем как начать движение или изменить направление движения (в том числе и перед перестроением), водитель должен убедиться, что это будет безопасно и что он не создаст помех другим участникам движения.

Выезжая на дорогу с прилегающих к ней территорий (из дворов, с места стоянки, от АЗС), водитель должен двигаться с минимальной скоростью и уступать дорогу движущимся транспортным средствам и пешеходам (рис. 1.10, *а*). При съезде на прилегающую территорию водитель должен уступить дорогу пешеходам, пути движения которых он пересекает (рис. 1.10, *б*).

При объезде препятствия, опережении медленно движущегося транспортного средства, для остановки, а также для поворота или разворота у водителя возникает необходимость в перестроении. При перестроениях преимущество имеют транспортные средства, движущиеся попутно в прямом направлении (рис. 1.11, *а, б*). Если же необходимость в перестроении возникает одновременно для двух и более транспортных средств, то преимущество имеет водитель, движущийся справа и не имеющий помехи с правой стороны (рис. 1.11, *в*), так как он, располагаясь у левого борта автомобиля, может лучше обозревать дорогу и оценивать обстановку.

Рис. 1.10. Приоритет пешеходов:
*а* — при выезде автомобиля с прилегающих к дороге территорий; *б* — при съезде автомобиля с дороги

Рис. 1.11. Преимущество при перестроениях:
*а* и *б* — транспортных средств, движущихся попутно и прямо; *в* — транспортного средства, находящегося справа

Это же "правило правой руки" применяется при определении очередности проезда транспортных средств на нерегулируемых перекрестках равнозначных дорог, а также в других случаях, когда траектории транспортных средств пересекаются, а очередность проезда не оговорена Правилами (рис. 1.12).

Изменяя направление движения, нужно стремиться к тому, чтобы не создавать помехи попутным транспортным средствам. Для этого перед поворотом налево и разворотом нужно заблаговременно занять на проезжей части крайнее левое положение, а перед поворотом направо – крайнее правое положение (рис. 1.13). Исключение из этого правила составляют случаи, когда поворот совершается при въезде на перекресток с организованным круговым движением или при наличии дорожного знака 5.8.1 "Направления движения по полосам" или 5.8.2 "Направления движения по полосе", а также соответствующей разметки (рис. 1.14). На рис. 1.14, *а* знак 5.8.1 установлен перед вторым пересечением.

Понятие *крайнее правое (левое) положение* означает расположение транспортного средства своим правым (левым) бортом как можно ближе к правому (левому) краю проезжей части. Выбирая такое положение, следует учитывать, что ширина полосы, необходимая для маневрирования транспортного средства, больше, чем при прямолинейном движении. Это уширение полосы тем больше, чем круче поворот и чем больше длина транспортного средства. Так,

Рис. 1.12. Преимущества водителей транспортных средств:

*а* — при перестроении вне дороги; *б* — при взаимодействии в случае, когда регулировщик вытянул правую руку вперед

Рис. 1.13. Правила маневрирования из крайнего положения на проезжей части при:
*а* — повороте налево и развороте; *б* — повороте направо

если автопоезд на рис. 1.13 будет круто поворачивать направо очень близко от тротуара, то может выехать задними правыми колесами на тротуар. Кроме того, нужно брать в расчет ширину проезжей части пересекаемой дороги и конфигурацию перекрестка. Водитель того же автопоезда, выполняя поворот, может не допустить наезда колес на тротуар, но если проезжая часть пересекаемой дороги узкая, то автопоезд окажется на полосе встречного движе-

Рис. 1.14. Случаи, когда повороты на перекрестках разрешены не из крайних положений на проезжей части:

*а* — при въезде на перекресток, где организовано круговое движение и при установке дорожного знака 5.8.1 „Направления движения по полосам"; *б* — при установке дорожного знака 5.8.2 „Направления движения по полосе"

ния. Правила же требуют, чтобы при выезде с пересечения проезжих частей транспортное средство не оказалось на стороне встречного движения. Это ограничение касается также случаев поворота налево на перекрестках. На рис. 1.15 показаны положения транспортных средств для поворота налево или разворота на пересечениях дорог с различной организацией движения. На дорогах с двусторонним движением начинать маневр нужно от продольной линии разметки, разделительной полосы или от крайнего правого рельса, не создавая помехи попутному трамваю (рис. 1.15, *а, б*). На дороге, имеющей три обозначенные разметкой полосы для движения в обе стороны, поворот налево и разворот следует выполнять со средней полосы (рис. 1.15, *в*), а при одностороннем движении – с крайней левой полосы (рис. 1.15, *г*). Иногда из крайнего правого положения не удается повернуть направо, а из крайнего левого – налево или развернуться. Особенно это случается на узких дорогах и при большой ширине (или длине) транспортного средства, например автопоезда. В таких случаях допускается отступление от правила, изложенного выше. Однако при выполнении маневра водитель не должен создавать помех другим

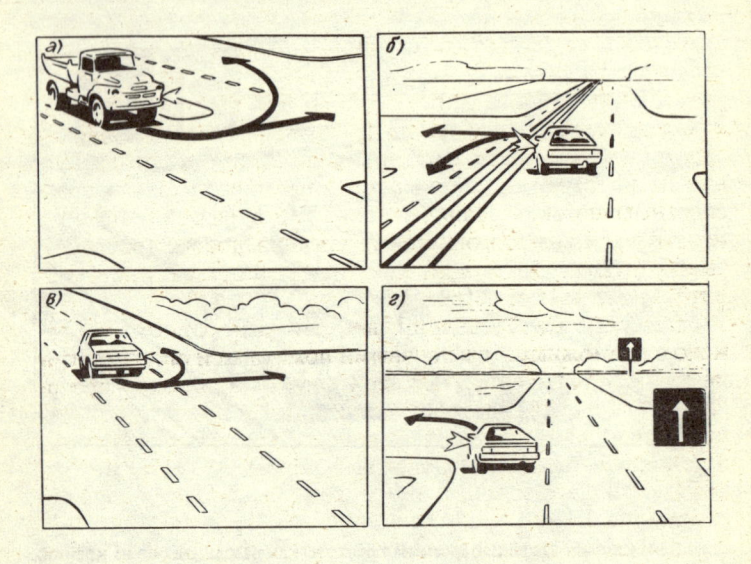

Рис. 1.15. Место для поворота налево и разворота на дорогах:
*а* — с разделительной полосой; *б* — с трамвайным полотном посередине проезжей части; *в* — с тремя полосами для движения в обоих направлениях; *г* — с односторонним движением

транспортным средствам. При этом в случае необходимости для обеспечения безопасности движения водитель должен прибегнуть к помощи других лиц.

Если ширина проезжей части вне перекрестка недостаточна и разворот из крайнего левого положения на ней невозможен, то допускается начинать разворот от правого края проезжей части или даже с правой обочины.

При поворотах и разворотах транспортное средство перекрывает по ширине значительную часть дороги и пересекает пути движения других транспортных средств. Поэтому при повороте налево и развороте из крайнего левого положения нужно уступить дорогу встречным транспортным средствам. А при развороте вне перекрестка от правого края проезжей части нужно, кроме того, уступить дорогу и попутным транспортным средствам (рис. 1.16) и начинать разворот только на свободной проезжей части. Разворот из среднего положения недопустим, так как это сопряжено со значительными помехами движению попутных транспортных средств.

На поворотах автомобили всегда движутся медленнее, чем на прямолинейных участках дороги. Чтобы водитель, снижающий скорость перед поворотом, не мешал остальным участникам движения, на современных дорогах устраивают специальные полосы торможения. Такие полосы применяют на автомагистралях, в местах примыкания и пересечения дорог, в зоне АЗС и т. п. Водитель, собирающийся повернуть, должен заблаговременно перестроиться на полосу торможения и снижать скорость только на этой полосе. Для въезда на дорогу и слияния с движущимся по ней транспортным потоком используется полоса разгона. На этой полосе водитель разгоняется и, уступив дорогу транспортным средствам, движущимся по соседней полосе, вливается в транспортный поток (рис. 1.17).

Особенно медленно выполняется разворот. Это сопряжено с возможными длительными помехами и опасностью в местах с ограниченной шириной дороги и плохой обзорностью. Поэтому разворот запрещается на пешеходных переходах, на мостах, путепроводах, эстакадах и под ними, в тоннелях, на железнодорожных переездах, а также при видимости дороги менее 100 м хотя бы в одном направлении (рис. 1.18).

Движение транспортных средств задним ходом разрешается на любых дорогах и в любых местах, за исключением автомагистралей. Однако такое движение сопряжено с опасностью. Во-первых, автомобиль, двигаясь задним

Рис. 1.16. Поворот налево и разворот вне перекрестков из крайнего положения:

*а* — левого; *б* — правого

ходом, легче изменяет направление движения под влиянием случайных толчков от неровностей дороги, водителю же при этом трудно сориентироваться, в какую сторону нужно повернуть рулевое колесо. Во-вторых, при движении задним ходом для водителя затруднена обзорность дороги. Поэтому прежде чем начать движение задним ходом, следует убедиться в полной безопасности. Если возможность контролировать безопасность движения ограничена, нужно прибегнуть к помощи других лиц. Если же во время движения задним ходом транспортное средство создает помехи другим участникам движения, водитель должен остановиться.

Рис. 1.17. Маневрирование при наличии на дороге переходно-скоростных полос:
*а* — разгона; *б* — торможения

Рис. 1.18. Разворот запрещается:
*а* — на пешеходных переходах; *б* и *в* — на мостах, путепроводах, эстакадах и под ними; *г* — в тоннелях; *д* — на железнодорожных переездах; *е* — при видимости дороги менее 100 м хотя бы в одном направлении

### 1.2.3. РАСПОЛОЖЕНИЕ ТРАНСПОРТНЫХ СРЕДСТВ НА ПРОЕЗЖЕЙ ЧАСТИ

Для того чтобы транспортные средства работали производительно, автомобильные дороги должны иметь высокую пропускную способность. Пропускная способность дороги зависит от ширины ее проезжей части. Однако чем шире дорога, тем должно строже упорядочиваться на ней движение разнообразных транспортных средств.

Транспортные средства никогда не движутся строго прямолинейно. Даже на самой хорошей дороге они постоянно отклоняются то в одну, то в другую сторону. Поэтому ширина полосы, занимаемой авомобилем при движении, больше его габаритной ширины. Максимальная ширина транспортных средств 2,5 м, а ширина полосы движения 3,0–3,75 м. Следовательно, дорога с проезжей частью шириной 6–7 м имеет по одной полосе для движения в каждом направлении, шириной 9–11 м – три полосы, а 12–15 м – четыре полосы для движения в обоих направлениях.

Информацию о числе полос для движения в одном направлении безрельсовых транспортных средств водители получают с помощью продольной разметки или дорожных знаков 5.8.1, 5.8.2, 5.8.7 и 5.8.8. На дороге, проезжая часть которой разделена на полосы линиями разметки, водители должны вести транспортные средства строго по полосам. Наезжать на прерывистые линии разметки разрешается только при перестроении.

В случае если разметка и знаки отсутствуют, водители сами определяют число полос с учетом ширины транспортных средств и необходимых интервалов (боковых расстояний) между ними. Безопасный интервал зависит от скорости движения транспортных средств: чем больше скорость, тем должен быть большим интервал. В пределах скоростей 20–90 км/ч безопасный интервал при следовании транспортных средств в одном направлении 0,9–1,6 м, а при встречном движении 1,2–1,9 м.

Общее правило расположения транспортных средств на проезжей части таково: чем ниже скорость, тем ближе к правой стороне дороги нужно двигаться. Наоборот, самые быстроходные транспортные средства следуют по левым полосам. В связи с этим чрезвычайно опасен и поэтому запрещен выезд транспортных средств на сторону дороги, предназначенную для встречного движения, если на дороге с двусторонним движением имеются четыре полосы и более.

Вне населенных пунктов водители любых транспортных средств должны вести их по возможности ближе к правому краю проезжей части. Это создаст благоприятные условия для опережения на дорогах, имеющих две полосы и более для движения в одном направлении, а также для более безопасного обгона на наиболее распространенных двухполосных дорогах.

В населенных пунктах транспортные средства движутся сравнительно медленно и ближе друг к другу, потребность в перестроениях возникает чаще, поэтому двигаться можно по любой полосе. Однако если для движения транспортных средств в одном направлении имеются три полосы (или более), то на крайнюю левую полосу можно выезжать только при интенсивном движении на остальных полосах, а также для поворота налево, разворота или для остановки на дорогах с односторонним движением. Грузовым автомобилям с полной массой более 3,5 т нельзя использовать эту полосу для опережения других транспортных средств, а на дорогах с односторонним движением им можно останавливаться на ней лишь для загрузки или разгрузки (рис. 1.19.).

На любых дорогах тракторы, самоходные машины, гужевые повозки и другие транспортные средства, у которых конструктивные особенности или техническое состоя-

Рис. 1.19. Расположение на проезжей части грузовых автомобилей полной массой более 3,5 т

ние не позволяют двигаться со скоростью более 40 км/ч, должны следовать только по крайней правой полосе. Это необходимо, чтобы исключить заторы и помехи движению. Менять полосу этим транспортным средствам можно лишь для объезда, опережения, обгона или для перестроения перед поворотом налево или разворотом (рис. 1.20).

При интенсивном движении, когда все полосы заняты, Правила разрешают менять полосу только для поворота, разворота или остановки, что уменьшает возможность конфликтных ситуаций. В таких условиях водитель, у которого возникла необходимость перестроиться, должен проявлять терпение и выдержку, а другие водители – предупредительность.

Трамвайные пути не предназначены для движения безрельсовых транспортных средств. Но для повышения пропускной способности дорог по трамвайным путям попутного направления, расположенным слева на одном уровне с проезжей частью, можно двигаться безрельсовым транспортным средствам при объезде, опережении, а также при интенсивном движении на других полосах. По трамвайному пути можно двигаться и в тех случаях, когда габаритные размеры транспортного средства превышают ширину проезжей части, предназначенной для движения нерельсовых транспортных средств. Такое движение допускается вне перекрестков, а при отсутствии знаков 5.8.1 или

Рис. 1.20. Расположение на проезжей части транспортных средств, скорость движения которых не должна превышать 40 км/ч или которые по техническим причинам не могут развивать такую скорость

Рис. 1.21. Движение безрельсовых транспортных средств по трамвайным путям

5.8.2 — и при проезде перекрестков. При этом в любом случае нельзя создавать помехи для движения трамвая (рис. 1.21). Поэтому перед выездом на трамвайные пути нужно рассчитывать на то, что их можно будет достаточно быстро освободить.

Особенно нежелательна задержка безрельсового транспортного средства на трамвайных путях перед перекрестками, возле которых обычно устраивают трамвайные остановки. Двигаясь по трамвайным путям в зоне перекрестка и перед ним, транспортное средство может создать помехи водителям тех транспортных средств, которые заняли крайнее левое положение у рельса для поворота налево или разворота и пользуются преимущественным правом на движение. Не следует занимать трамвайные пути и для поворота налево или разворота, так как, ожидая проезда транспортных средств встречного направления, можно создать помехи трамваю попутного направления. Выезжать на трамвайные пути встречного направления запрещается.

В СССР встречаются трехполосные дороги с шириной проезжей части 9–11 м, по которым организовано двустороннее движение. Средняя полоса на таких дорогах предназначается только для объезда, обгона, поворота налево и разворота (рис. 1.22). Выезд на крайнюю полосу, предназначенную для встречного движения, запрещен.

Рис. 1.22. Следование по трехполосным дорогам с двусторонним движением

В некоторых городах наблюдается резкое изменение интенсивности движения по направлениям в разное время суток и в различные дни недели. Так, например, в пятницу вечером большое количество горожан выезжает на дачи, и основная масса транспортных средств движется из города в пригородные зоны. В воскресенье вечером и понедельник утром городские жители возвращаются на работу, и число транспортных средств, движущихся в город, в несколько раз больше выезжающих из города. Во многих городах утром заметно увеличивается интенсивность движения от жилых массивов в сторону районов с крупными предприятиями или учреждениями, а вечером в обратную сторону.

Чтобы избежать заторов и повысить пропускную способность дорог, в таких районах применяют реверсивное движение. Для этого в середине проезжей части специальной разметкой выделяют одну или несколько полос. В начале и конце каждой полосы устанавливают реверсивный светофор, который в зависимости от плотности транспортного потока запрещает или разрешает движение по полосе. Начало участка, на котором организовано реверсивное движение, обозначают дорожным знаком 5.35, конец такого участка – знаком 5.36, а выезд на дорогу с реверсивным движением – знаком 5.37.

Выезд на реверсивную полосу разрешается при включенном зеленом сигнале светофора или при перестроении с

Рис. 1.23. Движение на дороге с реверсивной полосой

соседней полосы, по которой осуществляется движение в том же направлении (рис. 1.23).

При запрещающем сигнале светофора по реверсивной полосе транспортные средства движутся во встречном направлении. Если светофор выключен, выезд на реверсивную полосу запрещен. В этих случаях реверсивная полоса разделяет транспортные потоки противоположных направлений. Если водитель заметил, что выключается разрешающий сигнал светофора, он должен немедленно покинуть реверсивную полосу, выехав вправо, так как на реверсивной полосе может начаться встречное движение.

При повороте на дорогу с реверсивным движением, обозначенную знаком 5.37, водители должны двигаться только по крайней правой полосе, так как они могут не заметить, как располагается реверсивная полоса и какой сигнал светофора включен. Перестраиваться им можно, только проехав реверсивный светофор или знак 5.8.7, разрешающий движение по другим полосам.

Все транспортные средства должны двигаться только по проезжей части, не выезжая на тротуары и пешеходные дорожки. Нарушать это правило можно только дорожным машинам во время дорожных работ, а также транспортным средствам, обслуживающим предприятия (торговые, промышленные, почтовые), которые расположены непосредственно у этих тротуаров или у пешеходных дорожек. При этом такие транспортные средства не должны создавать помех пешеходам.

## 1.2.4. СКОРОСТЬ ДВИЖЕНИЯ И ДИСТАНЦИЯ

Производительность транспортного средства непосредственно зависит от его скорости. Чем быстрее движется автомобиль на перегонах и чем меньше времени он теряет на остановках, тем быстрее будут доставлены груз и пассажиры в конечный пункт. Однако неоправданное увеличение скорости может привести к тяжелым последствиям и ДТП. Кроме того, при высоких скоростях у водителя меньше возможности предотвратить аварийную ситуацию. Например, труднее предупредить наезд на препятствие, так как расстояние, необходимое для объезда или остановки, резко увеличивается с ростом скорости и может превысить расстояние, с которого водитель обнаружил препятствие.

При возникновении препятствия водитель снижает скорость транспортного средства вплоть до остановки или изменяет направление движения, пытаясь объехать препятствие. Возможность предупреждения наезда на препятствие оценивается остановочным путем объезда. Известны математические выражения для определения остановочного пути и пути объезда препятствия. Факторы, влияющие на остановочный путь и путь объезда, подробно анализируются во 2-м разделе учебника. Здесь же отметим, что остановочный путь и путь объезда зависят от психофизиологических особенностей водителя, качества и состояния дорожного покрытия, конструктивных особенностей транспортного средства и главным образом от скорости его движения.

Наезд на препятствие будет предотвращен при условии, если расстояние между транспортным средством и препятствием окажется больше, чем длина остановочного пути или расстояния, необходимого для объезда препятствия. Следует учитывать, что в процессе экстренного торможения или при объезде препятствия транспортное средство может занести, оно может опрокинуться. Такая возможность тем вероятнее, чем больше скорость. Поэтому в интересах безопасности водитель должен выбирать скорость движения управляемого им транспортного средства. Причем дорожная обстановка меняется непрерывно, и водитель должен непрерывно корректировать скорость с учетом таких основных факторов, как интенсивность движения, особенности конструкции транспортного средства, дорожные и атмосферные условия, определяющие видимость в направлении движения, характер и расположение груза.

Рассмотрим, как водитель должен оценивать основные факторы, влияющие на выбор скорости движения.

Водитель оценивает **интенсивность движения** по степени заполненности проезжей части транспортными средствами, по тому, с какими дистанциями они движутся друг относительно друга, насколько часты перестроения, обгоны и другие маневры. С ростом интенсивности движения уменьшается возможность выполнения разнообразных маневров, чаще возникают сложные и опасные ситуации. Этим объясняются и требования Правил, ограничивающие маневрирование транспортных средств при интенсивном движении. В транспортном потоке водители должны выбирать скорость, равную или близкую к средней скорости других транспортных средств. Стремление водителя двигаться со скоростью, превышающей среднюю скорость транспортного потока, приводит к более частому возникновению опасной обстановки. Запрещается и движение без необходимости со слишком малой скоростью, что создает помехи движению других транспортных средств, принуждая их к обгону. При необходимости перестроения, особенно с целью опережения, нужно внимательно оценивать ситуацию в соседних рядах.

Основное внимание в транспортном потоке следует уделять движущемуся впереди транспортному средству – *лидеру*. Часто переднее транспортное средство ограничивает обзор дороги, поэтому во избежание столкновения с лидером при внезапном его торможении, водитель должен выбирать безопасную дистанцию. Она зависит от **особенностей конструкции** автомобиля-лидера, состояния проезжей части и главным образом от скорости движения.

Для однотипных транспортных средств, движущихся друг за другом с одинаковой скоростью, безопасная дистанция численно равна примерно половине скорости в километрах в час. Дистанция может быть и меньше указанной, если водитель, следующий за лидером, хорошо видит дорогу впереди лидера. При следовании автомобиля или автопоезда с пневматическим тормозным приводом за лидером, имеющим гидравлический привод, безопасная дистанция должна быть больше, чем рекомендовано. В плотных транспортных потоках водителю запрещается без необходимости резко тормозить, чтобы предотвратить наезд на него сзади.

Транспортные средства, скорость которых не должна превышать 50 км/ч, или с полной массой более 12 т на дорогах вне населенных пунктов должны выдерживать дистанцию, достаточную для того, чтобы обгоняющие их транспортные средства могли без помех перестроиться на правую сторону дороги. При подготовке к обгону еще более тихоходных транспортных средств, а также при интенсивном движении это требование не действует.

Из всех факторов, определяющих **дорожные условия**, на выбор скорости движения влияют ширина проезжей части, качество и состояние ее покрытия, а также рельеф местности. На широкой и прямой дороге с ровным, твердым и сухим покрытием, если обстановка благоприятна, водитель выбирает такую скорость, которая позволит ему быстро и экономно решить стоящую перед ним задачу. При ограниченной ширине проезжей части, на дороге с неровным покрытием, поворотами, крутыми подъемами и спусками нужно снижать скорость. Большое число ДТП совершается из-за неумения водителей выбирать скорость на дорогах со скользким и мокрым покрытием. На таких дорогах заметно возрастает остановочный путь, повышаются возможности заноса и опрокидывания транспортных средств. Снижение скорости и плавные ее изменения на скользких и мокрых дорогах — надежное средство безопасности.

**Атмосферные условия** (дождь, снег, туман, пыль), как и повороты дороги или переломы ее продольного профиля, ограничивают видимость в направлении движения, что затрудняет наблюдение за дорогой и обнаружение на проезжей части препятствия или другой опасности. В темное время суток расстояние видимости в направлении движения ограничивается конструкцией и характеристиками фар автомобиля. Чем хуже видимость в направлении движения, тем с меньшей скоростью следует вести транспортное средство.

**Характер груза и его расположение** оказывают влияние на устойчивость транспортного средства. При высоком расположении центра тяжести появляется опасность опрокидывания на закруглениях дорог. Опасно развивать значительную скорость при перевозке жидкости (молока, топлива) в цистерне, когда она не полностью загружена. Затруднены повороты на узких дорогах при перевозке длинномерных грузов.

Таким образом, с учетом рассмотренных факторов водитель должен вести транспортное средство со скоростью, которая позволит ему в случае возникновения препятствия или опасности для движения принять необходимые меры для предупреждения аварийной обстановки. Необходимость в тех или иных действиях водителя зависит от характера возникшей опасности в конкретной ДТС.

Не исключено, что в определенной обстановке наилучшей или даже единственной мерой предупреждения ДТП может оказаться увеличение скорости транспортного средства, хотя Правилами такое действие не предписано (но и не запрещено). Любое действие водителя окажется оправданным, если оно обеспечит безопасность. Правилами допускается безопасный для других участников движения объезд препятствия, например водителей попутных или встречных транспортных средств, а также пешеходов. Если объезд не гарантирует безопасности, водитель должен принять меры к снижению скорости вплоть до остановки. Такая мера уменьшает опасность и, возможно, тяжесть последствий от наезда. Не случайно в различных разделах Правил содержатся рекомендации или предписания о снижении скорости, как о надежной мере обеспечения безопасности движения. Примерами могут служить требования отдельных дорожных знаков, правила проезда перекрестков, изменения направления движения и др.

Однако требование к водителю о принятии им мер к снижению скорости или объезду справедливо при условии, если он в состоянии обнаружить препятствие или опасность. Только в этом случае он сможет принять меры к предотвращению ДТП или снизить тяжесть его последствия. Возможны случаи, когда водитель не может обнаружить опасность и предупредить происшествие. Например, при неожиданном появлении пешехода непосредственно перед движущимся автомобилем водитель может его обнаружить на расстоянии, меньшем, чем остановочный путь или путь объезда.

При выборе скорости движения транспортного средства водитель не должен превышать установленные Правилами ограничения, которые зависят от вида транспортного средства, категории дороги и характера перевозимого груза, а также стажа водителя.

Для каждого транспортного средства технической характеристикой определена максимальная скорость движения. Она зависит от назначения транспортного средства, его размеров и конфигурации, мощности двигателя, характеристики трансмиссии и других конструктивных особенностей. Правилами запрещается превышать эту скорость в любых условиях, так как это может вызвать разнообразные неисправности или поломки транспортного средства, в том числе такие, которые способны вызвать угрозу безопасности движения (разрыв шины, перегрев деталей тормозной системы, обрыв карданного вала и др.).

Техническая характеристика большинства легковых автомобилей и части грузовых автомобилей полной массой не более 3,5 т допускает движение со скоростью 110 км/ч и более. Скоростные возможности этих автомобилей могут быть реализованы вне населенных пунктов на автомагистралях, где им разрешается движение со скоростью до 110 км/ч.

Большинство дорог вне населенных пунктов имеет две полосы для движения в обоих направлениях, пропускная способность их меньше, чем автомагистралей. На таких дорогах часто возникает необходимость обгона. Поэтому ограничение скорости на таких дорогах для легковых автомобилей и грузовых полной массой до 3,5 т более строгое – 90 км/ч. Такое же ограничение для всех дорог вне населенных пунктов устанавливается другим относительно быстроходным транспортным средствам (междугородным, туристским и особо малым автобусам, мотоциклам), что находится в соответствии с их техническими характеристиками.

Грузовым автомобилям полной массой более 3,5 т, автобусам (кроме перечисленных выше), а также легковым автомобилям с прицепом разрешается движение на автомагистралях со скоростью не более 90 км/ч, на остальных дорогах – не более 70 км/ч.

Транспортным средствам, управляемым водителями со стажем до 2 лет, на всех дорогах вне населенных пунктов разрешается движение со скоростью не более 70 км/ч. Такое ограничение вызвано недостаточным опытом управления автомобилем у указанных водителей.

Движение транспортных средств осложняется и становится более опасным в населенных пунктах из-за сравнительно большого числа перекрестков и пешеходных переходов, в том числе регулируемых, а также пешеходов и т. п. Доказано, что в городах более чем вдвое сокращается вероятность использования скоростных возможностей механических транспортных средств. Поэтому в населенных пунктах для всех транспортных средств разрешается движение со скоростью не более 60 км/ч. Это ограничение не распространяется на дороги в населенных пунктах, обозначенные знаком 5.24. При этом ограничение касается лишь данной дороги, а не других дорог в населенном пункте.

Установкой знака 3.24 на опасных участках могут вводиться дополнительные ограничения скорости. При помощи этого же знака на участках дорог, где обеспечивается безопасность, может быть разрешено движение со скоростью более высокой, чем предусмотрено Правилами для населенных пунктов и вне их. При этом в зависимости

Рис. 1.24. Участок дороги, где условия обеспечивают безопасность движения со скоростью более высокой, чем предусматривают Правила для дорог вне населенных пунктов

от конкретных условий разрешение о движении с более высокой скоростью может вводиться для определенных типов транспортных средств. Например, если есть возможность повысить скорость легковых и грузовых автомобилей в населенном пункте, можно установить знак 3.24 с указанием скорости 80 км/ч. Если же нужно повысить скорость только легковых автомобилей, знак 3.24 с указанием скорости 100 км/ч устанавливают с табличкой 7.4.3 (рис. 1.24). Решение о повышении скорости на таких участках могут принимать Совет Министров союзной (не имеющей областного деления) или автономной республики, исполкомы краевых, областных, городских Советов народных депутатов.

Максимальная скорость некоторых транспортных средств ограничивается значением, указанным на опознавательном знаке, который устанавливают или наносят на этом транспортном средстве сзади слева. К таким средствам относятся разнообразные самоходные машины, максимальная скорость по технической характеристике которых меньше, чем предусмотрено Правилами для движения в населенных пунктах. Подобное ограничение максимальной скорости применяется также для транспортных средств, перевозящих опасные, тяжеловесные и крупногабаритные грузы. Водителям транспортных средств, на которых установлены или нанесены опознавательные знаки ограничения скорости, в том числе водителям со стажем до 2 лет, запрещается превышать скорость, указанную на этих знаках в любых условиях.

## 1.2.5. ОБГОН И ВСТРЕЧНЫЙ РАЗЪЕЗД

Обгон является сложным и опасным маневром. Он выполняется при высокой скорости, причем такое опережение производится по встречной полосе. При этом возникает опасность столкновения со встречным транспортным средством. Опыт показывает, что безопасность обгона зависит не только от совершенства техники управления транспортным средством, но от навыков водителя в оценке обстановки, предвидения ее развития и точности расчета предполагаемых действий. Выполнение обгона зависит прежде всего от того, насколько водитель внимательно изучит дорожную обстановку и выполнит соответствующие предписания Правил.

Перед выполнением обгона водитель должен изучить дорожную обстановку не только впереди управляемого транспортного средства, но и сзади его. Неосмотрительный водитель, не оценив поведение движущихся за ним водителей и начав обгон, может оказаться в положении обгоняемого и на встречной полосе движения возникнет опасная ситуация. Поэтому Правила требуют от водителя перед выполнением обгона убедиться в том, что ни один из следующих за ним водителей, которому может быть создана помеха, не начал обгона (рис. 1.25, *а*).

Изучая дорожную обстановку на участке предполагаемого обгона, водителю нужно установить наличие встречных транспортных средств, оценить расстояние до них и скорость их перемещения. Начинать обгон опасно, если при его выполнении будет создана помеха встречным транспортным средствам (рис. 1.25, *б*). Необходимо оценить ширину проезжей части, наличие на ней помех, которые могут вызвать смещение влево обгоняемого транспортного средства (сужение дороги, стоящие автомобили), а также достаточна ли длина участка для выполнения обгона. Если водитель движущегося впереди транспортного средства подал сигнал о повороте (перестроении) налево или при возвращении на ранее занимаемую полосу обгоняемому транспортному средству может быть создана помеха, начинать обгон опасно (рис. 1.25, *в* и *г*).

Приближаясь со значительной скоростью к перекрестку, водитель может не успеть остановиться перед пересекающим ему дорогу транспортным средством или при смене сигнала светофора. Правилами запрещен обгон на перекре-

Рис. 1.25. Обгон опасен:

*а* — следующий за транспортным средством водитель начал обгон; *б* — возможна помеха встречному транспортному средству; *в* — водитель обгоняемого транспортного средства подал сигнал о повороте (перестроении) налево; *г* — возможна помеха обгоняемому транспортному средству при завершении обгона

стках (рис. 1.26, *а* и *б*). Как исключение, разрешается обгон на дороге, являющейся главной по отношению к пересекаемой. Установка перед пересечением с главной дорогой дорожных знаков 2.4 "Уступите дорогу" или 2.5 "Движение без остановки запрещено" устраняет помехи обгоняющему транспортному средству.

Запрещается обгон также на железнодорожных переездах и ближе чем за 100 м перед ними (рис. 1.26, *в*). На железнодорожных переездах ширина проезжей части, как правило, ограничена, и на них трудно обеспечить безопасный интервал, а перед ними транспортные средства движутся с ограниченными скоростью и дистанцией. Попытка обгона поэтому может вызвать дезорганизацию работы переезда и создать угрозу движению поездов.

Рис. 1.26. Места, где обгон запрещен:
*а* — регулируемый перекресток; *б* — нерегулируемый перекресток равнозначных дорог; *в* — железнодорожный переезд и ближе, чем в 100 м от него; *г* — в конце подъема

Рис. 1.27. Действия водителя тихоходного (крупногабаритного) транспортного средства на дороге вне населенного пункта, ширина которой не позволяет совершить обгон

Очень опасно обгонять на участках дорог, где расстояние видимости в направлении движения меньше, чем длина пути, необходимого для обгона. Поэтому Правилами запрещен обгон в конце подъемов, на крутых поворотах и других участках дорог с ограниченной видимостью (см. рис. 1.26, *в*).

Помехи для движения водителю, выполняющему обгон, могут повлечь за собой тяжелые последствия. Его транспортное средство движется с большой скоростью, остановочный путь увеличен, ему бывает трудно вернуться на ранее занимаемую полосу. Поэтому водителю обгоняемого транспортного средства запрещается препятствовать обгону подачей сигнала левого поворота, повышением скорости движения, перемещением транспортного средства влево.

Во избежание заторов на дороге водитель тихоходного, крупногабаритного или соблюдающего относительно небольшую скорость движения транспортного средства должен создавать благоприятные условия для более быстроходных транспортных средств. Вне населенных пунктов в зависимости от ширины или состояния проезжей части и с учетом интенсивности встречного движения в случаях, когда обгон невозможен, он должен принять как можно правее, а в случае необходимости остановиться и пропустить скопившиеся за ним транспортные средства (рис. 1.27).

Крупногабаритные транспортные средства, особенно составы транспортных средств, могут создавать помехи и при встречных разъездах. На узких участках взаимные помехи могут создавать друг другу даже легковые автомобили. В случае возникновения препятствия в виде ограждения места производства дорожных работ или стоящего транспортного средства, вынуждающего водителя к выезду на полосу встречного движения, он обязан уступить дорогу встречному автомобилю (рис. 1.28, *а*). Перед участком дороги, на котором затруднен встречный разъезд, могут быть установлены дорожные знаки 2.6 "Преимущество встречного движения" или 2.7 "Преимущество перед встречным движением". В этом случае водитель должен выполнять предписания дорожного знака (рис. 1.28, *б*). Если имеется препятствие, затрудняющее встречный разъезд на участках дорог, обозначенных знаками 1.13 "Крутой спуск" и 1.14 "Крутой подъем", уступить дорогу должен водитель транспортного средства, движущегося на спуск (рис. 1.28, *в*). Такое предписание объясняется тем, что остановка транспортного средства на подъеме может вызвать затрудненное его трогание с места и скатывание назад.

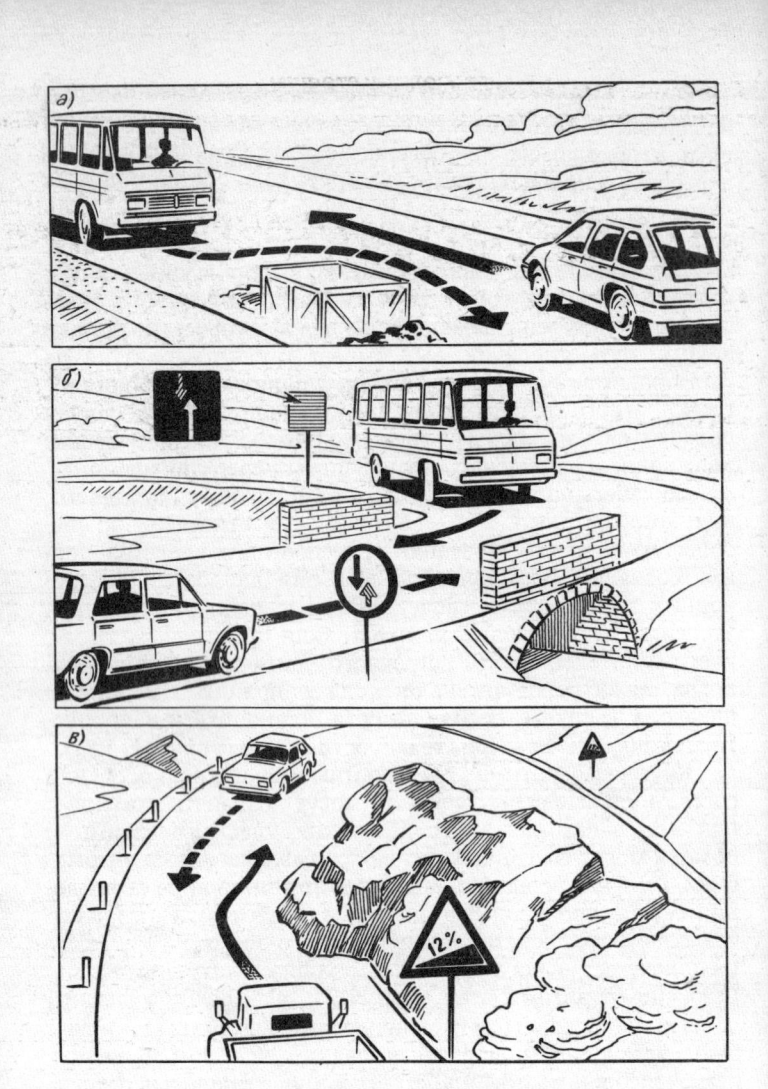

Рис. 1.28. Преимущество встречного разъезда при движении:
*а* — по свободной полосе; *б* — со стороны дорожного знака 2.7 „Преимущество перед встречным движением"; *в* — на подъеме

## 1.2.6. ОСТАНОВКА И СТОЯНКА

Соблюдение режима остановки и стоянки имеет важное значение для сохранения пропускной способности дорог и для обеспечения безопасности движения. Чтобы не мешать движению транспортных средств с относительно большой скоростью, остановка и стоянка должны выполняться, как правило, с правой стороны дороги как можно правее на обочине, а при ее отсутствии — по возможности ближе к краю проезжей части (приблизительно не более 30 см от края).

Как исключение, в населенных пунктах остановка и стоянка на левой стороне дороги допускаются в двух случаях: на дорогах с односторонним движением и на дорогах, не имеющих трамвайных путей посередине с одной полосой для движения в каждом направлении (рис. 1.29).

Рис. 1.29. Остановка и стоянка в населенных пунктах на левой стороне дороги:

*а* — с односторонним движением; *б* — с двусторонним движением

Первое исключение обосновано отсутствием встречного движения. Напомним, что грузовым автомобилям полной массой более 3,5 т разрешается остановка на левой стороне дороги с односторонним движением лишь для загрузки или разгрузки, если для движения безрельсовых транспортных средств имеются три полосы и более. Второе исключение уменьшает необходимость выполнения подчас сложных и опасных разворотов.

Вне населенных пунктов остановка и стоянка на левой стороне дорог не разрешены, так как представляют собой большую опасность, особенно в темное время суток: габаритные огни транспортного средства (передние белого, задние красного цвета) могут дезориентировать приближающихся водителей и вызвать съезд с дороги.

Остановка и стоянка транспортных средств на проезжей части разрешаются в один ряд. Мотоциклы без бокового прицепа, мопеды и велосипеды небольшой габаритной ширины можно ставить в два ряда. На дорогах с широкой проезжей частью, а также имеющих специальные площадку или разметку, разрешается ставить транспортное средство под углом к краю проезжей части при условии, что они не создадут помех для движения другим транспортным средствам. Легковым автомобилям и мотоциклам разрешается стоянка на краю тротуара, прилегающего непосредственно к проезжей части, если это не создает помех движению пешеходов. В зависимости от ширины тротуара, наличия на нем деревьев, а также от интенсивности движения пешеходов на тротуар можно заезжать полностью или частично. Если околотротуарная стоянка обозначена знаком 5.15 "Место стоянки" в сочетании с одной из табличек 7.6.2 – 7.6.9, то легковые автомобили и мотоциклы можно ставить только так, как указано на табличке. В случаях установки знака 5.15 в сочетании с табличкой 7.6.1 стоянка транспортных средств разрешается только на проезжей части вдоль тротуара.

Вне населенных пунктов для длительной стоянки с целью отдыха или устранения технической неисправности транспортное средство необходимо отводить за пределы дороги (за обочину или на специальную площадку).

Остановившись, прежде чем открыть двери (особенно в сторону проезжей части), водитель должен убедиться, что не создает помехи другим участникам движения или не угрожает их безопасности. При этом нужно учитывать, что стойки кабины, занавески и задняя стена ограничивают обзорность, поэтому изучать обстановку следует не только с помощью зеркала заднего вида, а через открытое окно или слегка приоткрытую дверь. Пассажиры должны выходить из транспортного средства только в сторону тротуара. Открывая дверь, они не должны создавать помех идущим поблизости пешеходам. По окончании посадки или высадки двери следует закрыть и запереть.

Если во время остановки водитель выходит из кабины, он должен принять меры, исключающие произвольное движение транспортного средства. Для этого его необходимо затормозить стояночным тормозом и включить передачу. На участках дорог с продольным уклоном нужно также круто вывернуть передние колеса и упереть их в бордюрный камень или подложить под колесо колодку, камень или другой предмет. Оставляя транспортное средство без присмотра, необходимо принять меры, исключающие его использование другими лицами. Для этого нужно поднять стекла, запереть двери на ключ и включить противоугонное устройство.

Остановившееся транспортное средство не должно мешать другим транспортным средствам двигаться, а их водителям видеть дорожную обстановку. На рис. 1.30 показаны участки дороги, на которых запрещают остановку и стоянку транспортных средств. Остановка и стоянка на железнодорожном переезде сопряжены с большой опасностью, а на трамвайных путях или в непосредственной близости от них не позволят трамваю двигаться.

В тоннелях, под эстакадами и путепроводами проезжая часть обычно узкая, обочина отсутствует, а тротуары ограждены, поэтому остановившееся транспортное средство будет мешать движению попутных транспортных средств. Остановка в тоннелях при недостаточной видимости может повлечь за собой поочередный наезд друг на друга нескольких транспортных средств.

Нельзя останавливаться в тех местах, где между транспортным средством и сплошной линией разметки остается меньше 3 м. Движение по данной полосе для большинства транспортных средств окажется невозможным, так как пересекать сплошную линию они не имеют права. Пешеходный переход должен хорошо просматриваться водителем в обе стороны, поэтому на переходе и ближе 5 м перед ним останавливать транспортное средство запрещается.

Водители должны выбирать место для остановки и стоянки с таким расчетом, чтобы не закрывать от других водителей сигналы светофора или дорожные знаки. Запрещаются остановка и стоянка на расстоянии менее 15 м в обоих направлениях от остановочных площадок, а при их отсутствии от указателей остановки транспортных средств общего пользования или такси, если это создаст помехи их движению.

Рис. 1.30. Остановка и стоянка запрещаются:

*а* — на трамвайных путях, а также в непосредственной близости от них, если это создаст помехи движению трамваев; *б* — на железнодорожных переездах; *в* — в тоннелях, под эстакадами, мостами и путепроводами; *г* — в местах, где расстояние между сплошной линией разметки и остановившимся транспортным средством менее 3 м; *д* — ближе 5 м от края пересекаемой проезжей части; *е* — на пешеходных переходах и ближе 5 м перед ними; *ж* — ближе 15 м от остановочных площадок, а при их отсутствии от указателей остановки транспортных средств общего пользования, если это создаст помехи их движению; *з* — в местах, где остановившееся транспортное средство закроет от других водителей сигналы светофора или дорожные знаки

Чтобы обеспечить беспрепятственное движение пешеходов на перекрестках и хороший обзор водителям на пересекаемой дороге, запрещаются остановка и стоянка ближе 5 м от края пересекаемой проезжей части.

Как исключение, разрешается остановка и стоянка непосредственно на территории пересекаемых проезжих частей напротив бокового проезда трехстороннего перекрестка, имеющего сплошную линию разметки или разделительную полосу (рис. 1.31). Как видно по рис. 1.31, выезжающему из бокового проезда транспортному средству поворот

Рис. 1.31. Места остановки и стоянки на трехсторонних перекрестках дорог:
*а* — со сплошной линией разметки; *б* — с разделительной полосой

налево запрещен и, следовательно, остановившиеся транспортные средства не мешают его движению.

На рис. 1.32 показаны участки дороги, на которых запрещается стоянка транспортных средств. Вне населенных пунктов транспортные средства движутся с относительно более высокой скоростью. Стоящее в зоне плохой видимости транспортное средство может быть поздно замечено водителем, что приведет к наезду, а на узких участках дороги при выезде на встречную полосу создаст опасность встречного столкновения.

Стоянка на мостах, эстакадах и путепроводах запрещена, так как снижает их пропускную способность. Стоящие вблизи от железнодорожного переезда транспортные средства вынудили бы водителей выезжать на встречную полосу непосредственно перед переездом. Это может привести к

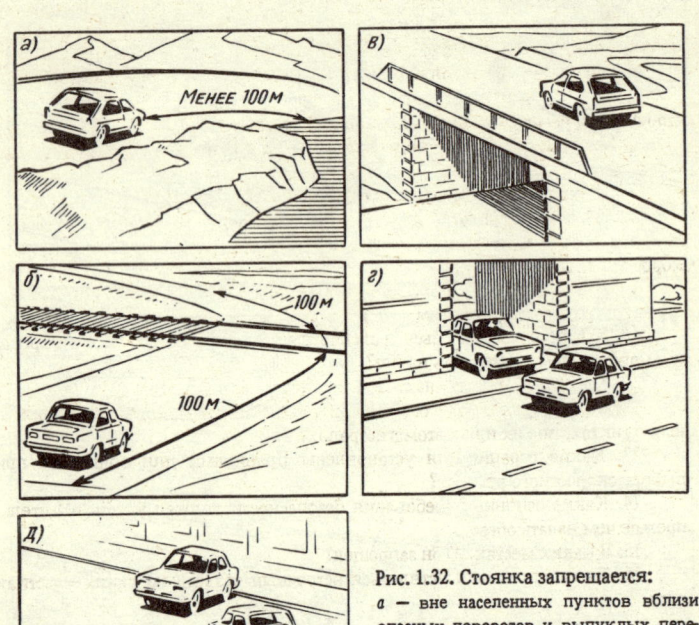

Рис. 1.32. Стоянка запрещается:
*а* — вне населенных пунктов вблизи опасных поворотов и выпуклых переломов продольного профиля дороги с видимостью дороги менее 100 м хотя бы в одном направлении; *б* — вне населенных пунктов ближе 100 м от железнодорожных переездов; *в* — на мостах, эстакадах и путепроводах; *г* и *д* — в местах, где стоящее транспортное средство делает невозможным движение (въезд или выезд) других транспортных средств или создаст помехи для движения пешеходов

заторам и опасным последствиям. В населенных пунктах выбрать место стоянки гораздо труднее, чем вне их, поэтому протяженность участка от железнодорожного переезда, на котором запрещена стоянка, в населенных пунктах равна 50 м, а вне их 100 м.

Стоящее транспортное средство может делать невозможным движение (въезд или выезд) других транспортных средств, например при въезде в узкие ворота, или создавать помехи для движения пешеходов, например в зоне трамвайной остановки. В таких местах стоянка запрещена.

### Контрольные вопросы

1. В каких случаях и как должны подаваться предупредительные сигналы световыми указателями поворота и рукой?
2. Как должны подаваться предупредительные сигналы при обгоне?
3. В каких случаях ближний свет фар должен использоваться для обозначения транспортного средства?
4. В каких случаях должна применяться аварийная сигнализация?
5. Как должен действовать водитель перед началом движения, перестроением и изменением направления движения?
6. Как должны выполняться повороты и разворот на перекрестке и вне перекрестка?
7. В каких местах запрещается разворот?
8. Как должны располагаться транспортные средства на проезжей части в зависимости от числа полос для движения, видов транспортных средств и скорости движения?
9. В каких случаях разрешается движение безрельсовых транспортных средств по трамвайным путям?
10. Как должны двигаться транспортные средства по дороге с реверсивным движением и выезжать на нее?
11. Какие факторы влияют на выбор скорости движения?
12. Какие установлены ограничения скорости для движения в населенных пунктах, вне их и на автомагистралях?
13. Какие ограничения установлены Правилами для водителей при выборе скоростного режима?
14. Какие основные требования безопасности должен учесть водитель, прежде чем начать обгон?
15. В каких местах обгон запрещен?
16. Как должен осуществляться встречный разъезд на узких участках дорог?
17. В каких местах разрешаются остановка и стоянка на дорогах в населенных пунктах и вне их?
18. Какие меры предосторожности должен выполнить водитель при постановке транспортного средства на стоянку?
19. В каких местах запрещены остановка и стоянка?

### Глава 1.3. ДОРОЖНЫЕ ЗНАКИ. ДОРОЖНАЯ РАЗМЕТКА

#### 1.3.1. КЛАССИФИКАЦИЯ ДОРОЖНЫХ ЗНАКОВ

Дорожные знаки являются наиболее простым и самым распространенным средством организации дорожного движения. Они облегчают работу водителя, помогая ему своевременно разобраться в дорожной обстановке, оповещают об опасных участках дороги, необходимости изменения скорости или направления движения, а также о других условиях на пути следования.

Знаки отличаются размерами, формой, цветом и изображениями (символами). Все эти свойства дорожных знаков определены ГОСТ 10807-78* "Знаки дорожные. Общие технические условия". Он устанавливает семь групп дорожных знаков: предупреждающие, приоритета, запрешающие, предписывающие, информационно-указательные, сервиса, дополнительной информации (таблички). Каждый дорожный знак имеет свой номер, состоящий из двух или трех цифр, разделенных точками. Первая цифра номера указывает группу знака, вторая – порядковый номер внутри группы, третья – разновидность знака.

Дорожные знаки одинаковы во многих странах мира. Это облегчает работу водителей при международных перевозках, создает благоприятные условия для иностранных туристов и в целом повышает безопасность дорожного движения.

Правила применения и расстановки знаков определены ГОСТ 23457-86 "Технические средства организации дорожного движения. Правила применения". Дорожные знаки следует, как правило, устанавливать с правой стороны дороги вне проезжей части и обочины. Знаки, содержащие важную для местных условий информацию, дублируют, если водители могут их своевременно не заметить. Дублирующие знаки устанавливают на разделительной полосе, а при ее отсутствии – на левой стороне дороги или над проезжей частью.

В одном поперечном сечении дороги допускается

Рис. 1.33. Действия водителя при установке временных дорожных знаков

устанавливать не более трех знаков без учета знаков дублирующих и дополнительной информации (табличек). Вне населенных пунктов знаки располагают на расстоянии не менее 50 м, а в населенных пунктах – не менее 25 м друг от друга. Для лучшей видимости знаков в темное время суток они освещаются или их снабжают светящимися или светоотражающими элементами.

В местах проведения работ на дороге и при оперативных изменениях организации движения применяют временные знаки на переносных опорах, которые устанавливают на проезжей части. В случаях, когда значения временных и стационарных знаков, а также дорожной разметки противоречат друг другу, водители должны руководствоваться временными знаками (рис. 1.33).

### 1.3.2. ПРЕДУПРЕЖДАЮЩИЕ ЗНАКИ

На дорогах имеются опасные участки, на которых водители должны принимать меры предосторожности. Предупреждающие знаки уведомляют водителей о расположении опасных участков и характере опасности. Эти знаки не вводят каких-либо ограничений, но на участках, о которых они предупреждают, водитель должен быть более внимательным и готовым принять меры к обеспечению безопасности движения. Все предупреждающие знаки, за исключением знаков 1.3, 1.4 и 1.31.1 – 1.31.3, имеют треугольную форму с белым фоном и красным окаймлением.

Предупреждающие знаки устанавливают с таким расчетом, чтобы водитель, подъезжая к опасному участку, успевал не только оценить характер опасности, но и принять необходимые меры предосторожности. Знание общих правил установки этих знаков помогает водителю лучше ориентироваться в дорожной обстановке.

Знаки нетреугольной формы используют лишь в двух случаях: для дополнительной информации о приближении к железнодорожным переездам (знаки 1.3.1, 1.3.2, 1.4.1–1.4.6) и для предупреждения об участках дорог с крутыми поворотами и ограниченной видимостью (знаки 1.31.1–1.31.3).

Рис. 1.34. Правила установки предупреждающих знаков:
*а* — вне населенных пунктов; *б* — в населенных пунктах; *в* — с табличкой 7.1.1. „Расстояние до объекта"; *г* — временного знака 1.23; *д* — в случае, когда между знаком и опасным участком имеется перекресток; *е* — знаков 1.1; 1.2; 1.9; 1.10; 1.21 и 1.23 вне населенных пунктов

Треугольные предупреждающие знаки имеют очень широкое применение. Вне населенных пунктов их устанавливают на расстоянии 150–300 м (рис. 1.34, *а*), а в населенных пунктах – на расстоянии 50–100 м (рис. 1.34, *б*) до начала опасного участка. При необходимости их можно устанавливать и на ином расстоянии, но в этом случае знак снабжают табличкой 7.1.1, на которой указано расстояние до опасного участка (рис. 1.34, *в*). Знаки 1.13 и 1.14 можно устанавливать в непосредственной близости перед началом спуска или подъема без таблички 7.1.1, если спуски и подъемы следуют друг за другом.

При проведении краткосрочных работ на проезжей части временный знак 1.23 может быть установлен на расстоянии 10–15 м до места работ (рис. 1.34, *г*).

В случаях, когда внимание водителя может рассеиваться, а также перед участками дороги, отличающимися повышенной опасностью, устанавливают повторные предупреждающие знаки. Так, если между знаком и началом опасного участка имеется перекресток, то за этим перекрестком иногда устанавливают повторный знак с табличкой 7.1.1, а на пересекаемой дороге на расстоянии до 50 м от перекрестка – такой же знак с табличкой 7.1.3 или 7.1.4 (рис. 1.34, *д*). Знаки 1.1, 1.2, 1.9, 1.10, 1.21, 1.23, предупреждающие о приближении к участку, отличающемуся повышенной опасностью, вне населенных пунктов повторяются. Второй знак устанавливают на расстоянии не менее 50 м до начала опасного участка (рис. 1.34, *е*).

Водитель может получать информацию не только о наличии и характере опасного участка, но и о его протяженности. Для этой цели отдельные предупреждающие знаки устанавливают с табличкой 7.2.1 "Зона действия" (рис. 1.35).

Ниже приводятся наименования предупреждающих знаков и их значение.

Знаки 1.1 "Железнодорожный переезд со шлагбаумом" и 1.2 "Железнодорожный переезд без шлагбаума" предупреждают о приближении к соответствующему переезду. На участках дороги перед переездом, за ним и непосредственно в его зоне действуют рассмотренные выше ограничения, касающиеся обгона, разворота, остановки и стоянки. Кроме того, приближаясь к железнодорожному переезду и пересекая его, водитель должен руководствоваться предписаниями раздела Правил "Железнодорожные переезды". Знаки 1.1 и 1.2 дублируют при ограниченном расстоянии видимости (рис. 1.36, *а*).

Знаки 1.3.1 "Однопутная железная дорога" и 1.3.2 "Многопутная железная дорога" выполняют в форме косого креста с белым фоном и красным окаймлением. У знака 1.3.2 под крестом также устанавливается изломанная полоса с таким же фоном и окаймлением. Они предупреждают о наличии необорудованного шлагбаумом переезда через железную дорогу с одним (знак 1.3.1) или несколькими (знак 1.3.2) путями. Если на переезде имеется светофорная сигнализация, то знаки устанавливают на одной стойке со светофором (рис. 1.36, *б*), а при ее отсутствии – на расстоянии не менее 20 м от ближайшего рельса (рис. 1.36, *в*).

Знаки 1.4.1–1.4.6 "**Приближение к железнодорожному переезду**" дополнительно предупреждают о приближении вне населенных пунктов к железнодорожному переезду.

Рис. 1.35. Предупреждение о протяженности опасного участка

Рис. 1.36. Предупреждение о приближении к железнодорожному переезду и о его характере:

*а* — переезд со шлагбаумом вне населенных пунктов; *б* и *в* — переезд без шлагбаума соответственно много- и однопутной железных дорог

Знаки 1.4.1–1.4.3 устанавливают с правой стороны дороги, а знаки 1.4.4–1.4.6 – с левой. Знаки 1.4.1 и 1.4.4 устанавливают под первым по ходу движения знаком 1.1 или 1.2, знаки 1.4.3 и 1.4.6 – под вторым знаком 1.1 или 1.2. Знаки 1.4.2 и 1.4.5 устанавливают самостоятельно на равных расстояниях между первым и вторым знаками 1.1 или 1.2.

Знаки 1.5 "**Пересечение с трамвайной линией**", 1.6 "**Пересечение равнозначных дорог**", 1.7 "**Пересечение с круговым движением**", 1.8 "**Светофорное регулирование**" и 1.20 "**Пешеходный переход**" предупреждают о пересечении соответственно:

с трамвайной линией, находящейся вне перекрестка;
равнозначных по значению дорог;
дороги, на которой организовано круговое движение;
регулируемого светофором участка дороги;
обозначенного пешеходного перехода.

Эти знаки применяют в случаях, когда ограничено расстояние видимости опасного участка (вне населенных пунктов менее 150 м, а в населенных пунктах – менее 50 м). Водителю рекомендуется повысить внимание, снизить скорость и быть готовым уступить дорогу трамваю, а также транспортным средствам и пешеходам, пользующимся преимущественным правом на движение. Кроме того, водителю следует помнить об ограничениях, касающихся порядка движения, остановки и стоянки транспортных средств на указанных участках (запрещения обгона на перекрестках, разворота в местах с ограниченной видимостью, остановки на трамвайных путях, пешеходных переходах и т. д.).

Знаки 1.9 "**Разводной мост**" и 1.10 "**Выезд на набережную**" предупреждают о том, что дорога выходит на набережную, берег реки, моря или озера. Знаки оповещают водителя об опасности, связанной с возможным съездом транспортного средства в воду или о необходимости поворота на набережную. При въезде на мост нужно обращать внимание на состояние настила и быть готовым к снижению скорости. На деревянных мокрых настилах нельзя резко тормозить. Знак 1.9 устанавливают и перед паромными переправами. При подъезде к паромной переправе нельзя мешать транспортным средствам, съезжающим с парома. При въезде на паром следует двигаться осторожно и выполнять указания дежурного по паромной переправе.

Знаки 1.11.1 и 1.11.2 "**Опасный поворот**" предупреждают о приближении к участку дороги малого радиуса или с ограниченной видимостью (знак 1.11.1 – о повороте направо, а знак 1.11.2 – налево). Приближаясь к закруглению дороги, водителю нужно переместиться к правому краю проезжей части, снизить скорость до значения, обеспечивающего устойчивость транспортного средства, а также быть внимательным при встречных разъездах. Следует помнить, что на участках с ограниченной видимостью запрещены обгон и разворот, а вне населенных пунктов – стоянка.

Знаки 1.12.1 и 1.12.2 "**Опасные повороты**" предупреждают о приближении к участку дороги с несколькими опасными поворотами, следующими друг за другом: 1.12.1 – с первым поворотом направо, 1.12.2 – налево. Если на участке имеются три (или более) поворота, следующих друг за другом, то применяют табличку 7.2.1 "Зона действия" (см. рис. 1.35).

Знаки 1.13 "**Крутой спуск**" и 1.14 "**Крутой подъем**" предупреждают о приближении к участку, крутизна спуска (подъема) которого представляет опасность для движения транспортных средств. На спусках нужно двигаться с небольшой скоростью, включенным сцеплением и передачей. Для преодоления крутых и затяжных подъемов водитель должен выбрать такую передачу, с которой подъем будет преодолен без ее переключения. В случае вынужденной остановки водитель должен предупредить произвольное движение транспортного средства под уклон. При затрудненном разъезде нужно уступать дорогу встречному транспортному средству, движущемуся на подъем (см. рис. 1.28, в). В конце подъема запрещены обгон и разворот, а вне населенных пунктов стоянка.

Знак 1.15 "**Скользкая дорога**" предупреждает о приближении к участку дороги с покрытием, которое во влажном состоянии отличается повышенной скользкостью (коэффициент сцепления менее 0,3). Водителю нужно снизить скорость и проезжать опасный участок, не применяя резких торможений и поворотов рулевого колеса.

Знак 1.16 "**Неровная дорога**" предупреждает о наличии на проезжей части выбоин, волнистости, вспученных мест и т. п. Водителю нужно снизить скорость настолько, чтобы обеспечить устойчивое и плавное движение транспортного средства.

Знак 1.17 "**Выброс гравия**" предупреждает о приближении к ремонтируемому участку дороги, на котором возможен выброс гравия, щебня из-под колес транспортных средств. Водителю нужно уменьшить скорость и соблюдать увеличенную дистанцию до переднего автомобиля, чтобы исключить повреждение стекол или фар автомобиля. Кроме того, водителю нужно воздерживаться от обгона и опережения. На этих участках часто находятся ремонтные рабочие, поэтому нужно быть готовым к принятию мер безопасности вплоть до остановки.

Знаки 1.18.1–1.18.3 "**Сужение дороги**" предупреждают об участках дороги, на которых проезжая часть сужается настолько, что затрудняется разъезд с встречным и попутным транспортными средствами: 1.18.1 – сужение с обеих сторон; 1.18.2 – справа; 1.18.3 – слева. Водителю рекомендуется снизить скорость и быть готовым к разъезду с небольшим интервалом.

Знак 1.19 "**Двустороннее движение**" предупреждает об участке дороги с встречным движением, которому предшествовал участок дороги с односторонним движением. Такие участки могут быть, например, в месте примыкания дороги с разделительной полосой к дороге без разделительной полосы с встречным движением (см. рис. 1.34, в). Знак подсказывает водителю, что необходимо двигаться по правым полосам проезжей части в ожидании встречных автомобилей.

Знак 1.21 "**Дети**" предупреждает о возможности неожиданного появления детей на проезжей части. Его устанавливают вблизи школ, детских площадок и садов. Водителю необходимо вести транспортное средство с особой осторожностью.

Знак 1.22 "**Пересечение с велосипедной дорожкой**" предупреждает о пересечении проезжей части с велосипедной дорожкой вне перекрестка. Такие дорожки устраивают параллельно главной дороге с одной или обеих ее сторон. Они пересекают примыкающие второстепенные дороги и обозначены знаками 4.5 и разметкой 1.15. При повороте направо или налево при виде знака 4.5 или разметки 1.15 водитель должен уступить дорогу велосипедистам, пересекающим проезжую часть.

Знак 1.23 "**Дорожные работы**" предупреждает о проведении на дороге работ, стесняющих движение по ней. Водители должны проезжать эти места с пониженной скоростью, особенно в темное время суток, так как на проезжей части могут находиться люди, машины, механизмы.

Знаки 1.24 "**Перегон скота**" и 1.25 "**Дикие животные**" предупреждают о приближении к участкам, где возможно соответственно появление скота (место перегона скота или участок дороги, прилегающий к неогороженным пастбищам, скотным дворам) или диких животных (территория заповедника, охотничьего хозяйства и т. п.). Наезд на животных часто приводит к тяжелым последствиям, поэтому на этих участках водитель должен повысить внимание и двигаться со скоростью, обеспечивающей своевременную остановку при появлении животных.

Знак 1.26 "**Падение камней**" предупреждает о приближении к участку дороги, где возможны обвалы, оползни, снежные лавины или падение камней. Если проезжая часть свободна от камней и оползшего грунта или снега, водителям рекомендуется преодолевать такие участки по возможности быстрее.

Знак 1.27 "**Боковой ветер**" предупреждает о приближении к участку дороги, где сильный боковой ветер может привести к потере устойчивости и управляемости транспортного средства. Особенно опасен сильный ветер для легковых автомобилей и мотоциклов. Такими местами являются горные ущелья, участки дорог, пролегающие вдоль водоемов, подъезды к мостам. На этих участках, особенно при обледенелом покрытии, водитель должен быть готовым снизить скорость и вести транспортное средство с особой осторожностью.

Знак 1.28 "**Низколетящие самолеты**" предупреждает об участке дороги, где внезапный сильный шум самолета, пролетающего на небольшой высоте, может испугать водителя и привести к потере управляемости.

Знак 1.29 "**Тоннель**" предупреждает о приближении к тоннелю без искусственного освещения или к тоннелю, въездной портал которого виден на небольшом расстоянии (менее 150 м). При въезде в тоннель водитель должен включить ближний свет фар (или габаритные огни при наличии искусственного освещения) и помнить о запрещениях разворота и остановки транспортного средства. Если знак снабжен табличкой 7.2.1 "Зона действия", это означает, что при въезде в тоннель не видно его противоположного конца.

Знак 1.30 "**Прочие опасности**" предупреждает о приближении к участку дороги, на котором имеются опасности, не предусмотренные другими предупреждающими знаками, например обрывы, выступы скал, места частого появления тумана и т. п. Действия водителя зависят от характера опасности, однако во всех случаях он должен быть предельно внимательным и готовым изменить скорость или траекторию транспортного средства.

Знаки 1.31.1–1.31.3 "**Направление поворота**" имеют прямоугольную форму с красным фоном и белыми изломанными линиями. Углы линий обращены в сторону поворота дороги. Знаки 1.31.1 и 1.31.2 устанавливают с внешней стороны кривой на продолжении дороги, по которой автомобили движутся к повороту (рис. 1.37, *а*), а знак 1.31.3 – на трехсторонних перекрестках напротив проезда, не имеющего продолжения (рис. 1.37, *б* и *в*). Знаки предупреждают об участке дороги с крутыми поворотами и ограниченной видимостью. Водитель должен приближаться к такому участку с пониженной скоростью, исключающей потерю устойчивости транспортного средства.

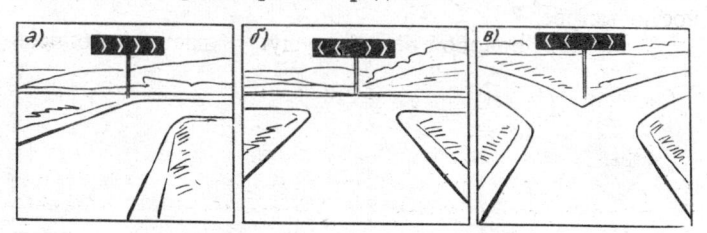

Рис. 1.37. Предупреждение о крутых, плохо просматриваемых поворотах

### 1.3.3. ЗНАКИ ПРИОРИТЕТА

Знаки приоритета устанавливают очередность проезда опасных мест, где одновременное движение в двух направлениях невозможно и один из его участников обязан уступить дорогу другому. К таким опасным местам относятся перекрестки, пересечения проезжих частей, узкие участки дорог и искусственные сооружения. Знаки приоритета имеют разные форму и окраску.

Знак 2.1 "**Главная дорога**" устанавливают в начале дороги, на которой водители пользуются преимущественным правом проезда по отношению к водителям, следующим по пересекаемым нерегулируемым проездам. В населенных пунктах знак может повторяться перед каждым перекрестком. Перед перекрестками, на которых главная дорога изменяет направление, а также перед перекрестками со сложной планировкой знак 2.1 устанавливают с табличкой 7.13 (рис. 1.38, *а*).

Знак 2.2 "**Конец главной дороги**" устанавливают в конце главной дороги. Он информирует о том, что на расположенном по ходу движения перекрестке водитель не будет иметь преимущественного права.

Знаки 2.3.1 "**Пересечение со второстепенной дорогой**", 2.3.2 и 2.3.3 "**Примыкание второстепенной дороги**" оповещают о предстоящем пересечении главной дороги с второстепенной (2.3.1) и примыкании второстепенной дороги к главной справа (2.3.2) или слева (2.3.3). Их устанавливают

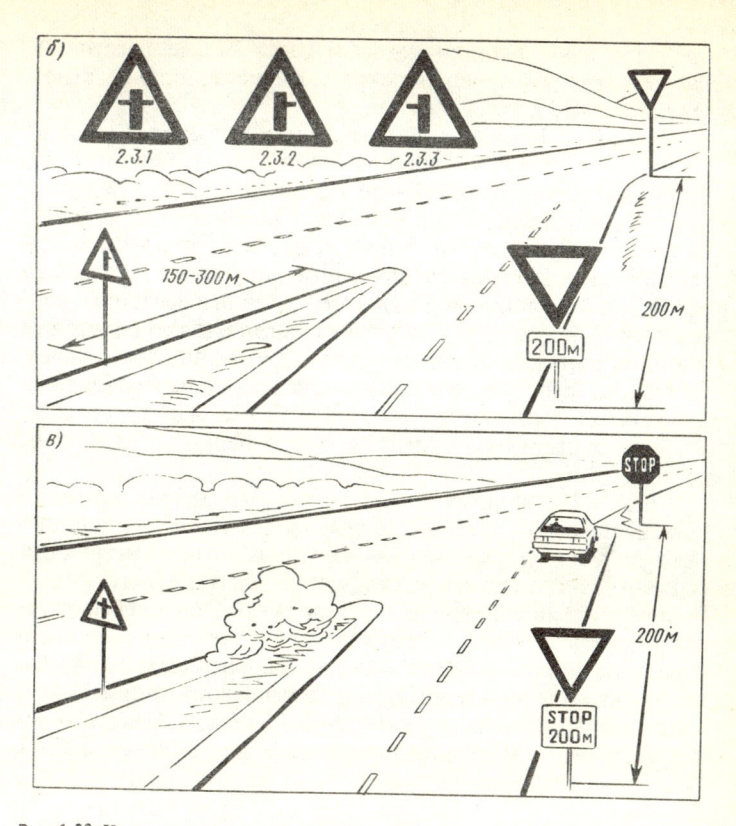

Рис. 1.38. Установка знаков приоритета:

*а* — в населенных пунктах; *б* и *в* — вне населенных пунктов

вне населенных пунктов на расстоянии 150–300 м от пересекаемых или примыкающих второстепенных дорог. Если знаки установлены на других расстояниях, их снабжают табличками 7.1.1 или 7.1.2 (рис. 1.38, *б*, *в*).

Знак 2.4 "Уступите дорогу" дает указание водителям о том, что они должны уступить дорогу транспортным средствам, движущимся по пересекаемой дороге (независимо от наличия на ней знаков 2.1 или 2.3.1–2.3.3), а при наличии таблички 7.13 – транспортным средствам, движущимся по главной дороге (см. рис. 1.38, *а*). Знак можно устанавливать перед выездами на дорогу, имеющую покрытие, с лесных просек, полевых и других дорог без покрытия, а также в местах выезда с площадок отдыха, АЗС и т. п. На дорогах с покрытием вне населенных пунктов знак устанавливают предварительно с табличками 7.1.1 или 7.1.2 на расстоянии 150–300 м, если перед перекрестком установлен соответственно знак 2.4 или 2.5.

Знак 2.5 "**Движение без остановки запрещено**" в отличие от других знаков приоритета имеет восьмиугольную форму и красный фон с белой надписью "STOP". Его устанавливают непосредственно перед пересечением с дорогой, на которой предоставлено преимущественное право проезда, возможно движение с высокими скоростями и разрешен обгон или ограничена видимость приближающихся транспортных средств. Знак запрещает движение без остановки у стоп-линии, а если она отсутствует – перед краем проезжей части. Знак можно устанавливать также перед железнодорожными переездами без шлагбаума на расстоянии 10 м от ближайшего рельса, а также перед карантинным постом.

Знаки 2.6 "**Преимущество встречного движения**" и 2.7 "**Преимущество перед встречным движением**" устанавливают в местах, где невозможен или опасен встречный разъезд транспортных средств (узкие участки дорог, мосты). Водитель, движущийся со стороны знака 2.6, должен уступить дорогу встречным транспортным средствам, находящимся на узком участке дороги (см. рис. 1.28, *б*), чтобы исключить столкновение. Для оповещения водителя о предстоящем опасном участке знак 2.6 может быть установлен заранее. В этом случае его снабжают табличкой 7.1.1 "Расстояние до объекта".

### 1.3.4. ЗАПРЕЩАЮЩИЕ ЗНАКИ

Запрещающие знаки применяют для введения или отмены ограничений движения. Они имеют круглую форму с красной или черной каймой. Фон у большинства знаков белый, у знака 3.1 красный, у знаков 3.27–3.30 голубой. Устанавливают их непосредственно перед участками дорог, на которых вводится определенное ограничение, или в местах, где оно снимается. Если необходимо заблаговременно предупредить участников движения о введении ограничения, то запрещающие знаки можно устанавливать с табличкой 7.1.1 "Расстояние до объекта".

Знак 3.1 "**Въезд запрещен**" запрещает въезд всем транспортным средствам, за исключением транспортных средств общего пользования. Знак часто применяют для исключения встречного движения на участках дорог с односторонним движением и для запрещения въезда на отдельную полосу движения (рис. 1.39). Подъехать к объекту, находящемуся за знаком, можно только с другого конца улицы. Знак применяют также для того, чтобы отделить въезд на площадки для стоянки, АЗС, площадки для отдыха от выезда с этих территорий.

Знаки 3.2 "**Движение запрещено**" и 3.3 "**Движение механических транспортных средств запрещено**" запрещают движение соответственно всех транспортных средств или только механических транспортных средств в обоих направлениях. Знаки устанавливают в населенных пунктах в тех

Рис. 1.39. Установка и значения знака „Въезд запрещен":

*а* — встречное движение запрещено; *б* — движение по полосе, предназначенной для транспортных средств общего пользования, запрещено

местах, где стремятся уменьшить помехи движению пешеходов и другое отрицательное влияние транспортных средств (отработавшие газы, шум и т. п.).

Знак 3.4 "Движение грузовых автомобилей запрещено". Если на знаке не указана масса, то запрещается движение в обоих направлениях грузовых автомобилей и автомобилей с прицепом или полуприцепом с полной массой более 3,5 т. Если на знаке указана масса — запрещено движение грузовых автомобилей и составов транспортных средств с полной массой, более указанной (рис. 1.40). Запрещается также движение тракторов и самоходных машин. Знак применяют для разгрузки дорог от грузовых транспортных средств большой и особо большой грузоподъемности. Он не запрещает движение грузовых автомобилей с наклонной белой полосой на бортах, а также перевозящих людей.

Знак 3.5 "Движение мотоциклов запрещено" устанавливают перед участками дорог, где запрещается движение мотоциклов в обоих направлениях, например вблизи больниц, санаториев и т. п.

Знак 3.6 "**Движение тракторов запрещено**" запрещает движение тракторов и самоходных машин на участках, где необходимо исключить из транспортного потока тихоходные транспортные средства.

Знак 3.7 "**Движение с прицепом запрещено**" запрещает движение в обоих направлениях грузовых автомобилей и

Рис. 1.40. Установка знака „Движение грузовых автомобилей запрещено"

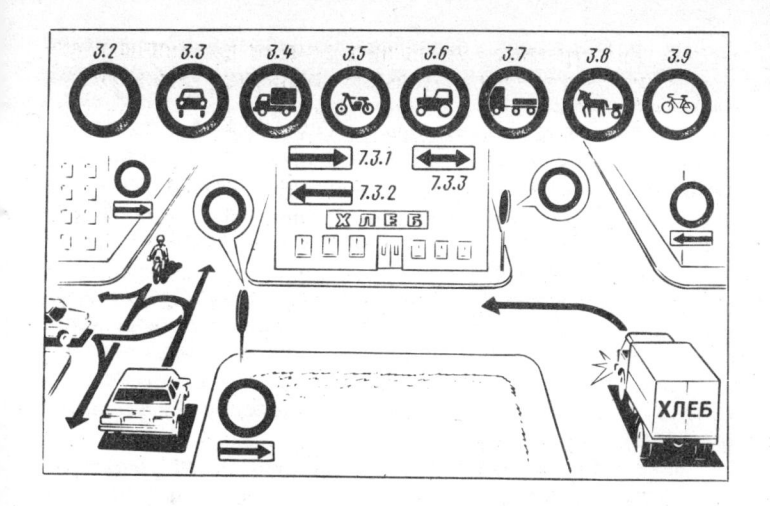

Рис. 1.41. Обозначение участка дороги, на котором движение запрещено

тракторов с прицепами любого типа, а также буксировку механических транспортных средств. Знак устанавливают обычно перед узкими участками дорог, где затруднено маневрирование автопоездов. Он не ограничивает движения легковых автомобилей с прицепами.

Знак 3.8 "Движение гужевых повозок запрещено" запрещает движение в обоих направлениях гужевых повозок и саней, животных под седлом или вьюком, а также прогон скота. Его устанавливают перед участками дорог с интенсивным движением, где животные могут создавать помехи движению быстроходных транспортных средств.

Знак 3.9 "Движение на велосипедах запрещено" запрещает движение на велосипедах и мопедах и устанавливается перед участками дорог с интенсивным движением, особенно в населенных пунктах на улицах, по которым движутся маршрутные троллейбусы и автобусы, в местах, где велосипедисты могут создавать помехи транспортному потоку. Для следования по такому участку велосипедист обязан сойти с велосипеда перед знаком и вести его в руках по тротуару, обочине или краю проезжей части.

Для предупреждения водителей о наличии на пересекаемой дороге участка, на котором запрещено движение, перед пересечением с этим участком дороги устанавливают соответствующий из знаков 3.2–3.9 с одной из табличек 7.3.1–7.3.3 "Направления действия" (рис. 1.41).

На участках дорог, обозначенных знаками 3.2–3.8, могут находиться предприятия, а также проживать или работать люди. Поэтому действие этих знаков не распространяется на транспортные средства, которые обслуживают эти предприятия или принадлежат гражданам, проживающим или работающим в обозначенной зоне. В таких случаях водители должны выбирать маршрут так, чтобы въезжать в обозначенную зону и выезжать из нее на ближайшем к месту назначения перекрестке.

Знак 3.10 **"Движение пешеходов запрещено"** устанавливают на участках дорог, где перемещение пешеходов сопряжено с опасностью (эстакада, тоннель, проезжая часть, обочина, тротуар и др.). Действие знака распространяется только на ту сторону дороги, на которой он установлен (рис. 1.42).

Знак 3.11 **"Ограничение массы"** запрещает движение транспортных средств, в том числе составов транспортных средств, общая фактическая масса которых больше указанной на знаке. Его устанавливают перед мостами, путепроводами, зимними дорогами через водоемы и другими местами, где безопасно движение лишь транспортных средств ограниченной массы (рис. 1.43, *а*).

Знак 3.12 **"Ограничение нагрузки на ось"** запрещает движение транспортных средств, у которых фактическая нагрузка на какую-либо ось больше указанной на знаке. Знак устанавливают перед участками дорог, покрытие и

Рис. 1.42. Зона действия знака „Движение пешеходов запрещено"

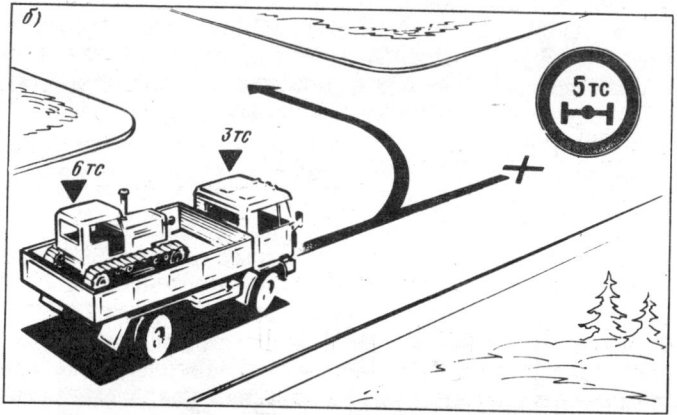

Рис. 1.43. Установка знаков:
*а* — „Ограничение массы"; *б* — „Ограничение нагрузки на ось"

основание которых могут быть разрушены при движении транспортных средств с большой осевой нагрузкой. При определении нагрузки считают, что у двухосных грузовых автомобилей на заднюю ось приходится 2/3, а на переднюю ось 1/3 их фактической массы (рис. 1.43, *б*), а у трех- и многоосных автомобилей масса распределена равномерно по всем осям. Однако в зависимости от характера груза распределение нагрузки может быть иным. Это должен учитывать водитель.

Знаки 3.13 "Ограничение высоты", 3.14 "Ограничение ширины" и 3.15 "Ограничение длины" запрещают движение транспортных средств (знак 3.15 — и составов транспортных средств), у которых один из соответствующих габаритных размеров (с грузом или без груза) больше, чем указано на знаках. Знаки устанавливают перед участками дорог, где большие габариты транспортного средства делают невозможным его проезд или затрудняют маневрирование. Так, знаки 3.13 и 3.14 устанавливают перед въездом в тоннель, под мосты, эстакады, путепроводы и т. п. Знак 3.15 обычно устанавливают перед участками дороги ограниченной ширины с поворотами малого радиуса.

Знак 3.16 "Ограничение минимальной дистанции" запрещает движение транспортных средств с дистанцией между ними меньшей, чем указано на знаке. Знак устанавливают перед местами, где надо рассредоточить нагрузку: мостами или путепроводами с большими расстояниями между пролетами и ограниченной грузоподъемностью, ледовыми переправами. Он может применяться также на участках дорог, где возможны внезапные и частые торможения движущихся впереди транспортных средств.

Знак 3.17.1 "Таможня" запрещает проезд без остановки у таможни (контрольного пункта) на участке дороги около государственной границы.

Знак 3.17.2 "Опасность" запрещает дальнейшее движение всех без исключения транспортных средств. Его устанавливают в связи с ДТП, аварией или другой опасностью.

Знаки 3.18.1 "Поворот направо запрещен", 3.18.2 "Поворот налево запрещен" и 3.19 "Разворот запрещен" устанавливают перед пересечениями или перед площадью, где запрещается соответствующий маневр. При этом знаки 3.18.1 и 3.18.2 запрещают повороты лишь на ближайшем пересечении, знак 3.18.2 не запрещает разворот (рис. 1.44, *а*), а знак 3.19 — поворот налево (рис. 1.44, *б*). Для удобства водителей на дорогах с двумя полосами и более для движения в данном направлении над левой полосой или на разделительной полосе устанавливают дублирующие знаки 3.18.2 или 3.19. На дорогах без разделительной полосы при числе полос для встречного движения не более двух дублирующие знаки можно устанавливать на левой стороне дороги.

Знаки 3.20 "Обгон запрещен" и 3.22 "Обгон грузовым автомобилям запрещен" запрещают обгон всех транспортных средств, кроме одиночных, движущихся со скоростью менее 30 км/ч (рис. 1.45), соответственно всем транспортным

Рис. 1.44. Установка знаков:
*а* — „Поворот направо запрещен" и „Поворот налево запрещен"; *б* — „Разворот запрещен"

средствам или грузовым автомобилям, полная масса которых превышает 3,5 т. Знак 3.22, кроме того, запрещает обгон тракторам всех транспортных средств, кроме гужевых повозок и велосипедов. Знаки применяют перед участками дороги, где в зависимости от видимости, ширины и состоя-

Рис. 1.45. Исключения к требованиям знаков „Обгон запрещен" и „Обгон грузовым автомобилям запрещен"

ния проезжей части или интенсивности движения создается повышенная опасность столкновений.

Знак 3.24 "Ограничение максимальной скорости" запрещает движение со скоростью (в километрах в час), превышающей указанную на знаке. Его устанавливают перед участками, где опасно движение с более высокой скоростью (населенные пункты, узкие мосты, закругления малых радиусов). Знак применяют также в местах, где разрешается движение со скоростью, большей, чем определено Правилами для дорог в населенных пунктах и вне их.

Знак 3.26 "Подача звукового сигнала запрещена" запрещает пользоваться звуковыми сигналами, за исключением случаев, когда необходимо предотвратить ДТП. Его устанавливают вне населенных пунктов и в населенных пунктах, обозначенных знаком 5.24, в непосредственной близости от зон отдыха, санаториев, пионерских лагерей, больниц и т. п.

Знак 3.27 "Остановка запрещена" запрещает остановку и стоянку транспортных средств. Его устанавливают перед участками дорог, где остановившееся транспортное средство создает помехи движению (узкие участки дороги, улицы с интенсивным движением и т. п.).

Знаки 3.28 "Стоянка запрещена", 3.29 "Стоянка запрещена по нечетным числам месяца" и 3.30 "Стоянка запрещена по четным числам месяца" устанавливают в тех местах, где стоящие транспортные средства могут снизить пропускную способность дорог. Требования знаков 3.27–3.30 распраняются только на ту сторону дороги, на которой они установлены. Если с одной стороны дороги установлен знак 3.29, а с другой – знак 3.30, то переставлять транспортные средства с одной стороны дороги на другую нужно с 19 до 21 ч.

Для удобства обслуживания граждан автомобилями-такси действия знаков 3.28–3.30 не распространяются на такси с включенными таксометрами.

Маршруты транспортных средств общего пользования прокладывают с учетом потребностей людей, проживающих, работающих и пользующихся услугами магазинов, мастерских и других предприятий службы быта в разных местах в зоне дорог, в том числе на участках, где знаками 3.1.–3.3, 3.18.1, 3.18.2, 3.19 и 3.27 введены соответствующие ограничения. Поэтому действие этих знаков не распространяется на транспортные средства общего пользования (рис. 1.46).

Знаки 3.16, 3.20, 3.22, 3.26–3.30 в отличие от других запрещающих знаков не запрещают движение в определенных направлениях или соответствующим участникам движения (транспортным средствам). Они устанавливают ограничения режимов движения на определенном по длине участке дороги, называемом *зоной действия*.

Зона действия всех указанных знаков простирается от места установки знака до ближайшего перекрестка, а в населенных пунктах при отсутствии перекрестков до знака 5.23 "Конец населенного пункта" (рис. 1.47). Причем действие знаков не прерывается в местах выезда с прилегающих к дороге территорий и местах пересечения (примыкания) с полевыми, лесными и другими второстепенными дорогами, перед которыми не установлены знаки 2.4 или 2.5.

Действие знака 3.24, установленного перед населенным пунктом, обозначенным знаком 5.22, распространяется до этого знака. Так, например, если знак 3.24, установленный на дороге вне населенного пункта, ограничивает скорость до 50 км/ч, то после знака 5.22 это ограничение снимается до конца населенного пункта.

Зона действия знаков при необходимости, например, при значительном расстоянии между перекрестками может быть уменьшена:

для знаков 3.16, 3.20, 3.22, 3.24 и 3.26 с помощью таблички 7.2.1 "Зона действия" (рис. 1.48, *а*), а при одновременном их применении установкой знака 3.31 "**Конец зоны всех ограничений**" (рис. 1.48, *б*);

для знаков 3.20, 3.22 и 3.24 установкой в конце зоны их действия соответственно знаков 3.21 "**Конец зоны запреще-**

Рис. 1.46. Запрещающие знаки, действие которых не распространяется на транспортные средства общего пользования

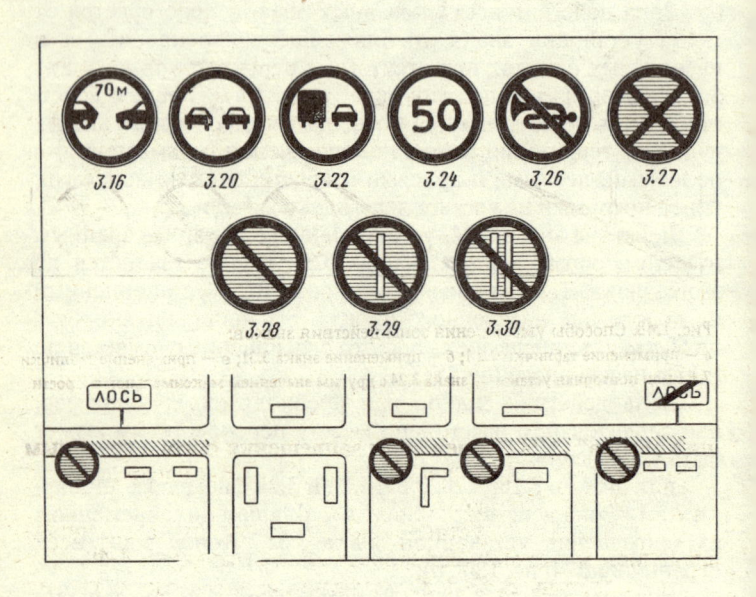

Рис. 1.47. Зоны действия запрещающих знаков

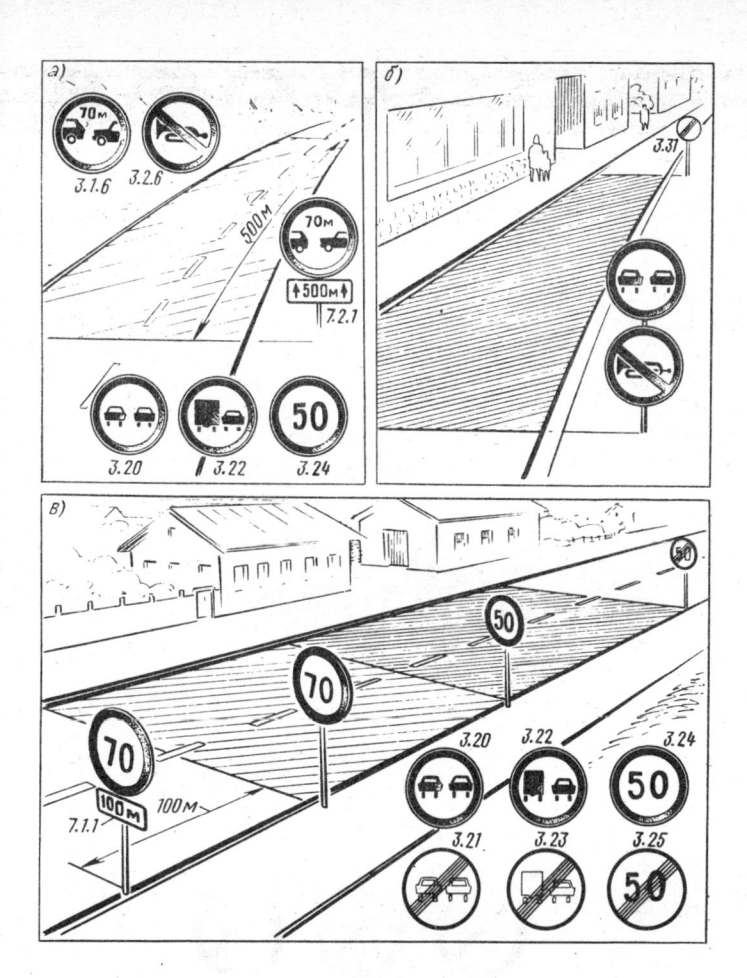

Рис. 1.48. Способы уменьшения зоны действия знаков:
*а* — применение таблички 7.2.1; *б* — применение знака 3.31; *в* — применение таблички 7.1.1 или повторная установка знака 3.24 с другим значением максимальной скорости

ния обгона", 3.23 "Конец зоны запрещения обгона грузовым автомобилям" и 3.25 "Конец зоны ограничения максимальной скорости" (см. рис. 1.48, *а*);

для знака 3.24 установкой такого же знака с другим значением максимальной скорости движения (рис. 1.48, *в*);

для знаков 3.27–3.30 установкой в конце зоны их действия таких же знаков с табличкой 7.2.3 (рис. 1.49, *а*) или применением таблички 7.2.2 (рис. 1.49, *б*). (Табличка 7.2.4

Рис. 1.49. Способы уменьшения зоны действия знаков:
*а* — установка в конце зоны действия повторных знаков 3.27–3.30 с табличкой 7.2.3; *б* — применение таблички 7.2.2.; *в* — применение знаков 3.27 и 3.28 соответственно с разметкой 1.4 и 1.10

информирует водителей о нахождении их в зоне действия знака.) Знак 3.27 может быть применен совместно с разметкой 1.4, а знак 3.28 – с разметкой 1.10. При этом зона действия этих знаков равна протяженности линии разметки (рис. 1.49, *в*).

## 1.3.5. ПРЕДПИСЫВАЮЩИЕ ЗНАКИ

Предписывающие знаки указывают направления движения транспортных средств, их минимальную скорость на отдельных участках дороги, места перемещения велосипедистов и пешеходов, а также разрешают движение транспортных средств определенных видов. Они имеют круглую форму и синий фон с белым изображением. Знаки устанавливают непосредственно перед участками дорог, на которых вводится определенное предписание. Чтобы предупредить участников движения о введении соответствующего предписания, знаки можно снабжать табличкой 7.1.1 "Расстояние до объекта".

Знаки 4.1.1 "Движение прямо", 4.1.2 "Движение направо", 4.1.3 "Движение налево", 4.1.4 "Движение прямо и направо", 4.1.5 "Движение прямо и налево" и 4.1.6 "Движение направо и налево" разрешают движение на ближайшем пересечении проезжих частей в направлениях, указанных на рис. 1.50, *а* стрелками (знаки 4.1.3, 4.1.5 и 4.1.6 разрешают,

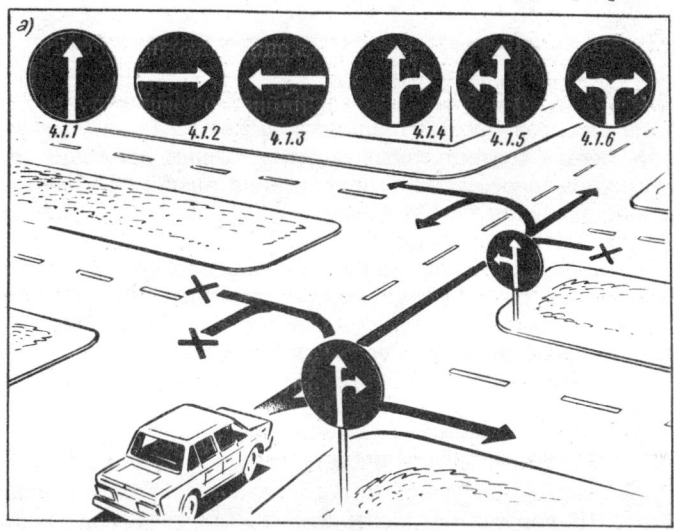

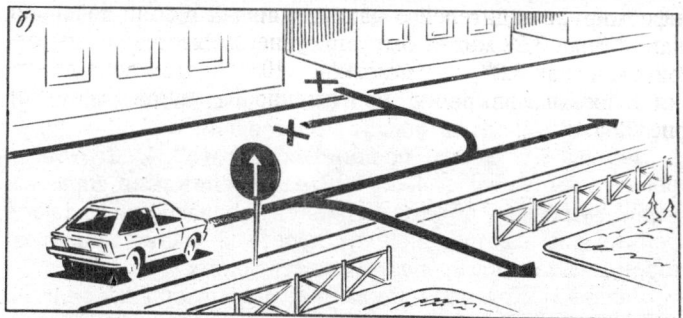

Рис. 1.50. Установка знаков 4.1.1—4.1.6:
*а* — перед перекрестком; *б* — за перекрестком

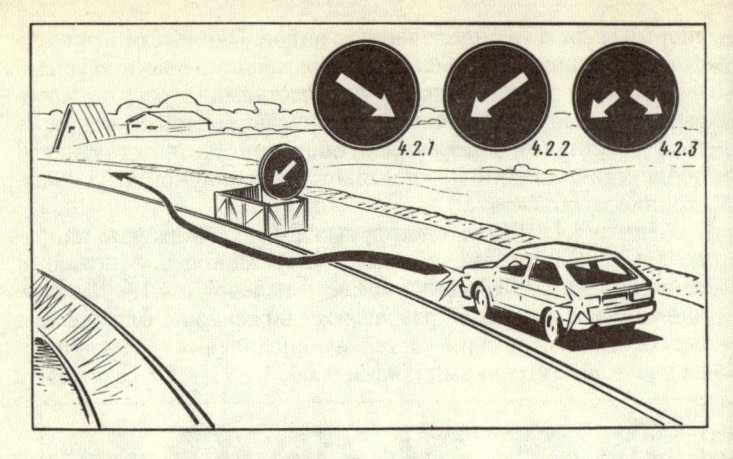

Рис. 1.51. Установка знаков 4.2.1–4.2.3

кроме того, разворот). Стрелки на знаках 4.1.1–4.1.6 могут иметь форму, соответствующую направлению движения на конкретном пересечении. Предписания знаков 4.1.1–4.1.6 распространяются на пересечение проезжих частей, перед которым они установлены.

Знак 4.1.1 может также дублировать продольную разметку 1.1 или 1.3, разделяющую встречные потоки транспортных средств. В этом случае действие знака распространяется до ближайшего перекрестка, а в зоне его действия разрешаются повороты направо во дворы и другие прилегающие территории (рис. 1.50, б).

На дорогах с двумя и более полосами для движения в данном направлении дублирующие знаки 4.1.1, 4.1.2 и 4.1.4 устанавливают над левой полосой или на разделительной полосе. На дорогах без разделительной полосы (при числе полос для встречного движения не более двух) указанные дублирующие знаки можно устанавливать на левой стороне дороги.

Действие знаков 4.1.1–4.1.6 не распространяется на транспортные средства общего пользования.

Знаки 4.2.1 "Объезд препятствия справа", 4.2.2 "Объезд препятствия слева" и 4.2.3 "Объезд препятствия справа и слева" разрешают объезд островков безопасности, а также препятствий, находящихся на проезжей части, только со стороны, указанной стрелкой или стрелками (рис. 1.51).

Знак 4.3 "Круговое движение" разрешает движение на перекрестке (площади) с организованным круговым движением только в направлении, указанном стрелками. Знак не дает преимущества транспортным средствам, движущимся по перекрестку (площади) с круговым движением. Поэтому водители должны руководствоваться правилами проезда перекрестков, в частности знаками приоритета (рис. 1.52).

Знак 4.4 "**Движение легковых автомобилей**" разрешает движение легковых автомобилей, автобусов, мотоциклов, транспортных средств общего пользования и грузовых автомобилей, полная масса которых не превышает 3,5 т.

Рис. 1.52. Преимущество на пересечении с участком дороги, на котором организовано круговое движение:

*а* — при отсутствии знака приоритета; *б* — при наличии знака приоритета

Знак устанавливают обычно на центральных улицах городов для того, чтобы ограничить движение грузовых автомобилей, автопоездов, тракторов и самоходных машин. Действие знака не распространяется на транспортные средства, которые обслуживают предприятия, находящиеся в обозначенной зоне, а также обслуживают граждан или принадлежат гражданам, проживающим или работающим в обозначенной зоне. В этих случаях транспортные средства должны въезжать в обозначенную зону и выезжать из нее на ближайшем к месту назначения перекрестке.

Перед пересечениями с дорогой, обозначенной знаком 4.4, такие же знаки устанавливают с табличками 7.3.1–7.3.3 "Направление действия" (рис. 1.53).

Знак 4.5 **"Велосипедная дорожка"** разрешает движение только на велосипедах и мопедах, а при отсутствии тротуа-

Рис. 1.53. Применение знака „Движение легковых автомобилей":
*а* — транспортные средства, которым разрешено движение; *б* — обозначение участка дороги, на котором действует предписание знака

ра или пешеходной дорожки – и пешеходов. Если велосипедная дорожка расположена рядом с дорогой или отделена от проезжей части разметкой 1.1, велосипедистам запрещается движение по дороге.

Знак 4.6 "**Пешеходная дорожка**" разрешает движение только пешеходам. Его устанавливают для обозначения улиц, площадей, где организовано только пешеходное движение (в том числе и временно при организации массовых гуляний).

Знак 4.7 "**Ограничение минимальной скорости**" разрешает движение транспортных средств только с указанной или большей скоростью (в километрах в час). Он создает благоприятные условия для движения быстроходных транспортных средств. Если транспортное средство не может двигаться с указанной на знаке скоростью, то ему запрещается въезжать на дорогу или полосу, обозначенную этим знаком. Знак часто устанавливают на затяжных подъемах при наличии на дороге двух полос и более в одном направлении. Действие знака распространяется до знака 4.8 "**Конец зоны ограничения минимальной скорости**" (рис. 1.54).

Рис. 1.54. Установка знака „Ограничение минимальной скорости"

### 1.3.6. ИНФОРМАЦИОННО-УКАЗАТЕЛЬНЫЕ ЗНАКИ

Информационно-указательные знаки информируют участников движения о его особенностях, расположении на пути следования населенных пунктов и других объектов. Часть этих знаков, кроме того, вводят определенные ограничения в режимы движения и отменяют их. Они имеют прямоугольную форму (кроме знаков 5.21.1). Фон у большинства знаков синий. Знаки с зеленым фоном устанавливают на автомагистралях, а с белым – в населенных пунктах. Знаки с желтым фоном информируют о предстоящем объезде ремонтируемого участка дороги.

Знак 5.1 "**Автомагистраль**" обозначает дорогу, на которой действуют дополнительные требования к порядку движения. На автомагистрали, в частности, запрещаются: движение пешеходов, велосипедистов и механических транспортных средств, скорость которых по технической характеристике или в соответствии с их состоянием меньше 40 км/ч; остановка вне специальных площадок для стоянки, обозначенных знаком 5.15 или 6.11; разворот и въезд в разрывы разделительной полосы; учебная езда; движение задним ходом; движение далее второй полосы грузовых автомобилей с полной массой более 3,5 т. Знак устанавливают в начале магистрали, а также с табличкой 7.1.1 на подъездах к автомагистрали перед ближайшим к ней местом для разворота или перекрестком, а с табличками 7.1.3 или 7.1.4 – перед въездами на автомагистраль. В конце автомагистрали и в начале съездов с нее устанавливают знак 5.2 "Конец автомагистрали". Кроме того, знак 5.2 с табличкой 7.1.1 устанавливают на расстояниях 400 и 1000 м от конца автомагистрали.

Знак 5.3 "Дорога для автомобилей" обозначает дороги, предназначенные только для движения автомобилей, автобусов и мотоциклов. Движение гужевого транспорта, велосипедистов, тракторов и самоходных машин по этим дорогам запрещено. Знак устанавливают в начале дороги, а также в тех же местах, где и знак 5.1. В конце дороги устанавливают знак 5.4 "Конец дороги для автомобилей".

Знак 5.5 "Дорога с односторонним движением" обозначает дорогу или проезжую часть, по которой транспортные средства могут двигаться в одном направлении по всей ширине. Устанавливают его в начале дороги или проезжей части с односторонним движением. Знак может повторяться после перекрестков. В местах боковых выездов на дорогу с односторонним движением устанавливают знаки 5.7.1 и 5.7.2 "Выезд на дорогу с односторонним движением" (рис. 1.55). В конце дороги (проезжей части), обозначенной

Рис. 1.55. Обозначение места выезда на дорогу, на которой организовано одностороннее движение

знаком 5.5, устанавливают знак 5.6 "Конец дороги с односторонним движением".

Знаки 5.8.1 "**Направления движения по полосам**" и 5.8.2 "**Направления движения по полосе**" указывают число полос и разрешенные направления движения по каждой полосе. Устанавливают эти знаки перед перекрестками, на которых полосы нужно использовать в соответствии с интенсивностью движения транспортных средств в различных направлениях. Действие знаков распространяется на данный перекресток (рис. 1.56). Если знак 5.8.1 разрешает поворот налево, то он одновременно разрешает и разворот с крайней левой полосы.

Знаки 5.8.3 "**Начало полосы**" и 5.8.5 "**Конец полосы**" обозначают соответственно начало и конец дополнительной полосы (рис. 1.57, *а*) или начало полосы торможения и конец полосы разгона. Если на знаке 5.8.3 изображен знак 4.7 "Ограничение минимальной скорости", то водитель транспортного средства, которое не может двигаться с указанной скоростью, обязан перестроиться вправо на дополнительную полосу.

Знаки 5.8.4 "**Начало полосы**" и 5.8.6 "**Конец полосы**" обозначают на трехполосной дороге соответственно начало и конец участка средней полосы, предназначенной для движения в данном направлении. Знаки устанавливают у начала переходной линии разметки (рис. 1.57, *б*).

Рис. 1.56. Установка знака „Направление движения по полосам"

Рис. 1.57. Установка знаков „Начало полосы" и „Конец полосы":
*а* — знаки 5.8.3 и 5.8.5 установлены соответственно в начале и конце дополнительной полосы на подъеме; *б* — знаки 5.8.4 и 5.8.6 установлены соответственно в начале и конце участка средней полосы трехполосной дороги

Знаки 5.8.3–5.8.6 облегчают ориентировку водителей при выборе полосы движения на участках, где число полос меняется.

Знаки 5.8.7 и 5.8.8 **"Направление движения по полосам"** указывают направление движения по каждой из полос на трехполосных дорогах при организации движения в одном направлении по двум полосам, а также на дорогах с числом полос четыре и более при организации движения в одном направлении по большему числу полос, чем во встречном. Знаки устанавливают за каждым перекрестком на протяжении всего участка дороги. Для запрещения движения определенных транспортных средств по какой-либо из полос соответствующий запрещающий знак может быть изображен на знаке 5.8.7. Знаки 5.8.7 и 5.8.8 со сменным изображением направления стрелок применяют при организации реверсивного движения.

Знак 5.9 "**Полоса для транспортных средств общего пользования**" обозначает полосу, предназначенную для движения только транспортных средств общего пользования, движущихся попутно общему потоку транспортных средств. Действие знака распространяется на полосу, над которой он расположен. Если знак установлен справа от дороги, то его действие распространяется на правую полосу. Въезд на полосу запрещен другим транспортным средствам, если она отделена от других полос сплошной линией разметки 1.1 или 1.3.

Знак 5.10.1 "**Дорога с полосой для транспортных средств общего пользования**" обозначает дорогу, по которой транспортные средства общего пользования движутся навстречу общему потоку транспортных средств по специально выделенной полосе. В местах боковых выездов на такую дорогу устанавливается знак 5.10.2 или 5.10.3 "**Выезд на дорогу с полосой для транспортных средств общего пользования**" (рис. 1.58), а в конце дороги – знак 5.10.4 "**Конец дороги с полосой для транспортных средств общего пользования**".

Знаки 5.11.1 "**Место для разворота**" и 5.11.2 "**Зона для разворота**" обозначают разрывы в разделительной полосе и другие места, предназначенные для разворота (рис. 1.59). Поворот налево в таких местах запрещается, так как при этом могут быть созданы помехи транспортным средствам, движущимся навстречу.

Знаки 5.12 "**Место остановки автобуса и (или) троллейбуса**", 5.13 "**Место остановки трамвая**" и 5.14 "**Место стоянки легковых такси**" обозначают остановочные пункты транспортных средств общего пользования и стоянки легковых автомобилей-такси. Стоянка и остановка других транспортных средств запрещены ближе 15 м от остановочных площадок, а при их отсутствии от знаков 5.12—5.14 или указателей остановок, если это создает помехи движению транспортных средств общего пользования или такси. В населенных пунктах водители должны уступать дорогу троллейбусам и автобусам, начинающим движение от обозначенной остановки.

Рис. 1.58. Установка знаков „Дорога с полосой для транспортных средств общего пользования" и „Выезд на дорогу с полосой для транспортных средств общего пользования"

Знак 5.15 "**Место стоянки**" обозначает площадки и другие места, специально отведенные для стоянки транспортных средств. Границы площадки и места стоянки могут быть обозначены линиями разметки. Знак можно применять с одной из табличек 7.6.1–7.6.9 для обозначения околотротуарной стоянки, а дополнительные предписания водителям на месте стоянки содержат таблички 7.7–7.9 (рис. 1.60).

Знаки 5.16.1 и 5.16.2 "**Пешеходный переход**" обозначают места, выделенные для организованного перехода пешеходов через проезжую часть. Знак 5.16.1 устанавливают слева от проезжей части дороги, знак 5.16.2 справа. На нерегулируемых переходах знаки можно применять в сочетании с разметкой 1.14.1 или 1.14.2 ("зебра"), а на регулируемых с разметкой 1.14.3. При отсутствии на переходе разметки знаки устанавливают так, чтобы можно было определить границы перехода: знак 5.16.2 относительно приближающихся к переходу транспортных средств устанавливают на ближней его границе, а знак 5.16.1 на дальней.

При проезде обозначенных пешеходных переходов водители должны руководствоваться предписаниями

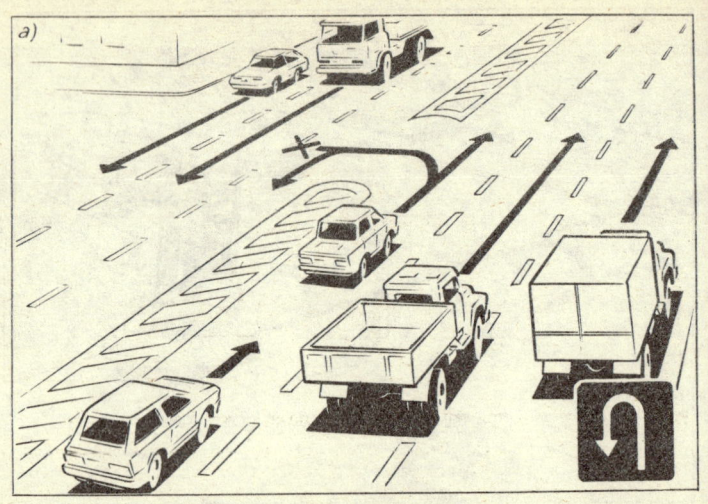

Рис. 1.59. Обозначение мест, предназначенных для разворота:
*а* — место для разворота; *б* — зона для разворота

Правил, касающимися разворота, остановки, выбора скорости, а также проявлять повышенное внимание.

Знаки 5.17.1 и 5.17.2 "**Подземный пешеходный переход**", 5.17.3 и 5.17.4 "**Надземный пешеходный переход**" обозначают наличие лестничных сходов соответственно подзем-

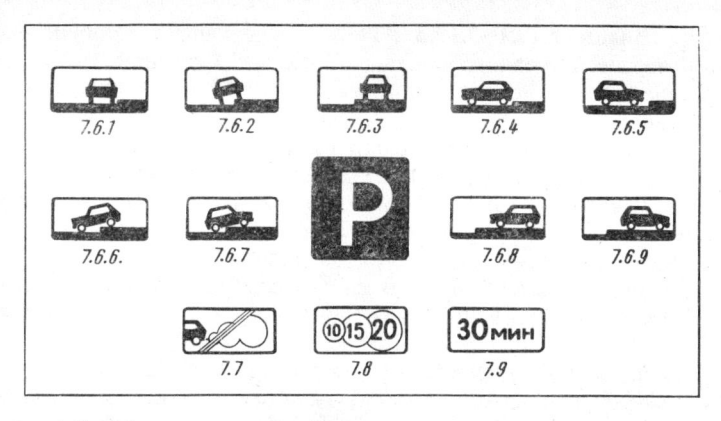

Рис. 1.60. Таблички, применяемые совместно со знаком „Место стоянки"

ных и надземных переходов. Вблизи от таких переходов пешеходам запрещается пересекать проезжую часть.

Знак 5.18 "**Рекомендуемая скорость**" указывает скорость, с которой на данном участке дороги рекомендуется движение. Если знак установлен на городской магистрали, где внедрено светофорное регулирование по режиму "зеленой волны", указанная скорость может обеспечить безостановочный проезд транспортных средств через несколько перекрестков. Действие знака распространяется до ближайшего перекрестка. Знак может применяться перед опасным участком дороги совместно с предупреждающим знаком. В этом случае зона его действия определяется протяженностью опасного участка (рис. 1.61).

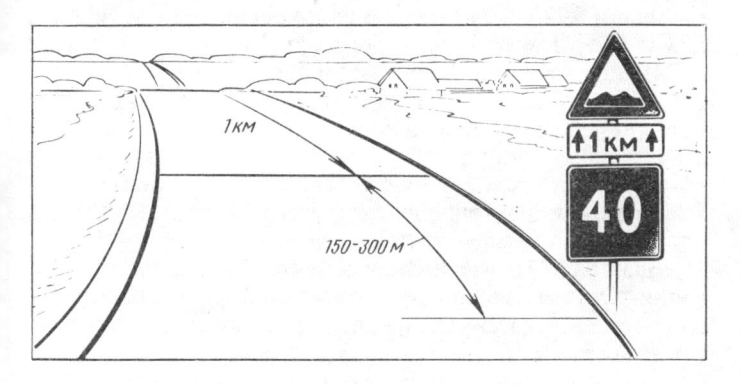

Рис. 1.61. Установка знака „Рекомендуемая скорость"

Знаки 5.19.1–5.19.3 "**Тупик**" обозначают дороги, не имеющие сквозного проезда. Знак 5.19.1 устанавливают в начале такой дороги, а знаки 5.19.2 и 5.19.3 – перед пересечением с ней.

Знаки 5.20.1 "**Предварительный указатель направлений**" и 5.20.2 "**Предварительный указатель направления**" указывают направления движения к населенным пунктам или другим объектам. Знак 5.20.1 применяют также для указания схемы маршрута объезда участков дорог, на которых установлен один из запрещающих знаков 3.11 – 3.15. На знаке 5.20.1 могут быть нанесены изображения знака 5.29.1 символы автомагистрали, аэропорта и иные. В нижней части знака 5.20.1 указывают расстояние до перекрестка, начала полосы торможения (не менее 300 м вне населенных пунктов и не менее 50 м в населенных пунктах). Знак 5.20.2 устанавливают непосредственно перед началом полосы торможения, а при ее отсутствии – на расстоянии не менее 100 м от перекрестка вне населенных пунктов и не менее 50 м в населенных пунктах.

Знак 5.20.3 "**Схема движения**" указывает маршрут движения, если на перекрестке запрещено движение в отдельных направлениях или если перекресток имеет сложную планировку. Знак устанавливают перед перекрестком или предварительно: вне населенных пунктов за 150–300 м, а в населенных пунктах за 50–100 м до перекрестка.

Знаки 5.21.1 "**Указатель направления**" и 5.21.2 "**Указатель направлений**" указывают одно или несколько направлений движения к населенным пунктам и другим объектам, а также расстояние до этих объектов.

Знаки 5.22 и 5.24 "**Начало населенного пункта**" и знаки 5.23 и 5.25 "**Конец населенного пункта**" обозначают соответственно начало и конец населенного пункта. Знаки 5.22 и 5.23 с белым фоном ограничивают участок дороги, на котором действуют требования Правил о порядке движения в населенных пунктах (ограничение скорости до 60 км/ч, запрещение подачи звукового сигнала и др.). Знаки 5.24 и 5.25 с синим фоном определяют участок дороги, на котором эти требования не действуют.

Знак 5.26 "**Наименование объекта**" указывает наименования пунктов следования, отличающиеся от наименований населенных пунктов (река, озеро, перевал, достопримечательность и т. п.).

Знак 5.27 "**Указатель расстояний**" указывает расстояние в километрах до населенных пунктов, расположенных на маршруте. Устанавливают его при выезде из городов и крупных населенных пунктов, а также на дорогах между ними.

Знак 5.28 "**Километровый знак**" указывает расстояние в километрах до начала или конца дороги. Устанавливают его в конце каждого километра дороги.

Знаки 5.29.1 и 5.29.2 "**Номер маршрута**" указывают номер, присвоенный дороге или маршруту, а знак 5.29.2, кроме того, ее направление. Буква Е обозначает, что дорога входит в систему европейских магистралей, а цифра – маршрутный номер дороги общегосударственного значения. Знак 5.29.1. устанавливают в начале дороги ( и повторяют через 15–20 км), а знак 5.29.2 перед перекрестком.

Знаки 5.30.1–5.30.3 "**Направление движения для грузовых автомобилей**" рекомендуют направление движения для грузовых автомобилей, тракторов и самоходных машин, если их движение в одном из направлений на перекрестке запрещено (рис. 1.62). При этом водитель при необходимости может воспользоваться другим не запрещенным маршрутом. На протяжении объездного маршрута эти знаки устанавливают перед каждым перекрестком.

Знак 5.31 "**Схема объезда**" указывает маршрут объезда участка дороги, временно закрытого для движения. Знак имеет желтый фон. Его устанавливают перед объездом, а

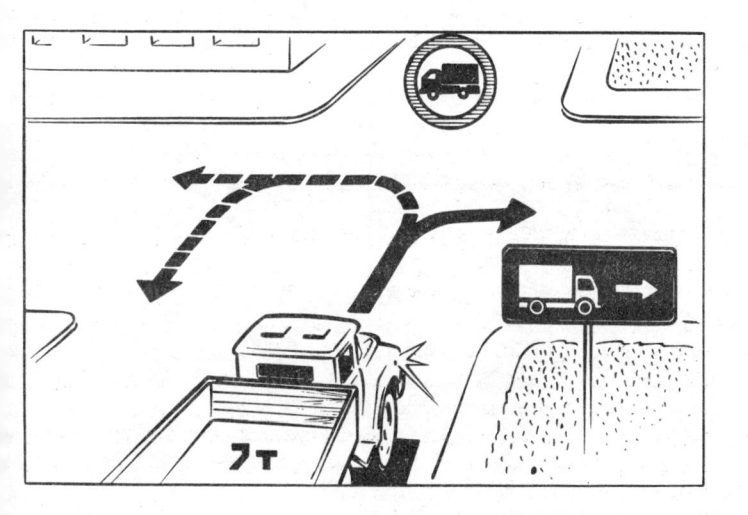

Рис. 1.62. Установка знака „Направление движения для грузовых автомобилей"

также вне населенных пунктов за 150–300 м, а в населенных пунктах за 50–100 м до перекрестка.

Знаки 5.32.1–5.32.3 "**Направление объезда**" указывают направление объезда участка дороги, временно закрытого для движения. Фон знаков желтый. Их устанавливают перед каждым перекрестком на маршруте объезда, а знаки 5.32.2 и 5.32.3, кроме того, перед началом объезда.

Знак 5.33 "**Стоп-линия**" указывает место остановки транспортных средств при запрещающем сигнале светофора или регулировщика, а также перед железнодорожными переездами. Он может применяться самостоятельно и для дублирования разметки 1.12.

Знаки 5.34.1 и 5.34.2 "**Предварительный указатель перестроения на другую проезжую часть**" определяют соответственно направление объезда, закрытого для движения участка проезжей части дороги с разделительной полосой, и направление движения для возвращения на правую проезжую часть (рис. 1.63). Их устанавливают с табличкой 7.1.1 на расстоянии 50–100 м до места объезда (возвращения). Знак 5.34.1 вне населенных пунктов устанавливают, кроме того, и за 500 м до разрыва в разделительной полосе.

Знак 5.35 "**Реверсивное движение**" обозначает дороги, где организовано реверсивное движение транспортных средств по одной или нескольким полосам. Устанавливают его в начале дороги. Он может повторяться после пере-

Рис. 1.63. Установка знаков „Предварительный указатель перестроения на другую проезжую часть":
*а* — объезд участка; *б* — возвращение на правую проезжую часть

крестков со сложной планировкой. В местах боковых выездов на такую дорогу устанавливают знаки 5.37 "**Выезд на дорогу с реверсивным движением**". На дороге, обозначенной знаками 5.35, водители должны выполнять предписания раздела Правил "Расположение транспортных средств на проезжей части", касающиеся реверсивного движения. В конце участка дороги с реверсивным движением устанавливают знак 5.36 "Конец реверсивного движения".

### 1.3.7. ЗНАКИ СЕРВИСА

Знаки сервиса информируют водителей о расположении объектов сервиса на пути движения. Они имеют прямоугольную форму и синий фон.

Знаки 6.1 "**Пункт первой медицинской помощи**", 6.2 "**Больница**", 6.3 "**Автозаправочная станция**", 6.4 "**Техническое обслуживание автомобилей**", 6.5 "**Мойка автомобилей**", 6.6 "**Телефон**", 6.7 "**Пункт питания**", 6.8 "**Питьевая вода**", 6.9 "**Гостиница или мотель**", 6.10 "**Кемпинг**", 6.11 "**Место отдыха**" и 6.12 "**Пост ГАИ**" устанавливают непосредственно у объектов или у мест поворота к ним, если они расположены в стороне от дороги. Кроме того, знаки устанавливают предварительно в населенных пунктах за 100–150 м, а вне населенных пунктов за 60–80 км, 15–20 км и 400–800 м от объекта или поворота к нему.

### 1.3.8. ЗНАКИ ДОПОЛНИТЕЛЬНОЙ ИНФОРМАЦИИ (ТАБЛИЧКИ)

Знаки дополнительной информации уточняют или ограничивают действие знаков других групп, с которыми они установлены. Самостоятельно (без других знаков) таблички не применяются. Они имеют прямоугольную форму и белый фон. Располагают их под знаками, за исключением табличек 7.2.2–7.2.4, 7.13. С одним знаком (за исключением знака 5.15) допускается применять не более двух табличек. Со знаком 5.15 может применяться большее число табличек.

Знак 7.1.1 "**Расстояние до объекта**" с предупреждающими знаками указывает расстояние до начала опасного участка (см. рис. 1.31, *в*), а с другими знаками (кроме знаков 5.8.1, 5.8.2, 5.20.3, 5.30.1–5.31 и знаков сервиса) – расстояние до места начала действия знака или до объекта (см. рис. 1.38, *б* и 1.63).

Знак 7.1.2 **"Расстояние до объекта"** указывает вне населенных пунктов расстояние от знака 2.4 до перекрестка, перед которым установлен знак 2.5 (см. рис. 1.38, *в*).

Знаки 7.1.3 и 7.1.4 **"Расстояние до объекта"** указывают расстояние от перекрестка с предупреждающими знаками до начала опасного участка, а со знаками 5.1, 5.3, 5.15 – 5.17 – до соответствующего объекта (рис. 1.64, *а*).

Знак 7.2.1 **"Зона действия"** характеризует протяженность опасного участка, обозначенного предупреждающими знаками (см. рис. 1.35), зону действия запрещающих знаков

Рис. 1.64. Значения табличек:
*а* — место стоянки расположено справа от дороги на расстоянии 100 м; *б* — зона действия околотротуарной стоянки 150 м

Рис. 1.65. Виды транспортных средств, на которые распространяется действие знаков „Движение прямо" и „Движение налево"

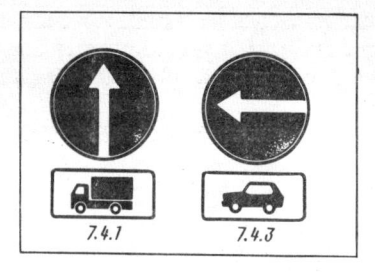

(см. рис. 1.48, *а*), знака 5.15, установленного с одной из табличек 7.6.1–7.6.9 (рис. 1.64, *б*), а также знаков 5.12 и 5.18.

Знаки 7.2.2–7.2.6 "**Зона действия**" применяют только со знаками 3.27–3.30. При размещении знаков на консольных опорах или над проезжей частью, обочиной или тротуаром таблички 7.2.2–7.2.4 размещают сбоку так, чтобы знак находился ближе к середине проезжей части (см. рис. 1.49, *а* и *б*). Таблички 7.2.5 и 7.2.6 указывают направление и зону действия знаков 3.27–3.30 при запрещении остановки или стоянки вдоль одной стороны площади, фасада здания и т. п.

Знаки 7.3.1–7.3.3 "**Направления действия**" определяют направление действия запрещающих знаков (см. рис. 1.41), знаков 4.4 и 5.3, установленных перед перекрестком (см. рис. 1.53, *б*).

Знаки 7.4.1–7.4.7 "**Вид транспортного средства**" характеризуют вид транспортного средства, на которое распространяется действие данного знака (рис. 1.65). Табличка 7.4.1 распространяет действие знака, с которым она применена, на грузовые автомобили, в том числе с прицепом, с полной массой более 3,5 т, а табличка 7.4.3 – на легковые автомобили, а также на грузовые автомобили с полной массой до 3,5 т.

Знаки 7.5.1 "**Субботние, воскресные и праздничные дни**", 7.5.2 "**Рабочие дни**" и 7.5.3 "**Дни недели**" указывают дни недели, в течение которых данный знак действует (рис. 1.66, *а*).

Знаки 7.5.4–7.5.7 "**Время действия**" указывают соответственно время суток и дни недели, в течение которых действует знак (рис. 1.66, *б*).

Знаки 7.6.1–7.6.9 "**Способ постановки транспортного средства на стоянку**", 7.7 "**Стоянка с неработающим двигателем**", 7.8 "**Платные услуги**", 7.9 "**Ограничение продолжительности стоянки**" и 7.10 "**Место для осмотра автомобилей**" применяют только со знаком 5.15 (см. рис. 1.60). Таб-

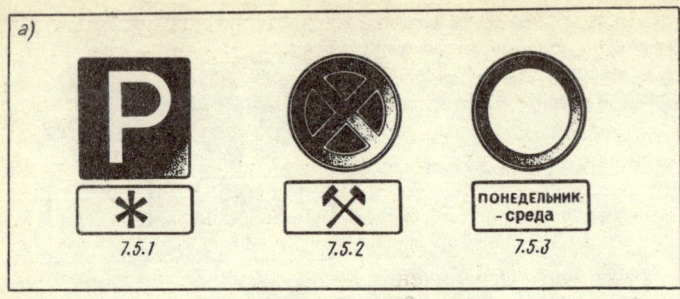

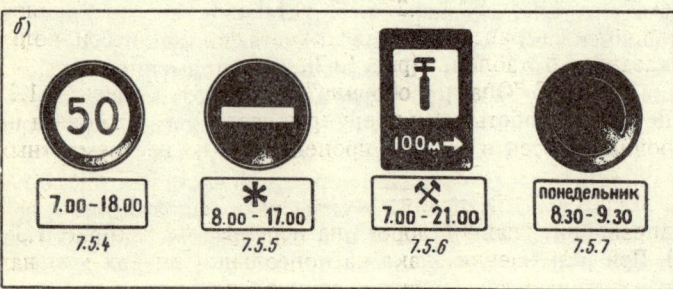

Рис. 1.66. Время действия соответствующих знаков:
*а* — дни недели; *б* — время суток и дни недели

Рис. 1.67. Поворот направо запрещен только транспортным средствам с полной массой более 15 т

лички 7.6.1–7.6.9 указывают способ постановки транспортного средства на околотротуарную стоянку; табличка 7.7 запрещает стоянку с работающим двигателем; табличка 7.8 предупреждает о том, что на стоянке взимается плата; табличка 7.9 определяет максимальную продолжительность пребывания транспортного средства на стоянке; табличка 7.10 извещает о наличии эстакады или осмотровой ямы. Табличка 7.10 может применяться, кроме того, со знаком 6.10, а табличка 7.8 со знаком 6.3.

Знак 7.11 **"Ограничение полной массы"** указывает, что действие знаков 3.18, 3.27–3.30, 4.1.1–4.1.6 распространяется только на транспортные средства с полной массой, более указанной на табличке (рис. 1.67).

Знак 7.12 **"Опасная обочина"** применяют со знаком 1.23 "Дорожные работы". Он предупреждает о том, что съезд на обочину опасен в связи с проведением на ней ремонтных работ.

Знак 7.13 **"Направление главной дороги"** указывает направление главной дороги на перекрестке (см. рис. 1.38, *а*). При размещении знака на консольных опорах или над проезжей частью табличка должна располагаться справа от знака.

Знак 7.14 **"Полоса движения"** указывает полосу, на которую распространяется действие знака (см. рис. 1.39 и 1.54).

Знак 7.15 **"Слепые пешеходы"** применяют со знаками 1.20, 5.16.1 и 5.16.2, а также с транспортными светофорами для предупреждения о том, что переходом пользуются слепые.

Знак 7.16 **"Влажное покрытие"** применяют со знаками 1.15, 3.20, 3.22 и 3.24. Он указывает, что действие знака распространяется только на тот период времени, когда покрытие проезжей части является влажным.

Знак 7.17 **"Инвалиды"** применяют со знаком 5.15. Он указывает, что площадка (или ее часть) отведена для стоянки транспортных средств, которыми управляют инвалиды.

Знак 7.18 **"Кроме инвалидов"** указывает, что действие знака не распространяется на транспортные средства, которыми управляют инвалиды.

### 1.3.9. НАЗНАЧЕНИЕ И КЛАССИФИКАЦИЯ ДОРОЖНОЙ РАЗМЕТКИ

Дорожная разметка имеет большое распространение, как одно из важнейших средств организации дорожного движения. Разметку выполняют специальными стойкими красками, термопластичными или другими материалами в виде линий, надписей и иных обозначений на проезжей части и других элементах дороги. Наряду с дорожными знаками разметка ограничивает движение, обеспечивает водителей и пешеходов информацией, которая помогает им ориентироваться на дороге, способствует предупреждению ДТП. Виды разметки, ее цвет и параметры регламентирует ГОСТ 13508–74*. Условия применения и назначение каждого вида разметки определяет ГОСТ 23457–86. Разметка может быть горизонтальной и вертикальной. Каждому виду разметки присвоен номер: первое число определяет группу разметки (1 – горизонтальная; 2 – вертикальная), второе число обозначает порядковый номер разметки в группе, третье – разновидность разметки.

Разметка применяется как самостоятельно, так и в сочетании с дорожными знаками и светофорами.

Горизонтальная разметка. К горизонтальной разметке относятся линии, надписи, стрелы и другие обозначения, нанесенные на проезжую часть материалами белого цвета, кроме линий 1.4, 1.10 и 1.17 желтого цвета. В населенных пунктах горизонтальная разметка применяется на скоростных и магистральных дорогах и дорогах, по которым проходят маршруты транспортных средств общего пользования; вне населенных пунктов – на дорогах, имеющих проезжую часть шириной 6 м и более при большой интенсивности движения (1000 авт./сут и более). Разметку применяют на других участках дорог, когда это необходимо для обеспечения безопасности движения.

Горизонтальная разметка (рис. 1.68) подразделяется на продольную (линии 1.1–1.11), поперечную (линии 1.12–1.14) и другие виды (разметка 1.15–1.23). Каждый вид разметки имеет определенное значение.

Неширокая сплошная линия **1.1**:

разделяет транспортные потоки противоположных направлений на дорогах с двумя или тремя полосами движения;

обозначает границы полос движения в опасных местах (перед перекрестками, крутыми поворотами, переломами продольного профиля);

определяет границы проезжей части, на которые въезд

запрещен (разделительные и направляющие островки, островки безопасности для пешеходов);

обозначает границы мест стоянки транспортных средств;

обозначает край проезжей части у обычных дорог.

Линии 1.1 наносят на участках, где маневрирование транспортных средств сопряжено с опасностью. Поэтому нельзя пересекать их или наезжать на них. Лишь линию 1.1, обозначающую край проезжей части, можно пересекать для последующей остановки.

Широкая сплошная линия 1.2 обозначает край проезжей части на автомагистралях. Ее можно пересекать с любой стороны, т. е. для остановки или для выезда на полосу движения.

Двойная сплошная линия 1.3 разделяет транспортные потоки противоположных направлений на дорогах с четырьмя полосами движения и более. Пересекать эти линии или наезжать на них запрещено.

Сплошная линия желтого цвета 1.4 и прерывистая линия желтого цвета 1.10, у которой длина штрихов равна длине промежутков, обозначают места, где запрещены соответственно остановка и стоянка. Применяются в сочетании со знаками 3.27 и 3.28 соответственно или самостоятельно. Линии наносят на бортовом камне или непосредственно на проезжей части у ее края.

Прерывистая линия 1.5, у которой штрихи втрое короче промежутков между ними, прерывистая линия 1.6 со штрихами втрое длиннее промежутков и прерывистая линия 1.7 со штрихами, равными по длине промежуткам, разделяют транспортные потоки противоположных направлений с двумя или тремя полосами; обозначают границы полос движения, предназначенных для движения в одном направлении. Разметка 1.6 предупреждает о приближении к опасным местам, обозначенным разметкой 1.1 или 1.11. Поэтому объезды, опережения и обгоны должны быть завершены в пределах разметки 1.6. Разметка 1.7 обозначает полосы движения в пределах перекрестков со сложной конфигурацией и помогает водителям выбирать траекторию движения транспортного средства. Пересекать линии 1.5–1.7 разрешается как поворачивающим или разворачивающимся транспортным средствам, так и пересекающим данную дорогу.

Широкая прерывистая линия 1.8 с длиной штрихов 1 м, шириной 0,4 м и расстоянием между штрихами 3 м определяет границы между полосой разгона или торможения и основной полосой проезжей части.

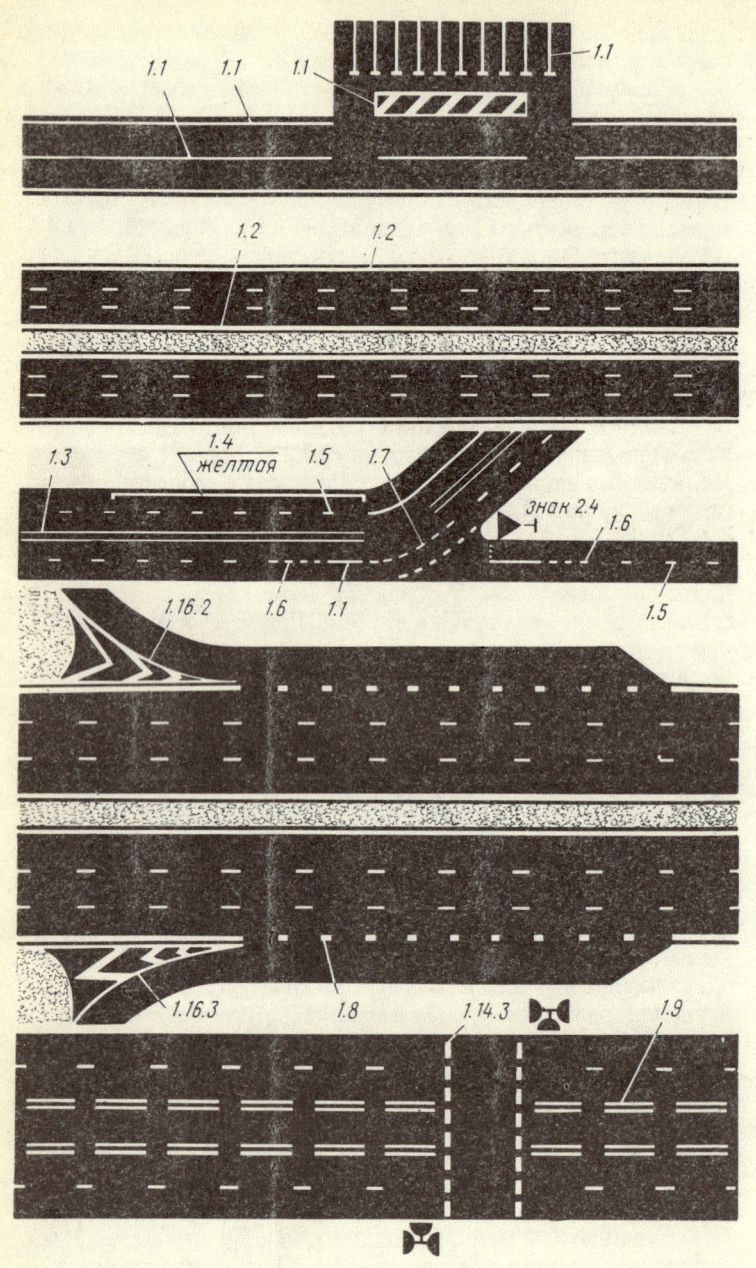

Рис. 1.68. Горизонтальная разметка

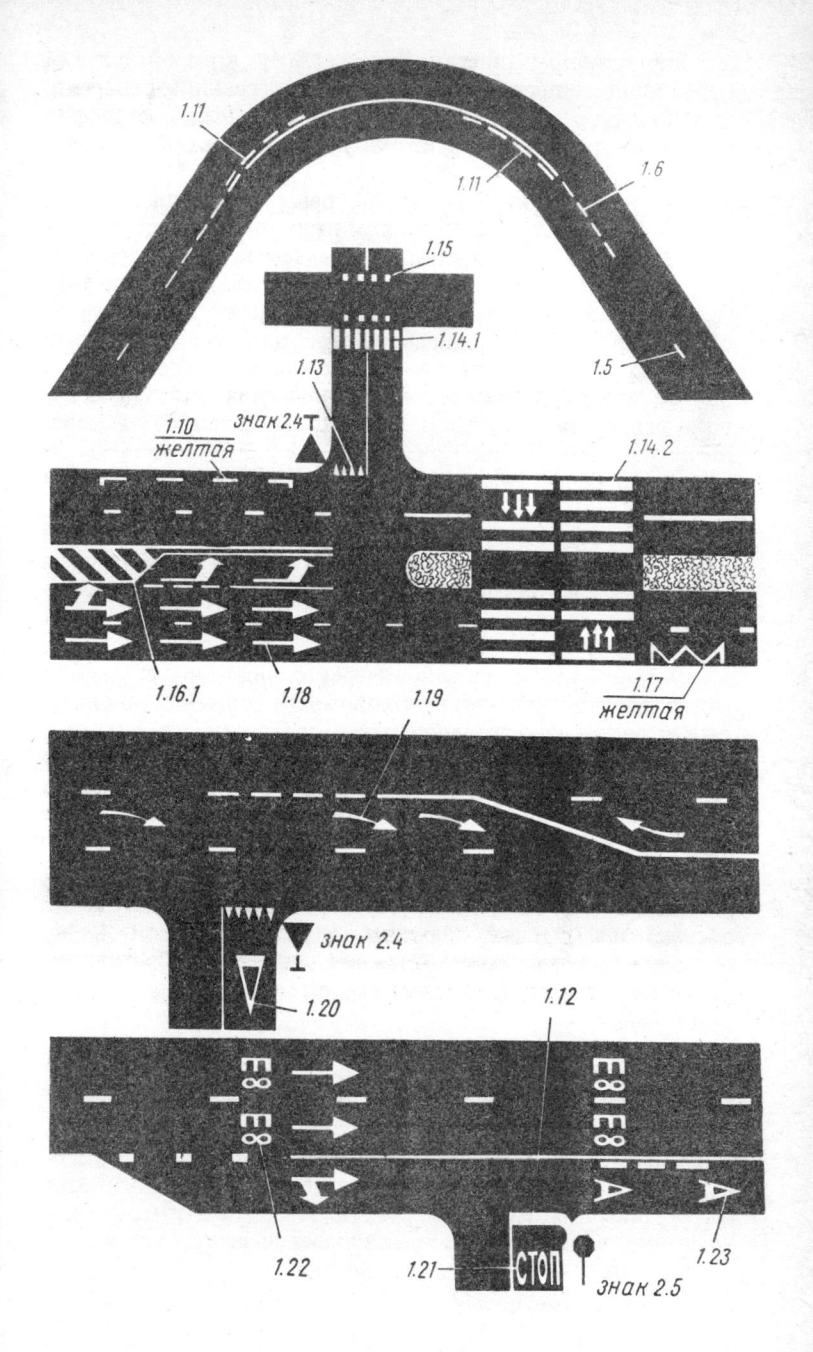

1.11 1.11 1.6
1.15
1.14.1
1.13
знак 2.4
1.10
желтая
1.14.2
1.5
1.16.1 1.18 1.17
желтая

1.19

знак 2.4
1.20

1.12

1.22 1.21 1.23
знак 2.5

Двойная прерывистая линия **1.9**, у которой штрихи втрое длиннее промежутков, обозначает границы реверсивных полос, а при включенных реверсивных светофорах разделяет транспортные потоки противоположных направлений.

Двойные линии **1.11**, из которых одна сплошная, а вторая прерывистая со штрихами втрое длиннее промежутков, применяют на участках дорог, где выезд на одну из сторон движения может создать опасность. Она разделяет транспортные потоки противоположных направлений, обозначает места, предназначенные для разворота транспортных средств, въезда на площадки для стоянки и выезда с них. Пересекать линию для обгона, объезда, поворота, разворота и других целей разрешено только со стороны прерывистой линии. Со стороны сплошной линии разметку можно пересекать только при завершении обгона или объезда.

Стоп-линия **1.12** указывает место, где водитель должен остановиться при наличии знака 2.5 или при запрещающем сигнале светофора (регулировщика). В сочетании с разметкой 1.12 и знаком 2.5 иногда применяют разметку **1.21** (надпись "СТОП").

Линия **1.13**, образованная треугольниками, указывает место, где водитель при необходимости должен остановиться и уступить дорогу транспортным средствам, движущимся по пересекаемой дороге. Применяют эту разметку только со знаком 2.4. Для предупреждения водителей о приближении к разметке 1.13 иногда применяют разметку **1.20** в виде треугольника, вершина которого обращена к приближающимся транспортным средствам.

Разметка **1.14.1** и **1.14.2** ("зебра") – обозначает нерегулируемый пешеходный переход. Стрелы разметки 1.14.2 указывают направление движения пешеходов. Применяют разметку в сочетании со знаками 5.16.1 и 5.16.2 или самостоятельно.

Линии **1.14.3** обозначают пешеходный переход, где движение регулируется светофором.

Разметка **1.15** обозначает места, где велосипедная дорожка пересекает проезжую часть. Применяют ее в сочетании со знаком 4.5 или самостоятельно. Если пересечение основной проезжей части с велосипедной дорожкой не регулируется, то велосипедисты должны уступить дорогу транспортным средствам, движущимся по основной дороге.

Разметка **1.16.1–1.16.3** обозначает направляющие островки. При этом разметку 1.16.1 наносят в местах разделения транспортных потоков противоположных направлений, разметку 1.16.2 — в местах разделения транспортных потоков одного направления, а разметку 1.16.3 — в местах слияния транспортных потоков.

Сплошная зигзагообразная линия желтого цвета **1.17** указывает место остановки транспортных средств общего пользования. Водителям других транспортных средств запрещается останавливаться в пределах, ограниченных этой линией, если они создают помехи для транспортных средств общего пользования.

Указательные стрелы **1.18** определяют разрешенные на перекрестке направления движения по полосам. Применяют их в сочетании со знаками 5.8.1 и 5.8.2 или самостоятельно. Разметка помогает водителям своевременно занять нужную полосу. Стрелы, разрешающие поворот налево из крайней левой полосы, разрешают и разворот. Разметку с изображением тупика наносят перед пересечениями дорог с проезжими частями, разделенными бульваром либо широкой разделительной полосой, где поворот на ближайшую проезжую часть запрещен (рис. 1.69).

В сочетании с разметкой 1.18 может применяться разметка **1.22**, указывающая номера дороги или маршрута, в тех случаях, когда дорога пересекается с другой дорогой такой же или более высокой категории. Буква Е применя-

Рис. 1.69. Разрешенные направления движения по полосам

ется на дорогах, предназначенных для международного движения. Разметку 1.22 применяют в сочетании со знаками 5.29.1 и 5.29.2 или самостоятельно.

Направляющие стрелы **1.19** предупреждают о приближении к сужению проезжей части, где уменьшается число полос движения, или к линиям разметки 1.1 или 1.11, разделяющим транспортные потоки противоположных направлений. В первом случае разметка 1.19 может применяться в сочетании со знаками 1.18.1–1.18.3.

Разметка **1.23** (буква А) обозначает полосы проезжей части, предназначенные для движения только транспортных средств общего пользования. Такую полосу обычно отделяют от основной проезжей части линиями 1.1, 1.3, бордюром или барьером. Разметку 1.23 наносят на полосы, обозначенные знаком 5.9.

В случаях когда значения временных дорожных знаков, размещаемых на переносной стойке, и линий разметки противоречат друг другу, водители должны руководствоваться знаками.

В е р т и к а л ь н а я  р а з м е т к а. К вертикальной разметке относятся линии и обозначения, нанесенные на части мостов, путепроводов, поверхности порталов тоннелей, на парапеты, ограждения, бордюры и другие дорожные сооружения, с целью повышения их видимости и облегчения ориентирования участников движения. Для вертикальной разметки используют сочетания черного и белого цветов. На участках дорог без искусственного освещения разметки 2.1–2.6 дополняют светоотражающими материалами.

Каждый вид вертикальной разметки (рис. 1.70) имеет определенное значение.

Наклонными линиями **2.1** обозначают вертикальные элементы дорожных сооружений (опор мостов, путепроводов, торцовых частей парапетов), когда они представляют опасность для движущихся транспортных средств. Нижний конец разметки обращен в сторону проезжей части.

Вертикальными полосами **2.2** обозначают нижний край пролетного строения мостов, тоннелей, путспроводов. Их применяют в случаях, когда пролетное строение расположено над проезжей частью дороги на высоте менее 5 м и может стать препятствием для крупногабаритных транспортных средств.

Горизонтальными полосами **2.3** отмечают круглые тумбы, установленные на разделительных полосах или островках безопасности.

Наклонными черными полосами **2.4** обозначают направ-

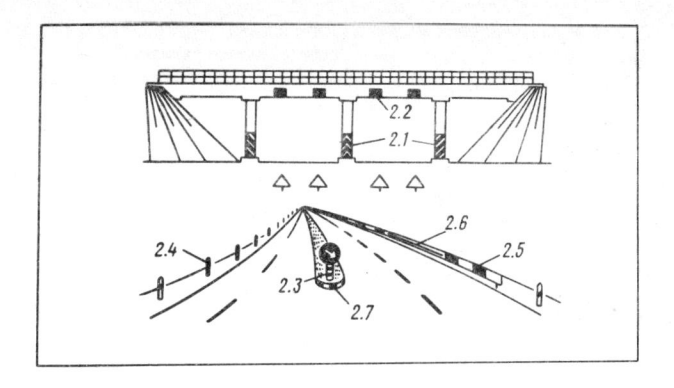

Рис. 1.70. Вертикальная разметка

ляющие столбики, надолбы, опоры ограждений и стойки дорожных знаков, расположенные в пределах дорожного полотна.

Черно-белыми полосами **2.5** и горизонтальными черно-белыми линиями **2.6** обозначают боковые поверхности дорожных ограждений на закруглениях малого радиуса, высоких насыпях, крутых спусках и других опасных участках.

Черно-белыми полосами **2.7** обозначают бордюры на опасных участках и возвышающиеся островки безопасности.

## Контрольные вопросы

1. Для какой цели применяют предупреждающие знаки (знаки приоритета, запрещающие, предписывающие, информационно-указательные, дополнительной информации)? Как их следует устанавливать на различных участках дорог?

2. Как должны быть установлены дорожные знаки перед железнодорожными переездами?

3. Какие из предупреждающих знаков и для чего должны повторяться?

4. Действие каких запрещающих знаков (предписывающих, информационно-указательных) распространяется на протяжении определенной зоны? Какова протяженность зоны действия таких знаков?

5. Какая особенность порядка движения транспортных средств на участке дороги, обозначенном дорожным знаком "Круговое движение"?

6. Какие из информационно-указательных знаков вводят ограничения для движения транспортных средств? В чем заключаются эти ограничения?

7. Какие из знаков дополнительной информации (табличек) могут применяться со знаком "Место стоянки"?

8. Какое назначение имеет горизонтальная (вертикальная) разметка? Каким цветом и на какие элементы дорог наносится разметка?

9. Какую информацию для участников дорожного движения дают разметки 1.16.1—1.16.3, 1.18 и 1.19?

10. В сочетании с какими дорожными знаками могут (должны) применяться разметки 1.13, 1.14.1, 1.14.2, 1.18, 1.22?

11. В каких местах и для какой цели применяются сплошные (прерывистые) линии продольной горизонтальной разметки?

12. Что обозначают разметки 1.4, 1.10, 1.17?

13. По какой полосе разрешается вести транспортное средство, если на проезжей части нанесена разметка 1.9?

## Глава 1.4. РЕГУЛИРОВАНИЕ ДОРОЖНОГО ДВИЖЕНИЯ. ПРОЕЗД ПЕРЕКРЕСТКОВ, ПЕШЕХОДНЫХ ПЕРЕХОДОВ И ЖЕЛЕЗНОДОРОЖНЫХ ПЕРЕЕЗДОВ

### 1.4.1. СИГНАЛЫ СВЕТОФОРА

Для регулирования транспортных и пешеходных потоков широко применяют светофоры, которые позволяют повысить пропускную способность дорог и перекрестков и сократить число ДТП. По назначению светофоры делят на транспортные и пешеходные. Цвет, форма, размеры и расположение светофорных сигналов соответствуют международной Конвенции о дорожных знаках и сигналах и одинаковы в подавляющем большинстве стран (рис. 1.71).

На пересечениях дорог с преобладающим прямолинейным движением применяют главным образом трехсекционные светофоры с трехцветной сигнализацией. Они имеют круглые линзы (диаметром 200 или 300 мм) трех цветов: красного, желтого и зеленого, расположенные вертикально (рис. 1.71, *а*), или горизонтально (рис. 1.71, *б*).

Сигналы трехсекционного светофора имеют следующие значения:

*зеленый сигнал* разрешает движение всем транспортным средствам во всех направлениях, пешеходам разрешается переходить проезжую часть;

*зеленый мигающий сигнал* разрешает движение, но информирует, что время его действия истекает и через несколько секунд будет включен запрещающий сигнал. На улицах с высокой интенсивностью движения он позволяет водителям подготовиться к смене сигналов светофора и оценить возможности проезда перекрестка без остановки;

*желтый сигнал* запрещает движение и предупреждает о смене сигналов. Если водитель в момент переключения зеленого сигнала на желтый находится близко от перекрестка и не может без применения резкого торможения остановиться, он может продолжать движение через перекресток. Пешеходам запрещается начинать переходить проезжую часть. Пешеходы, находящиеся в момент включения жел-

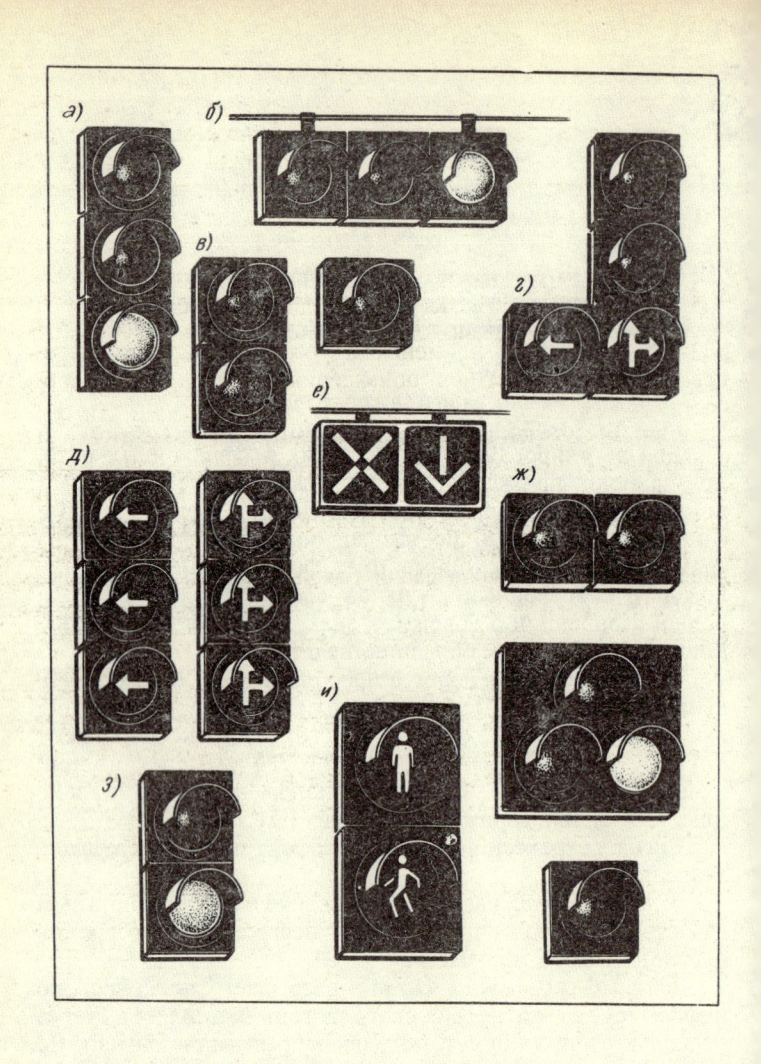

**Рис. 1.71. Типы светофоров:**

*а* — с вертикальным расположением сигналов; *б* — с горизонтальным расположением сигналов; *в* — для обозначения нерегулируемых перекрестков и пешеходных переходов; *г* — с дополнительной секцией; *д* — для регулирования движения в определенных направлениях; *е* — реверсивный; *ж* — для регулирования движения через железнодорожные переезды; *з* — для регулирования движения на территориях предприятий, организаций и в местах сужения проезжей части; *и* — пешеходный светофор

того сигнала на проезжей части, должны быстро закончить переход или остановиться на островке безопасности, а при его отсутствии – на середине проезжей части;

*желтый мигающий сигнал* информирует о наличии нерегулируемого перекрестка и разрешает движение в соответствии с правилами его проезда;

*красный сигнал* запрещает движение;

*Красный и желтый сигналы*, включенные одновременно, запрещают движение, но предупреждают, что вскоре включится зеленый сигнал. Такая сигнализация позволяет водителям меньше времени задерживаться перед перекрестком и способствует повышению пропускной способности.

Для обозначения нерегулируемых перекрестков и пешеходных переходов могут применяться одно- или двухсекционные светофоры с соответственно мигающим и попеременно мигающими желтыми сигналами (рис. 1.71, *в*).

Трехсекционные светофоры могут иметь одну или две дополнительные секции, расположенные на одном уровне с зеленым сигналом (рис. 1.71, *г*). Дополнительные секции имеют стрелки зеленого цвета, указывающие разрешенные направления движения.

При любом основном сигнале светофора движение в направлении, указанном стрелкой, разрешается только при включенной секции. В зависимости от конфигурации перекрестка стрелка в секции может быть расположена горизонтально, вертикально или под углом. В правой дополнительной секции могут быть стрелки, разрешающие правый поворот (стрелка горизонтальная) или движение прямо (стрелка вертикальная на Т-образных перекрестках). О наличии дополнительной секции светофора водителей информирует нанесенная на основной зеленый сигнал черная контурная стрелка (стрелки), разрешающая движение в иных направлениях, чем сигнал дополнительной секции. Стрелка, разрешающая поворот налево, разрешает и разворот.

Иногда применяют светофоры со стрелками, нанесенными на линзах основных сигналов (рис. 1.71, *д*) на черном фоне. Желтый и красный сигналы имеют черные контурные стрелки на желтом и красном фоне соответственно. Эти стрелки информируют водителей о разрешенных направлениях движения при включении зеленого сигнала светофора. При интенсивном движении транспортных средств по нескольким полосам над каждой полосой может быть установлен светофор, управляющий движением по ней (рис. 1.72). Стрелка, разрешающая поворот налево, разрешает и разворот. Светофоры со стрелками на линзах могут применяться с дорожными знаками 4.1.1–4.1.6 или 5.8.1 и 5.8.2, а также с дорожной разметкой 1.18.

При реверсивном движении применяют светофоры с красным Х-образным сигналом и зеленой стрелкой, направленной вниз (рис. 1.71, *е*). Эти сигналы соответственно запрещают или разрешают движение по реверсивной полосе, над которой они установлены. При выключенных сигналах реверсивного светофора выезд на полосу, обозначенную с обеих сторон разметкой 1.9, запрещен.

На железнодорожных переездах применяют следующие светофоры: с одним красным сигналом, с двумя горизонтально расположенными красными сигналами или с двумя красными и одним зеленым сигналом (рис. 1.71, *ж*). Такого типа светофоры могут устанавливаться также перед разводными мостами, причалами паромных переправ и в местах выезда на дорогу пожарных и других специальных автомобилей. Мигающий красный сигнал или два попеременно мигающих красных сигнала запрещают движение.

При сигналах транспортных светофоров, запрещающих движение, водители должны останавливаться перед стоп-линией или перед пешеходным переходом. Если они отсут-

Рис. 1.72. Светофорное регулирование движения по полосам

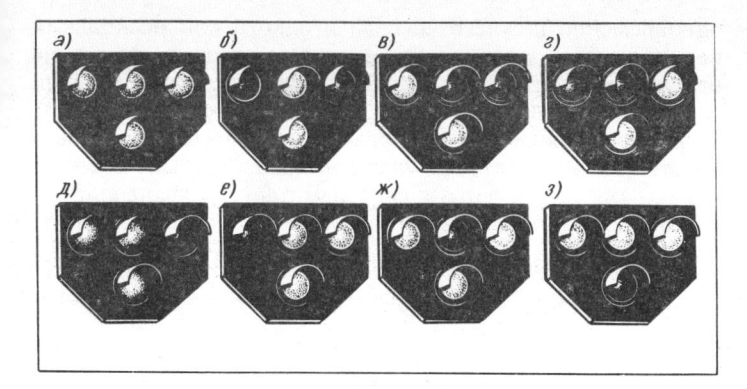

Рис. 1.73. Сигналы светофора, разрешающие движение транспортных средств общего пользования:
*а* — во всех направлениях; *б* — прямо; *в* — налево; *г* — направо; *д* — прямо и налево; *е* — прямо и направо; *ж* — налево и направо; *з* — движение запрещено

ствуют, можно останавливаться перед пересекаемой проезжей частью, не создавая помех пешеходам. На других регулируемых участках нужно останавливаться перед светофором.

На территориях предприятий, организаций и в местах сужения проезжей части могут применяться двухсекционные светофоры с красным и желтым сигналами (рис. 1.71, *з*).

Пешеходные светофоры (рис. 1.71, *и*) имеют два сигнала круглой или квадратной формы. Верхний красный и нижний зеленый сигналы выполняются в виде силуэтов человека.

Пешеходные светофоры применяют для регулирования движения пешеходов через проезжие части дорог. Зеленый сигнал разрешает движение пешеходов. На пешеходных переходах, которыми регулярно пользуются слепые, вместе со светофором может применяться звуковая сигнализация, работающая совместно с пешеходным светофором.

Светофоры с четырьмя круглыми сигналами белолунного цвета, расположенными в виде буквы "Т", применяют для регулирования движения трамваев и других транспортных средств общего пользования, движущихся по обособленной полосе (рис. 1.73). Такие светофоры устанавливают в местах, где путь движения этих транспортных средств пересекается с трассами других безрельсовых транспортных средств. Движение транспортных средств общего пользования разрешается только при включении одновременно нижнего сигнала и одного или нескольких верхних. При этом левый сигнал разрешает движение налево, средний прямо, правый направо. Если нижний сигнал выключен, а все три верхние включены, то движение запрещено. Сигналы светофора не распространяют своего действия на водителей других транспортных средств, однако они согласуются с сигналами других транспортных светофоров и исключают взаимные помехи при проезде перекрестков.

### 1.4.2. СИГНАЛЫ РЕГУЛИРОВЩИКА

При отказе светофоров, а также в некоторых других случаях дорожным движением управляют регулировщики – инспектора ГАИ, которым могут помогать другие лица.

Основными сигналами регулировщика являются положения его корпуса и жесты руками. Для лучшего восприятия участниками движения регулировщика и подаваемых им сигналов, особенно ночью, для него предусмотрено специальное снаряжение (поясной и плечевой ремни, а также белые нарукавники или перчатки с белыми крагами). Кроме того, регулировщик может использовать жезл, окрашенный в черный и белый (или белый и красный) цвета. Иногда жезл оборудуют диском, покрытым светоотражающей краской или оснащенным электрической лампой.

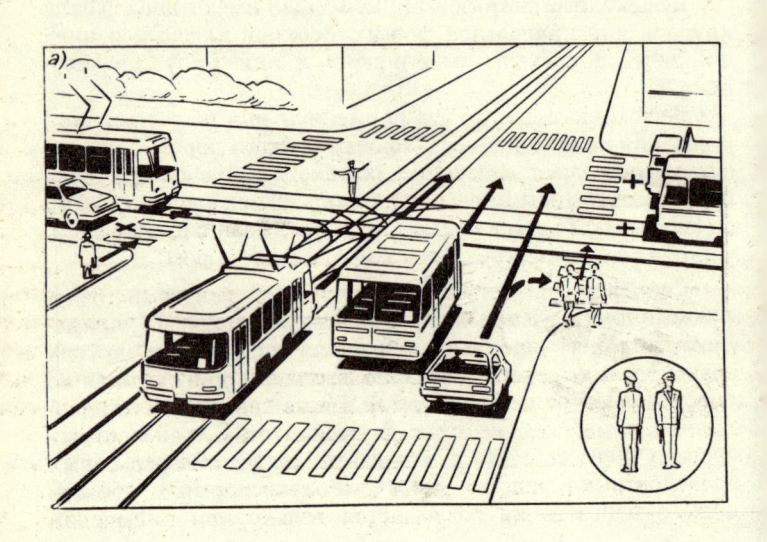

Сигналы регулировщика имеют определенные значения.

*Если руки регулировщика вытянуты в стороны или опущены* (рис. 1.74, *а*), то:

со стороны левого и правого боков разрешено движение трамваю прямо, безрельсовым транспортным средствам прямо и направо, пешеходам разрешено переходить проезжую часть;

со стороны груди и спины движение всех транспортных средств и пешеходов запрещено.

Рис. 1.74. Значения сигналов регулировщика:
*а* — руки вытянуты в сторону или опущены; *б* — правая рука вытянута вперед; *в* — рука поднята вверх

Требования этого сигнала регулировщика по своему значению близки к требованиям соответственно зеленого и красного сигналов обычного трехсекционного светофора. Но в данном случае со стороны левого и правого боков регулировщика трамваю запрещены повороты направо и налево, а безрельсовым транспортным средствам — поворот налево и разворот.

*Если правая рука регулировщика вытянута вперед* (рис. 1.74, *б*), то:

со стороны левого бока разрешено движение трамваю налево, безрельсовым транспортным средствам во всех направлениях;

со стороны груди всем транспортным средствам разрешено движение только направо;

со стороны правого бока и спины движение всех транспортных средств запрещено;

пешеходам разрешено переходить проезжую часть за спиной регулировщика (параллельно спине).

*Если рука регулировщика поднята вверх* (рис. 1.74, *в*), движение всех транспортных средств и пешеходов запрещено во всех направлениях. Такой сигнал соответствует желтому сигналу светофора. Если водитель в момент поднятия регулировщиком руки находится близко от перекрестка и не может остановиться, он может продолжить движение через перекресток. Пешеходы должны руководствоваться теми же правилами, что и при включении желтого сигнала светофора.

При сигнале регулировщика, запрещающем движение через перекресток, водители должны останавливаться перед стоп-линией или перед пешеходным переходом. Если они отсутствуют, можно останавливаться перед пересекаемой проезжей частью, не создавая помех пешеходам.

Правила предусматривают ограниченное число основных сигналов регулировщика. Эти сигналы не исчерпывают всех указаний, которые в конкретной обстановке приходится давать участникам движения. Поэтому регулировщик может подавать и другие сигналы, но лишь с условием, что они будут понятны водителям и пешеходам. Он может, например, указать водителю, чтобы тот двигался медленнее или быстрее, переместился вправо или влево, остановился и т. п. В качестве вспомогательного средства, привлекающего внимание участников движения, регулировщик может пользоваться свистком.

Не исключены ситуации, в которых требования регулировщика к водителям и пешеходам могут противоречить сигналам светофора, дорожным знакам и разметке. Это возможно в случаях ДТП, затора и т. п. Так, регулировщик может при необходимости потребовать от водителя остановить транспортное средство на пешеходном переходе, развернуться с пересечением сплошной линии разметки. Невзирая на подобные противоречия водители и пешеходы должны выполнять сигналы и указания регулировщика.

### 1.4.3. ОБЩИЕ ПРАВИЛА ПРОЕЗДА ПЕРЕКРЕСТКОВ

На перекрестках транспортные потоки пересекаются, разделяются или сливаются. В этих местах наиболее часто возникают задержки транспортных средств и ДТП. В нашей стране до 20 % всех ДТП происходит на перекрестках. Поэтому в этих местах необходимы повышенное внимание и осторожность водителя.

Независимо от типов перекрестков и их размеров нужно соблюдать следующие общие правила.

Водитель, намеревающийся повернуть налево или развернуться, должен уступить дорогу всем транспортным средствам встречного направления, движущимся прямо или поворачивающим направо (рис. 1.75).

Рис. 1.75. Действия водителя при повороте налево или развороте:
*а* — на регулируемом перекрестке; *б* — на нерегулируемом перекрестке равнозначных дорог

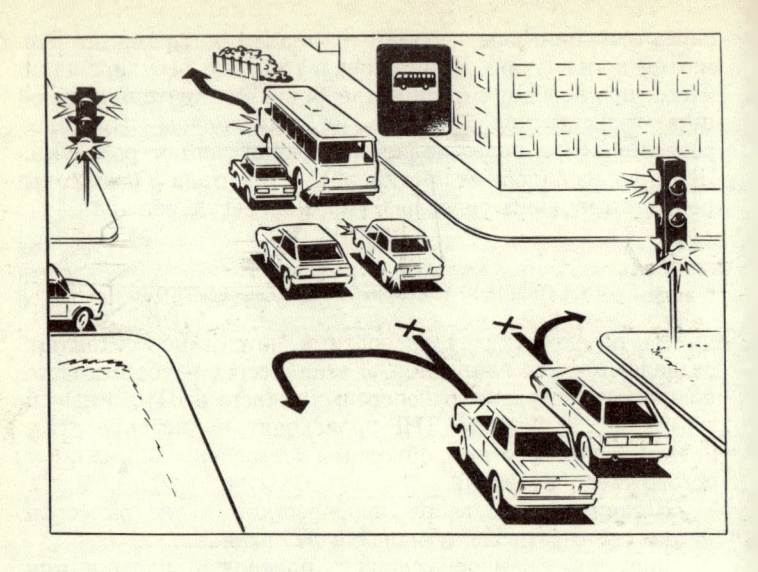

Рис. 1.76. Выезд на перекресток запрещен

Нельзя выезжать на перекресток, если за ним образовался затор, который вынудит водителя остановиться. Это затруднит движение транспортных средств. Так, автомобили, выехавшие на перекресток в прямом направлении (рис. 1.76), еще более ухудшат ситуацию и, остановившись, заблокируют движение с других направлений.

Пешеходы пересекают проезжую часть в зоне перекрестков по пешеходным переходам, а при их отсутствии – по линии тротуара или обочины. При этом они могут не заметить поворачивающего транспортного средства. Поэтому водители всех транспортных средств (в том числе и трамвая) должны уступить дорогу пешеходам, переходящим проезжую часть, на которую они поворачивают направо или налево (см. рис. 1.74, *а* и *б*, 1.77).

Трамвай имеет сравнительно большой тормозной путь и лишен возможности маневра (объезда, обгона и т. п.). Поэтому Правила предоставляют трамваю определенные преимущества проезда перекрестков. Эти преимущества действуют при одновременном праве на движение трамвая и безрельсовых транспортных средств. Такое право действует в ситуациях, когда по разрешающему сигналу на

Рис. 1.77. Приоритет пешеходов при переходе перекрестка

регулируемом светофором или регулировщиком перекрестке **одновременно** разрешается движение трамвая и безрельсовых транспортных средств (рис. 1.78, *а*), а также когда на нерегулируемом перекрестке движение через него могут **начинать одновременно** трамвай и другие транспортные средства (рис. 1.78, *б*).

Рис. 1.78. Преимущество водителей трамваев на перекрестке:
*а* — регулируемом; *б* — нерегулируемом

## 1.4.4. РЕГУЛИРУЕМЫЕ ПЕРЕКРЕСТКИ

Все светофоры одного перекрестка работают взаимосвязано. Поэтому у водителя, выполняющего левый поворот на основной зеленый сигнал, на выезде с перекрестка окажется красный сигнал. Этот сигнал не имеет отношения к данному водителю. Он запрещает движение в поперечном направлении. Водитель же, въехавший на перекресток при разрешающем сигнале светофора, должен выехать в намеченном направлении независимо от сигналов светофора на выезде (рис. 1.79, а). На перекрестках с разделительной полосой, площадях, бульварах возможно возникновение сложных конфликтных ситуаций и заторов, особенно из-за поворачивающих налево и разворачивающихся транспортных средств. Поэтому на таких сложных перекрестках организуется поэтапный пропуск транспортных средств, для чего перед соответствующими светофорами на выезде с перекрестка наносят стоп-линию или устанавливают дорожный знак 5.33. Пересекая такой перекресток, водитель должен руководствоваться сигналами каждого встречающегося на пути движения светофора (рис. 1.79, б).

Задерживаться на перекрестке не следует, его нужно освобождать как можно быстрее. Однако к моменту переключения сигналов светофора отдельные транспортные средства могут не успеть его пересечь, особенно те, которые выполняют разворот. Чтобы не создавать затора, водители должны при разрешающем сигнале светофора уступить дорогу транспортным средствам, завершающим поворот или разворот, который они начали на разрешающий сигнал для своего направления (рис. 1.79, в).

Дополнительную секцию включают одновременно с основным зеленым сигналом светофора, когда необходимо в направлении стрелки обеспечить движение с минимальными помехами. В таких случаях движение организуют так, чтобы исключить возможность пересечения транспортных потоков. Если при основном зеленом сигнале стрелка дополнительной секции выключена, движение в направлении стрелки запрещается (рис. 1.80). Иногда стрелку дополнительной секции включают одновременно с основным красным сигналом светофора. Например, в случаях, если при зеленом сигнале светофора в данном направлении через проезжую часть наблюдается интенсивное движение пешеходов. Тогда правый поворот разрешают одновременно с движением по зеленому сигналу транспортных средств пересекаемых направлений. На отдельных перекрестках

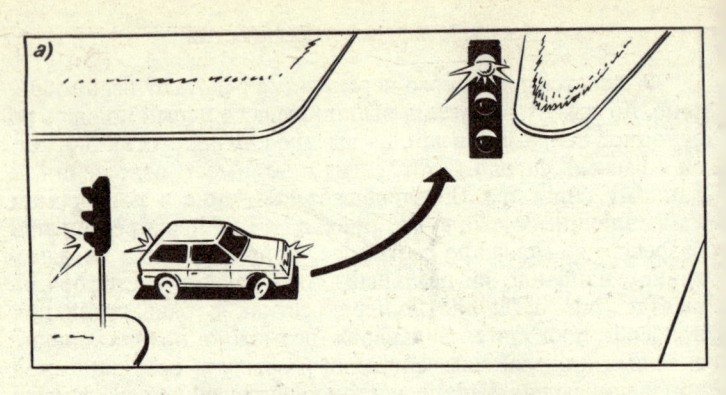

Рис. 1.79. Проезд перекрестка на разрешающий сигнал светофора:
*а* — при отсутствии стоп-линии; *б* — при наличии стоп-линии; *в* — преимущество транспортных средств, завершающих поворот налево или разворот

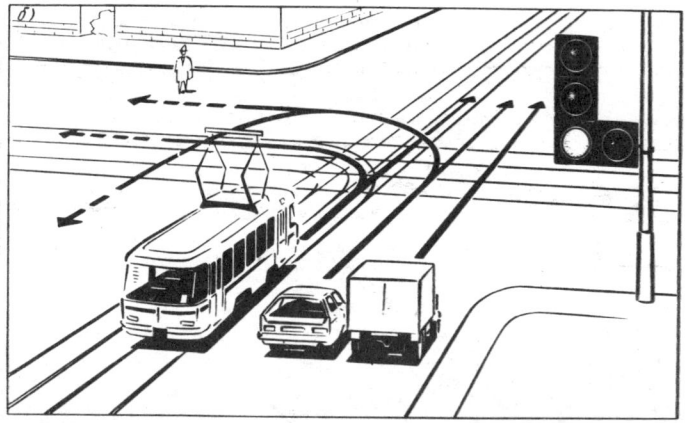

Рис. 1.80. Разрешенные направления движения при сигналах светофоров с дополнительными секциями, когда секция выключена при основном зеленом сигнале светофора

для повышения их пропускной способности в определенном направлении дополнительная секция включена при любом основном сигнале светофора. В этих и подобных случаях при движении в направлении стрелки, включенной в дополнительной секции одновременно с красным или желтым сигналом светофора, водитель должен уступить дорогу транспортным средствам, движущимся с других направлений.

Рис. 1.81. Действия водителя на полосе перекрестка, с которой разрешен поворот:

*а* — остановка не создает помехи следующим за ним по той же полосе транспортным средствам ; *б* — остановка создает помеху

На перекрестке, где движение регулируется светофором с дополнительной секцией, возможны следующие ситуации. По полосе, с которой разрешен поворот в направлении стрелки, к перекрестку подъехал водитель транспортного средства с намерением двигаться в прямом направлении. В это время секция оказалась включенной с красным сигналом светофора. Если остановка водителя не создает помехи движению транспортных средств, следующих за ним по той же полосе, он может ожидать разрешающего сигнала светофора (рис. 1.81, *а*). Если же его остановка создает помеху следующему за ним по той же полосе транспортному средству, он должен продолжить движение в направлении, указанном включенной стрелкой (рис. 1.81, *б*).

Совместно со светофорами, регулирующими движение на перекрестках, могут устанавливаться знаки приоритета 2.1, 2.4 или 2.5. При работе светофора в основных режимах знаки приоритета теряют свое значение, и водители должны руководствоваться сигналами светофора. При включенном светофоре или переводе его на режим мигания желтого сигнала водители должны руководствоваться указаниями знаков приоритета.

### 1.4.5. НЕРЕГУЛИРУЕМЫЕ ПЕРЕКРЕСТКИ

Основную трудность для водителя при подъезде к нерегулируемому перекрестку составляет определение очередности его проезда. Особенности нерегулируемых перекрестков, характерные признаки главной дороги, отличающие ее от второстепенной, описаны выше. Разобраться в этом вопросе водителю помогают знаки приоритета. Часто эти знаки отсутствуют, а наличие покрытия определить трудно из-за грязи, снега на нем или плохой видимости в темное время суток. В таких случаях водитель, движущийся по грунтовой дороге, должен считать, что находится на второстепенной дороге.

Водитель транспортного средства, движущегося по второстепенной дороге, должен уступить дорогу транспортным средствам, приближающимся к перекрестку по главной дороге независимо от направления их дальнейшего движения (рис. 1.82, *а*). Двигаясь по второстепенной дороге, водитель при необходимости выбирает место остановки в зависимости от конкретной обстановки. Он может остановиться как перед перекрестком, так и на проезжей части главной дороги, но с условием, что его транспортное средство не будет создавать помехи водителям, пользующимся преимущественным правом, с учетом габаритов и направления движения их транспортных средств, размеров перекрестка и состояния дорожного покрытия. Напомним, что знак 2.4 требует от водителя уступить дорогу, но не предписывает способ выполнения этого требования для всех возможных ситуаций. Лишь наличие разметки 1.13 определяет место, где водитель *при необходимости* должен остановить-

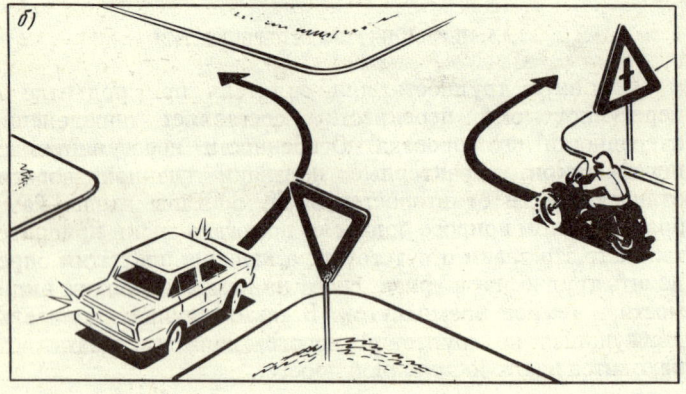

Рис. 1.82. Проезд нерегулируемого перекрестка:
*а* — последовательно (легковой автомобиль-автобус); *б* — одновременно

ся, чтобы уступить дорогу транспортным средствам, движущимся по главной дороге. Знак 2.5 требует предварительно остановиться для того, чтобы водитель оценил обстановку на перекрестке. Затем водитель может возобновить движение и действовать в зависимости от наличия транспортных средств на главной дороге, не создавая помех их движению. Не исключены случаи, когда движущееся по второстепенной дороге транспортное средство может пересечь перекресток одновременно с транспортными средствами, движущимися по главной дороге, без создания им помех (рис. 1.82, *б*).

143

Рис. 1.83. Последовательность проезда (показана цифрами) нерегулируемых перекрестков равнозначных дорог:

*а и б* — при неизменной первоначальной ситуации; *в и г* — при изменении первоначальной ситуации; *д* — при согласованных действиях водителей

Для водителей рельсовых или безрельсовых транспортных средств установлено единое правило проезда нерегулируемых перекрестков равнозначных дорог — *водитель должен уступить дорогу транспортным средствам, приближающимся справа* (рис. 1.83, *а*). Требование находится в соответствии с правилом "правой руки", которое сохраняет свое значение на всех стадиях движения транспортных средств в пределах перекрестка (рис. 1.83, *б*), в том числе при изменении ими направления движения. Если, например, при выполнении левого поворота, к грузовому автомо-

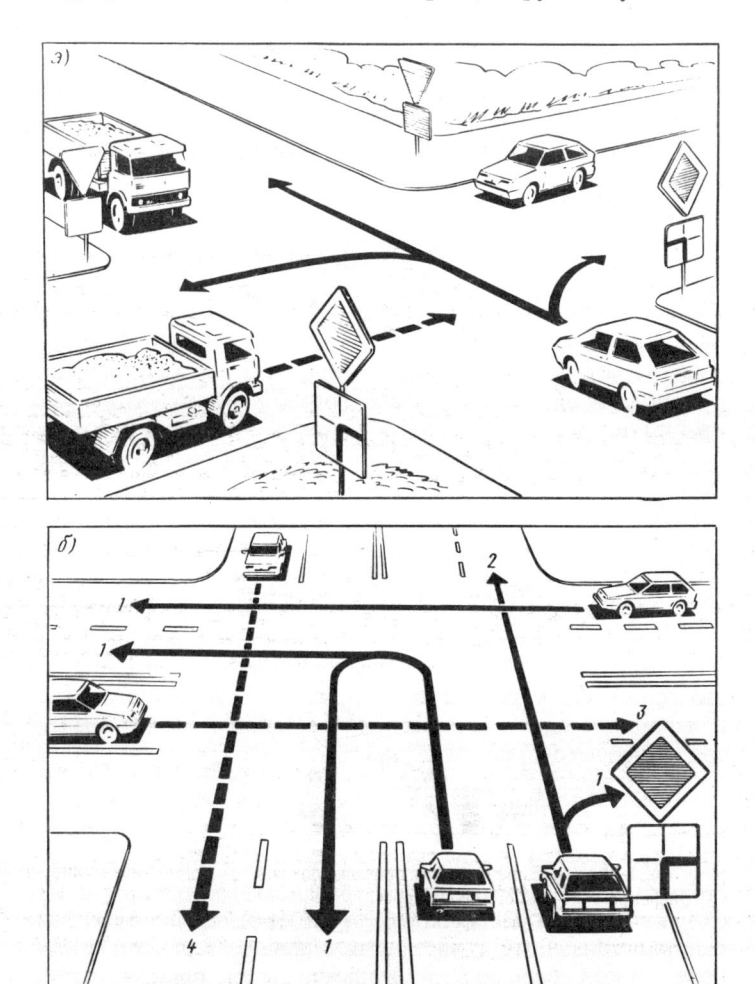

Рис. 1.84. Последовательность проезда (показана цифрами) нерегулируемого перекрестка в случае, когда главная дорога меняет направление:
*а* — преимущество автомобилей, движущихся по главной дороге; *б* — подчинение правилу „правой руки"

билю справа приблизился автобус (рис. 1.83, *в*), водитель автомобиля должен уступить ему дорогу и только после этого завершить маневр. В другой ситуации (рис. 1.83, *г*) при выполнении разворота к легковому автомобилю справа приблизился грузовой автомобиль, и водитель легкового автомобиля должен уступить дорогу.

На нерегулируемых перекрестках равнозначных дорог возможны случаи, когда водитель, имея преимущество, отказывается от него и уступает дорогу другим водителям во избежание затора и в ожидании более благоприятных условий для выполнения маневра и т. п. (рис. 1.83, *д*). Подобные согласованные действия водителей не являются нарушением Правил.

Правило "правой руки" справедливо и для случаев, когда на перекрестке главная дорога меняет направление. Двигаясь по главной дороге, водитель сохраняет преимущество в отношении транспортных средств, въезжающих на перекресток с второстепенных дорог (рис. 1.84, *а*). Между собой водители, движущиеся по главным дорогам, должны руководствоваться правилом "правой руки". Этим же правилом должны руководствоваться между собой и водители, движущиеся по второстепенным дорогам (рис. 1.84, *б*).

### 1.4.6. ПЕШЕХОДНЫЕ ПЕРЕХОДЫ И ОСТАНОВКИ ТРАНСПОРТНЫХ СРЕДСТВ ОБЩЕГО ПОЛЬЗОВАНИЯ

Конфликтные ситуации между участниками движения возможны также в местах, где пересекаются траектории движения пешеходов и транспортных средств, например, на пешеходных переходах или в зоне остановок транспортных средств общего пользования.

Часто на дорогах встречаются нерегулируемые пешеходные переходы. Прежде чем воспользоваться таким переходом и выйти на проезжую часть, пешеходы должны убедиться в том, что это безопасно. Для этого они оценивают расстояние до приближающихся транспортных средств и их скорость. Это непростая задача, и при ее решении возможны ошибки, связанные, в частности, с невнимательностью или переоценкой отдельными людьми своих возможностей. Поэтому водитель, приближаясь к обозначенному переходу, должен, в свою очередь, определить, есть ли на переходе люди. Если водитель не уверен, что он хорошо видит переход, то должен снизить скорость, чтобы увеличить время, нужное для ориентировки. Особую бдительность водитель должен проявлять в отношении пешеходов, находящихся на проезжей части данного направления. Если для этих пешеходов возникает опасность или возможна помеха их движению, водитель. должен снизить скорость или остановиться, чтобы пропустить их.

Приближаясь к пешеходному переходу, нужно следить за поведением других водителей. Если перед нерегулируемым переходом остановилось транспортное средство, то водитель может продолжать движение, лишь убедившись, что перед остановившимся транспортным средством нет пешеходов.

При смене сигналов на регулируемых переходах и перекрестках не все пешеходы успевают освободить проезжую часть или дойти до осевой линии (островка безопасности). Водители, несмотря на разрешающий сигнал светофора или регулировщика, должны предоставить возможность пешеходам закончить переход проезжей части данного направления.

На проезжей части могут появиться слепые пешеходы. В местах их появления пешеходные переходы обозначают знаками 5.16.1 и 5.16.2 с табличкой 7.15. Водители должны во всех случаях пропускать слепых пешеходов, подающих сигналы белой тростью.

В плотном транспортном потоке снижение скорости или остановка одного из автомобилей может привести к резкому падению скорости или остановке всего потока и образованию затора. В подобных ситуациях водители, не обращающие внимания на расположение пешеходных переходов, могут въезжать и задерживаться на них, создавая помехи или опасность пешеходам. Поэтому, если за переходом образовался затор, въезжать на этот переход, а тем более останавливаться на нем, нельзя.

В зоне остановки трамвая, пути которого расположены посередине проезжей части, возможна опасность наезда на пешеходов, переходящих дорогу от тротуара к трамваю и обратно. Пешеходы имеют право выходить на проезжую часть данного направления для посадки лишь после остановки трамвая, а водитель в это время должен уступать им дорогу.

Водители должны быть всегда бдительными в отношении транспортных средств, перевозящих детей. Если впереди остановился автобус или грузовой автомобиль с опознавательным знаком перевозки групп детей, то нужно уменьшить скорость (или даже остановиться), чтобы обеспечить безопасность детей, которые могут появиться на проезжей части.

## 1.4.7. ЖЕЛЕЗНОДОРОЖНЫЕ ПЕРЕЕЗДЫ

Столкновения автомобилей с поездами имеют весьма тяжелые последствия. Чтобы обеспечить безопасность на железнодорожных переездах, при подъезде к ним устанавливают дорожные знаки и светофоры, а сами переезды оборудуют специальными ограждениями, шлагбаумами, габаритными воротами и другими сооружениями.

Тормозной путь поезда, локомотива и даже дрезины в несколько раз больше, чем у автомобиля, поэтому на железнодорожном переезде водитель автотранспортного средства должен уступать им дорогу.

Подъезжая к железнодорожному переезду, водитель должен внимательно следить за положением шлагбаума, световой сигнализацией, дорожными знаками и разметкой, а также за сигналами дежурного по переезду. Нельзя въезжать на переезд, если шлагбаум закрыт или начинает закрываться. Нельзя въезжать также при запрещающем сигнале светофора или дежурного по переезду (дежурный стоит к водителю спиной или грудью, приподняв над головой жезл или красный флаг, или вытянув руки в стороны).

Подъезжая к переезду, не оборудованному шлагбаумом или сигнализацией, и увидев поезд (даже идущий далеко), водитель должен остановить транспортное средство не ближе 10 м до ближайшего рельса. Если движение через переезд запрещено, то нужно остановиться у стоп-линии, знака 2.5 или светофора, если их нет – не ближе 5 м от шлагбаума.

Начиная движение после остановки перед переездом, водитель должен предварительно убедиться в отсутствии приближающегося поезда. После того как прошел поезд в одном направлении, нужно убедиться в отсутствии встречного поезда.

Водитель определяет число полос для движения через переезд по дорожной разметке или знакам 5.8.7, 5.8.8, а если их нет – с учетом ширины переезда, габаритов транспортных средств и необходимых интервалов между ними.

В случае вынужденной остановки транспортного средства на железнодорожном переезде водитель должен в первую очередь высадить людей и принять все зависящие от него меры, чтобы освободить переезд.

Если быстро убрать транспортное средство с переезда не удается, нужно при возможности послать 2 чел. вдоль путей в обе стороны от переезда на расстояние 1000 м (если одного, то в сторону худшей видимости), объяснив им, как следует подавать сигнал остановки машинисту приближающегося поезда. Сигнал остановки поезда подают круговым движением руки (днем с лоскутом яркой материи или каким-либо хорошо видимым предметом, ночью – с факелом или фонарем). Сам водитель должен оставаться возле транспортного средства и, периодически подавая звуковые сигналы общей тревоги, продолжать попытки вывести транспортное средство за пределы железнодорожного переезда. Сигналом общей тревоги служат серии из одного длинного и трех коротких сигналов. Такой сигнал подают, вызывая водителей транспортных средств или других лиц, которые, находясь поблизости, могут оказать помощь. При появлении поезда водитель должен бежать ему навстречу, подавая сигнал остановки.

Особенно опасно движение по переезду громоздких машин и механизмов большой массы, которые, остановившись на переезде, могут надолго прервать движение поездов. Поэтому движение через переезд крупногабаритных, тяжелых и тихоходных транспортных средств (составов транспортных средств), которые затрудняют нормальную работу переезда и могут повредить его оборудование или контактную сеть, допускают только с разрешения начальника дистанции пути железной дороги.

Разрешение начальника дистанции пути нужно получать на следующие виды машин:

транспортные средства и другие самоходные машины, ширина которых более 5 м или высота от поверхности дороги более 4,5 м (с грузом или без груза);

автопоезда, длина которых превышает с одним прицепом 20 м, а с двумя прицепами и более 24 м;

специальные транспортные средства, перевозящие особо тяжелые грузы;

тихоходные машины, скорость которых менее 8 км/ч, а также тракторные сани-волокуши.

Гужевые повозки обладают малой скоростью. Поэтому их делят на группы не более трех повозок (саней) в каждой, которые пропускают через переезд поочередно. Водитель каждой повозки должен соблюдать требования, касающиеся порядка движения через переезд.

С целью удобства управления стадом животных и безопасного его прогона через переезд оно должно быть разделено на группы с учетом числа погонщиков.

Водителю запрещается:

перевозить через переезд в нетранспортном положении сельскохозяйственные, дорожные, строительные и другие машины, которые могут повредить настил и затруднить работу переезда;

пересекать железнодорожные пути в неустановленных для этого местах (т.е. вне переезда), что может вызвать повреждение рельсов или застревание на них транспортного средства;

объезжать транспортные средства, стоящие перед закрытым шлагбаумом;

самовольно открывать шлагбаумы или объезжать их.

### Контрольные вопросы

1. Какого типа светофоры используют для регулирования дорожного движения?

2. Объясните значения сигналов дорожных светофоров. Как должны действовать водители и пешеходы в соответствии с этими сигналами?

3. Как регулируют движение трамваев, а также других транспортных средств общего пользования, следующих по обособленной полосе?

4. Объясните значение основных сигналов регулировщиков. Как должны действовать водители и пешеходы в соответствии с этими сигналами?

5. В каких местах водители должны останавливать транспортные средства при сигналах светофора или регулировщика, запрещающих движение?

6. Как должны действовать водители и пешеходы в случаях, когда сигналы регулировщика противоречат сигналам светофора, дорожным знакам и разметке?

7. В каких случаях водители трамваев пользуются преимущественным правом проезда перекрестков?

8. В чем заключаются общие требования Правил к водителям, выполняющим повороты и разворот транспортных средств на перекрестке?

9. В каких случаях водителям трамваев запрещается выезжать на перекресток? Где при этом должно быть остановлено транспортное средство?

10. При каких сигналах светофора водителю разрешается въезжать на перекресток и выезжать с него?

11. Какие бывают виды нерегулируемых перекрестков? Какими отличительными признаками они обладают?

12. Покажите по предложенной Вам схеме последовательность проезда нерегулируемого перекрестка равнозначных дорог. Обоснуйте Ваше решение.

13. Как должен действовать водитель, приближающийся к пешеходному переходу (остановке трамвая, транспортному средству с опознавательным знаком перевозки групп детей)?

14. Какие меры предосторожности должен соблюдать водитель при подъезде к железнодорожному переезду?

15. Какие запрещения установлены для водителей при проезде железнодорожных переездов?

16. Какие меры должен принять водитель при вынужденной остановке транспортного средства на железнодорожном переезде?

17. Каким транспортным средствам запрещено движение через железнодорожный переезд без специального разрешения начальника дистанции пути?

### Глава 1.5. ОСОБЫЕ УСЛОВИЯ ДВИЖЕНИЯ

#### 1.5.1. ДВИЖЕНИЕ ПО АВТОМАГИСТРАЛЯМ

Кроме ситуаций, наиболее часто встречающихся в повседневной деятельности водителей, они могут оказаться в непривычной дорожной обстановке. Условия ее могут отличаться от типичных и требуют своих, особенных правил поведения. К таким особым условиям можно отнести:

движение по автомагистралям;

движение по дороге с выделенной полосой на проезжей части для транспортных средств общего пользования и в зоне остановки этих транспортных средств;

движение ночью и в условиях недостаточной видимости;

буксировка механических транспортных средств;

учебная езда;

движение в колонне.

*Автомагистрали* – это современные дороги, рассчитанные на безопасное движение транспортных средств с высокой скоростью. От обычных дорог автомагистрали отличаются размерами и оборудованием. Их проезжая часть имеет не менее двух полос для движения в каждом направлении. Встречные потоки обязательно изолируются разделительной полосой. На съездах с автомагистрали устраивают полосы торможения, а в местах слияния транспортных потоков – полосы разгона. Все пересечения с другими дорогами выполнены в виде развязок в двух уровнях с помощью эстакад или тоннелей.

Чтобы не мешать скоростным транспортным потокам, на автомагистрали запрещают движение всех транспортных средств, скорость которых по технической характеристике или состоянию меньше чем 40 км/ч, а также мопедов, тракторов, самоходных машин, велосипедов и пешеходов.

Грузовые автомобили с полной массой более 3,5 т могут двигаться не далее второй полосы. Движение задним ходом и учебная езда запрещаются. На автомагистралях запреще-

Рис. 1.85. Ограничения на автомагистрали

ны также разворот и въезд на противоположную сторону дороги в разрывы разделительной полосы, так как возле этой полосы движутся самые быстроходные транспортные средства (рис. 1.85).

Чтобы исключить объезды и обеспечить хорошую обзорность, на автомагистралях устраивают специальные площадки для остановки и стоянки транспортных средств, расположенные за пределами дороги и обозначаемые знаками 5.15 или 6.11. Остановка вне этих мест запрещается. Если все же остановка неизбежна, а площадки для стоянки поблизости нет, следует отвести транспортное средство правее линии, обозначающей границу проезжей части. Остановившись, надо обозначить транспортное средство, включив аварийную световую сигнализацию или выставив знак (фонарь) аварийной остановки.

### 1.5.2. ПРИОРИТЕТ ТРАНСПОРТНЫХ СРЕДСТВ ОБЩЕГО ПОЛЬЗОВАНИЯ

В городах и населенных пунктах с их оживленным движением основную массу пассажиров перевозят транспортные средства общего пользования – трамваи, троллейбусы, автобусы и маршрутные такси. Чтобы обеспечить

Рис. 1.86. Преимущество трамвая вне перекрестка

бесперебойную и безопасную работу этих транспортных средств, для них предусмотрены некоторые преимущества. Так, трамваи имеют преимущества перед всеми безрельсовыми транспортными средствами не только на перекрестках, о чем рассказано в гл. 1.4, но и вне перекрестков, когда его пути пересекают путь движения безрельсовых транспортных средств. В ситуации, показанной на рис. 1.86, легковой автомобиль должен уступить дорогу трамваю.

Если на дороге выделена специальная полоса для транспортных средств общего пользования, обозначенная знаками 5.9 или 5.10.1—5.10.3, то движение других транспортных средств по этой полосе запрещено (рис. 1.87). Нельзя на этой полосе и останавливаться. Исключение составляют случаи, когда полоса, обозначенная знаком 5.9, расположена у правого края проезжей части и отделена от нее прерывистой линией разметки 1.5. На эту полосу можно заезжать при въезде на дорогу с правым поворотом, для остановки при посадке или высадке пассажиров. На эту полосу можно также перестраиваться перед поворотом направо, если при этом не создается помеха водителям, для которых предназначена данная полоса.

При виде троллейбуса или маршрутного автобуса, отъезжающих в населенных пунктах от обозначенных остановок, водители должны уступить им дорогу, т. е. снизить скорость или заблаговременно перестроиться на соседнюю полосу. В свою очередь, водители троллейбуса и автобуса перед началом движения обязаны убедиться в том, что им уступают дорогу.

Вне населенных пунктов, где транспортные средства движутся с более высокой скоростью, водители троллейбусов и маршрутных автобусов при начале движения преимущества не имеют.

Рис. 1.87. Порядок движения по дороге с выделенной полосой для транспортных средств общего пользования

### 1.5.3. ПОЛЬЗОВАНИЕ ВНЕШНИМИ СВЕТОВЫМИ ПРИБОРАМИ

Внешние световые приборы обеспечивают безопасность механических транспортных средств в темное время суток и при недостаточной видимости.

Число, расположение, цвет внешних световых приборов автомобилей, тракторов, прицепов и полуприцепов установлены в СССР ГОСТ 8769—75. Внешние световые приборы информируют участников движения о расположении и характере движения транспортного средства, а также освещают дорогу и объекты на ней. Каждое механическое транспортное средство должно иметь габаритные фонари, а также фары с ближним и дальним светом.

Габаритные фонари не освещают дорогу даже на расстоянии 5 м, поэтому ими нужно пользоваться только для обозначения транспортного средства, движущегося на освещенных участках дорог.

В ночное время стоящие транспортные средства трудно различить на фоне проезжей части. Чтобы предотвратить наезд на неосвещенных дорогах при остановке и стоянке транспортного средства, его следует обозначить габаритными или стояночными огнями. Если же они неисправны, транспортное средство нужно отвести за пределы дороги, а если это невозможно – обозначить аварийной световой сигнализацией или знаком (фонарем) аварийной остановки.

При движении по неосвещенным участкам нужно включить свет фар. Дальний свет обеспечивает освещение дороги на расстоянии 100–150 м, давая сосредоточенный пучок света относительно большой силы. Однако он может вызвать ослепление других водителей, поэтому дальним светом можно пользоваться на дороге, свободной от других транспортных средств.

При ослеплении водитель на некоторое время теряет способность видеть. В случаях ослепления водитель должен включить аварийную сигнализацию, осторожно снизить скорость и остановиться на своей полосе. Во избежание ослепления дальний свет должен быть переключен на ближний не менее чем за 150 м до встречного автомобиля (рис. 1.88, *а*), а также и на большем расстоянии, если встречный водитель периодически переключает свет своих фар.

Ослепление может возникнуть также через зеркало заднего вида (рис. 1.88, *б*). Очень опасно неожиданное ослепление водителей встречных автомобилей, движущихся за переломом продольного профиля и за поворотом дороги (рис. 1.88, *в* и *г*). В этих случаях нужно также переключить дальний свет на ближний.

Ближний свет обеспечивает освещение дороги на расстоянии до 50 м. Им следует пользоваться при движении с ограниченной скоростью. Ослепление ближним светом маловероятно, поэтому пользование им не опасно на дорогах с интенсивным движением транспортных средств. Ближний свет может быть включен и на освещенных участках дорог, особенно если они часто чередуются с неосвещенными, а также в светлое время суток для обозначения отдельных транспортных средств согласно требованиям раздела Правил "Предупредительные сигналы".

На некоторых автомобилях, автобусах и автопоездах, используемых в основном для междугородных перевозок, предприятием-изготовителем предусмотрена фара-прожектор, а на отдельных автомобилях оперативных служб (пожарных, скорой медицинской помощи) для выполнения служебных заданий – фара-искатель. Эти фары могут вызывать ослепление на расстоянии до 600 м, поэтому ими можно пользоваться на дорогах только вне населенных пунктов и лишь при уверенности водителя в отсутствии транспортных средств. При первых признаках появления

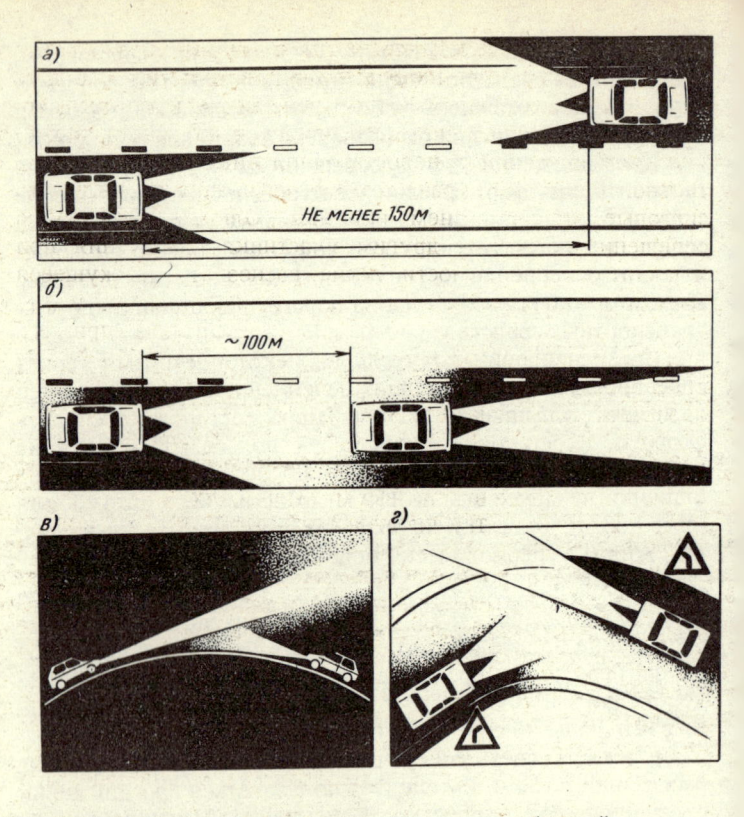

Рис. 1.88. Дальний свет фар необходимо переключать на ближний:
*а* — при встречном разъезде; *б* — при следовании за другим транспортным средством; *в* — перед переломом продольного профиля дороги; *г* — перед поворотом дороги и перекрестком

встречных автомобилей фару-прожектор необходимо выключать. В населенных пунктах пользоваться такими фарами могут только водители оперативных служб при выполнении служебных заданий.

На многих транспортных средствах все шире используются противотуманные фары и огни, способные хорошо освещать дорогу при малой прозрачности атмосферы. Передние противотуманные фары можно использовать совместно с ближним или дальним светом фар в условиях недостаточной видимости и в темное время суток на неосвещенных участках дорог, а также вместо ближнего света фар в случаях, предусмотренных разделом "Предупредительные сигналы". Задние противотуманные огни можно применять только при недостаточной видимости. Использование противотуманных фар и огней так же, как и включение других внешних световых приборов, во время движения днем в условиях недостаточной видимости не обязательно. Водитель вправе сам решать, нужно включать световые приборы днем или нет. Однако включенное освещение позволяет другим участникам движения при недостаточной видимости легче распознать движущееся транспортное средство.

Для облегчения распознавания автопоезда при его движении в любое время суток, а также при остановке и стоянке в темное время суток на нем должен быть включен опознавательный знак автопоезда.

### 1.5.4. БУКСИРОВКА МЕХАНИЧЕСКИХ ТРАНСПОРТНЫХ СРЕДСТВ

Буксировка применяется для доставки неисправных автомобилей к месту ремонта, а также с целью перегона новых или отремонтированных автомобилей. Буксировка сопряжена с определенными трудностями или неудобствами как для выполняющих эту операцию водителей, так и для других участников движения: управление буксируемым автомобилем затруднено; состав сцепленных транспортных средств обладает плохой маневренностью, что вынуждает двигаться осторожно и сравнительно медленно; буксирующий автопоезд имеет большую длину, затрудняет движение пешеходам и особенно другим водителям. В связи с этим Правила вводят специальные ограничения и предписания.

Так, скорость при буксировке не должна превышать 50 км/ч. Для предупреждения о движении необычного состава транспортных средств независимо от условий видимости, в том числе в светлое время суток, на тягаче должен быть включен ближний свет фар, а на буксируемом автомобиле габаритные огни. Запрещается буксировка при общей длине поезда, превышающей 24 м.

При буксировке можно применять жесткую или гибкую сцепку, а также частично загружать буксируемое транспортное средство на тягач (рис. 1.89). Последний способ буксировки наиболее удобен и надежен: автопоезд занимает относительно мало места на проезжей части, управляет автомобилями один водитель, причем у буксируемого

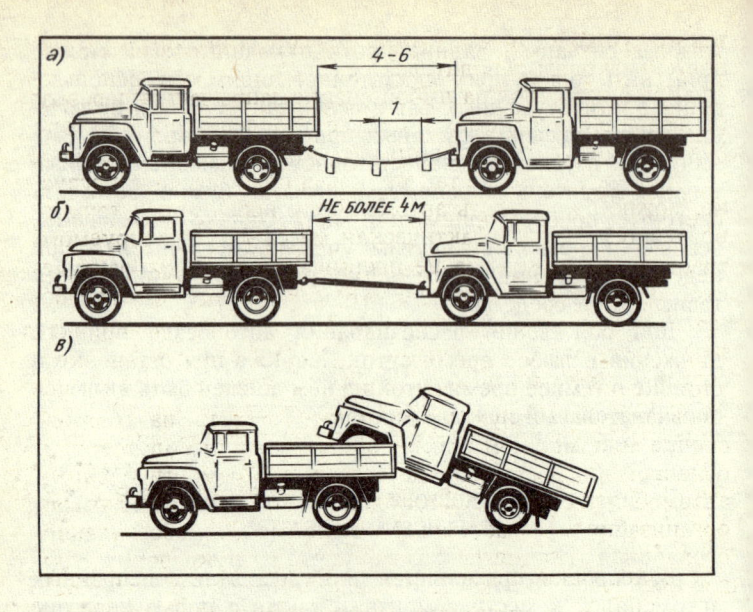

Рис. 1.89. Методы буксировки транспортных средств:
*а* — на гибкой сцепке; *б* — на жесткой сцепке; *в* — частичной погрузкой буксируемого транспортного средства

автомобиля могут быть неисправны тормозная система, рулевое управление и передний мост. Конечно, при таком способе нужно предусмотреть некоторые меры безопасности. Передняя часть буксируемого автомобиля должна быть надежно закреплена (на автомобилях технической помощи для этого имеется специальное опорное устройство), а при погрузке передней части буксируемого автомобиля на платформе нужно применять специальные захваты, тросы, цепи и т. п. Наклон задней части кузова должен быть таким, чтобы сохранялась видимость задних габаритных огней буксируемого автомобиля. Людям находиться в кузовах обоих автомобилей и в кабине буксируемого недопустимо.

Неисправные автомобили часто буксируют на жесткой сцепке, состоящей из трубы или штанги с двумя проушинами. Длина этого звена не должна превышать 4 м, чтобы предотвратить значительные боковые отклонения буксируемого автомобиля (см. рис. 1.89, *б*). Буксировку на жесткой сцепке может выполнять также один водитель, если конструкция сцепки позволяет синхронно поворачивать управляемые колеса обоих автомобилей. При отсутствии такого устройства за рулем буксируемого автомобиля должен находиться водитель.

При буксировке на любой сцепке запрещается перевозка людей в буксируемом автобусе, троллейбусе и в кузове буксируемого грузового автомобиля.

На жесткой сцепке так же, как и при частичной погрузке, можно буксировать автомобили с неисправной тормозной системой, если фактическая масса $M_{ф2}$ буксируемого транспортного средства не превышает половины фактической массы $M_{ф1}$ буксирующего. При нарушении этого требования невозможно эффективное торможение и может быть легко нарушена устойчивость движения сцепленных транспортных средств.

Буксировка двух транспортных средств на жесткой сцепке или методом частичной погрузки используется в основном для доставки исправных или отремонтированных автомобилей со складов, заводов и т. п. Транспортирующая организация разрабатывает техническое обоснование, оговаривая условия безопасности такой буксировки (способ крепления автомобилей, габаритные размеры автопоезда, обеспечение видимости световых сигналов), и согласовывает ее порядок с местной Госавтоинспекцией.

Буксировка на гибкой сцепке наименее безопасна. В качестве связующего звена необходимо использовать стальной трос, пеньковый или пластиковый канат, обладающие необходимой прочностью. Канаты или тросы имеют ограниченный вес. Они компактны и удобны для транспортировки. Гибкая сцепка должна быть достаточно длинной, чтобы водитель буксируемого автомобиля успел затормозить при внезапной остановке буксирующего. Однако чрезмерно длинную сцепку может не заметить в темноте пешеход и оказаться на пути буксируемого автомобиля. Оптимальная длина сцепки 4—6 м. Связующее звено через каждый метр обозначают сигнальными флажками или щитками (см. рис. 1.89, а).

Буксировка на гибкой сцепке более одного механического транспортного средства запрещена из-за большой длины состава и виляния заднего звена. При гололедице буксировка на гибкой сцепке недопустима. Нельзя также таким способом буксировать транспортные средства с неисправным рабочим тормозом или рулевым управлением.

Двухколесные транспортные средства при движении с малой скоростью недостаточно устойчивы. Вместе с тем неисправный мотоцикл легко доставить к месту ремонта на любом грузовом автомобиле. Поэтому запрещена буксиров-

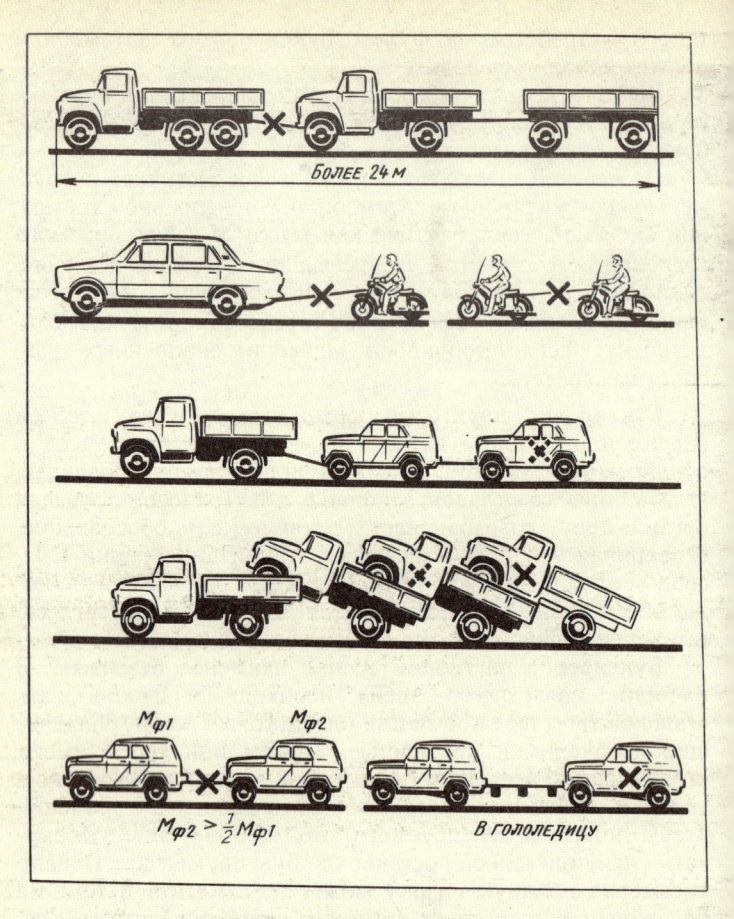

Рис. 1.90. Случаи, в которых запрещается буксировка

ка мотоциклами без бокового прицепа, а также таких мотоциклов. Случаи, в которых запрещена буксировка механических транспортных средств, показаны на рис. 1.90. Предпоследний случай справедлив при условии, что у буксируемого автомобиля не исправна тормозная система.

## 1.5.5. УЧЕБНАЯ ЕЗДА

Неопытные водители представляют большую опасность для окружающих. Действия начинающего водителя часто неожиданны, а иногда необъяснимы. Крутые повороты рулевого колеса, быстрое отпускание педали сцепления, излишне резкое торможение, бездействие из-за растерянности при появлении помехи на дороге — все эти и другие ошибки могут привести к тяжелым последствиям: съезду транспортного средства с дороги, наезду на пешехода, на столб или дерево, выезду на тротуар и т.д. Поэтому Правила предъявляют особые требования к обучаемым, обучающим и к транспортным средствам, используемым при обучении. Так, обучаемому на легковом автомобиле должно быть не менее 16 лет, а на мотоцикле — не менее 14 лет. Получить удостоверение на право управления автомобилем можно по достижении 18 лет, а мотоциклом — 16 лет.

Обучающий вождению легкового автомобиля в индивидуальном порядке должен обладать непрерывным 3-летним стажем вождения. Занятия по вождению в учебных организациях, занимающихся подготовкой водителей, должен проводить высококвалифицированный специалист (мастер обучения вождению), имеющий соответствующие на это документы.

Все механические транспортные средства, на которых обучают будущих водителей, должны иметь спереди и сзади опознавательные знаки в виде равностороннего треугольника белого цвета с красной каймой и черной буквой "У". На учебных автомобилях, принадлежащих учебным организациям, для мастера обучения вождению устанавливают дополнительные педали сцепления и тормоза, а также зеркало заднего вида.

Первоначальные занятия по вождению проводятся на автотренажерах, автодромах или закрытых площадках. С целью развития самостоятельности в управлении автомобилем мастер может выходить из кабины транспортного средства, наблюдая со стороны за результатами действий обучаемого и подавая ему необходимые команды.

После освоения обучаемым начальных навыков управления можно проводить учебную езду на дорогах при выполнении следующих требований. Обучаемый должен знать и выполнять требования Правил. Мастер (обучающий) должен находиться рядом с обучаемым в кабине. Мастеру обучения вождению в этом случае разрешается не пристегиваться ремнями безопасности. Это позволяет ему при необходимости исправлять ошибки обучаемого. Обучаемый во время учебной езды обязательно должен пристегнуться.

На некоторых дорогах и улицах учебная езда может быть полностью или в определенное время запрещена. Перечень их должен публиковаться в местной печати и быть известен мастерам обучения.

### 1.5.6. ДВИЖЕНИЕ В КОЛОННЕ. ОБЯЗАННОСТИ ВОДИТЕЛЕЙ ПО СИГНАЛАМ ГРАЖДАНСКОЙ ОБОРОНЫ

Походная колонна транспортных средств — это войсковое подразделение, выполняющее единую задачу в строю машин (автомобилей). Управлять транспортным средством в колонне сложнее, чем одиночной машиной. Двигаясь в строю на определенной дистанции, водитель не может самостоятельно выбирать режим движения и не имеет необходимой обзорности дороги. Он обязан строго соблюдать дисциплину и режим марша.

Для управления колонной назначают старшего колонны, которому подчиняется весь личный состав колонны, а на каждой машине назначают старшего машины. Старший колонны находится обычно на головном транспортном средстве. В целях оказания технической помощи в конце колонны следует подвижная мастерская или грузовой автомобиль повышенной проходимости с запасными частями, запасом топлива, воды и эксплуатационных материалов. Каждому транспортному средству в колонне отводится определенное место, которое, как правило, пронумеровывают. Порядковый номер наносят на борт или кабину или укрепляют на лобовом стекле.

Перед маршем проверяют техническое состояние и подготавливают транспортные средства с учетом времени года, особенностей и протяженности маршрута, характера выполняемой задачи. С водителями проводят специальные занятия, а непосредственно перед маршем личному составу колонны объявляют приказ на марш. В приказе указывают: задачу марша, маршрут движения, порядок построения колонны, время начала движения и прибытия в заданный район, режим движения, порядок технического обеспечения. Кроме того, водителей информируют о состоянии дорог на маршруте, расположении труднопроходимых участков и порядке их преодоления, а также дают рекомендации по соблюдению мер безопасности. Каждого водителя информируют о том, какое место в колонне он должен занять, т. е., за каким автомобилем должен следовать.

По команде "К машинам" водители становятся на расстоянии одного шага впереди левого переднего колеса лицом по ходу движения. По команде "По местам" водители занимают свои места в кабинах транспортных средств, а личный состав подразделений садится в машины согласно расчету. По команде (сигналу) "Марш" начинает движение транспортное средство старшего колонны, а за ним последовательно выезжают с мест стоянки и занимают свое место в строю остальные транспортные средства. Колонна "вытягивается".

Скорость движения колонны задает головное транспортное средство, которым руководит старший колонны. При трогании колонны и перед остановками головная машина плавно изменяет скорость, о чем информирует соответствующими сигналами. На всех транспортных средствах при движении в светлое время суток независимо от условий видимости включают ближний свет фар. В колонне транспортные средства движутся одно за другим на строго определенной дистанции, заданной старшим колонны. Дистанция устанавливается из соображений безопасности и зависит от скорости, условий движения, перевозимого груза, выполняемой задачи. Дистанцию в колонне нельзя менять: уменьшение ее приводит к возможному наезду на движущееся впереди транспортное средство, а при увеличении дистанции в разрывы колонны могут вклиниться посторонние транспортные средства и колонна окажется разорванной.

При движении по ровной, сухой дороге вне населенных пунктов дистанцию (в метрах) обычно выбирают равной скорости движения (в километрах в час). При движении колонны через населенные пункты дистанцию сокращают примерно в 2 раза. Иначе колонна может оказаться разорванной, и отдельные водители могут потерять ориентировку. На пыльных дорогах дистанцию устанавливают такой, чтобы каждое последующее транспортное средство колонны двигалось по отношению впереди идущему на границе пыльного облака. Двигаясь в колонне, все водители обязаны соблюдать Правила дорожного движения. На остановках (привалах) транспортные средства останавливают на дистанции, определенной старшим колонны.

Колонны, сопровождаемые оперативными автомобилями ГАИ или ВАИ с включенными специальными звуковыми и (или) световыми сигналами, пользуются правом отступать от предписаний ряда разделов Правил дорожного движения.

Старший колонны может управлять с помощью радио

или сигнализировать рукой (с флажками или без них), фонарем, бортовыми светофорами и другими светосигнальными средствами. Основные сигналы, используемые для управления колонной, представлены в табл. 1.1.

Каждый водитель должен знать значения всех сигналов и команд. Однако при любой системе сигнализации основным принципом управления колонной является правило *"Делай, как я"*. Это означает, что каждый водитель в колонне должен вести транспортное средство так, как движется транспортное средство впереди. Не разрешается срезать углы при поворотах, вести транспортное средство чуть левее, чтобы иметь лучший обзор дороги, обгонять.

Водитель в колонне должен строго соблюдать дисциплину марша. Он должен точно знать свое место в колонне и не менять его на протяжении марша. Необходимо непрерывно наблюдать за действиями переднего транспортного средства, повторять его действия и выдерживать установленную дистанцию. Водитель должен четко выполнять сигналы и команды старшего колонны, старшего машины и регулировщиков, при необходимости передавать сигналы по колонне.

Останавливаться без команды можно только из-за технической неисправности. Если в пути одно из транспортных средств остановилось, необходимо взять его на буксир и двигаться в хвосте колонны до очередной остановки или привала. При наличии прицепа или полуприцепа надо продолжать движение, а при остановке оставить для отставшего транспортного средства место в колонне. Каждый привал водитель использует для осмотра транспортного средства и проверки крепления груза. Все обнаруженные при осмотре недостатки устраняют.

После привала или остановки движение возобновляют по команде (сигналу) старшего колонны. Трогаться с места все транспортные средства должны одновременно, постепенно устанавливая необходимые дистанции.

В конце марша транспортные средства по команде (сигналу) старшего колонны рассредоточиваются в отведенные им места.

Для своевременного предупреждения населения городов и других населенных пунктов о непосредственной опасности применения противником ядерного, химического или другого оружия и необходимости защиты установлены следующие сигналы оповещения гражданской обороны: "Воздушная тревога", "Отбой воздушной тревоги", "Радиационная опасность", "Химическая тревога". Водитель

Таблица 1.1

| № п/п | Сигнал | Действия старшего колонны по сигнализации рукой | фонарем |
|---|---|---|---|
| 1 | "Внимание (делай, что я, отзыв)" | Поднять правую руку вверх и держать до отзыва | Белым светом подавать серию точек |
| 2 | "К машинам" | Поднять обе руки вверх и держать до исполнения | Белым светом размахивать перед собой вправо и влево |
| 3 | "По местам" | Поднять обе руки вверх и резко опустить вниз через стороны | Белым светом размахивать вверх и вниз |
| 4 | "Заводи" | Правой рукой вращать впереди себя | Белым светом вращать впереди себя |
| 5 | "Марш (продолжать движение, путь свободен)" | Повернуться в сторону движения, поднять правую руку и опустить в направлении движения на уровень плеча | Зеленым светом размахивать вверх-вниз |
| 6 | "Увеличить дистанцию" | Поднять левую руку вверх, а правую вытянуть горизонтально в сторону и размахивать его вниз-вверх до уровня плеча | Зеленым светом описывать восьмерки в вертикальной плоскости |
| 7 | "Уменьшить дистанцию" | Поднять правую руку вверх, а левую вытянуть горизонтально в сторону и размахивать его вниз-вверх до уровня плеча | Красным светом описывать восьмерки в вертикальной плоскости |
| 8 | "В колонну" | Поднять правую руку вверх и опустить ее, держа предплечье вертикально (повторять до отзыва) | Зеленым светом, сначала держать неподвижно, а затем подать сигнал "Марш" (повторять до отзыва) |
| 9 | "Стой" | Поднять левую руку вверх и быстро опустить вниз перед собой, повторяя до исполнения | Красным светом размахивать вверх-вниз |
| 10 | "Глуши двигатель" | Размахивать перед собой обеими опущенными руками | Красным светом, опущенным вниз, размахивать перед собой, описывая полукруг |
| 11 | "Авария (вынужденная остановка)" | Вытянуть правую руку в сторону, а левую поднять вверх и размахивать его над головой вправо и влево | Красным светом размахивать перед собой вправо и влево на уровне плеча |

Примечание. Сигналы флажками подают так же, как сигналы рукой, имея в правой руке желтый или белый флажок, а в левой красный.

должен знать сигналы гражданской обороны и действовать таким образом, чтобы сохранить себя и пассажиров от соответствующих поражающих факторов применяемого оружия.

Сигналы оповещения гражданской обороны подают по всем техническим средствам связи и дублируют звуковыми и световыми средствами.

**Сигнал "Воздушная тревога"** объявляют в случае возникновения непосредственной опасности воздушного нападения противника на данный город (район). Он означает, что удар противника может последовать в самое ближайшее время. Сигнал подается в течение 2–3 мин протяжным завывающим звучанием сирены, чередующимся с многократной подачей по сетям радиовещания текста: *"Внимание! Говорит штаб гражданской обороны. Граждане! Воздушная тревога! Воздушная тревога!"* Сигнал повсеместно дублируется прерывистыми гудками. Сигнал "Воздушная тревога" может застать водителя в разнообразной обстановке. Во всех случаях нужно действовать быстро, но спокойно, уверенно и без паники. Строгое соблюдение правил поведения по этому сигналу значительно сокращает потери людей.

Если по этому сигналу движение осуществляется в колонне, старший колонны подает **команду "Стой"**, а водители должны остановить автомобили, не изменяя дистанции между ними. Водитель, выполняющий самостоятельную задачу, услышав сигнал "Воздушная тревога", должен быстро остановиться. После остановки водители должны выключить двигатели и освещение, включить стояночный тормоз и передачу, после чего, захватив с собой средства индивидуальной защиты (противогаз, респиратор) и аптечку, укрыться самому и пассажирам в ближайшем убежище или защитном сооружении. При отсутствии убежища можно укрыться в складках местности или кювете.

**Сигнал "Отбой воздушной тревоги"** объявляют при миновании угрозы непосредственного нападения с воздуха по радиотрансляционной сети передачей текста: *"Внимание! Говорит штаб гражданской обороны! Угроза нападения с воздуха миновала! Отбой воздушной тревоги!"*. По этому сигналу можно выходить из убежища и возобновлять движение.

**Сигнал "Радиационная опасность"** подают в населенных пунктах и районах, по направлению к которым движется радиоактивное облако, а также, если на местности обнаружены радиоактивные осадки. Сигнал подают передачей текста: *"Внимание! Говорит штаб гражданской обороны. Граждане! Радиационная опасность!"*. Далее могут излагаться конкретные рекомендации о мерах защиты и режимах поведения населения исходя из уровня радиации. Этот сигнал дублируется частыми ударами в звучащие предметы. Немедленно после сигнала "Радиационная опасность" водители должны надеть респиратор, противопыльную тканевую маску или ватно-марлевую повязку, а при их отсутствии – противогаз.

При движении в колонне водитель должен руководствоваться командами – сигналами старшего колонны. Наиболее вероятными могут быть сигналы об увеличении дистанции и изменении скорости с таким расчетом, чтобы было минимальным пылеобразование.

Если водитель работает самостоятельно и не имеет специального задания, он должен уйти в убежище, противорадиационное или простейшее укрытие.

При преодолении участка, зараженного радиоактивными осадками, кабина должна быть герметически закрыта и ее стекла опущены, а пассажиры надежно укрыты брезентом. После выхода из района заражения водитель и пассажиры должны пройти радиационный контроль и санитарную обработку, а транспортные средства – специальную обработку.

**Сигнал "Химическая тревога"** подают при угрозе или непосредственном обнаружении химического или бактериологического нападения (заражения). Сигнал подают передачей текста: *"Внимание! Говорит штаб гражданской обороны. Граждане! Химическая тревога!"* Далее могут излагаться конкретные рекомендации о действиях людей с учетом примененного отравляющего вещества. Сигнал дублируется частыми ударами по звучащим предметам.

По этому сигналу водитель должен быстро надеть противогаз, а в случае необходимости – и средства защиты кожи.

При движении в колонне водитель должен руководствоваться командами – сигналами старшего колонны. Участки заражения преодолевают на повышенной скорости и с увеличенной дистанцией.

Если водитель работает самостоятельно и не имеет специального задания, он должен надеть противогаз и при первой возможности укрыться в защитном сооружении. Если защитного сооружения поблизости не окажется, то от поражения аэрозолями отравляющих веществ и бактериальных средств можно укрыться в жилых, производственных или подсобных помещениях.

После выхода из района заражения водитель и пассажиры должны пройти санитарную обработку, а транспортные средства – дегазацию.

## Контрольные вопросы

1. Что запрещают Правила на автомагистрали?
2. Как должен водитель вести транспортное средство по дороге, на которой выделена и обозначена полоса для транспортных средств общего пользования?
3. Какое освещение должно быть включено на автомобиле при движении в темное время суток?
4. В каких случаях возможно ослепление водителей дальним светом фар? Какие меры должен предпринимать водитель, чтобы исключить ослепление?
5. Как должен действовать водитель, если его ослепили светом фар?
6. Какие применяют способы буксировки механических транспортных средств?
7. Какое расстояние между транспортными средствами должны обеспечивать жесткая и гибкая сцепки? Как должно быть обозначено связующее звено?
8. В каких случаях запрещается буксировка?
9. Где запрещается перевозка людей при буксировке механических транспортных средств?
10. Как нужно пользоваться ремнями безопасности на занятиях по вождению автомобилей?
11. Как должно осуществляться управление колонной на марше?
12. Какие применяют сигналы для управления колонной?
13. Перечислите основные обязанности водителя при движении в колонне.
14. Какой должен соблюдаться порядок движения и остановки при следовании автомобилей в колонне?
15. Как должен действовать водитель по сигналам гражданской обороны?

## Глава 1.6. ПЕРЕВОЗКА ЛЮДЕЙ И ГРУЗОВ

### 1.6.1. ПЕРЕВОЗКА ЛЮДЕЙ

Перевозить людей можно в различных транспортных средствах. Но во всех случаях водителю необходимо принимать меры для обеспечения безопасности пассажиров, сохранения их здоровья и жизни. Эти меры сводятся к тому, чтобы предупредить возможность аварии, предостеречь пассажиров от неправильного и опасного поведения при посадке, высадке и в процессе движения.

Перевозка людей в грузовом автомобиле очень ответственное дело, к которому допускаются наиболее дисциплинированные водители, обладающие высокой квалификацией и большим опытом работы. Согласно Правилам, перевозить людей имеют право водители, имеющие удостоверение на право управления транспортными средствами категории "С" и "D". Военные водители должны иметь специальное удостоверение, выданное ВАИ.

Грузовые автомобили для перевозки людей должны иметь оборудование, обеспечивающее элементарные удобства и безопасность пассажиров. Для этого в кузове устанавливают сиденья, которые при поперечном расположении должны быть закреплены на расстоянии не менее 15 см от верхнего края борта, а если их располагают вдоль бокового или заднего борта, они должны иметь прочные спинки (рис. 1.91). При столкновениях и опрокидываниях автомобилей иногда возникают пожары, от которых могут пострадать пассажиры. Поэтому снаружи кабины водителя должен находиться легко снимаемый огнетушитель вместимостью не менее 2 л.

При перевозке групп детей борта кузова должны быть наращены на высоту примерно на 0,3 м, чтобы их высота составляла не менее 0,8 м от уровня пола. Спереди и сзади автомобиля (автобуса) должны быть установлены опознавательные знаки в виде желтых квадратов с красной каймой и черным изображением предупреждающего знака "Дети". Опознавательный знак предупреждает других водителей о необходимости проявлять осторожность в

Рис. 1.91. Оборудование кузова грузового автомобиля для перевозки людей

отношении транспортного средства, перевозящего детей. Резкое торможение и изменения направления движения таких транспортных средств могут вызвать потерю равновесия и травмы детей. Поэтому при виде таких автобусов или грузовых автомобилей водители должны проявлять осмотрительность и не создавать им помех.

В дневное время при любой видимости включают ближний свет фар, чтобы оповестить встречных водителей.

При перевозке детей в автобусе там должен находиться, как минимум, один сопровождающий, а в кузове грузового автомобиля – два.

Для удобной посадки пассажиров и исключения травм или выпадания при резком торможении и поворотах число перевозимых людей не должно превышать количества мест, оборудованных для сидения. Ширина одного места для взрослого человека составляет примерно 40 см.

Безопасность перевозки пассажиров зависит прежде всего от того, как ее организует водитель. Перед поездкой он должен проинструктировать пассажиров о порядке посадки, высадки и размещения в кузове. Нужно обратить особое внимание пассажиров на то, что стоять во время движения запрещено. Начинать движение водитель может, только убедившись, что условия безопасной перевозки пассажиров обеспечены. Водители междугородных и туристских автобусов перед началом поездки должны проинструктировать пассажиров о правилах пользования аварийными выходами.

Скорость грузового автомобиля при перевозке людей в кузове независимо от их числа не должна превышать 60 км/ч.

В необорудованном кузове грузового автомобиля разрешается перевозить лиц, сопровождающих груз или следующих за его получением. Но и в этом случае они должны быть обеспечены местами для сидения, расположенными ниже уровня бортов. Допускается перевозка людей в кузовах-фургонах в случаях, если их конструкция приспособлена для этих целей и такая перевозка согласована с ГАИ. Причем до 8 чел., включая и пассажиров в кабине, можно перевозить на грузовом автомобиле водителю, имеющему удостоверение на право управления транспортным средством категории "В".

Перевозка людей запрещается:

вне кабины автомобиля (на подножках, в кузове самосвала, исключая, конечно, перевозку в оборудованных кузовах), трактора, самоходных машин, на грузовом прицепе, в прицепе-даче, в кузове грузового мотоцикла;

сверх количества, предусмотренного технической характеристикой любого транспортного средства, не считая детей до 12-летнего возраста.

Нельзя также перевозить детей до 12-летнего возраста на переднем сиденье легкового автомобиля при отсутствии специального детского сиденья и на заднем сиденье мотоцикла.

### 1.6.2. ПЕРЕВОЗКА ГРУЗОВ

Подготавливая груз к перевозке, его нужно хорошо уложить и прочно закрепить так, чтобы он не сдвинулся от толчков и не выпал из кузова. Общая масса груза (и пассажиров) и распределение ее по осям не должны превышать значений, указанных в технической характеристике транспортного средства предприятием-изготовителем. Желательно, чтобы центр тяжести груза был расположен у продольной оси автомобиля, иначе может быть нарушена устойчивость и затруднено управление автомобилем. Укладывать груз нужно так, чтобы он не ограничивал водителю обзорность спереди и сзади автомобиля, не подвергал опасности участников движения, не закрывал приборы световой сигнализации, номерные и опознавательные знаки и не затруднял подачу сигналов рукой.

Рис. 1.92. Габаритные размеры транспортного средства (состава транспортных средств), при превышении которых должно быть получено разрешение на движение в ГАИ

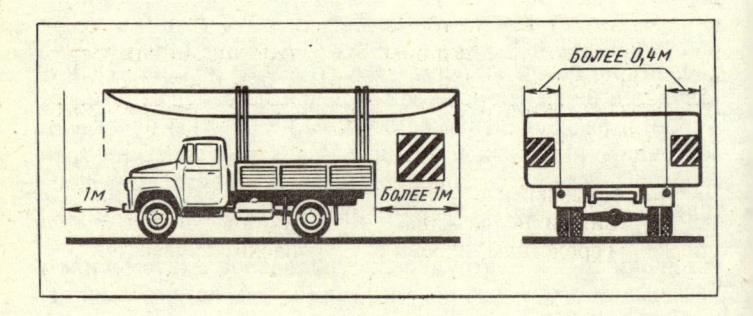

Рис. 1.93. Обозначение груза, выступающего за габариты транспортного средства

Груз, создающий при движении шум, образующий пыль, загрязняющий проезжую часть или распространяющий неприятный запах, следует перевозить в специальных кузовах (в таре) или укрывать брезентом.

Правилами ограничены размеры перевозимых грузов и длина подвижного состава. Так, без согласования с ГАИ запрещается движение транспортного средства, если его габаритные размеры с грузом или без груза превышают: по высоте 4,0 м от поверхности дороги, по ширине 2,5, по длине 20 м для автопоезда с одним прицепом, 24 м для автопоезда с двумя и более прицепами, либо если груз выступает за заднюю точку габарита транспортного средства более чем на 2 м (рис. 1.92). В случае перевозки груза, габаритные размеры или масса которого превышают указанные нормы, нужно обратиться за разрешением в органы, в ведении которых находятся мосты, искусственные сооружения, а также контактная сеть трамваев и троллейбусов. После согласования всех вопросов в этих органах ГАИ выдает разрешение на перевозку.

Если груз выступает за габариты транспортного средства спереди или сзади более чем на 1 м, а также если крайняя точка груза по ширине находится на расстоянии более 0,4 м от внешнего края переднего или заднего габаритного огня, его нужно обозначить сигнальными щитками или флажками размером 400х400 мм с нанесенными по диагонали красными и белыми полосами (рис. 1.93).

В темное время суток, а также при недостаточной видимости на грузе или на выступающих за габариты транспортного средства частях должны быть установлены световозвращающие устройства или фонари. Спереди они должны быть белого цвета, сзади – красного и сбоку – оранжевого. Особенно точно необходимо соблюдать требования Правил перевозки опасных грузов (ядовитых, взрывчатых, огнеопасных, радиоактивных). Для предупреждения о перевозке таких грузов на транспортном средстве должен устанавливаться специальный опознавательный знак. Водители других транспортных средств должны быть предупредительными и во избежание ДТП с тяжелыми последствиями не создавать помехи для движения транспортным средствам, перевозящим опасные грузы.

## Контрольные вопросы

1. Перечислите основные требования Правил к перевозке людей в грузовом автомобиле.
2. Назовите обязанности водителя грузового автомобиля перед поездкой и в пути при организованной перевозке людей в кузове.
3. Как должна быть организована перевозка детей в автобусе и в кузове грузового автомобиля?
4. В каких случаях запрещается перевозить людей?
5. Перечислите основные правила размещения и закрепления груза на транспортном средстве.
6. В каких случаях и как должен обозначаться перевозимый груз?
7. В каких случаях требуется разрешение ГАИ на движение транспортного средства?

### Глава 1.7. ОБОРУДОВАНИЕ И ТЕХНИЧЕСКОЕ СОСТОЯНИЕ ТРАНСПОРТНЫХ СРЕДСТВ

#### 1.7.1. НОМЕРНЫЕ, ОПОЗНАВАТЕЛЬНЫЕ ЗНАКИ, ПРЕДУПРЕДИТЕЛЬНЫЕ УСТРОЙСТВА, НАДПИСИ И ОБОЗНАЧЕНИЯ

На каждом автомобиле, мотоцикле, прицепе, тракторе или самоходной машине должен быть установлен номерной знак, выданный ГАИ (или ВАИ). Знаки должны быть укреплены на предназначенных для этого местах. На автомобиле устанавливают два знака (спереди и сзади), а на мотоциклах и прицепах один (сзади). Номерные знаки свидетельствуют о том, что транспортное средство зарегистрировано в ГАИ (или ВАИ) и на его эксплуатацию получено официальное разрешение.

Номерные знаки должны соответствовать ГОСТ 3207–77 "Знаки номерные для транспортных средств. Типы и основные размеры. Расположение. Технические требования". Этим стандартом введено семь типов номерных знаков:

1 – устанавливают на грузовых автомобилях и автобусах спереди, на легковых автомобилях, не принадлежащих индивидуальным владельцам, спереди и сзади;

2 – устанавливают на автомобилях, принадлежащих индивидуальным владельцам, спереди и сзади;

3 – устанавливают на грузовых автомобилях и автобусах сзади;

4 – для автомобильных прицепов и полуприцепов;

5 – для тракторов;

6 – для тракторных прицепов и полуприцепов;

7 – для мотоциклов, мотороллеров, мотоколяски и мотонарт.

Знаки, устанавливаемые на легковых автомобилях (государственных и личных), прямоугольные, однострочные. Знак государственного автомобиля имеет четыре цифры и три буквы (рис. 1.94, *а*). Знак личного автомобиля показан на рис. 1.94, *б*. На грузовых автомобилях и автобусах передний знак однострочный (см. рис. 1.94, *а*), а зад-

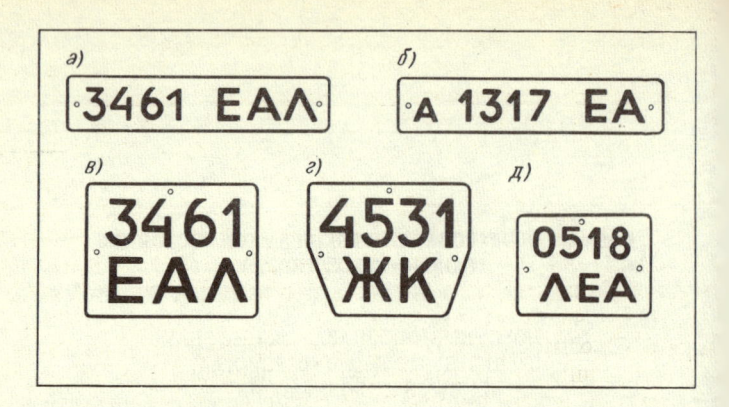

Рис. 1.94. Типы номерных знаков:
*а* — для всех легковых автомобилей, кроме принадлежащих индивидуальным владельцам, а также передний знак для грузовых автомобилей и автобусов; *б* — для легковых автомобилей индивидуальных владельцев; *в* — задний знак для грузовых автомобилей и автобусов; *г* — для автомобильных прицепов и полуприцепов; *д* — для мопедов, мотоциклов, мотороллеров, мотоколясок и мотонарт

ний – двухстрочный: в верхней строке – четыре цифры, в нижней – три буквы (рис. 1.94, *в*). На автомобильных прицепах устанавливают только задний номерной знак (рис. 1.94, *г*). На мотоциклах, мотороллерах, мотоколясках и мотонартах устанавливают двухстрочный знак (рис. 1.94, *д*).

Цифры и буквы номерного знака должны быть хорошо различимы, поэтому нужно систематически протирать знак. Закрывать его поверхность защитными материалами запрещается. Чтобы цифры и буквы можно было различить на большом расстоянии, на задней стенке кузова грузовых автомобилей, прицепов, автобусов (кроме особо малых) должен быть нанесен хорошо различимый номерной знак: высота и ширина цифр – не менее соответственно 300 и 120 мм, толщина штриха 30 мм, размер букв 2/3 от размера цифр. На трамваях и троллейбусах наносят регистрационные номера, присваиваемые соответствующими ведомствами.

Механические транспортные средства и прицепы к ним независимо от их технического состояния должны быть зарегистрированы (перерегистрированы) их владельцами в ГАИ в течение 5 сут с момента их приобретения (получения). Если механические транспортные средства выбывают с места постоянной прописки на срок более 2 мес, они должны быть временно зарегистрированы по прибытии на место назначения.

На время перегона транспортного средства к месту постоянной регистрации ГАИ выдает напечатанный на бумаге двухстрочный знак. В верхней строке располагается номер из четырех цифр, а в нижней две большие буквы и надпись "ТРАНЗИТ". Знак крепится на лобовом стекле справа.

Предприятиям-изготовителям автомобилей и мотоциклов, а также научно-исследовательским институтам для испытаний и обкатки транспортных средств ГАИ выдает номерной знак с надписью "ПРОБА", который крепится на задней части автомобиля.

Опознавательные знаки информируют участников движения об особенностях транспортного средства, водителя и перевозимого груза. При виде опознавательного знака водители других транспортных средств могут заблаговременно принять необходимые меры и установить безопасный режим движения.

В табл. 1.2 приведены основные данные опознавательных знаков, их назначение и места установки. Размеры опознавательных знаков, для которых в таблице указаны их предельные значения, выбирают с учетом габаритов транспортного средства.

Таблица 1.2

| Опознавательный знак | Назначение и место установки знака |
|---|---|
| | Опознавательные знаки автопоезда. Устанавливаются на грузовых автомобилях с прицепами и полуприцепами, на колесных тракторах с тяговым усилием на крюке 1,4 т и выше, а также на сочлененных автобусах и троллейбусах. Располагаются на крыше кабины над ветровым стеклом |

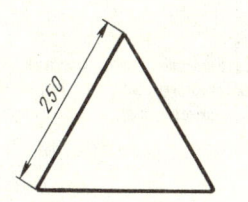

*Продолжение табл. 1.2*

| Опознавательный знак | Назначение и место установки знака |
|---|---|
|  | Опознавательный знак автобуса или грузового автомобиля, перевозящего группу детей. Устанавливается спереди и сзади транспортного средства |
| 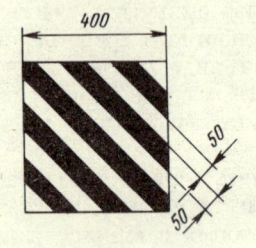 | Сигнальные щитки (флажки) для обозначения груза, выступающего за габариты транспортного средства. Место установки см. на рис. 1.92 и 1.93 |
| 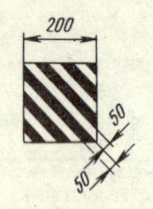 | Флажки для обозначения гибкого связующего звена при буксировке. Размещаются на связующем звене через каждый метр (см. рис. 1.89, *а*) |
| 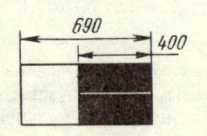 | Опознавательный знак транспортного средства, перевозящего опасный груз. На знаке наносятся обозначения, характеризующие вид опасного груза. Устанавливается спереди и сзади транспортного средства |
| 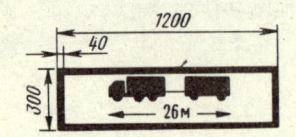 | Опознавательный знак состава транспортных средств длиною более 24 м. Устанавливается сзади транспортного средства |

*Продолжение табл. 1.2*

| Опознавательный знак | Назначение и место установки знака |
|---|---|
| 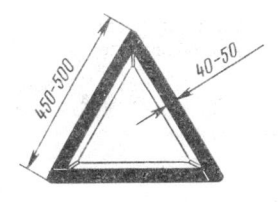 | Знак аварийной остановки для предупреждения о вынужденной остановке транспортного средства. Устанавливается на проезжей части в населенных пунктах за 15—20 м, а вне населенных пунктов — за 30—40 м от транспортного средства (см. рис. 1.9) |
| 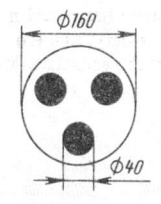 | Опознавательный знак автомобиля, управляемого глухим или глухонемым водителем. Устанавливается спереди и сзади автомобиля |
| 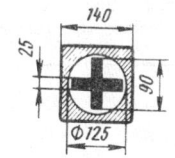 | Опознавательный знак автомобиля, принадлежащего водителю-врачу. Устанавливается спереди и сзади транспортного средства |
|  | Опознавательный знак автомобиля, оборудованного специально для инвалидов и управляемых инвалидами, при наличии соответствующей отметки ГАИ в техническом паспорте. Рекомендуется устанавливать сзади транспортного средства |
|  | Опознавательный знак ограничения скорости для водителей, имеющих водительский стаж до 2 лет, транспортных средств, перевозящих опасные, тяжеловесные и крупногабаритные грузы, а также для случаев, когда максимальная скорость транспортного средства по технической характеристике ниже определенной Правилами. Размещается (наносится) сзади слева транспортного средства |

*Окончание табл. 1.2*

| Опознавательный знак | Назначение и место установки знака |
|---|---|
| | Опознавательный знак механических транспортных средств, используемых для обучения водителей. Устанавливается спереди и сзади учебного транспортного средства |
| | Опознавательный знак механических транспортных средств, на которых установлены шины с шипами. Устанавливается сзади транспортного средства |

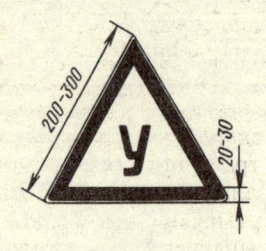

Некоторые опознавательные знаки можно хорошо различать в темное время суток и в условиях недостаточной видимости. Так, опознавательный знак автопоезда имеет устройство для внутреннего освещения, а красная кайма опознавательного знака состава транспортных средств длиной более 24 м должна обладать светоотражающими свойствами. В темное время суток и в условиях недостаточной видимости сигнальные щитки (флажки) для обозначения груза, выступающего за габариты транспортного средства, должны дополняться светоотражающими приспособлениями или фонарями соответствующего цвета.

Мигающий красный фонарь, выставленный вместо знака аварийной остановки, должен изучать свет, хорошо различимый днем в солнечную погоду и в условиях недостаточной видимости.

## 1.7.2. ОБЩИЕ ТРЕБОВАНИЯ К ТРАНСПОРТНЫМ СРЕДСТВАМ

Техническое состояние и оборудование транспортных средств должны обеспечивать безопасную, производительную и экономичную их работу, а также удобства для водителя и пассажиров. Эти требования содержатся в Правилах технической эксплуатации и в государственных стандартах. В Правилах дорожного движения приведены основные требования этих документов, касающиеся безопасности движения и охраны окружающей среды.

Конструкция современных транспортных средств отрабатывалась и совершенствовалась на протяжений многих десятилетий. Все агрегаты, механизмы и детали автомобиля неоднократно рассчитывались, подвергались разнообразным испытаниям в лабораторных и дорожных условиях. Поэтому недопустима установка узлов или деталей, не отвечающих требованиям предприятия-изготовителя или не предусмотренных для данной модели транспортного средства. Для каждой модели транспортного средства предприятие-изготовитель выпускает инструкцию с конкретными указаниями по эксплуатации и уходу.

Для обеспечения безопасности дорожного движения водители и лица, ответственные за состояние транспортных средств, должны выполнять требования Правил технической эксплуатации, инструкций предприятий-изготовителей, регистрационных документов и другой нормативно-технической документации. Для этого необходимо систематически и в полном объеме проводить плановое техническое обслуживание, а также ежедневный контроль исправности тех частей автомобиля, от которых зависит безопасность движения. Водитель обязан следить за работой агрегатов при различных режимах движения и выявлять неисправности в самом начале их возникновения.

Контролирует техническое состояние механических транспортных средств Государственная автомобильная инспекция. Государственный технический осмотр проводится периодически в сроки, установленные приказом министра МВД СССР от 19 декабря 1988 г. № 252. На исправные, годные к эксплуатации механические транспортные средства выдается талон и делается запись в техническом паспорте. На легковых автомобилях, принадлежащих индивидуальным владельцам, и на автобусах этот талон нужно устанавливать в правом нижнем углу за ветровым стеклом. Эксплуатация механических транспортных средств, не прошедших государственный периодический технический осмотр, запрещена. Неисправности, обнаруженные при техническом обслуживании во время контрольных осмотров или в пути, должны быть устранены. Правилами определен перечень неисправностей и услоеий, при наличии которых запрещается эксплуатация автомобилей, автобусов, автопоездов, прицепов, мотоциклов, мопедов, тракторов и самоходных машин. При возникновении в пути этих неисправностей водитель должен принять меры к их устранению, а если это невозможно — следовать к месту стоянки или ремонта с соблюдением необходимых мер предосторожности. Перечень неисправностей троллейбусов и трамваев, при наличии которых запрещается их эксплуатация, указан в Правилах технической эксплуатации этих транспортных средств.

### 1.7.3. НЕИСПРАВНОСТИ И УСЛОВИЯ, ПРИ КОТОРЫХ ЗАПРЕЩАЕТСЯ ЭКСПЛУАТАЦИЯ ТРАНСПОРТНЫХ СРЕДСТВ

Наиболее опасны неисправности тормозной системы, рулевого управления, шин, осветительных приборов и сцепного устройства, так как они лишают возможности управлять транспортным средством. Водитель должен знать не только перечень дефектов, но также их признаки и причины возникновения, четко представлять себе возможные последствия работы на неисправном транспортном средстве.

**Тормозная система** оказывает на безопасность движения транспортного средства наибольшее влияние: неисправности в ней являются причиной почти половины всех ДТП, которые произошли из-за технических неисправностей транспортных средств.

В тормозных системах с гидравлическим приводом нельзя применять тормозную жидкость, не предусмотренную для данной модели транспортного средства или не соответствующую требованиям предприятия-изготовителя.

Эффективность рабочей тормозной системы можно оценивать по длине тормозного пути или по значениям замедления и времени запаздывания начала торможения. В практике наибольшее распространение получила оценка по длине тормозного пути.

Эффективность торможения рабочей тормозной системы транспортного средства в снаряженном состоянии с учетом массы водителя должна соответствовать установленным нормам. В соответствии с этими нормами тормозной путь транспортных средств различных типов не должен превышать следующих значений, м:

| | |
|---|---|
| Легковые автомобили и их модификации для перевозки грузов | 14,5 |
| Автобусы с полной массой до 5 т, включительно | 18,7 |
| То же свыше 5 т | 19,9 |
| Грузовые автомобили с полной массой 3,5 т, включительно | 19,0 |
| То же от 3,5 до 12 т, включительно | 18,4 |
| То же свыше 12 т | 17,7 |
| Автопоезда с автомобилями-тягачами с полной массой до 3,5 т, включительно | 22,7 |
| То же от 3,5 до 12 т, включительно | 22,1 |
| То же свыше 12 т | 21,9 |
| Двухколесные мотоциклы и мопеды | 7,5 |
| Мотоциклы с боковыми прицепами | 8,2 |

Эффективность рабочей тормозной системы проверяют на горизонтальном участке дороги с ровным, сухим, чистым цементо- или асфальтобетонным покрытием при однократном нажатии на тормозную педаль (рукоятку) при начальной скорости торможения 40 км/ч для автомобилей и автобусов и 30 км/ч для мотоциклов и мопедов (при одновременном воздействии на ручной и ножной тормозные приводы).

В процессе торможения транспортное средство должно сохранять прямолинейное движение, что свидетельствует о равномерном затормаживании колес левого и правого бортов. Если же в процессе торможения водитель исправляет траекторию движения, то тормозная система является неисправной.

Не допускается утечка жидкости у гидравлического и нарушение герметичности у пневматического тормозных приводов, так как это приводит к снижению тормозных сил и увеличению тормозного пути. У пневматического тормозного привода падение давления воздуха при неработающем компрессоре не должно превышать 0,05 МПа (0,5 кГс/см) за 30 мин при свободном положении органов управления тормозной системой или за 15 мин при включенных органах управления.

Во время движения водитель контролирует состояние пневматического тормозного привода по показаниям манометра, поэтому работа с неисправным манометром недопустима.

*Запрещается дальнейшее движение транспортных средств с недействующей рабочей тормозной системой, т. е. когда она не позволяет водителю остановить транспортное средство при движении с минимальной скоростью.*

Стояночная тормозная система должна удерживать транспортное средство в неподвижном состоянии с отключенным от трансмиссии двигателем на подъеме с уклоном:

16 % – транспортных средств с полной нагрузкой;

23 % – легковых автомобилей, их модификаций для перевозки грузов, а также автобусов в снаряженном состоянии;

31 % – грузовых автомобилей и автопоездов в снаряженном состоянии.

При этом во избежание произвольного скатывания транспортного средства под уклон рычаг (рукоятка) стояночного тормоза должен надежно удерживаться запирающим устройством.

**В рулевом управлении** все детали должны быть надежно соединены и закреплены. Не допускаются не предусмотренные конструкцией взаимные ощутимые перемещения деталей и узлов или перемещения их относительно кузова (шасси, рамы, кабины) транспортного средства.

Показателем технического состояния рулевого управления служит суммарный люфт, который не должен превышать у транспортных средств разных типов следующих предельных значений, град, не более:

| | |
|---|---|
| Легковые автомобили и созданные на их базе грузовые модификации и автобусы........................................ | 10 |
| Автобусы................................................ | 20 |
| Грузовые автомобили, а также автомобили и автобусы, снятые с производства........................................ | 25 |

Рулевое колесо должно легко поворачиваться. Недопустимы неисправность или отсутствие предусмотренного конструкцией усилителя (рулевого демпфера на мотоцикле), установка деталей рулевого управления со следами остаточной деформации и другими дефектами.

*Запрещается дальнейшее движение транспортных средств с недействующим рулевым управлением, т. е. когда оно не позволяет водителю осуществить маневр при движении с минимальной скоростью.*

**Внешние световые приборы** должны обеспечивать безопасное движение в условиях недостаточной видимости.

Их количество, тип и расположение должны соответствовать требованиям конструкции транспортного средства. Все приборы должны быть очищены от грязи и работать в установленном режиме. На световых приборах должны быть установлены рассеиватели и лампы, соответствующие данной конструкции.

Для правильного освещения дороги и исключения ослепления встречных водителей фары должны быть отрегулированы. Чтобы предохранить рассеиватель фар от повреждений, можно применять защитные устройства непромышленного изготовления, но при включении фар они должны быть убраны.

В темное время суток на дорогах без искусственного освещения или в условиях недостаточной видимости запрещается движение транспортных средств с негорящими фарами и задними габаритными огнями.

Для лучшего обозначения транспортного средства и освещения дороги в сложных условиях движения можно применять следующие дополнительные световые приборы:

противотуманные фары (на мотоцикле и мопеде – одна, на других транспортных средствах – две) располагаются от поверхности дороги на высоте не менее 250 мм, но не выше фар ближнего света. Противотуманные фары должны быть установлены симметрично относительно продольной оси транспортного средства и не далее 400 мм от его наружного габарита по ширине (рис. 1.95);

один или два задних противотуманных огня красного цвета на высоте 400–1200 мм и не ближе 100 мм от сигналов торможения;

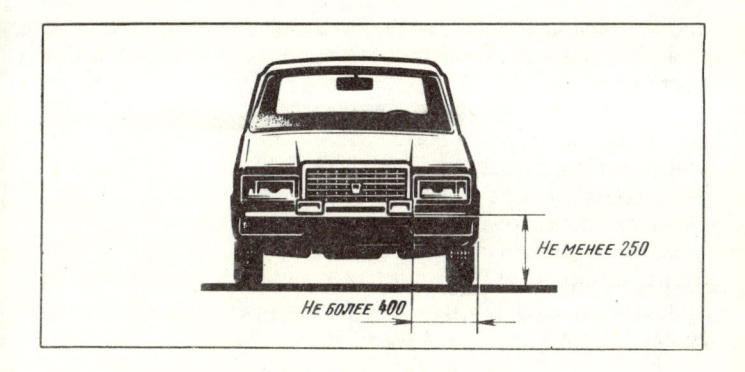

Рис. 1.95. Расположение противотуманных фар на автомобиле

на легковом автомобиле и автобусе один или два дополнительных сигнала торможения красного цвета на высоте 1150–1400 мм;

на легковых автомобилях, снятых с производства, внешние световые приборы от автомобилей других марок и моделей.

Противотуманные фары и огни должны включаться одновременно с габаритными огнями и освещением номерного знака.

*Запрещается дальнейшее движение транспортного средства с негорящими фарами и задними габаритными огнями в темное время суток на дорогах без искусственного освещения или в условиях недостаточной видимости.*

**У стеклоочистителей** частота перемещения щеток по стеклу должна быть не менее 35 двойных ходов в минуту, а угол щетки – не менее значения, предусмотренного предприятием-изготовителем транспортного средства. Если конструкцией транспортного средства предусмотрен стеклоомыватель ветрового стекла, он должен надежно работать. *Запрещается дальнейшее движение транспортного средства с недействующим со стороны водителя стеклоочистителем во время дождя или снегопада.*

**Шины** оказывают значительное влияние на безопасность движения. Весь комплекс сил, действующих на автомобиль, передается на дорогу через шины. Дороги, в свою очередь, воздействуют на автомобиль также через шины. От работы шин, их технического состояния зависят все эксплуатационные свойства транспортного средства. Так, если давление воздуха в шине меньше рекомендуемого, это приведет к повышению расхода топлива. При чрезмерном давлении воздуха шины теряют способность смягчать толчки от неровностей дороги. Ухудшается плавность хода.

У шин с изношенным протектором снижается коэффициент сцепления, вследствие чего растет тормозной путь и увеличивается опасность заноса. Поэтому запрещена эксплуатация транспортных средств с остаточной глубиной рисунка протектора: менее 1,6 мм – на легковых автомобилях; 1,0 мм – на грузовых автомобилях; 2,0 мм – на автобусах; 0,8 мм – на мотоциклах и мопедах. Нормы остаточной высоты рисунка протектора шин для прицепов такие же, как нормы для шин автомобилей-тягачей.

Недопустима установка на одну ось транспортного средства шин с различным рисунком протектора, так как из-за различного коэффициента сцепления при торможении колеса будут блокироваться неодновременно и возможен занос транспортного средства.

Разрыв шины во время движения может повлечь за собой тяжелые последствия. Для исключения такой возможности Правила предусматривают ряд ограничений по использованию шин. Шины не должны иметь порезов, разрывов, обнажающих корд, а также расслоения каркаса, отслоения протектора и боковины. Не допускается применять шины по размеру и допустимой нагрузке, не соответствующие модели транспортного средства. На передние оси легковых автомобилей и автобусов (немеждугородных) запрещается устанавливать шины с протектором, восстановленным по второму классу ремонта, т. е. в случаях, когда покрышки, поступившие в ремонт, имели сквозные повреждения. В связи с более высокими скоростями движения для междугородных автобусов устанавливается более жесткое ограничение – на передней оси запрещается устанавливать восстановленные шины, а на задней можно применять только шины, восстановленные по первому классу ремонта.

Нельзя допускать движение транспортного средства со сдвоенными шинами, если между ними имеется инородный предмет (камень, кусок грязи). Вылетев во время движения, такой предмет может нанести травму пешеходам или разбить лобовое стекло транспортного средства, движущегося сзади.

**Двигатель** транспортного средства должен быть безопасным для водителя, пассажиров и окружающей среды. Вредное воздействие двигателя выражается в выбросе в атмосферу отравляющих примесей (отработавших газов, паров бензина, масел), в создании системой зажигания помех для работы радиоприемников и в возникновении пожаров.

Двигатель должен иметь герметичную систему питания, приспособление для подавления помех радиоприему и исправную систему выпуска отработавших газов. Содержание вредных веществ в отработавших газах и их дымность не должны превышать установленные нормы. Не допускаются изменения в конструкции двигателя или установка устройства и оборудования для работы на другом виде топлива, если это не согласовано с предприятием-изготовителем.

**Прочие элементы конструкции** транспортного средства должны обеспечивать безопасность:

исправностью звукового сигнала, спидометра, механизма регулировки положения сиденья водителя, устройства обогрева и обдува стекла;

наличием предусмотренных конструкцией зеркал заднего вида, а на мотоциклах и мопедах подножек и поперечных рукояток для пассажиров на седле;

запрещением установки дополнительных предметов или нанесения покрытий, ограничивающих обзорность с места водителя и ухудшающих прозрачность стекол. (Разрешается применять прозрачные пленки на верхней части ветрового стекла автомобилей и автобусов, тонированные стекла, соответствующие требованиям ГОСТ 5727–83*Е, и занавески на окнах автобусов.)

Запрещается эксплуатация транспортного средства, если разрушен коренной лист или центральный болт рессоры.

Предприятия и конструкторские бюро автомобильной промышленности постоянно улучшают конструкцию транспортных средств, внедряют различные устройства и дополнительное оборудование, повышающие безопасность. Так, на автомобилях предусматривают:

ремни безопасности, предохраняющие водителя и пассажиров от травм при столкновениях транспортных средств и их наездах на неподвижные препятствия;

задние противоподкатные буфера безопасности, уменьшающие силу удара при наездах сзади;

грязезащитные фартуки и брызговики, задерживающие брызги воды, частицы грязи и снега;

противооткатные упоры на грузовых автомобилях с полной массой свыше 3,5 т и автобусах с полной массой свыше 5 т. Эти приспособления исключают возможность произвольного движения на подъемах и спусках;

противоугонные устройства, препятствующие использованию транспортного средства другими лицами;

надежные замки, предохраняющие от произвольного открывания дверей кабины (или кузова) и выпадения людей при ДТП:

запоры бортов грузовой платформы, обеспечивающие сохранность грузов;

запоры горловины цистерн и топливных баков, снижающие вероятность возникновения пожаров, огнетушители для быстрой ликвидации огня;

у тягачей и полуприцепов (или прицепов) страховочные тросы (цепи), работающие при отказе сцепных устройств;

аварийные выходы для экстренной эвакуации пассажиров при ДТП (на автобусах);

устройства обогрева и обдува стекол, обеспечивающие хорошую обзорность;

медицинскую аптечку для оказания первой помощи пострадавшим;

знак аварийной остановки (мигающий красный фонарь) для предупреждения других водителей.

Медицинской аптечкой и знаком аварийной остановки (мигающим красным фонарем) должны быть оборудованы также мотоциклы с боковым прицепом.

Аптечка и огнетушитель должны располагаться на транспортных средствах в закрепленном состоянии в местах, предусмотренных предприятием-изготовителем. Если такие места не предусмотрены, то аптечку и огнетушитель нужно хранить не в багажнике, а в легкодоступных местах. На автобусах должны быть два огнетушителя: один в кабине водителя, второй – в пассажирском салоне.

В целях безопасности на двухколесных мотоциклах устанавливают также дуги безопасности, снижающие телесные повреждения при опрокидывании, подножки и поперечные рукоятки для пассажира, едущего на седле. Если перечисленные выше устройства и оборудование отсутствуют или имеют дефекты (например, видимые надрывы у лямок ремней безопасности), то эксплуатация транспортных средств запрещена. Запрещается также эксплуатация транспортных средств в следующих случаях:

отсутствует, не работает или не опломбирован спидометр (за исключением транспортных средств, принадлежащих индивидуальным владельцам);

значительно повреждены (внешне) детали кузова (у грузовых автомобилей – кабины) и окраска;

на транспортных средствах, не принадлежащих оперативным службам, установлены звуковые сигналы с чередующимися тонами, проблесковые маячки и цветографические схемы, которые предусмотрены ГОСТ 21392–75*.

## Контрольные вопросы

1. Какие установлены правила для регистрации (перерегистрации) транспортных средств?
2. Как должны быть оборудованы транспортные средства номерными знаками?
3. Перечислите основные требования к оборудованию транспортных средств опознавательными знаками и предупредительными устройствами.
4. К каким последствиям может привести несоблюдение требований установки опознавательных знаков?
5. Какой установлен порядок прохождения государственного периодического осмотра механических транспортных средств?

6. При наличии каких неисправностей тормозной системы (рулевого управления, внешних световых приборов, шин, двигателя, прочих элементов конструкции) автомобиля запрещается эксплуатация транспортных средств?

7. Как должен поступать водитель в случае возникновения в пути неисправностей, при которых запрещается эксплуатация транспортных средств?

8. При возникновении каких неисправностей транспортного средства запрещается дальнейшее движение?

9. К каким последствиям может привести эксплуатация транспортного средства с неисправностями, угрожающими безопасности движения?

# Раздел 2

# ОСНОВЫ УПРАВЛЕНИЯ АВТОМОБИЛЕМ И БЕЗОПАСНОСТЬ ДВИЖЕНИЯ

## Глава 2.1. ДОРОЖНО-ТРАНСПОРТНЫЕ ПРОИСШЕСТВИЯ

### 2.1.1. КЛАССИФИКАЦИЯ И СТАТИСТИКА ДОРОЖНО-ТРАНСПОРТНЫХ ПРОИСШЕСТВИЙ

Под дорожно-транспортным происшествием понимают событие, возникшее в результате нарушения нормального режима движения механического транспортного средства и повлекшее за собой гибель, ранение людей, повреждение транспортных средств, сооружений, грузов или причинившее другой материальный ущерб. Дорожно-транспортные происшествия подразделяют на группы в зависимости от тяжести последствий, характера (вида) ДТП, места происшествия и других признаков.

По тяжести последствий ДТП делят на три группы: со смертельным исходом, с телесными повреждениями людей и с материальным ущербом. В нашей стране телесные повреждения подразделяют на тяжкие, менее тяжкие и легкие. По виду ДТП их делят на столкновение транспортных средств, опрокидывание транспортных средств, наезд на препятствие, наезд на пешехода, наезд на велосипедиста, наезд на стоящее транспортное средство, наезд на гужевой транспорт, наезд на животных и прочие. К последнему виду ДТП относят, например, падение перевозимого груза на человека, сход трамвая с рельсов (без столкновения или опрокидывания).

Для нашей страны характерно следующее среднегодовое распределение ДТП по видам, %:

|  | Москва (1980—1986 гг.) | Остальные города |
|---|---|---|
| Наезд транспортных средств на: |  |  |
| пешеходов | 55,0 | 50,0 |
| препятствия | 5,5 | 5,0 |
| стоящие транспортные средства | 3,0 | 3,5 |
| велосипедистов | 2,0 | 3,0 |
| Столкновение транспортных средств | 32,5 | 30,0 |
| Опрокидывание транспортных средств | 1,5 | 8,0 |
| Прочие ДТП | 0,5 | 0,5 |

Первое ДТП — наезд автомобиля на пешехода было зафиксировано еще в 1896 г., т. е. всего через 10 лет после изобретения автомобиля. В 1899 г. такое же происшествие закончилось смертью человека. С тех пор число ДТП непрерывно увеличивается. Это вызывает вполне обоснованную тревогу.

Во всех странах мира работают над улучшением условий движения транспортных средств и пешеходов, стремясь снизить аварийность на автомобильном транспорте. Однако остановить рост числа ДТП до сих пор не удалось, хотя в результате многочисленных мероприятий (в том числе и дорогостоящих) темп их роста за последние годы значительно снизился, а тяжесть последствий уменьшилась.

Ежегодно в мире от автомобильных катастроф погибает около 300 тыс. чел., более 8 млн. чел. получают травмы. Велик и материальный ущерб. Например, в США потери от автомобильных аварий превышают 35 млрд. дол. в год. Автомобильные катастрофы наносят обществу ущерб. В СССР в 1986 г. в ДТП погибло около 39 тыс. чел. и ранено почти 260 тыс. чел. Ущерб составил несколько миллиардов рублей ("Известия". 20 июня 1987 г.).

Изучение ДТП показало, что наиболее часто они возникают в летне-осенний период — с июня по октябрь, когда на дорогах резко увеличивается интенсивность движения личных автомобилей. Доля ДТП за эти 5 мес составляет примерно 55—60 % годовых. По дням недели ДТП распределяются также неравномерно. Наибольшее их число падает на пятницу и субботу, когда по окончании трудовой недели люди устремляются за город. В течение суток наиболее опасны вечерние часы, приблизительно с 17 до 21 ч. В течение этих 4 ч совершается 30—35 % от общего числа ДТП за сутки. В это время возрастает интенсивность транспортных и пешеходных потоков, а освещенность дорог ухудшается, осложняя работу водителя.

### 2.1.2. КОНТРОЛЬ ЗА БЕЗОПАСНОСТЬЮ ДОРОЖНОГО ДВИЖЕНИЯ

Борьбу с аварийностью на автомобильном транспорте в нашей стране возглавляет и координирует ГАИ Министерства внутренних дел СССР. ГАИ разрабатывает правила, нормативы и стандарты по безопасности дорожного движения (или участвует в создании таких документов) и контролирует соблюдение всеми предприятиями, организациями, учреждениями и отдельными гражданами этих правил, нормативов и стандартов.

Главная задача ГАИ заключается в совершенствовании организации дорожного движения, чтобы обеспечить его безопасность и повысить эффективность использования транспортных средств. Для этого ГАИ постоянно проверяет техническое состояние транспортных средств и улично-дорожной сети, ежегодно проводит государственные технические осмотры автомобилей, мотоциклов и прицепов, контролирует выполнение мероприятий по охране окружающей среды от вредного влияния транспортных средств и выполняет ряд других работ. Госавтоинспекция работает в тесном взаимодействии с дорожными, транспортными, коммунальными, научно-техническими организациями, а также высшими и средними техническими учебными заведениями.

Большую помощь Госавтоинспекции оказывают службы организации дорожного движения в дорожно-эксплуатационных предприятиях и службы безопасности движения автотранспортных предприятий. Службы организации дорожного движения изучают статистические материалы по аварийности, систематически обследуют дороги, выявляя места повышенной опасности, разрабатывают мероприятия по ликвидации опасности, способствуют внедрению современных технических средств управления движением, улучшают дорожную информацию водителей, а также организуют техническую помощь поврежденным автомобилям и их эвакуацию.

Работники службы безопасности автотранспортных предприятий заняты повышением квалификации и дисциплины водителей. Они обследуют условия работы на автомобильных маршрутах, разрабатывают предложения по их улучшению, проводят служебное расследование ДТП.

В 1976 г. была создана Комиссия по обеспечению безопасности дорожного движения при МВД СССР. Ее цель – координация в масштабе всей страны деятельности министерств, ведомств и других организаций по безопасности. В состав Комиссии вошли представители многих союзных министерств и комитетов. Решения Комиссии являются обязательными для этих организаций.

Большую роль в борьбе с авариями на автомобильном транспорте играет общественность. Всесоюзное добровольное общество автомотолюбителей (ВДОАМ) проводит широкую разъяснительную работу среди своих членов по предупреждению ДТП. Добровольные народные дружины способствуют повышению дисциплины дорожного движения.

### 2.1.3. МЕХАНИЗМ ДОРОЖНО-ТРАНСПОРТНОГО ПРОИСШЕСТВИЯ

Дорожно-транспортное происшествие протекает очень быстро, иногда в течение нескольких секунд. Развивается оно следующим образом. Вначале в процессе нормального движения возникает *опасная дорожная обстановка*, при которой какое-нибудь препятствие оказывается на полосе движения транспортного средства. Такое препятствие может быть как неподвижным (выбоина на дорожном покрытии, скользкий участок дороги), так и движущимся (другое транспортное средство, пешеход, животное).

В опасной дорожной обстановке участники движения обязаны принять все меры для ее ликвидации. Если эти меры не приняты или приняты с запозданием, возникает *аварийная дорожная обстановка*, в которой предотвратить ДТП технически невозможно. В такой обстановке водитель не может избежать ДТП, даже используя все технические средства, имеющиеся в его распоряжении.

Так, например, пешеход, внезапно сошедший с тротуара и пересекающий улицу перед движущимся автомобилем, создаст опасную дорожную обстановку. Водитель, заметив пешехода, может своевременно затормозить или повернуть рулевое колесо и предотвратить наезд. Если он этого не сделает или сделает слишком поздно, автомобиль приблизится к пешеходу, опасная дорожная обстановка перерастет в аварийную и наезд станет неизбежным.

Все ДТП подлежат тщательному изучению и внимательному разбору, чтобы установить причины и выявить виновных. К основным причинам ДТП относятся:

недисциплинированность пешеходов, часто пренебрегающих собственной безопасностью и движущихся, не обращая внимания на транспортные средства;

недостаточная квалификация водителей, их невнимательность, самонадеянность или внезапное ухудшение здоровья;

неудовлетворительное техническое состояние транспортных средств (в особенности механизмов и узлов, от которых зависит безопасность);

плохие дорожные условия;

неудовлетворительная организация движения;

неправильное размещение груза в автомобиле, плохое его закрепление.

Службы безопасности движения автотранспортных предприятий проводят служебное расследование ДТП, в которых участвовали транспортные средства этих предприятий. Результаты расследования сообщают руководству предприятий для принятия необходимых мер.

Дорожно-транспортные происшествия с тяжелыми последствиями (смертельный исход, тяжелые телесные повреждения, большой материальный ущерб), кроме того, исследуют работники органов юстиции: следователи, прокуроры, судьи. Для объективного изучения обстоятельств ДТП, установления его причин и действий участников проводят судебную автотехническую экспертизу. Экспертами являются квалифицированные специалисты в области дорожного движения, конструкции и теории автомобиля, психофизиологии водителя и других научных дисциплин.

## Контрольные вопросы

1. Как подразделяются ДТП?
2. Как распределяется аварийность транспортных средств по сезонам, дням недели, времени суток?
3. Какие органы и должностные лица контролируют безопасность дорожного движения?
4. Что называется опасной и аварийной дорожной обстановкой? Как должен действовать водитель в опасной дорожной обстановке?
5. Назовите основные причины ДТП.

### Глава 2.2. ПРОФЕССИОНАЛЬНАЯ НАДЕЖНОСТЬ ВОДИТЕЛЯ

#### 2.2.1. ПСИХОФИЗИОЛОГИЧЕСКИЕ ОСОБЕННОСТИ ПРОФЕССИОНАЛЬНОЙ ДЕЯТЕЛЬНОСТИ ВОДИТЕЛЯ

Психофизиологические свойства человека определяют особенности психических и физиологических процессов в его организме. К этим свойствам относятся восприятие (ощущения), внимание, мышление, память, эмоции, воля, а также личностные качества.

Водителю приходится выполнять самые разные работы: он принимает транспортное средство у водителя-сменщика; готовится к выезду на линию, оформляя необходимые документы; пополняет запас топлива, масел, охлаждающей жидкости; управляет транспортным средством, перевозя грузы или пассажиров; наблюдает за погрузочно-разгрузочными операциями, иногда принимая в них непосредственное участие; в конце рабочего дня сдает автомобиль сменщику и т. д. Однако наиболее важная и ответственная часть деятельности водителя – это управление транспортным средством. Процесс управления объединяет водителя, транспортное средство, дорогу и окружающую среду в одно целое – в систему, в которой все звенья связаны между собой и зависят друг от друга. Водитель постоянно получает информацию о дороге и находящихся на ней предметах (автомобилях, пешеходах, светофорах, дорожных знаках), а также о состоянии окружающей среды (температуре, влажности, освещенности и т. д.). В соответствии с назначением своей поездки он, учитывая собственные возможности и особенности транспортного средства, определяет режим его движения (скорость, направление). Кроме того, водитель непрерывно контролирует результаты своих действий и, если режим движения отклоняется от заданного, вносит нужные исправления.

Водитель является главным звеном системы "водитель – автомобиль – дорога" (ВАД) – ее оператором. Трудовые процессы, выполняемые им при движении автомобиля, типичны для деятельности операторов других сложных систем (дежурный пульта управления энергосистемой, пилот и др.). В основном это операции по приему и переработке поступающей информации, принятие решений, управляющие действия, контроль выполненных действий. Однако деятельность водителя во многом отличается от деятельности других операторов. Для многих операторов основными источниками информации об управляемом объекте являются показания приборов. Водитель основную информацию получает путем непосредственного наблюдения за дорожной обстановкой. Информация от приборов для него имеет второстепенное значение. Характер и объем информации, получаемой водителем, могут быстро меняться.

Большой объем информации или быстрые ее изменения, например при интенсивном движении, часто лишают возможности своевременно и точно ее воспринять и переработать, а следовательно, и выработать верное решение.

Непрерывность движения постоянно нарушается запрещающими сигналами, дорожными знаками и участниками движения. Водителю приходится выполнять большое число действий по управлению автомобилем, часть из которых оказывается ошибочной. Так, в условиях интенсивного движения в городе в течение рабочей смены (7—8 ч) водители маршрутных автобусов или автомобилей-такси выполняют около 5,5 тыс. операций по управлению транспортным средством. При этом около 20 % этих действий являются ошибочными, вследствие недостатка времени для приема и переработки информации. Особенно большой дефицит времени испытывают водители при внезапном возникновении опасных ситуаций, когда промедление или невыполнение нужных действий может привести к ДТП.

Сложная обстановка на дороге, в которой возможны ошибочные действия, возникает у водителя несколько раз за смену. Приблизительно 1 раз в месяц он попадает в ситуацию, близкую к аварийной, и в среднем 1 раз в 6 лет он может стать участником ДТП.

Сложность деятельности водителя состоит в неопределенности поступающей к нему информации. Он почти никогда не может точно предвидеть поведение других участников движения и развитие дорожной обстановки. На основе этой неполноценной информации водитель должен самостоятельно принимать весьма ответственные решения. Он работает в отрыве от своего трудового коллектива, ему невозможно обсуждать постоянно изменяющуюся дорожную обстановку. Работая в разнообразных условиях, он должен обладать высоким чувством ответственности за жизнь пассажиров и пешеходов, сохранность транспортного средства и грузов.

На водителя влияют различные неблагоприятные факторы: попадающие в кабину отработавшие газы; холод зимой, жара и духота летом; шум и вибрации; неудовлетворительное состояние дороги; дождь, туман, снегопад и др. Все это затрудняет работу водителя, быстро утомляет его, создает предпосылки для ошибочных действий в сложной обстановке. Перечисленные факторы делают работу водителя одним из наиболее сложных видов человеческой деятельности.

Профессиональная деятельность водителя оценивается двумя взаимосвязанными требованиями. Во-первых, водитель должен работать эффективно, т. е., используя эксплуатационные свойства автомобиля, быстро выполнять задачи по перевозке. Во-вторых, при этом он не должен нарушать требования безопасности движения, т. е. обязан работать надежно. В простых дорожных условиях, когда отсутствуют помехи движению, работать быстро, эффективно и надежно могут многие водители. В сложных условиях работать эффективно могут лишь водители, отличающиеся достаточной надежностью.

Надежность водителя зависит от его профессиональной пригодности, подготовленности и работоспособности. Пригодность зависит от состояния здоровья водителя, его психофизиологических и личностных особенностей. Подготовленность определяется наличием у водителя специальных знаний и навыков. Работоспособность водителя – это состояние, позволяющее ему выполнять работу качественно и с высокой производительностью. Чтобы получить представление о влиянии перечисленных характеристик на надежность водителя, рассмотрим основные психофизиологические процессы приема и переработки информации водителем.

### 2.2.2. ПРИЕМ ИНФОРМАЦИИ

Вся информация о дороге, расположенных на ней объектах и об автомобиле поступает к водителю через органы чувств, возбуждая у него **ощущение** – отражение в сознании человека отдельных свойств предметов и явлений окружающего мира. Различают ощущения зрительные, слуховые, кожно-мышечные, вибрационные, вестибулярные, обонятельные и тепловые.

Основную роль в деятельности водителя играют зрительные ощущения. Благодаря им водитель получает информацию о положении управляемого автомобиля на дороге, объектов на ней, о форме, цвете, размерах этих объектов, о показаниях приборов. Слуховые ощущения дают информацию об источниках звуков (шум от агрегатов автомобиля, звуковые сигналы участников движения). Кожно-мышечные ощущения информируют о положении тела в пространстве и о взаимодействии рук и ног с органами управления, вестибулярные сигнализируют об изменении скорости и направления движения автомобиля, а вибрационные – о состоянии дорожного покрытия и характере работы отдельных частей автомобиля. Обонятельные ощущения могут информировать о наличии в кабине паров топлива и отработавших газов, а тепловые – об изменении температуры на рабочем месте.

У разных людей ощущения неодинаковы. Они зависят от их природных данных, возраста, тренированности и опыта, профессиональных знаний, навыков и других качеств. Опытный водитель точнее начинающего ощущает разницу в освещенности дороги при ограниченной видимости, скорее замечает шумы, типичные для неисправных сопряжений автомобиля. Ощущение у одного и того же человека изменяется в зависимости не только от опыта, но и от его состояния.

Благодаря зрительному ощущению к человеку поступает около 85 % всех сведений, необходимых для управления автомобилем. С помощью зрения человек способен обозревать достаточно большое пространство, оценивать расстояния до объектов и между ними.

Видимое пространство, которое человек может охватить взглядом при неподвижном глазном яблоке, называется п о л е м  з р е н и я. Поле зрения одного глаза при разглядывании белого фона распространяется в среднем к наружной стороне глаза на 90°, к внутренней на 65, книзу на 75, кверху на 65°. Для цветных объектов поле зрения значительно меньше. Так, при голубом цвете оно сокращается на 15, а при зеленом на 50 %. Поле зрения двумя глазами составляет 120–130° и практически охватывает все пространство перед автомобилем (рис. 2.1). Поле зрения не остается постоянным. Оно может расширяться и сужаться. При значительном сужении поля водитель может упустить важные детали дорожной обстановки на перекрестке, например не заметить пешехода, поэтому допустить серьезные ошибки при оценке обстановки. Лица, у которых поле зрения сужено более чем на 20°, к управлению автомобилем не допускаются.

Способность глаз получать отчетливые изображения предметов, находящихся на разных расстояниях, обеспечивается **аккомодацией**. Способность различать форму предмета даже на значительном удалении от глаза называется **остротой зрения**, которая определяется минимальным расстоянием между двумя точками или линиями, когда глаз воспринимает их раздельно. Наиболее острое зрение – центральное в конусе с углом 3–4°, хорошая острота зрения – в конусе 7–8°, удовлетворительное – в конусе 12–14° (рис. 2.2). Предметы, расположенные за пределами 14°, обычно видны без ясных деталей и цвета. Острота бокового зрения ниже в 4 раза, чем острота центрального. При нормальной остроте зрения водитель четко ощущает форму дорожных знаков и все объекты на дороге. Близорукий водитель хорошо видит показания приборов на щитке, но плохо видит дорогу, а дальнозоркий, наоборот, четко видит дорогу и хуже показания приборов.

Рис. 2.1. Поле зрения человека:
*1* — граница совмещения поля зрения; *2* — левого глаза; *3* — правого глаза; *4* — поле периферического зрения; *5* — поле центрального зрения; *6* — граница удовлетворительного зрения

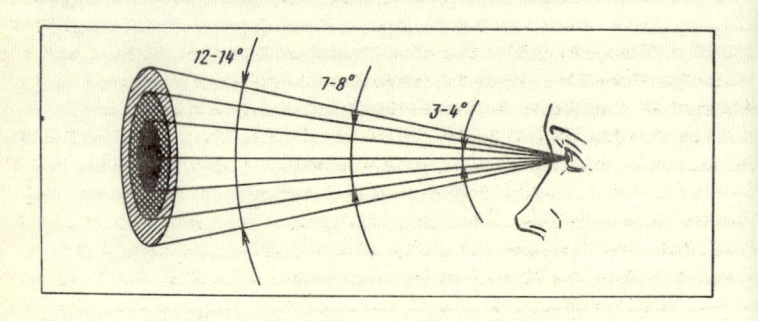

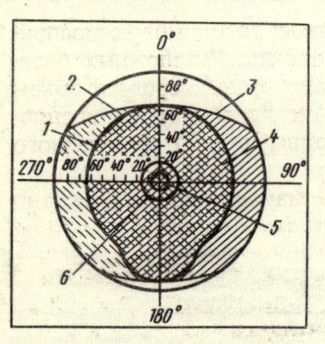

Рис. 2.2. Зоны остроты зрения

Ощущение – это исходный психический процесс приема информации. Благодаря ему водитель обнаруживает предметы и явления и судит об их свойствах: положении подвижных и неподвижных объектов на дороге, их форме, размерах, цвете. На основе ощущений формируется более сложный психический процесс – **восприятие**, благодаря которому в сознании отражаются свойства предметов и явлений во взаимосвязи в виде единого образа.

Например, в результате комплекса ощущений (зрительных, слуховых, вибрационных и мышечно-суставных) у водителя формируется так называемое "чувство машины", при котором водитель воспринимает даже небольшое изменение в положении автомобиля или скорости его движения.

Быстро изменяющаяся дорожная обстановка вынуждает водителя воспринимать большую по объему информацию от зрительных, звуковых и других раздражителей, поэтому его восприятие должно быть полным, быстрым и точным. Качества восприятия зависят от знаний и опыта водителя и могут характеризоваться отдельными свойствами внимания.

**Вниманием** называется сосредоточение сознания на каком-либо объекте (явлении) или действии с одновременным отвлечением от остального. Несмотря на быстро меняющуюся обстановку, водитель старается получить как можно более полную информацию о том, что может способствовать или мешать движению автомобиля.

Внимание характеризуется несколькими свойствами. Способность водителя воспринять одновременно несколько объектов, явлений или действий оценивается *объемом внимания*. Обычно водитель может воспринять одновременно не более 5 объектов. Объем внимания зависит от опыта, психического состояния и условий движения. Так, при ограниченной видимости в течение 1 с можно воспринять одновременно всего 1–2 объекта. На сложных перекрестках при большом числе транспортных средств объем внимания некоторых водителей не позволяет им воспринять всю информацию, необходимую для безопасного управления.

Новую обстановку водитель изучает предварительно путем беглого осмотра. Для этого он пользуется центральным и боковым зрением, изменяет направление взгляда и поворачивает голову. Однако получить полную информацию о всех замеченных при беглом осмотре объектах невозможно. Чтобы изучить особенности объектов, водитель рассматривает их в определенной последовательности на основе *преднамеренного* (произвольного, активного) *внимания*. Из всех воспринимаемых объектов выделяются те, с которыми предстоит взаимодействовать при движении автомобиля и которые чаще всего представляют опасность для движения. Такими объектами являются пешеходы, попутные и встречные транспортные средства. Наблюдению за ними на узких дорогах уделяется примерно половина всего времени. Около 25–35 % времени тратится на изучение объектов, расположенных на пути движения автомобиля, и 5–25 % на восприятие объектов, с помощью которых водитель ориентируется на проезжей части (дорожные знаки, разметка и светофоры). Если в поле зрения водителя находятся пешеходы, то большую часть времени водитель наблюдает за ними. Следуя за автомобилем-лидером, водитель большую часть времени сосредоточивается на нем, ожидая возможного его торможения или маневра.

Водитель должен уметь *переключать внимание* с одного объекта на другой, чтобы при необходимости перейти от одних действий к другим, иногда даже противоречащим прежним. У опытного водителя развита такая избирательность, благодаря которой он может сосредоточить все внимание на дорожной обстановке, не отвлекаясь для наблюдения за движениями рук и ног. Преднамеренное внимание позволяет обнаружить опасность в самом начале возникновения сложной обстановки, оценить ее и предупредить нежелательные последствия.

Водитель должен быть готовым сосредоточить внимание *непреднамеренно* (непроизвольно, пассивно) на объектах и явлениях, возникающих неожиданно (удар колеса о незамеченное препятствие, неожиданное появление помехи на пути движения автомобиля).

В различной дорожной обстановке для восприятия одного и того же явления может потребоваться различная интенсивность (напряжение) внимания. Чем больше интенсивность, тем полнее и отчетливее восприятие, например в опасных ситуациях. Но такие ситуации в течение рабочей смены могут возникать неоднократно, особенно при длительном движении в плотных транспортных потоках, в сложных погодных условиях, в темное время суток. Поэтому у водителя способность к интенсивному вниманию должна отличаться *устойчивостью*.

Обычно, кроме опасного объекта, внимание охватывает не более трех других объектов. Например, при наличии пешеходов водитель наблюдает за встречными, попутными автомобилями и проезжей частью. Эти объекты могут быть восприняты центральным зрением, если они смещены от объекта, на котором сосредоточено внимание, не более чем на 2°, а боковым — при смещении до 20°. При значительном смещении объекта, большой интенсивности внимания или недостаточной контрастности другие объекты могут быть незамечены. Опытный водитель в течение 1 с может зафиксировать взгляд 3 раза, а в некоторых случаях до 5. Следовательно, минимальное время, необходимое для восприятия одного объекта, 0,2–0,3 с.

Характер распределения внимания зависит в основном от скорости управляемого автомобиля, интенсивности движения и расположения объектов. При небольшой скорости водитель имеет возможность изучать дорожную обстановку без спешки. Высокая скорость требует от водителя более интенсивного внимания, время фиксации взгляда на отдельных объектах уменьшается. Так, при увеличении скорости от 40 до 80 км/ч длительность фиксации взгляда сокращается в среднем от 1,0 до 0,6 с.

Пространство, в котором бо́льшую часть времени концентрируется внимание водителя на разнообразных объектах, называется **полем концентрации внимания**. Форма этого поля обычно зависит от очертания воспринимаемой водителем дороги. Если часть дороги закрыта от наблюдения объектами, находящимися на проезжей части или на обочине, то форма поля соответственно меняет очертание. Взгляд водителя останавливается дольше всего и с наибольшей интенсивностью у границ поля, так как именно здесь можно ожидать появления новых объектов.

С увеличением скорости автомобиля водитель старается наблюдать за дорогой на большем расстоянии, и размеры поля концентрации внимания уменьшаются. Причем нижняя граница поля располагается выше, а боковые границы сближаются (рис. 2.3). Чем больше скорость, тем меньше времени у водителя для того, чтобы отвести взгляд в сторону от дороги, не рискуя допустить ошибку в управлении автомобилем. В результате с увеличением скорости он

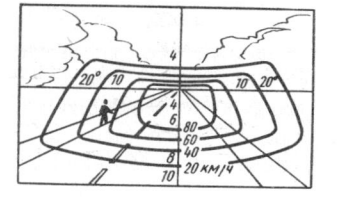

Рис. 2.3. Размеры поля концентрации внимания при различной скорости движения автомобиля

способен воспринять более узкое пространство. Небольшие объекты могут остаться незамеченными на сравнительно большом расстоянии. Затем по мере приближения автомобиля они окажутся вне поля зрения водителя. При скорости 80 км/ч и более вне поля зрения водителя находится участок дороги, расположенный впереди автомобиля на расстоянии 60–120 м. В таких условиях увеличивается опасность наезда на пешехода, который перемещается с обочины дороги к ее центру.

Чем выше интенсивность движения, тем больше вынужден водитель концентрировать внимание на встречных и попутных автомобилях, особенно на узких участках дорог. Поэтому поле концентрации внимания с увеличением интенсивности движения сокращается, так как сближаются его боковые границы. Так, на участке двухполосной дороги с интенсивностью движения 400–500 авт/ч при скорости 60 км/ч поле концентрации внимания вдвое меньше, чем на участке со свободным движением. Следовательно, уменьшается возможность водителя наблюдать за дорогой и объектами на ней слева и справа от полосы, по которой движется автомобиль. Чтобы увидеть то же число предметов, не увеличивая напряженности внимания, при выезде на участок дороги с более интенсивным движением нужно снижать скорость автомобиля.

При дистанции более 60 м размеры поля концентрации внимания превышают размеры автомобиля-лидера, и водитель имеет возможность наблюдать за дорожной обстановкой. При уменьшении дистанции поле концентрации внимания сокращается. Это сокращение тем больше, чем выше скорость автомобиля. Водитель сосредоточивает внимание на движении лидера, ожидая его торможения. При дистанции менее 25 м напряженность внимания достигает предела, и водитель утрачивает возможность наблюдать за дорожной обстановкой. При движении с большой скоростью из-за сокращения размеров поля концентрации внимания и ограниченного времени, которым располагает водитель, он может не воспринять встречный автомобиль до того, как поравняется с ним.

Распределение внимания зависит также от скорости изменения дорожной обстановки. В частности, при перестроении водитель затрачивает для бокового обзора дороги 0,8–1,6 с, а для осмотра дороги сзади 0,8–1,0 с. При подготовке к пересечению главной дороги время зрительного поиска транспортных средств, пользующихся преимущественным правом, 1,1–1,6 с. Причем чем сложнее ситуация, тем дольше водитель фиксирует взгляд на отдельных объектах.

Зрительное восприятие объекта зависит от его видимости. **Видимостью** называют возможность различать особенности окружающей обстановки, которая зависит от освещенности предметов и прозрачности воздушной среды. Характеристиками видимости служат дальность и степень видимости. Под дальностью видимости понимают минимальное расстояние, на котором рассматриваемый объект невозможно различить на фоне окружающих предметов. Дальность видимости зависит от яркости объекта и контрастности его относительно фона, а также от скорости движения (табл. 2.1).

Таблица 2.1

| Объект | Дальность видимости, м, при скорости движения, км/ч | | |
|---|---|---|---|
| | 40 | 60 | 80 |
| Покрытие дороги (состояние) | 25 | 43 | 57 |
| Встречные автомобили | 200–300 | 200–500 | 300–500 |
| Общее направление дороги | 200–1000 | 500–1000 | 1000–15 000 |

Степенью видимости называют возможность различать отдельные детали наблюдаемого предмета. Степень видимости зависит от яркости и контрастности объекта, а также от его освещенности. Видимость ухудшается в темное время суток, в тумане, в дождливую погоду, при снегопаде и движении по пыльной дороге.

В темное время суток зрительное восприятие резко ухудшается из-за плохой освещенности дороги, а также при засвете глаз (ослеплении) водителя светом фар встречных транспортных средств. Фары высвечивают лишь узкое пространство перед автомобилем. Часть дороги и многие предметы на ней не освещаются, и водитель может лишь догадываться о возможных помехах. В освещенной зоне объекты появляются внезапно, и время на их опознание увеличивается. В темное время суток и при плохой видимости водитель может воспринять за 1 с лишь 1–2 объекта.

Большое значение имеет контрастность наблюдаемого объекта и фона. Летом водитель на фоне темной дороги увидит на большем расстоянии пешехода, одетого в светлую одежду, и может не заметить пешехода в темном костюме. Зимой на фоне заснеженной дороги, наоборот, отчетливее выделяются пешеходы в темной одежде, а пешеходы в светлом почти незаметны.

В темное время суток почти невозможно цветоощущение предметов и они различаются не по цвету, а по контурам и яркости. При недостаточной яркости и отсутствии контрастности водитель не различает контуров объектов. Поэтому ночью расстояние обнаружения объектов сокращается вдвое по сравнению со светлым временем, хотя водителю может казаться, что они находятся далеко.

Из-за резких колебаний освещенности дороги в темное время суток зрению водителя приходится приспосабливаться к каждому новому участку дороги. В течение времени адаптации способности различать предметы и оценивать их характеристики ухудшаются еще сильнее. Опасными являются и **темновая**, и **световая адаптация**. Если после продолжительного пребывания в темноте включить яркий свет, то в глазах появляется небольшая боль. Однако почти одновременно человек все видит, так как для световой адаптации требуются доли секунды. Для полной темновой адаптации после сильного засвета глаз (в зависимости от силы света, интенсивности его нарастания и индивидуальных особенностей водителя) может потребоваться от нескольких секунд до 2 мин. Для водителя особенно опасно внезапное ослепление на поворотах, на переломах вертикального профиля дороги или на перекрестках.

Отличается своеобразием восприятие водителем дорожной обстановки при движении автомобиля на криволинейных участках дороги. Водитель при этом ощущает действие центробежной силы и большую часть времени наблюдает за траекторией автомобиля, причем тем внимательнее, чем меньше радиус кривой. Вестибулярные ощущения он сопоставляет со зрительными. На кривых радиусом 800–1000 м водитель почти не ощущает влияния центробежной силы. Если скорость не превышает 50 км/ч, то ошибки в управлении на таких кривых не приводят к опасным последствиям. При увеличении скорости или уменьшении радиуса кривизны водителю трудно удержать автомобиль на заданной траектории. При очень больших скоростях возможны заносы или опрокидывания и затрудняется разъезд со встречными автомобилями. В таких условиях внимание водителя сосредоточено только на наблюдении за траекторией движения автомобиля и ее корректировке.

**Рис. 2.4. Внешний вид прибора „Внимание":**

*1* — красно-черная таблица с кнопками ответа; *2* — кнопки включения, выключения и сброса программ; *3* — переключатель программ; *4* — счетчики времени реакции и ошибок

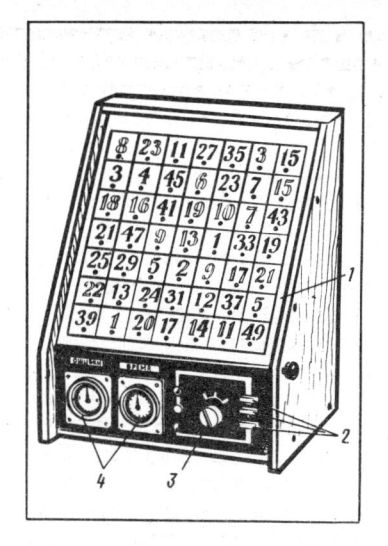

Исследования и опыт показывают, что лица, обладающие хорошим вниманием, значительно быстрее овладевают водительскими навыками. Невнимательность же водителя — одна из наиболее частых причин ДТП. Поэтому при психофизиологическом отборе у водителей проверяют качества внимания. Так, для исследования объема и скорости переключения внимания используют красно-черную таблицу Шульте—Платонова, которая может использоваться в сочетании с прибором "Внимание" (рис. 2.4) или без него. В таблице имеется 49 цифр, из которых 25 красные и 24 черные. Испытуемый должен найти и показать цифры в различной последовательности. Например, сначала красные цифры в восходящем порядке (от 1 до 25), а затем черные в нисходящем (от 24 до 1). Время выполнения испытуемым каждого задания и число ошибок характеризуют объем его внимания. Для определения скорости переключения внимания испытуемый показывает красные и черные цифры по очереди (1-я черная и 24-я красная, 2-я черная и 23-я красная, 3-я черная и 22-я красная и т. д.). Прибор "Внимание" автоматически регистрирует ошибки и время выполнения каждого задания, подает звуковой сигнал при ошибочных реакциях.

При управлении автомобилем водитель может неправильно воспринять какие-либо предметы и явления. Такое искаженное восприятие называется **иллюзией**.

На поворотах или при выполнении обгона дорога может показаться водителю уже, чем на самом деле. Относительно пологие подъемы, следующие за затяжными спусками, воспринимаются более крутыми, круговые кривые – эллипсами, а повороты – более сложными. При искусственном освещении сухое асфальтовое покрытие блестит и кажется мокрым. Если фары автомобиля неправильно отрегулированы, создается иллюзия движения по пересеченной местности: когда фары светят слишком низко, кажется, что автомобиль движется по спуску. Движение автомобилей с темной окраской кажется более медленным, чем в действительности. Этим объясняется, что автомобили темных цветов значительно чаще попадают в ДТП.

Склонность к иллюзиям усиливается при неправильной рабочей позе и ослабленном внимании, при утомлении, алкогольном опьянении, а также под влиянием отрицательных эмоций (сомнения, страх, неуверенность). Надежными средствами борьбы с иллюзиями являются правильный режим труда и отдыха, развитие навыков распределения внимания, знание водителями своего характера и причин возникающих у него иллюзий.

### 2.2.3. ПЕРЕРАБОТКА ИНФОРМАЦИИ

Дорожная обстановка, наблюдаемая водителем, непрерывно изменяется, и он должен все время принимать новое решение. Для правильной оценки обстановки и прогнозирования ее развития недостаточно ощущений и восприятия. Переработка поступившей информации и принятие решения осуществляются на основе мышления.

**Мышление** – это высший познавательный процесс, благодаря которому в сознании человека не только отражаются внешние особенности воспринимаемых объектов или явлений, но и постигается их сущность. Оно дает возможность познавать то, что непосредственно не наблюдается, предвидеть предстоящий ход событий в результате своих действий и действий других людей. Для деятельности водителя характерно так называемое оперативное мышление, возникающее в ходе практической деятельности и направленное на достижение ближайшей цели. Особенность мышления водителя заключается в том, что время для осмысливания дорожной обстановки и выработки решения крайне ограничено, а принятое решение должно быть немедленно выполнено.

Для оценки дорожной обстановки водитель должен воспринять ее элементы (дорогу, других участников движения) и их взаимное расположение, после чего сравнить с подобной ситуацией, наблюдавшейся им раньше и сохранившейся в памяти. Такое сравнение дает возможность вынести *суждение* об особенностях обстановки. Например, "Движущийся сзади водитель приступил к обгону, мне обгонять опасно".

При *прогнозировании* развития дорожной обстановки водитель мысленно приводит в движение все элементы этой обстановки и анализирует результаты своих предполагаемых действий и, учитывая влияние, которое они окажут на дорожно-транспортную ситуацию, вырабатывает новое суждение о своих наиболее целесообразных действиях. Например, "Мне не удастся разогнать свой автомобиль так, чтобы опередить водителя, приступившего к обгону. Поэтому от намерения приступить к обгону я временно отказываюсь". В основе прогнозирования лежит *умозаключение*, являющееся высшей формой мышления. Оно позволяет предвидеть изменение дорожной обстановки и с помощью целенаправленных действий предупредить возникновение опасных ситуаций.

**Памятью** называется процесс запечатления, сохранения и воспроизведения информации. Профессия водителя требует твердых знаний правил дорожного движения, прочных двигательных навыков безопасного управления автомобилем, запоминания маршрутов движения и их особенностей. Поэтому память водителя должна отличаться такими свойствами, как достаточный *объем, быстрота* и *точность запоминания, длительность* удержания заученного материала.

Учитывая высокую скорость, с которой протекают мыслительные процессы водителя, для него, кроме того, важное значение имеет *готовность* памяти, т. е. способность легко воспроизводить сведения, необходимые в конкретной ситуации. Память воспроизводит, в частности, ситуации, аналогичные той, в которой водитель находится в данный момент, а также решения и действия в процессе развития тех ситуаций.

Источниками для развития и накопления в памяти представлений – образов о ранее воспринятой информации являются ощущения. Различают зрительную, слуховую и двигательную память. Для надежной работы водителя все они имеют значение, однако наиболее важными являются зрительная и двигательная память. Благодаря зрительной памяти водитель запоминает маршруты движения, характерные ориентиры, участки дороги, требующие особого внимания, расположение объектов, расстояние до них. Двигательная память нужна при формировании и автоматизации двигательных навыков. Так, водитель благодаря двигательной памяти отыскивает, не глядя, рычаг переключения передач и автоматически переводит его в нужное положение. Двигательная память особенно важна при управлении автомобилем с большой скоростью и в сложных ситуациях.

Различают долговременную и кратковременную (оперативную) память, одинаково важные для водителя. Долговременная память позволяет запоминать на длительное время сведения и приемы действий, связанные с профессией. Все знания и опыт водителя хранятся в его долговременной памяти. Задача ее состоит в сохранении информации, которая необходима на будущее. Кратковременная память нужна водителю для запоминания большого объема текущей, постоянно меняющейся информации. Например, сохранив в памяти дорожную обстановку, водитель может перевести свой взгляд на панель приборов.

На развитие и качество памяти влияют физическое и психическое состояния человека, его тренированность, профессия, возраст. Лучше усваиваются знания, умения и навыки, в приобретении которых человек заинтересован или которые связаны с его профессиональной деятельностью. Поэтому существует понятие **профессиональная память**. Так, опытный водитель быстрее и точнее запомнит особенности нового маршрута, лучше отличит существенную информацию от несущественной, чем новичок. До 20–25 лет память улучшается, а после 35–40 лет начинает ухудшаться.

Одним из свойств памяти является забывание. Легче забывается то, чем человек в своей деятельности не пользовался. Однако часто забывается и нужный материал. Для восстановления этой информации необходимо повторение, причем это относится к знаниям и к практическим навыкам.

Для надежной работы водителя большое значение имеет его умение оценить расстояния до объектов и их взаимную удаленность, а также скорость и направление перемещения участников движения. Эти характеристики его интересуют в тех случаях, если объекты дорожной обстановки могут создавать помехи движению управляемого автомобиля. Например, перед выполнением обгона водитель должен оценить взаимное положение своего, обгоняемого и встречного транспортных средств, скорости их движения, путь обгона и др. Без такой оценки трудно определить возможность выполнения безопасного маневра. Большинство ДТП при обгоне является следствием ошибок в оценке перечисленных факторов. В оценке пространственно-временных характеристик наиболее важным бывает сравнение расстояний до объектов, которые могут оказать помехи движению, с тормозным путем или путем объезда.

Неточно оценив расстояние или скорость участников движения, водитель может чересчур резко нажать на тормозную педаль или слишком круто повернуть рулевое колесо.

Чтобы оценить степень опасности обнаруженного объекта, желательно как можно раньше определить расстояние до него. Расстояния до наиболее важных для водителя объектов, на котором они могут быть обнаружены, следующие, м:

| | |
|---|---|
| Дорожные знаки (форма) | 600—250 |
| Человек | 1350—800 |
| Легковой автомобиль | 1400—900 |
| Грузовой " | 2500—1600 |

Точнее всего можно определить расстояния до объектов неподвижных и перемещающихся в направлении, поперечном лучу зрения. Чаще всего водителю приходится оценивать расстояние вдоль луча зрения, например, до встречных и попутных транспортных средств. Точность оценки таких измерений намного ниже, чем при перемещении объекта под углом к лучу зрения, особенно если расстояние до объекта превышает 200–250 м. Если объект перемещается под углом к лучу зрения, то его скорость определяют по неподвижным относительно наблюдателя предметам, если предмет движется вдоль луча зрения, то по изменению угла, который охватывает объект. Точность оценки скорости в последнем случае наиболее низкая. Заметно снижается точность оценки скорости объектов при большой скорости управляемого автомобиля. Так, при скорости автомобиля 80 км/ч точность оценки на 30 % ниже, чем при скорости 60 км/ч. Водитель, желая оценить скорость встречного транспортного средства, вынужден задерживать на нем взгляд иногда более чем на 3 с. При этом он невольно отвлекается от наблюдения за другими объектами, что опасно.

Оценивать скорость движения попутных автомобилей водителю нужно при подготовке к обгону и особенно при движении в транспортном потоке для распознавания изменения режима движения автомобиля-лидера. Обычно торможение лидера водитель обнаруживает по включению сигнала торможения. Если стоп-сигнал не работает, то обнаружить торможение лидера можно по изменению его угловых размеров по мере приближения. Но эти изменения удастся заметить лишь с определенного расстояния, которое зависит от размеров автомобиля-лидера, интенсивности его торможения и индивидуальных свойств самого водителя. Легче и точнее воспринимается торможение автомобилей с большими габаритами. При более интенсивном торможении распознавание происходит раньше, т. е. на большем расстоянии. Однако даже при высокой чувствительности зрения водителя и максимальной интенсивности торможения обнаружить изменение режима лидера можно на расстоянии не более чем 90 м. При торможении со средней интенсивностью максимальное расстояние, с которого можно заметить снижение скорости, находится в пределах 40—60 м.

Память позволяет водителю представить развитие дорожной ситуации как результат действий своих и других участников движения. Труднее всего прогнозировать поведение других участников движения. Они могут быть самыми разными, в том числе и неожиданными, особенно в сложных ситуациях, например на нерегулируемых перекрестках. Поэтому часто возможно несколько вариантов движения управляемого автомобиля. При прогнозировании нужно проанализировать эти варианты и выбрать среди них такой, который обеспечивает безопасный исход. В соответствии с этим вариантом водитель примет решение.

Часто дорожная обстановка меняется так быстро, что водитель должен принять решение в очень короткий промежуток времени. В этих условиях очень важна ассоциативная память, позволяющая быстро вспомнить оптимальный ответ.

Надежность водителя зависит от быстроты действий, которые он выполняет в ответ на различные раздражители. Так, водитель нажимает на тормозную педаль или педаль управления дроссельной заслонкой, поворачивает рулевое колесо, переключает передачи, нажимает кнопку сигнала и т. п. Такие ответные действия называют психомоторными реакциями.

Реакции водителя при управлении автомобилем характеризуются правильностью, точностью, своевременностью и скоростью. Если, например, водитель перепутает направление и повернет не влево, а вправо, то его реакция неправильна. Однако реакция может быть правильной, но неточной (например, водитель повернет вправо, но слишком круто, что может быть причиной ДТП). Важным качеством реакций водителя является их своевременность. Обстановка на дороге быстро меняется, может стать опасной. Эффективность ответных действий зависит от скорости их формирования, оцениваемого временем реакции.

### 2.2.4. ВРЕМЯ РЕАКЦИИ

Время реакции — интервал времени между моментом появления сигнала об опасности и окончанием ответного действия. Время реакции включает промежутки времени, необходимые водителю для приема и переработки информации, поэтому, зная его, можно оценить основные психофизиологические свойства водителя как оператора.

Время реакции может изменяться по мере накопления профессионального опыта, а также в результате тренировки. Каждому водителю желательно знать свое время реакции и способы его снижения. Для этого полезно понимание основных закономерностей изменения времени реакции.

Реакции могут быть простыми и сложными. Простая реакция связана с ожиданием одиночного, известного водителю сигнала, в ответ на который водитель должен выполнить определенное действие. Например, при включении красного сигнала светофора он должен нажать на педаль тормоза. При этом время приема и переработки информации минимально. Сложная реакция связана с выбором ответного действия из нескольких возможных. Например, при виде пешехода, пересекающего проезжую часть, водитель может подать звуковой сигнал, притормозить или, наоборот, увеличить скорость, наконец, попытаться объехать пешехода спереди или сзади. Время сложной реакции значительно больше, чем простой, так как требуется переработать большее количество информации, оценить различные решения и выбрать наилучшее.

Время реакции человека состоит из двух периодов: латентного (скрытого), который измеряется временем от момента появления раздражителя до начала движения, и моторного, измеряемого временем движения. В течение латентного периода протекают процессы, связанные с ощущением и восприятием, оценкой и прогнозированием обстановки, а также выработкой решения. Примерная продолжительность латентного периода простой реакции на свет составляет 0,2 с, а на звук 0,14 с. Латентный период зависит от индивидуальных психофизиологических особенностей водителя, его состояния и опыта, а также от характера дорожно-транспортной ситуации. Время моторного периода зависит от сложности выполняемого действия, возраста водителя, а также от степени неожиданности сигнала. Среднее время моторного периода простой реакции (в лабораторных условиях) на красный сигнал водителя в возрасте 18–22 лет равно 0,48–0,56 с, в возрасте 45–60 лет – 0,78–1,96 с, а сложной реакции – соответственно 1,05–1,96 с и 1,59–2,61 с. Моторный период у различных водителей одного возраста и с одинаковым стажем в одинаковых условиях отличается незначительно. Это объясняется тем, что действия по управлению автомобилем отрабатываются систематически и неоднократно повторяются в повседневной деятельности. Чем больше время реакции, тем труднее водителю реализовать действия по предупреждению аварийной обстановки. У различных водителей общее время реакции может отличаться в 3–4 раза. В практике могут быть случаи, когда один водитель, находясь в более сложных условиях, чем другой, на один и тот же сигнал реагирует быстрее.

В сложной дорожно-транспортной ситуации, когда водитель одновременно воспринимает три сигнала, время, затрачиваемое на переработку информации, увеличивается в среднем на 20 %, а при семи сигналах почти на 50 % по сравнению с временем, необходимым для переработки информации от одного раздражителя.

Чем выше интенсивность движения, тем больше объектов попадает в поле зрения водителя и тем сложнее ему оценить определенный сигнал и выбрать правильное решение. На дорогах с двумя или тремя полосами для движения в обоих направлениях наименьшее время реакции соответствует интенсивности 120–200 авт/ч, а наибольшее — при движении по свободной от транспортных средств дороге. Такая дорога характерна монотонностью, снижающей интенсивность внимания и эмоциональное напряжение водителя.

В судебно-следственной практике при экспертизе ДТП время реакции водителя принимают различным в зависимости от дорожной обстановки.

Если дорожно-транспортная ситуация, предшествовавшая ДТП, свидетельствовала о весьма большой вероятности его возникновения и водитель имел возможность заранее обнаружить признаки возникновения опасности, время реакции принимают минимальным (около 0,6 с). Таковы, например, случаи, когда из-за предмета, ограничивающего обзорность, выходят один за другим пешеходы.

Если ситуация, предшествовавшая ДТП, свидетельствовала о минимальной вероятности возникновения опасности и в поле зрения водителя не было объектов, создавших опасную ситуацию, время реакции максимальное, примерно 1,4 с. Примером такой ситуации может быть внезапный выезд другого транспортного средства с придорожной полосы из-за объекта, ограничивающего обзорность (густого кустарника).

При движении по прямым участкам дороги без поворотов, подъемов и спусков из-за монотонности ухудшается способность водителя к восприятию обстановки, увеличивается продолжительность обнаружения сигнала. Если прямые участки имеют протяженность 5–6 км и более, то человек ощущает сонливость, заторможенность. На участках, отличающихся монотонностью, интенсивность внимания и готовность у водителя резко снижены, возникновение опасной обстановки для него всегда неожиданно.

При увеличении скорости движения растет интенсивность внимания, в связи с чем время восприятия сигнала уменьшается. В некоторых опытах наименьшее время обнаружения сигнала наблюдалось при скорости движения 80 км/ч и более. При скорости 30–50 км/ч это время было больше в среднем на 25 %. Однако это, конечно, не означает, что движение с более высокой скоростью менее опасно. Увеличение скорости влечет за собой заметное сокращение поля концентрации внимания, что существенно ухудшает восприятие участков дороги, расположенных вне этого поля. Кроме того, транспортное средство за один и тот же промежуток времени при большей скорости перемещается на большее расстояние и оказывается ближе к опасному месту.

Изменение времени реакции при утомлении связано с изменением устойчивости внимания и скорости переработки информации. В начале рабочей смены время обнаружения сигнала и время на формирование ответного действия невелики. В середине рабочей смены время реакции минимально, а ближе к концу смены оно может превышать это минимальное значение более чем в 2 раза. Особенно сильное увеличение времени реакции происходит у водителей к концу рабочей смены при движении по свободной от транспортных средств дороге, а также при интенсивности, превышающей 300 авт/ч. Особенно сильно время реакции увеличивается при болезненном состоянии и после приема даже небольших доз алкоголя.

У водителя с большим профессиональным стажем лучше развиты навыки распределения внимания, а в памяти хранится больше сведений о типичных дорожно-транспортных ситуациях. Следовательно, ему требуется меньше времени для обнаружения сигнала и переработки информации, чем неопытному водителю (рис. 2.5). Водители, работающие постоянно на междугородных перевозках на загородных дорогах, перерабатывают информацию быстрее, чем водители, привыкшие к городским условиям работы.

Быстрая и точная реакция водителя в критической дорожной ситуации часто имеет решающее значение для предотвращения ДТП. Особенно большую роль время реакции играет, когда необходимо предупредить наезд или столкновение путем экстренного торможения или объезда. Анализ материалов ДТП, связанных с наездом на пешеходов, показывает, что приблизительно в 70 % случаев путь автомобиля после наезда не превышал 1 м, а скорость автомобилей находилась в пределах 30–50 км/ч. Расчеты показывают, что для сокращения остановочного пути на 1,0–1,5 м достаточно уменьшить время реакции водителя на 0,10–0,15 с. Такое уменьшение времени может быть достигнуто путем сокращения времени латентного периода, т. е. путем повышения внимания и совершенствования навыков оценки обстановки.

Время реакции можно уменьшить путем тренировки на специальных стендах и тренажерах. Поэтому в автошколах и кабинетах безопасности движения на автотранспортных предприятиях необходимо иметь стенды и тренажеры для упражнений водителей и приборы для регистрации времени психомоторной реакции. Такие регистрирующие приборы могут быть установлены не только на стендах и тренажерах, но и на автомобилях.

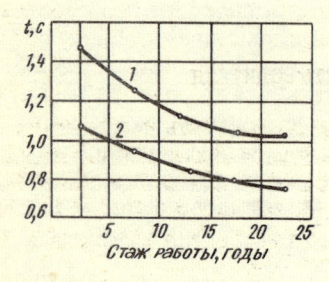

Рис. 2.5. Изменение среднего времени реакции водителя ($t$) в зависимости от стажа его работы:
1 — на маневрирование; 2 — на торможение

Рис. 2.6. Внешний вид реакциометра МАДИ-2:

*1* — счетчики времени реакции; *2* — переключатель программ; *3* — кнопки включения в сеть, проверки, пуска, сброса программ

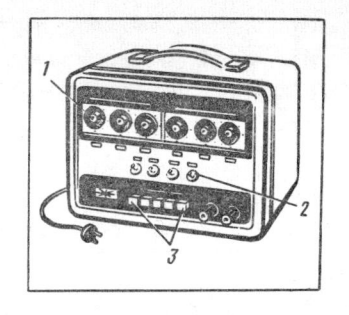

Реакциометр, показанный на рис. 2.6, позволяет измерять время реакции водителя при экстренном торможении и повороте рулевого колеса. По команде "Внимание!" испытуемый должен нажать на педаль управления дроссельной заслонкой, а при загорании красной лампы как можно быстрее перенести ногу на тормозную педаль и нажать на нее. Время от момента загорания красной лампы до отрыва ноги от педали управления дроссельной заслонкой определяет продолжительность латентного периода реакции, а время переноса ноги с педали управления дроссельной заслонкой на тормозную педаль и время нажатия на нее характеризуют моторный период. При загорании зеленой лампы водитель должен как можно быстрее повернуть рулевое колесо вправо или влево в зависимости от полученной инструкции. Счетчики прибора регистрируют время латентного периода и общее время реакции. Реакция считается простой, если испытуемый реагирует только на загорающуюся красную или только зеленую лампу. Для измерения времени сложной реакции включают поочередно лампы разного цвета. При этом испытуемый должен выбирать действие, соответствующее цвету загоревшейся лампы, т. е. на красный свет — нажимать тормозную педаль, а на зеленый — поворачивать рулевое колесо.

### 2.2.5. РАБОТОСПОСОБНОСТЬ ВОДИТЕЛЯ

Работоспособностью называется способность человека с наименьшими затратами энергии выполнять производственные операции без снижения темпа и качества. Немало ДТП происходит из-за ошибок, допускаемых водителями в результате снижения работоспособности. Основной

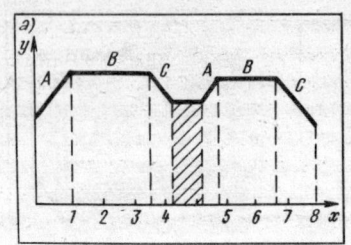

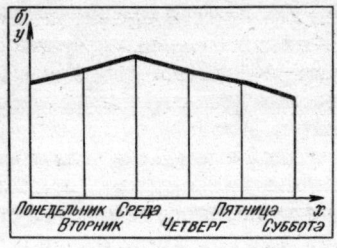

Рис. 2.7. Изменение работоспособности:
*а* — в течение рабочей смены; *б* — по дням недели; *A* — стадия нарастающей работоспособности; *B* — стадия устойчивой работоспособности; *C* — стадия снижения работоспособности; *у* — работоспособность в условных единицах; *x* — часы смены

причиной снижения работоспособности является утомление.

**Утомление** – это процесс временного снижения работоспособности, наступающий в результате деятельности. Утомлению обычно предшествует чувство усталости. Физиологическая сущность усталости заключается в сигнализации организма о необходимости прекратить работу или снизить ее интенсивность. Однако не всегда чувство усталости соответствует степени утомления. Часто тяжелая напряженная работа выполняется с удовольствием, человек меньше устает, чем при выполнении более легкой, но неприятной работы. Работоспособность не является постоянной. Она изменяется в течение дня, суток, недели. На рис. 2.7, *а* показаны основные стадии работоспособности.

Первая стадия характеризуется нарастающей работоспособностью. Этот период врабатываемости обычно продолжается 1–1,5 ч, после чего устанавливается оптимальный уровень работоспособности, который сохраняется в течение 2–2,5 ч. В этот период достигаются наилучшие результаты работы при минимальной затрате энергии Поэтому несмотря на то, что наибольшая интенсивность движения бывает в середине дня, в этот период совершается наименьшее число ДТП. Третья стадия характеризуется снижением работоспособности вследствие утомления, которое можно приостановить, устроив перерыв на обед (заштрихованная зона на рис. 2.7, *а*). Уровень работоспособности во второй половине рабочего дня несколько ниже, чем в первой, но характер ее изменения повторяется. При этом периоды врабатываемости и устойчивой работоспособности становятся короче, и третий период – снижение работоспособности – наступает раньше.

Работоспособность изменяется также в течение рабочей недели. Понедельник соответствует фазе врабатывания, наилучшие показатели наблюдаются от вторника до четверга, а в пятницу и субботу работоспособность наиболее низка (рис. 2.7, б).

В результате утомления происходит расстройство ранее сформированных навыков. У водителя это проявляется, например, в изменении рабочей позы. Он садится более глубоко, сильнее наклоняя корпус вперед или заваливаясь назад. Такая поза затрудняет пользование рулевым колесом, педалями, рычагами, а также наблюдение за дорогой и приборами. Утомленный водитель менее точно выполняет приемы управления, неоправданно часто поворачивает рулевое колесо, пропускает необходимые корректирующие действия.

Положительные эмоции (хорошее настроение) способствуют более быстрому вхождению в нормальный рабочий ритм. Под влиянием эмоционального возбуждения, интереса к работе, ответственности за порученное дело или при опасности водитель в состоянии утомления может не чувствовать усталости. Отрицательные эмоции (плохое настроение) приводят к быстрому утомлению, вызывают чувства неуверенности, сомнений, страха.

На утомление водителя влияют не только характер информации и его отношение к ней, но и ее количественные характеристики, называемые *информационной нагрузкой*. Часть информационной загрузки для водителя составляет интенсивность движения. При большой интенсивности движения (более 300 авт/ч на двух- и трехполосных дорогах) утомление наступает относительно быстро. Однако при управлении автомобилем в условиях, когда на дороге нет других участников движения, при однообразном ландшафте, из-за монотонной обстановки и вынужденной бездеятельности водитель быстрее почувствует усталость, чем при управлении автомобилем в условиях интенсивного городского движения, хотя признаков утомления при этом еще может и не быть.

В течение смены водителю приходится работать в разнообразных условиях, в том числе и в потоках с различной интенсивностью, поэтому он должен быть готов к изменениям своего эмоционального напряжения. Опасным может быть резкое возрастание сложности дорожных условий, переход от монотонных условий к напряженным, например при выезде из тихого переулка на оживленный проспект крупного города. Если водитель, зная о предстоящей смене условий движения, внутренне подготовился к такому усложнению дорожной обстановки, то эмоциональное напряжение изменится не столь значительно, как при неожиданном переходе.

Уставший водитель может избежать ошибок даже при внезапном усложнении дорожной обстановки, если он будет более внимателен к ней и готов к действиям. Для этого требуется волевое усилие, благодаря которому в течение некоторого времени работоспособность сохраняется на достаточном уровне. Однако любое волевое усилие требует затрат дополнительной энергии, что влечет за собой дополнительное утомление и учащающиеся ошибки водителя при управлении автомобилем.

Утомление, развивающееся в течение рабочего дня, проходит после отдыха. Если же чувство усталости не проходит после ночного сна или усталость наступает быстрее обычного, это свидетельствует о **переутомлении**. Причиной переутомления может быть недостаточный отдых. Нередко оно развивается у водителей, ежедневно работающих по 12 ч и более. Переутомление обычно сопровождается повышенной раздражительностью, сонливостью днем и плохим сном ночью, общей слабостью, головной болью, ухудшением памяти и аппетита. При неоднократном появлении признаков переутомления следует обратиться к врачу.

Основным средством предупреждения переутомления является правильная организация работы с обязательным полноценным и своевременным отдыхом. Зевота, ощущение тяжести тела, рассеянное внимание, изменение частоты пульса и артериального давления, желание поменять позу или положение рук на рулевом колесе являются первыми признаками утомления. Они не опасны и легко устраняются кратковременным отдыхом. Характерным симптомом утомления являются сонливость и засыпание водителя за рулем, что нередко приводит к ДТП. Утомленный водитель может некоторое время преодолевать сонливость и надежно управлять автомобилем, но засыпание может наступить внезапно. Поэтому если водитель за рулем почувствует сонливость, нужно остановиться и уснуть на короткое время или проделать энергичные гимнастические упражнения. Продолжать путь можно только после снятия сонливости.

Для предупреждения сонливости или заторможенного состояния, вызываемого монотонными условиями движения, можно включить радиоприемник, беседовать с пассажиром, жевать кислые конфеты или сушеные фрукты.

Согласно действующему законодательству, продолжительность ежедневной работы водителей при 6-дневной неделе не должна превышать 7 ч, а накануне выходных дней 6 ч. При этом время на подготовительно-заключительные работы включается в состав рабочего времени. При 5-дневной рабочей неделе продолжительность смены определяется правилами внутреннего трудового распорядка или графиками сменности. В тех случаях, когда невозможно соблюдать указанный режим работы, допускается введение суммированного учета рабочего времени. Причем продолжительность рабочей смены не должна превышать 10 ч, а с разрешения министерства (ведомства) и ЦК профсоюзов – не более 12 ч.

В течение рабочего дня также нужно чередовать труд и отдых. Если движение продолжается 3–5 ч, необходимо примерно через час делать 5–10-минутный перерыв, во время которого полезны кратковременные (2–3-минутные) физические упражнения для мышц спины, рук и ног. После 2-го и 4-го часа работы целесообразно выпить сладкий чай, кофе.

Особое значение для водителя имеет правильно организованное питание, так как нарушение режима и плохое качество питания приводят к быстрому нарастанию утомления и заболеваниям. Нежелательно изменять привычное время обеда и заменять горячие блюда холодной закуской. Водителям, совершающим дальние рейсы, рекомендуется брать с собой горячую пищу в термосе. Правильный режим работы и отдыха водителя является основой борьбы с утомлением и переутомлением.

Работоспособность снижается при болезненном состоянии водителя, после употребления им алкоголя или наркотиков и в результате сильного нервного возбуждения или угнетенного состояния.

Для уменьшения влияния отрицательных эмоций рекомендуется аутогенная тренировка, которая заключается в самостоятельном настрое перед рейсом. Например, водитель мысленно говорит: "Сегодня я должен быть спокойным, внимательным, дисциплинированным, тогда я не совершу дорожно-транспортного происшествия..." Повторение с полной серьезностью этих слов помогает снять эмоциональное возбуждение, избавиться от неуверенности, внушить себе спокойствие перед выездом в рейс. Подробнее об аутогенной тренировке можно узнать из специальной литературы.

Большое влияние на работоспособность водителя оказывают подготовка и содержание рабочего места и микроклимат кабины. Регулировка сиденья и спинки должны обеспечить положение тела водителя, исключающее излишнее мышечное напряжение и способствующее наилучшей обзорности.

Загрязнения, повреждения и завешивание стекол, а также подвешивание различных безделушек, сокращающих поле зрения водителя, недопустимы, так как ухудшают условия обзорности и приводят к более быстрому утомлению.

Микроклимат кабины характеризуется температурой воздуха, его влажностью и скоростью движения. Температура воздуха в кабине должна быть в пределах +15...+25 °С, а наиболее благоприятная температура +18...+20 °С. Пониженная температура воздуха уменьшает быстроту и точность движений, а работа при повышенной температуре быстрее утомляет водителя, снижает его внимание и увеличивает время реакции. Эффективной мерой снижения температуры воздуха при сильной жаре является вентиляция кабины. Большая влажность воздуха при высокой температуре может быть причиной перегрева тела человека, а при низкой температуре способствует его переохлаждению и простуде. Для большинства людей нормальной является влажность воздуха 30—70 %.

### 2.2.6. НРАВСТВЕННОСТЬ ВОДИТЕЛЯ

Надежность водителя в значительной степени зависит от таких его **нравственных качеств,** как дисциплинированность, чувство ответственности, коллективизм. Трудолюбие, чуткое отношение к людям, скромность — эти качества обычно присущи хорошим и надежным водителям. Отсутствие интереса к работе, эгоизм, грубость и бесцеремонное отношение к окружающим людям, неуважительное отношение к правопорядку — эти качества являются типичными для аварийщика.

Недисциплинированность водителей чаще всего проявляется в игнорировании требований Правил дорожного движения. Водитель должен заботиться не только о личной безопасности, но и безопасности других участников движения. Нужно не только строго соблюдать требования Правил, но и следить за действиями других участников движения. При виде ошибок, допущенных пешеходом или другим водителем, нужно сделать все возможное, чтобы предотвратить ДТП. Очень важна взаимная предупредительность участников движения, отсутствие которой связано не только с нарушением предписаний Правил, но и свидетельствует об отсутствии или недостатках воспитания, что характерно для многих водителей. Так, например, водители многих городов, выполняя поворот, игнорируют требования пропустить пешеходов, находящихся на пешеходных переходах. Нередки случаи, когда водитель, вынужденный пропустить пешеходов, допускает грубые окрики, пугает их звуковым сигналом или подъезжает вплотную. Многие водители не считают нужным подавать предупредительные сигналы или подают их таким образом, что его намерения предугадать невозможно.

Встречаются случаи безразличного отношения к участникам движения, которые испытывают какие-то затруднения или неудачи, например, при перестроении одного из водителей на соседнюю полосу. Второй водитель вместо того, чтобы помочь ему, уменьшив скорость и увеличив дистанцию, наоборот, сокращает ее. Иногда перед перекрестком у автомобиля глохнет двигатель. Вместо того чтобы проявить взаимопонимание и выдержку, в адрес водителя звучат грубые окрики, оскорбления, некоторые водители громко и продолжительно сигналят. А ведь в положении неудачника может оказаться даже опытный водитель, который под влиянием насмешек способен потерять самообладание и совершить грубую ошибку.

Часто требуются участие и взаимная помощь других водителей, а получить их удается не скоро, хотя мимо проехало много водителей. Водитель будет чувствовать себя намного уверенней, если участники движения будут взаимно доброжелательны, готовы выручить и оказать помощь.

Наиболее тяжелым и опасным проявлением недисциплинированности водителей является употребление алкоголя перед рейсом или в пути. Такие антиобщественные поступки особенно часты в производственных коллективах, где не ведется решительная борьба с пьянством и отсутствует контроль за деятельностью водителей.

Снижение работоспособности после приема алкоголя или наркотиков создает реальную угрозу для безопасного управления автомобилем.

Алкоголь тоже является наркотиком, поэтому нарушения, возникающие у водителей после употребления алкоголя или наркотиков, имеют много общего. После приема даже небольших их доз затормаживаются центры коры головного мозга, контролирующие действия и поступки человека. У водителя это выражается в некритическом отношении к своему состоянию, переоценке своих возможностей и недооценке сложности дорожной обстановки. Появляются чувство необоснованной самоуверенности, желание рискнуть, пренебречь Правилами. Пьяные водители часто превышают скорость, проезжают на запрещающие сигналы, меняют полосу движения или обгоняют без должного учета дорожной обстановки и своих возможностей.

После приема алкоголя у водителей снижаются интенсивность и устойчивость внимания, замедляется его переключение. Кроме того, нарушаются процессы мышления и памяти, увеличивается время реакций, нарушается координация движений. Снижается острота зрения, суживается поле зрения, нарушаются глубинное зрение и способность различать цвета, увеличивается время темновой адаптации. Водители медленнее и хуже оценивают дорожную обстановку, а их управляющие действия становятся резкими, размашистыми, плохо координированными, часто запаздывающими и неправильными.

Нарушения, возникающие в организме водителя после приема алкоголя, и их некритическое отношение к своему состоянию приводят к грубым ошибкам в управлении автомобилем, которые нередко заканчиваются тяжелыми ДТП. Управление автомобилем в состоянии алкогольного или наркотического опьянения не только резко увеличивает возможность возникновения ДТП, но делает их последствия более тяжелыми для самого водителя и других участников дорожного движения.

К социальным последствиям пьянства и наркомании водителей относятся не только ДТП и, как следствие, человеческие жертвы и материальные потери, но и развитие тяжелых заболеваний, ведущих к большим трудопотерям и к преждевременной смерти. Продолжительность жизни у алкоголиков сокращается на 15–20 лет, а число заболеваний увеличивается на 20–30 %. Употребление наркотиков может привести к тяжелым, необратимым, болезненным изменениям в организме уже в течение нескольких лет. Распад личности алкоголиков и наркоманов приводит к распаду семьи или рождению физически и психически неполноценных детей.

Для преодоления пьянства и алкоголизма водителей необходимо комплексное сочетание административных, правовых, пропагандистских и воспитательных мер на каждом автотранспортном предприятии. Одновременно необходимы разработка и внедрение в практику современных методов выявления перед рейсом и в пути водителей, управляющих автомобилем после приема не только алкоголя, но и наркотиков.

Важнейшие социальные задачи улучшения дисциплины водителей, совершенствования этики их поведения решают различными методами. Однако эти меры не всегда эффективны. На отдельных людей они действуют через чувство страха. Некоторые водители ведут себя осмотрительно лишь в тех местах или случаях, где их нарушения могут быть пресечены.

Наибольший эффект в деле воспитания водителей дают разнообразные методы и формы работы, используемые в трудовых коллективах. Администрация и общественные организации имеют возможность проводить профилактические мероприятия, держать под контролем лиц, склонных к нарушениям дисциплины и порядка и оперативно реагировать на антиобщественные тенденции. На автотранспортном предприятии ведутся личные карточки на водителей, позволяющие восстановить все их нарушения и участие в ДТП и мелких авариях. Знание и учет индивидуальных особенностей водителей позволяют наиболее правильно определить характер его работы. Любое нарушение водителями Правил, участие в ДТП должны обсуждаться на собрании производственного коллектива. Опыт показывает, что на недисциплинированных водителей эта мера часто действует эффективнее, чем административные наказания.

### 2.2.7. ПОДГОТОВЛЕННОСТЬ ВОДИТЕЛЯ

Подготовленность водителя определяется наличием у него профессиональных знаний, умений и навыков, необходимых для самостоятельного управления автомобилем в разнообразных дорожных условиях.

**Знания** – это совокупность усвоенных водителем сведений, необходимых для управления автомобилем. Нужный для водителя объем знаний предусмотрен действующими программами и приобретается в процессе обучения. Однако, обладая только знаниями, человек не может управлять автомобилем. Для этого ему нужно владеть специальными умениями и навыками.

**Умение** – это способность целеустремленно и правильно использовать свои специальные знания в практической деятельности. Водитель должен уметь уверенно управлять автомобилем в различных дорожных и метеорологических условиях, быстро оценивать дорожную обстановку при ее изменении. Кроме того, он должен своевременно выполнять необходимые действия, обеспечивающие безопасность движения. Для этого ему следует выработать навыки.

**Навык** – это способность в процессе деятельности выполнять отдельные действия автоматически без специально направленного внимания, хотя и под контролем сознания. Опытный водитель, не задумываясь, выполняет свои рабочие движения при управлении автомобилем (поворачивает в нужную сторону рулевое колесо, тормозит плавно или резко, переключает передачи в нужной последовательности и т. д.). Если он при этом допускает ошибку, то своевременно замечает и исправляет ее.

Знания, умения и навыки развиваются, закрепляются и совершенствуются в течение всей профессиональной деятельности водителя. По мере увеличения стажа и накопления опыта уровень подготовленности и надежность водителя растут. Это подтверждает статистика аварийности на автомобильном транспорте. Наибольшая аварийность характерна для водителей со стажем до 1 года, что объясняется недостатком опыта. Характерно, что ДТП у водителей со стажем 2–5 лет случаются в среднем в 3 раза чаще, чем у водителей со стажем 5–10 лет, что объясняют не только меньшим опытом, но и самоуверенностью первых. Чтобы улучшить подготовленность и повысить уровень водительского мастерства, нужно систематически пополнять свои знания, совершенствовать двигательные, сенсорные и мыслительные навыки.

*Двигательные и сенсорные навыки* развиваются на занятиях по вождению автомобиля и совершенствуются в процессе самостоятельной деятельности водителя. Сенсорные навыки позволяют водителю точно оценить профиль дороги, расстояние до объектов и между ними, скорость и ее изменения, а также определять отклонения автомобиля от желаемой траектории движения.

Особую сложность представляет развитие *мыслительных* (умственных) *навыков*. От того, насколько развиты мыслительные навыки, зависят скорость и точность оценки дорожной обстановки и прогноза ее развития, что необходимо для своевременного принятия решения. Хорошо развитые умственные навыки обеспечивают быстрое и точное выполнение различных маневров, особенно при обгоне, проезде нерегулируемых перекрестков. Они помогают поступить правильно в сложной дорожной обстановке, выбрать нужную передачу, оптимальную скорость. Водитель непрерывно встречается с ситуациями, сходными с теми, которые он уже встречал раньше и исход которых ему известен благодаря предыдущему опыту. Чем больше сохранилось в памяти водителя таких стандартных ситуаций — ассоциаций, тем бо́льшую безопасность он способен обеспечить. Однако стандартных ситуаций очень много, и на их систематизацию в памяти водителя требуется несколько лет.

Развитию мыслительных навыков способствует внедрение в автошколах и на автотранспортых предприятиях ситуационного обучения. Оно заключается в систематизации и анализе типичных ДТС, в результате развития которых произошли или могут произойти ДТП. Цель ситуационного обучения — приучить водителя предвидеть опасные ситуации, правильно их оценивать и прогнозировать их развитие, вырабатывать решения, предупреждающие ДТП или уменьшающие тяжесть их последствий. Обучаемые в процессе учебы наблюдают за реальной обстановкой на дороге (или воспроизводимой на тренажере) и учатся узнавать опасную ситуацию, ее основные признаки, объяснять наиболее вероятное развитие ситуации, вырабатывать решения, предупреждающие ДТП. Для анализа опасных ситуаций на теоретических занятиях могут использоваться разнообразные технические средства: макеты, альбомы, слайды, кинофильмы. Наибольший эффект дает ситуационное обучение, когда оно проводится параллельно с изучением Правил дорожного движения. В большинстве случаев нарушение Правил, кроме умышленных, злостных случаев, не может явиться единственной, непосредственной причиной ДТП. Чаще всего происшествие нужно рассматривать, как следствие профессиональной операторской ошибки водителя. Правила являются нормативным актом, который устанавливает, что водитель должен или не должен делать на дороге. На вопрос, как действовать водителю для того, чтобы выполнять требования Правил, там ответа чаще всего нет. К тому же даже хорошие знания Правил не спасают водителя от возможных грубых ошибок, что подтверждает статистика ДТП. Действительно, их участниками чаще других становятся водители со стажем около 1 года, недавно завершившие изучение Правил и сдавшие экзамен. Однако у них отсутствует другой, не менее важный компонент подготовленности — необходимые навыки управления автомобилем в опасных ситуациях.

В качестве примера рассмотрим ситуацию на рис. 2.8, которая достаточно часто встречается на дорогах. Пункт 14.10 Правил предписывает водителю

Рис. 2.8. Опасная дорожно-транспортная ситуация на перекрестке неравнозначных дорог

легкового автомобиля уступить дорогу автопоезду, приближающемуся к перекрестку. Наиболее простым и безопасным решением для водителя являются остановка и ожидание возможности безопасного проезда перекрестка. Однако на практике для того, чтобы определить, безопасен ли выезд на перекресток, водителю приходится оценивать множество факторов: видимость проезжей части пересекаемой дороги, взаимное расположение транспортных средств, габариты и скорость приближающегося автопоезда, динамические характеристики и габариты управляемого автомобиля и т. д. Неправильная их оценка может привести к ДТП. Правильная оценка ситуации и умелая реализация решения будут не только исключать возможность ДТП, но и означать отсутствие нарушения Правил.

## Контрольные вопросы

1. В чем заключаются основные психофизиологические особенности профессиональной деятельности водителя?

2. От каких факторов зависит надежность водителя?

3. Какое значение в профессиональной деятельности водителя имеют ощущения и восприятия?

4. Укажите основные свойства внимания и их значение для водителя.

5. Как изменяются основные характеристики зрительного восприятия в зависимости от скорости автомобиля и интенсивности движения?

6. В чем заключаются особенности мышления водителя при оценке обстановки и прогнозировании ее развития?

7. Назовите основные свойства памяти и их значение для развития навыков водителя?

8. Что называется временем реакции водителя, от каких факторов оно зависит?

9. Как изменяется работоспособность водителя и от чего она зависит?

10. Перечислите основные признаки утомления и переутомления. Как должен действовать водитель, почувствовав признаки утомления?

## Глава 2.3. ДОРОЖНЫЕ УСЛОВИЯ

### 2.3.1. ХАРАКТЕРИСТИКА АВТОМОБИЛЬНЫХ ДОРОГ

Автомобильные дороги должны удовлетворять потребности народного хозяйства и населения страны в перевозках пассажиров и грузов и обеспечивать безопасность движения автомобилей. Психическое и физическое напряжение, испытываемое водителем, значительно увеличивается с ухудшением дорожных условий. Ему приходится чаще переключать внимание с одного объекта на другой, оценивая их опасность. Промедление может привести к ошибкам и к ДТП. Однако даже в странах с хорошо развитой дорожной сетью, например в Великобритании, более 25 % ДТП происходит из-за разнообразных дефектов дороги: плохо оборудованный перекресток, скользкое покрытие дороги, неудовлетворительное оборудование дорожными знаками и разметкой, опасные придорожные препятствия, отсутствие ограждений. По мнению профессора В. Ф. Бабкова, в нашей стране неудовлетворительные дорожные условия являются причиной 30–40 % ДТП.

Улучшение дорожной сети и совершенствование навыков водителя в критической оценке реальных дорожных условий помогают повысить безопасность движения.

Автомобильные дороги СССР делят на пять категорий.

Дороги I и II категорий имеют капитальное основание и усовершенствованное покрытие (асфальто- или цементобетон), которые обеспечивают движение по ним колесных транспортных средств с осевой нагрузкой, не превышающей 10 т. Эти дороги имеют широкие полосы движения (3,75 м), ограниченные продольные уклоны (3–4 %), увеличенные радиусы поворотов и широкие обочины. Они имеют высокую пропускную способность, обеспечивая круглосуточное и круглогодовое движение. К дорогам I и II категорий относятся автомагистрали с несколькими полосами движения в каждом направлении и двухполосные дороги, имеющие по одной полосе движения в каждую сторону.

Дороги III категории имеют облегченное усовершенствованное покрытие (дегтебетон, битумоминеральные смеси), которое также рассчитано на движение по ним всех колесных транспортных средств с осевой нагрузкой, не превышающей 10 т, однако с меньшей интенсивностью. Ширина полосы движения может быть уменьшена до 3,5 м, допускаются уклоны до 5 %, а радиусы кривых в плане уменьшены до 400 м.

Дороги IV категории имеют основание, которое легко размягчается грунтовыми водами, и неусовершенствованное твердое покрытие (булыжник, гравий), рассчитанное на осевую нагрузку не более 6 т. Ширина полосы движения не превышает 3 м, максимальные продольные уклоны достигают 6 %, а минимальные радиусы поворотов 250 м. На таких дорогах зимой после уборки может оставаться слой снега и льда, весной часто вводят ограничения на движение определенных автомобилей. Ослабленное полотно дороги легко прогибается под нагрузкой, поэтому двигаться по такой дороге весной и после дождя нужно с большой осторожностью.

Дороги V категории прокладывают по естественному грунту, они не имеют покрытия. В распутицу и период снежных заносов такие дороги обычно становятся непроезжими. С наступлением морозов и летом в сухое время грунтовые дороги обладают хорошими качествами.

При проектировании и строительстве дорог с твердым покрытием исходят из некоторой условной "расчетной" скорости, которая всегда больше максимальной скорости, допускаемой Правилами дорожного движения. Вместе с тем, чем больше расчетная скорость, тем выше качество дороги, следовательно, выше и фактические скорости автомобилей. Так, для дорог I категории, проложенных на равнинной местности, расчетная скорость 150 км/ч, для дорог II категории 120 км/ч. Поэтому нередко на автомагистрали разрешается движение с наибольшей скоростью, а на отдельных участках дорог (по решению органов власти) — движение с более высокой скоростью, чем предусмотрено Правилами.

Расчетная скорость для дорог III категории на равнинной местности 100 км/ч, а для дорог на пересеченной местности 80 км/ч. Для дорог IV категории эти цифры соответственно равны 80 и 60 км/ч. Допустимая скорость движения на многих дорогах III и IV категорий должна быть меньше указанных значений расчетной скорости и меньше верхнего предела скорости, установленного Правилами. На таких дорогах обычно устанавливают знаки, ограничивающие скорость движения. Но и при отсутствии знаков водителю рекомендуется снижать скорость при выезде на дороги низших категорий.

Определить категорию дороги можно по ширине полосы движения и проезжей части, которые являются важными факторами, влияющими на скоростной режим движения. При ширине полосы 3 м во время встречных разъездов безопасность обеспечивается лишь на небольшой скорости. В противном случае возможно столкновение или съезд транспортного средства на обочину. Но на дорогах низших категорий обочина не имеет усовершенствованного покрытия, поэтому съезд на нее может привести к боковому скольжению автомобиля.

При ширине полосы 3,5 м возможны безопасные интервалы между встречными автомобилями и между автомобилями и обочинами. Полоса движения шириной 3,75 м полностью обеспечивает необходимую безопасность и допускает встречный разъезд автомобилей без снижения скорости, даже если она близка к предельной у обоих автомобилей.

Для лучшего ориентирования водителей относительно правого края проезжей части и сохранения дорожного покрытия на новых дорогах вдоль проезжей части укладывают краевые полосы шириной до 0,75 м (см. рис. 1.1, 5). Наезжать на них не разрешается, однако водитель может уверенно вести автомобиль около самого края проезжей части. На автомагистралях с разделительной полосой краевые полосы устраивают по обеим сторонам.

На вновь строящихся дорогах поверхность обочин часто укрепляют, а на дорогах высших категорий применяют специальные покрытия облегченного типа. Это обеспечивает проезд автомобилей по обочине в случае заторов на проезжей части, а также исключает оползни обочины и наносы грязи при выезде с нее на проезжую часть. Покрытая жидкой грязью или толстым слоем песка обочина представляет большую опасность. При выезде на нее с большой скоростью вполне возможен занос.

Чтобы исключить влияние на водителей встречных транспортных потоков, на дорогах с несколькими проезжими частями часто устраивают разделительные полосы. Кроме того, они являются преградой для съезда автомобилей с одной проезжей части на другую. На разделительной полосе устанавливают щиты или высаживают частый кустарник, предотвращающие ослепление водителей встречным светом фар. Ширина полосы может достигать 6 м. На

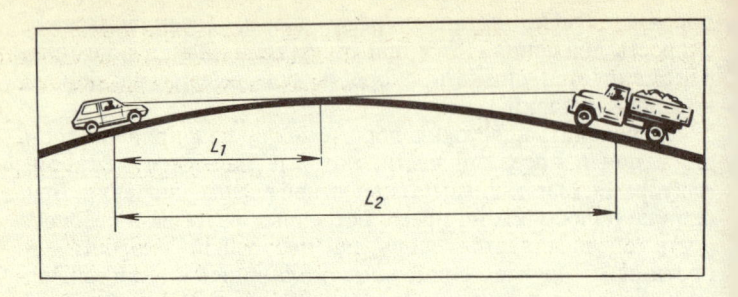

Рис. 2.9. Условия видимости дороги на участке с переменным профилем

узких разделительных полосах иногда устанавливают железобетонные или металлические ограждения. На автомагистралях посередине разделительной полосы устанавливают металлическую сетку, которая не дает возможности пересекать дорогу пешеходам, а также животным.

Одним из основных факторов, влияющих на скорость и безопасность движения, является расстояние видимости самой дороги и участников движения по ней. При хорошей видимости водитель своевременно воспринимает обстановку на дороге и успевает перестроиться или снизить скорость до подъезда к месту, требующему осторожности. Видимость на дорогах оценивается двумя показателями: видимостью поверхности дороги $L_1$ и видимостью встречного автомобиля $L_2$ (рис. 2.9).

Существующие в нашей стране нормы видимости для дорог I–IV категории различны. Для дорог высших категорий, где допускается более высокая скорость, нормируемые расстояния видимости больше. Условия видимости заметно ухудшаются на дорогах с продольными уклонами. На горных дорогах более удаленные участки дороги иногда видны значительно лучше, чем близлежащие. Видимость на криволинейных участках дороги зависит от состояния полосы отвода и прилегающей к ней местности. Каждый поворот с видимостью, меньшей нормируемой, считается закрытым и, подъезжая к нему, нужно снижать скорость. На дорогах с раздельными проезжими частями для движения в разных направлениях отпадает требование видимости встречного автомобиля.

На других дорогах типичными участками, на которых ограничена обзорность, являются закрытые повороты, особенно серпантины на горных дорогах, тоннели и железнодорожные переезды, переломы продольного профиля и перекрестки.

Одним из наиболее опасных мест на дорогах являются перекрестки. На них происходит до 20 % всех ДТП. На некоторых перекрестках обзорность ограничена и, чтобы предвидеть возможное появление новых участников движения, водитель должен напрягать внимание, отвлекаться от других объектов. Стесненные размеры многих перекрестков затрудняют, а иногда делают невозможным маневрирование грузовых автомобилей, автобусов и автопоездов.

На автомагистралях пересечения выполняют на разных уровнях. Это обеспечивает наибольшую безопасность и высокую пропускную способность. На большинстве других дорог пересечения на различных уровнях встречаются редко.

Вне населенных пунктов, как правило, все перекрестки — нерегулируемые, но на них установлены знаки, определяющие главную дорогу. Безопасность проезда таких пересечений зависит главным образом от видимости в их зоне. Приближаясь к подобным перекресткам, водителям, движущимся как по главной, так и по второстепенной дороге, необходимо снижать скорость до выяснения ситуации.

Движение на перекрестках на одном уровне значительно усложняется при большом числе поворачивающих или разворачивающихся автомобилей. В местах, где пересекаются интенсивные транспортные потоки, неправильные действия водителей, выполняющих маневры, дезорганизуют движение. Чем больше расстояние, которое должен пройти поворачивающий автомобиль, тем труднее водителю выбрать правильную траекторию. Для упорядочения движения на сложных перекрестках часто устраивают направляющие островки. На таких пересечениях водитель должен уметь быстро ориентироваться, в особенности если он видит перед собой два или три направляющих островка.

Дорожные знаки и разметка, предназначенные для организации дорожного движения, одновременно обеспечивают его безопасность. На участках дорог с правильно нанесенной и хорошо различимой дорожной разметкой транспортные средства движутся упорядоченно, причем скорость их выше, а число ДТП снижается.

Обозначение обочин дороги направляющими столбиками со светоотражающими элементами может сократить на 1/3 число ДТП ночью. На оборудованной таким образом дороге водитель чувствует себя в безопасности, так как заблаговременно видит все повороты дороги и перекрестки.

Безопасность дорог в городах во многом зависит от того, насколько изолированы от транспортных потоков пешеходы и велосипедисты (наличия тротуаров, пешеходных и велосипедных дорожек, оборудования пешеходных переходов, ограждений), а также от организации движения на улицах, особенно на перекрестках (освещением, светофорами и др.). В городе не только на каждом перекрестке, но и у каждого места массового выхода пешеходов (у станции метро, кинотеатра, школы, завода) водитель должен быть внимательным и готовым принять необходимые меры для предупреждения происшествия.

Рассмотренные особенности дорог и их обустройство оказывают влияние на психологическое состояние водителя, а также на возможности эффективного и безопасного использования автомобиля. Однако, оценивая дорогу, водитель судит о ней прежде всего по качеству и состоянию ее покрытия.

### 2.3.2. КАЧЕСТВО И СОСТОЯНИЕ ДОРОЖНОГО ПОКРЫТИЯ

Дорожное покрытие служит непосредственной опорой для колес автомобиля. Все силы, действующие на автомобиль, передаются через его колеса на дорожное покрытие. Дорога, в свою очередь, воздействует на колеса автомобиля через свое покрытие.

Водителю удается управлять автомобилем и реализовать его эксплуатационные свойства в результате взаимодействия колес автомобиля с покрытием дороги. Рассмотрим, как это происходит на примерах ведущего, ведомого, тормозящего и поворачивающегося колес (рис. 2.10).

От автомобиля на дорогу передаются вертикальные продольные и поперечные силы. Со стороны дороги на автомобиль действуют ответные равные, но противоположно направленные силы реакции дороги. Так, при работе двигателя к ведущим колесам через трансмиссию подводится крутящий момент $M$ (рис. 2.10, а), под действием которого колесо, вращаясь, стремится сдвинуть назад верхний слой покрытия дороги. Со стороны дороги на колесо действует сила тяги $P$, направленная по ходу автомобиля, которая стремится его разогнать. При изменении положения дроссельной заслонки и передачи в коробке сила $P$ изменяется. Сила тяги через раму автомобиля передается на его переднюю ось, вызывая качение передних колес (рис. 2.10, б).

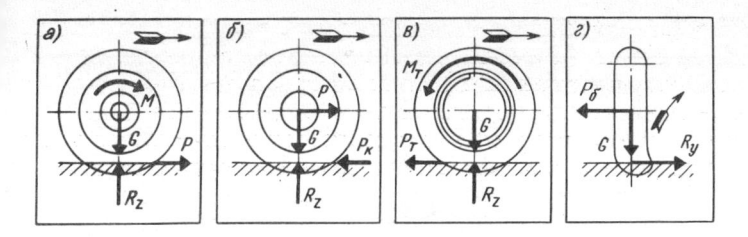

Рис. 2.10. Схема сил, действующих на колесо:
а — ведущее; б — ведомое; в — тормозящее; г — поворачивающееся

Перемещение тормозной педали вызывает появление тормозного момента $M_т$ и тормозной силы $P_т$, направленной против движения автомобиля (рис. 2.10, в). В результате действия этой силы автомобиль движется замедленно.

При движении автомобиля на него часто действуют боковые силы $P_б$, стремящиеся сдвинуть его в поперечном направлении. Такова, например, сила бокового ветра или центробежная сила, возникающая при поворотах автомобиля и направленная от центра поворота. Перемещению автомобиля в этом случае препятствует поперечная реакция дороги $R_y$ (рис. 2.10, г).

Если бы опорная поверхность дороги и шина были абсолютно твердыми и гладкими, то по горизонтальной поверхности колесо катилось бы без внешних сопротивлений. Но под действием части силы тяжести (веса) автомобиля $G$, приходящейся на колесо, и сил, приложенных к нему, шина и опорная поверхность дороги деформируются. В результате возникает направленная против вращения колеса *сила сопротивления качению* $R_к$ (см. рис. 2.10, б). Эта сила тем больше, чем сильнее деформируются шина и опорная поверхность. Сила

$$P_к = fR_z,$$

где $R_z$ — вертикальная реакция дороги, равная части силы тяжести автомобиля, приходящейся на колесо, Н; $f$ — коэффициент сопротивления качению.

Коэффициент $f$ зависит от конструкции шины и давления в ней, скорости движения, но главное влияние на него оказывают качество и состояние дорожного покрытия. Нижние пределы данных табл. 2.2 характерны для сухих дорог, содержащихся в хорошем состоянии, верхние — для мокрых дорог с твердым покрытием и дорог в плохом

Таблица 2.2

| Покрытие дороги | $f$ | Коэффициент продольного сцепления для поверхности | |
|---|---|---|---|
| | | сухой | мокрой |
| Асфальтобетонное | 0,014—0,020 | 0,7—0,8 | 0,4—0,6 |
| Булыжное | 0,023—0,030 | 0,5—0,6 | 0,2—0,3 |
| Щебеночное | 0,055—0,060 | 0,6—0,7 | 0,3—0,5 |
| Грунтовая дорога | 0,055—0,150 | 0,5—0,6 | 0,2—0,4 |
| Песчаное | 0,100—0,300 | 0,5—0,6 | 0,4—0,5 |
| Покрытое снегом, укатанное | 0,050—0,300 | 0,2—0,3 | — |
| Гололедица | 0,030—0,100 | 0,05—0,3 | — |

состоянии. Коэффициент $f$ заметно увеличивается с ростом скорости свыше 80—100 км/ч. При скорости до 80 км/ч коэффициент $f$ можно считать постоянным.

Под действием боковых сил (см. рис. 2.10, г) шина деформируется в плоскости, перпендикулярной направлению движения колеса, и катится с уводом, т. е. под углом к заданному направлению движения. Чем больше боковая сила, тем больше сила увода.

Тяговая $P$ и тормозная $P_\text{т}$ силы образуются благодаря сцеплению шины с поверхностью дороги. Наибольшее значение этих сил ($P_{max}$ и $P_{тmax}$) ограничивается *силой сцепления колес с дорогой*

$$P_\text{сц} = \varphi_x R_z,$$

где $\varphi_x$ — коэффициент продольного сцепления, соответствующий началу пробуксовки или проскальзывания колеса при отсутствии боковой силы.

Наибольшее значение боковой силы $P_{бmax}$, действующей на колесо, при которой может возникнуть боковое скольжение, также ограничивается силой поперечного сцепления

$$P_\text{сц} = \varphi_y G,$$

где $\varphi_y$ — коэффициент поперечного сцепления, соответствующий началу бокового скольжения колеса при отсутствии тяговой и тормозной сил.

Коэффициент $\varphi_y$ в среднем на 10−20 % меньше коэффициента $\varphi_x$.

Движение (качение) ведущего колеса возможно, если силы тяги $P$ больше значения силы сопротивления качению $P_к$ и меньше значения силы сцепления $P_{сц}$. Качение без блокировки (юза) тормозящего колеса происходит, если тормозная сила $P_т$ не превышает значения силы сцепления. Боковое скольжение колес невозможно, если значение боковой силы $P_б$ меньше значения силы сцепления. Нарушение этих условий приводит к тому, что автомобиль теряет устойчивость, а управление им становится затрудненным или даже невозможным.

На коэффициент сцепления влияют многие факторы. В зависимости от качества и состояния дорожного покрытия он меняется в широких пределах от 0,05 до 0,80 (см. табл. 2.2). Наибольшее влияние на коэффициент сцепления может также оказывать скорость движения, состояние протектора шин и характер действующих на колесо сил.

Увеличение скорости движения сопровождается снижением коэффициента сцепления. Это особенно заметно на мокрых дорогах, так как влага при увеличении скорости остается в зоне контакта шины с поверхностью дороги.

Блокировка тормозящего колеса с изношенным протектором шин обычно возникает уже при нажатии тормозной педали с усилием, равным 2/3 усилия, необходимого для блокировки колес с хорошими шинами.

При действии на колесо боковой силы его пробуксовка или блокировка наступает при меньших значениях соответственно тяговой или тормозной сил. И, наоборот, чем больше значение тяговой или тормозной силы, тем для заноса требуется меньшая боковая сила. Для заноса автомобиля требуется совсем незначительная боковая сила, когда его колеса пробуксовывают или заблокированы.

Понимая основные причины изменения силы сцепления, водитель сможет принимать необходимые меры для сохранения устойчивого движения автомобиля. На участках с плохим сцеплением водитель должен избегать резкого нажатия на педали управления дроссельной заслонкой, тормоза и резких поворотов рулевого колеса.

Трудно управлять автомобилем при гололедице или на дороге, поверхность которой покрыта талым снегом. Коэффициенты сопротивления качению и сцепления на таких дорогах близки по значению. Трудности возникают уже в начале движения, так как при включенной первой или второй передаче ведущие колеса будут пробуксовывать. При движении нужно изменять положение педали управления дроссельной заслонкой очень осторожно и только на определенной передаче. Даже незначительное нажатие педали вызывает пробуксовку, а незначительное отпускание — торможение автомобиля двигателем и блокировку колес. В обоих случаях автомобиль легко заносит, причем гашение заносов затруднительно. Торможение автомобиля рабочим тормозом не менее опасно. Поэтому в подобных условиях автомобиль должен двигаться с небольшой скоростью. Дистанцию и интервалы следует устанавливать как можно бо́льшими.

Необходимо двигаться с более низкой скоростью во время дождя, особенно моросящего, когда размокшая дорожная пыль резко снижает сцепление. При обильных дождях или интенсивном таянии снега увеличивается сопротивление качению колес. При большой скорости движения под действием давления встречной волны под колесами образуется водяной клин, отделяющий колеса от покрытия. Колеса как бы всплывают. Это явление называется аквапланированием. Для грузовых автомобилей, движущихся с относительно низкими скоростями, возможно боковое скольжение колес.

Управление автомобилем усложняется на дорогах с неровным покрытием. На них возникают колебания и тряска, увеличивающие сопротивление качению колес и вызывающие быстрое утомление водителя. На таких дорогах возникает опасность отрыва колес от дороги в результате наезда на ухаб, выбоину, порог. Сила удара колес о неровности дороги возрастает пропорционально квадрату скорости. При движении со скоростью 50 км/ч отдельные неровности высотой 10 мм не влияют на плавность хода автомобиля, а при скорости 90 км/ч они вызывают ощутимое подбрасывание колес. В случае отрыва колес водителю необходимо сохранять спокойствие и удерживать рулевое колесо в таком положении, чтобы после опускания колес на землю автомобиль продолжал прежнее направление движения.

Идеально гладкое покрытие дороги характеризуется низким коэффициентом сцепления. Поэтому покрытие дорог должно иметь шероховатость с выступами и углублениями в пределах 3—5 мм. Такая поверхность воспринимается водителями как совершенно ровная и отвечающая требованиям безопасности. Однако в результате длительной эксплуатации шероховатости стираются, и коэффициент сцепления уменьшается. Для восстановления качества покрытия его посыпают мелкораздробленным камнем – клинцом, поливают гудроном и слегка укатывают дорожными катками. В течение некоторого времени плохо укатанный клинец вырывается из-под колес и часто ударяет по лобовым стеклам и фарам движущихся сзади автомобилей. Поэтому на таких участках необходимо уменьшать скорость, увеличивать дистанцию и воздерживаться от обгона. После укатки клинца транспортными средствами покрытие становится безопасным.

Участки с изношенным или отремонтированным покрытием нетрудно отличить по цвету. Отремонтированные участки более темные и хорошо выделяются на общем фоне, а старые участки выглядят более светлыми и дают отблески при солнечном освещении. При переходе с шероховатого на гладкий участок дороги нужно заранее снизить скорость движения.

На качество старого и нового покрытий влияют условия погоды. Так, если у мокрого шероховатого покрытия коэффициент сцепления практически не изменяется, то у гладкого покрытия даже при незначительном его смачивании он уменьшается более чем в 2 раза. Асфальтобетонные покрытия, имеющие более темный цвет, в дождь становятся скользкими и размягчаются в жаркую погоду быстрее, чем цементобетонные. Цементобетонные покрытия имеют серый оттенок и обеспечивают лучшую видимость ночью, однако наличие на них поперечных швов приводит к ударам колес о края, которые ощущаются при высоких скоростях движения.

### Контрольные вопросы

1. Как классифицируют автомобильные дороги? В чем заключаются основные отличия дорог различных категорий?
2. Как влияет ширина проезжей части и полосы движения на безопасность движения?
3. Какое влияние на безопасность движения имеют разделительная полоса, краевая полоса и обочина?
4. Назовите основные требования видимости на автомобильных дорогах. От каких факторов зависит видимость?
5. Какими средствами повышается безопасность движения на пересечениях дорог?
6. В чем проявляется влияние на безопасность движения качества и состояния дорожного покрытия?
7. Какие силы и реакции действуют на ведущее (ведомое, тормозящее, поворачивающееся) колесо?
8. От каких факторов зависят силы сопротивления качению и сцепления колеса с дорогой. Как они влияют на безопасность движения?

## Глава 2.4. ЭКСПЛУАТАЦИОННЫЕ СВОЙСТВА АВТОМОБИЛЯ

### 2.4.1. ПОНЯТИЕ О КОНСТРУКТИВНОЙ БЕЗОПАСНОСТИ АВТОМОБИЛЯ

Эксплуатационные свойства автомобиля характеризуют возможность его эффективного использования и позволяют определить, в какой мере конструкция автомобиля отвечает требованиям эксплуатации. Условия работы автомобиля разнообразны. В некоторых случаях наиболее важна быстроходность автомобиля (междугородные автобусы, автомобили скорой медицинской и технической помощи, спортивные). В других условиях – это свойство преодолевать трудные участки дорог (автомобили, работающие в сельской местности, в лесной промышленности, военные). Но для всех автомобилей без исключения обязательным требованием является его безопасность.

Конструктивной безопасностью автомобиля называется свойство предотвращать ДТП, снижать тяжесть его последствий и не причинять вреда людям и окружающей среде. Это свойство сложное и связано с другими эксплуатационными свойствами автомобиля (тяговой и тормозной динамичностью, устойчивостью, управляемостью, информативностью). Конструктивную безопасность делят на активную, пассивную, послеаварийную и экологическую.

*Активная безопасность* – это свойство автомобиля снижать вероятность возникновения ДТП или полностью его предотвращать. Оно проявляется в период, когда в опасной дорожной обстановке водитель еще может изменить характер движения автомобиля. Активная безопасность зависит от компоновочных параметров автомобиля (габаритных и весовых), его динамичности, устойчивости, управляемости и информативности.

*Пассивной безопасностью* называют свойство автомобиля уменьшать тяжесть последствий ДТП, если оно все же случилось. Оно проявляется в период, когда водитель уже не в состоянии управлять автомобилем и изменять характер его движения, т. е. непосредственно при столкновении, наезде, опрокидывании. Пассивную безопасность обеспечивают конструктивные мероприятия – введение безопасных рулевых колонок, ремней безопасности и др.

*Послеаварийная безопасность* – свойство автомобиля уменьшать тяжесть последствий ДТП после остановки и предотвращать возникновение новых аварий. Для повышения послеаварийной безопасности внедряют противопожарные мероприятия, облегчают эвакуацию пассажиров и водителя из аварийного автомобиля.

*Экологическая безопасность* – это свойство автомобиля, позволяющее уменьшать вред, наносимый участникам движения и окружающей среде в процессе повседневной эксплуатации. Основными конструктивными мероприятиями по предотвращению и уменьшению вредного воздействия автомобилей на окружающую среду следует считать снижение токсичности отработавших газов и уровня шума. Работники автомобильного транспорта, в том числе и водители, должны принимать все меры к сохранению конструктивной безопасности автомобиля в течение всего срока его службы.

### 2.4.2. КОМПОНОВОЧНЫЕ ПАРАМЕТРЫ АВТОМОБИЛЯ

К габаритным параметрам автомобиля относятся длина, ширина, высота и база, т. е. расстояние между передней и задней осями. Транспортные средства с большими габаритными размерами затрудняют проезд узких участков дороги, движение под мостами и путепроводами. Кроме того, они ухудшают обзорность для других участников движения.

Чем больше масса автомобиля, тем труднее им управлять. Тяжелый автомобиль медленно разгоняется и останавливается. На нем трудно выполнить сложный маневр. Кроме того, с увеличением массы возрастают нагрузки на дорогу, разрушающие ее покрытие. Габаритные размеры, масса автомобиля, характер и расположение груза оказывают влияние на другие его эксплуатационные свойства. Так, например, на автомобиле с высоко расположенным грузом нужно двигаться с меньшей скоростью из-за ухудшения его устойчивости на криволинейных участках дороги и при резком торможении.

### 2.4.3. ТЯГОВАЯ ДИНАМИЧНОСТЬ АВТОМОБИЛЯ

Тяговая динамичность – это свойство автомобиля двигаться с высокой средней скоростью. Чем динамичнее автомобиль, тем быстрее он перевозит грузы и пассажиров, тем меньше тратит времени на передвижение и быстрее разгоняется. Движение автомобиля происходит в результате действия на него движущих сил и сил, оказывающих сопротивление движению (рис. 2.11).

Основной движущей силой является тяговая сила, приложенная к ведущим колесам автомобиля. Она возникает в результате работы двигателя и взаимодействия ведущих колес с дорогой. При передаче энергии от двигателя к ведущим колесам часть ее затрачивается на преодоление трения между зубьями шестерен коробки передач и ведущего моста, в подшипниках и сальниках, а также на разбрызгивание масла в картерах. Поэтому мощность, подводимая к ведущим колесам, меньше мощности двигателя. Чем тщательнее отрегулированы агрегаты трансмиссии и ходовой части, тем меньше потери мощности.

К силам, препятствующим движению автомобиля, относятся: сила сопротивления качению $P_к$, сила сопротивления подъему $P_п$, сила сопротивления воздуха $P_в$, сила инерции $P_и$. Связь между силами сопротивления движению автомобиля и силой тяги следующая:

$$P = P_к \pm P_п + P_в \pm P_и. \qquad (2.1)$$

Эта формула позволяет установить, как тяговая сила распределяется по различным видам сопротивлений.

Сила сопротивления качению $P_к$ равна сумме сил сопротивления качению всех колес. На негоризонтальной дороге сила

$$P_к = fG \cos \alpha,$$

где α – угол, характеризующий крутизну подъема дороги.

Сила сопротивления подъему $P_п = G \sin \alpha$.

При движении автомобиля на спуске сила $P_п$ является движущей, и в формуле (2.1) ее нужно учитывать со знаком "минус".

Рис. 2.11. Схема сил, действующих на автомобиль при движении на подъем

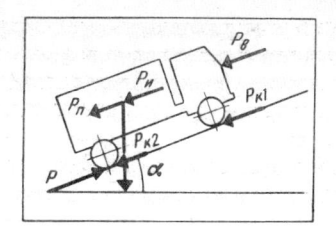

Сила сопротивления воздуха $P_{в}$ образуется в результате:

лобового сопротивления, появляющегося из-за разности давлений спереди и сзади движущегося автомобиля (55–60 % всего сопротивления воздуха);

сопротивления, создаваемого выступающими частями – крыльями, подножками (12–18 %);

сопротивления, возникающего при прохождении воздуха через радиатор и подкапотное пространство (10–15 %);

трения наружных поверхностей о слои воздуха (8 – 10 %).

При увеличении скорости движения сила сопротивления воздуха увеличивается в квадратной зависимости. Так, если скорость автомобиля увеличится вдвое, то сила $P_{в}$ возрастет в 4 раза. Для снижения силы сопротивления воздуха быстроходных легковых автомобилей их кузову придают плавные очертания, способствующие хорошей обтекаемости.

Сила инерции $P_{и}$ возникает при всяком изменении скорости движения автомобиля. Она тем больше, чем больше вес и ускорение автомобиля

$$P_{и} = \frac{G}{g}j,$$

где $j$ — ускорение, м/с²; $g$ — ускорение свободного падения; $g = 9{,}81$ м/с².

Автомобиль большую часть времени движется неравномерно, особенно в городах, где водитель почти непрерывно разгоняет или замедляет автомобиль. Вместе с изменением скорости меняется и сила инерции. На преодоление силы инерции расходуется часть тяговой силы. Когда автомобиль движется накатом или при торможении, сила инерции действует по направлению движения автомобиля, выполняя роль движущей силы. Поэтому перед крутым подъемом водитель разгоняет автомобиль, чтобы преодолеть его "с хода".

Если сумма всех сил сопротивления превысит тяговую силу, то движение автомобиля будет замедленным и он может остановиться. Для увеличения тяговой силы водитель может увеличить подачу топлива в цилиндры двигателя или включить понижающую передачу в коробке передач. Наибольшее значение тяговой силы ограничено сцеплением шин ведущих колес с дорогой. Сила сцепления прямо пропорциональна весу, приходящемуся на ведущие колеса (сцепному весу) $G_в$, и коэффициенту сцепления $\varphi_х$: $P_{сц} = \varphi_х G_в$.

Если у автомобиля ведущими являются все колеса, то сцепной вес $G_в$ равен весу автомобиля.

Если к ведущим колесам приложена тяговая сила, большая, чем сила сцепления, то ведущие колеса пробуксовывают. Автомобили со всеми ведущими колесами могут реализовать относительно большую по значению силу тяги, поэтому их называют автомобилями повышенной проходимости.

При движении автомобиля непрерывно меняются дорожные условия: тип и состояние покрытия, размер и направление уклонов, сила и направление ветра. Это приводит к изменению скорости и силы тяги автомобиля. Даже в наиболее благоприятных условиях, например на автомагистралях, скорость и тяговая сила редко остаются неизменными в течение продолжительного времени. Максимальная скорость современных автомобилей очень высока и может достигать 200 км/ч и выше. Однако практически двигаться с такой скоростью приходится очень редко, так как скорость транспортного потока ограничивают тихоходные автомобили и автопоезда. Даже в свободных условиях движение с максимальной скоростью требует от водителя большого внимания и мастерства и напряженной работы всех агрегатов и узлов автомобиля. Поэтому на автомагистралях автомобили движутся со скоростями на 15–20 % меньше максимальных.

Разгон автомобиля с максимальным ускорением также довольно редок, так как при этом возникают большие инерционные силы. Они неблагоприятно действуют на водителя и пассажиров и способны сместить груз. Обычно ускорения не превышают 50–80 % от максимального значения и составляют при разгоне 0,5–1,5 м/с². Предельного значения они достигают лишь в редких случаях, например при выходе из опасных ситуаций, при интенсивном обгоне и при резком разгоне, перед преодолением крутого подъема.

Новые автомобили отличаются высокими показателями

тяговой динамичности. Однако при этом в них обязательно совершенствуют другие свойства конструктивной безопасности и прежде всего тормозную динамичность.

### 2.4.4. ТОРМОЗНАЯ ДИНАМИЧНОСТЬ АВТОМОБИЛЯ

Тормозная динамичность характеризует способность автомобиля быстро уменьшать скорость и его готовность к экстренной остановке. Надежная и эффективная тормозная система позволяет водителю уверенно вести автомобиль с большой скоростью и при необходимости остановить его на коротком участке пути.

Современные автомобили имеют четыре тормозные системы: рабочую, запасную, стояночную и вспомогательную. У автомобилей легковых и грузовых малой грузоподъемности в качестве запасной системы используется стояночная тормозная система, а в качестве вспомогательной — двигатель. Грузовые автомобили большой грузоподъемности имеют четыре раздельные тормозные системы. Наиболее важной для управления и безопасности является рабочая тормозная система. С ее помощью осуществляется служебное и экстренное торможение автомобиля.

**Служебным** называют торможение с небольшим замедлением ($1-3$ м/с²). Его применяют для остановки автомобиля в заранее намеченном месте или для плавного снижения скорости.

**Экстренным** называют торможение с большим замедлением, обычно максимальным, доходящим до $7-8$ м/с². Его применяют в опасной обстановке для предотвращения наезда на неожиданно появившееся препятствие.

При торможении автомобиля на его колеса действуют не силы тяги, а тормозные силы $P_{т1}$ и $P_{т2}$, как показано на рис. 2.12. Сила инерции в этом случае направлена в сторону движения автомобиля.

Рассмотрим процесс экстренного торможения.

Водитель, заметив препятствие, оценивает дорожную обстановку, принимает решение о торможении и переносит ногу на тормозную педаль. Время $t_р$, необходимое для этих действий (время реакции водителя), изображено на рис. 2.12 отрезком $AB$. Автомобиль за это время проходит путь $S_р$, не снижая скорости. Затем водитель нажимает на тормозную педаль и давление от главного тормозного цилиндра (или тормозного крана) передается колесным

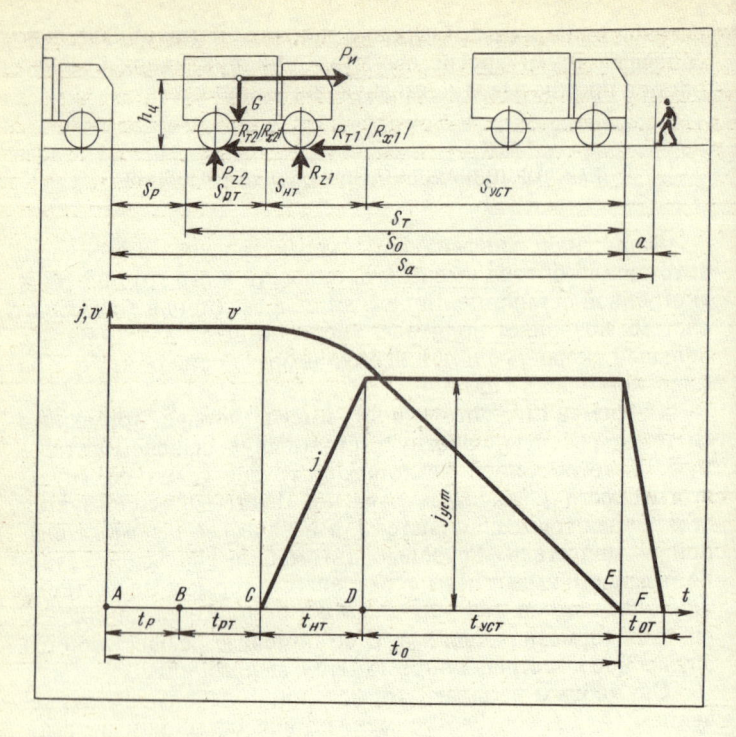

Рис. 2.12. Остановочный и тормозной пути автомобиля

тормозам (время срабатывания тормозного привода $t_{рт}$ — отрезок *BC*).

Время $t_{рт}$ зависит в основном от конструкции тормозного привода. Оно равно в среднем 0,2–0,4 с у автомобилей с гидравлическим приводом и 0,6–0,8 с с пневматическим. У автопоездов с пневматическим тормозным приводом время $t_{рт}$ может достигать 2–3 с. Автомобиль за время $t_{рт}$ проходит путь $S_{рт}$, также не снижая скорости.

По истечении времени $t_{рт}$ тормозная система полностью включена (точка *C*), и скорость автомобиля начинает снижаться. При этом замедление сначала увеличивается (отрезок *CD*, время нарастания тормозной силы $t_{нт}$), а затем остается примерно постоянным (установившимся) и равным $j_{уст}$ (время $t_{уст}$, отрезок *DE*). Длительность периода $t_{нт}$ зависит от массы транспортного средства, типа и состояния дорожного покрытия. Чем больше масса автомобиля и коэффициент сцепления шин с дорогой, тем больше время

$t_{нт}$. Значение этого времени находится в пределах 0,1–0,6 с. За время $t_{нт}$ автомобиль перемещается на расстояние $S_{нт}$, и скорость его несколько снижается.

При движении с установившимся замедлением (время $t_{уст}$, отрезок $DE$), скорость автомобиля за каждую секунду уменьшается на одну и ту же величину. В конце торможения она падает до нуля (точка $E$), и автомобиль, пройдя путь $S_{уст}$, останавливается. Водитель снимает ногу с тормозной педали и происходит оттормаживание (время оттормаживания $t_{от}$, участок $EF$).

Если тормозные силы на всех колесах достигли максимального значения (силы сцепления шин с дорогой), то установившееся замедление $j_{уст} = \varphi_x g$.

Однако под действием силы инерции передний мост при торможении нагружается, а задний, напротив, разгружается. Поэтому реакция на передних колесах $R_{z1}$ увеличивается, а на задних $R_{z2}$ уменьшается. Соответственно изменяются силы сцепления, поэтому у большинства автомобилей полное и одновременное использование сцепления всеми колесами автомобиля наблюдается крайне редко и фактическое замедление меньше максимально возможного. Чтобы учесть снижение замедления, в формулу для определения $j_{уст}$ приходится вводить поправочный *коэффициент эффективности торможения* $K_э$, равный 1,1–1,15 для легковых автомобилей и 1,3–1,5 для грузовых автомобилей и автобусов. На скользких дорогах тормозные силы на всех колесах автомобиля практически одновременно достигают значения силы сцепления. Поэтому при $\varphi_x \leq 0{,}4$ принимают $K_э = 1$ независимо от типа автомобиля. Фактически установившееся замедление $j_{уст} = \varphi_x g / K_э$.

Время движения автомобиля с установившимся замедлением

$$t_{уст} = v/(3{,}6j) = vK_э/(3{,}6g\varphi_x),$$

где 3,6 — переводной коэффициент.

Полное время, необходимое для остановки автомобиля (остановочное время), $t_о = t_р + t_{рт} + t_{нт} + t_{уст} = t_р + t_{рт} + 0{,}5t_{нт} + v/(35\varphi_x)$.

Расстояние, на котором можно остановить автомобиль, движущийся со скоростью $v$ (остановочный путь), $S_о = S_р + S_{рт} + S_{нт} + S_{уст} = (t_р + t_{рт} + 0{,}5t_{нт})\,v/3{,}6 + v^2 K_э/(254\varphi_x)$.

Безопасность можно обеспечить только в том случае, если остановочный путь автомобиля меньше расстояния $S_а$

до препятствия (см. рис. 2.12, *а*) и расстояние *а* равно 0,5–1,0 м.

Чтобы оценить эффективность рабочей тормозной системы, определяют тормозной путь, т. е. расстояние, на которое перемещается автомобиль с момента касания тормозной педали до остановки, $S_\text{т} = (t_\text{рт} + 0{,}5 t_\text{нт})\, v/3{,}6 + v^2 K_\text{э}/(254 \varphi_x)$.

Тормозной путь меньше остановочного, так как за время реакции водителя автомобиль перемещается на значительное расстояние. Остановочный и тормозной пути увеличиваются с ростом скорости и уменьшением коэффициента сцепления. Минимально допустимые значения тормозного пути при начальной скорости 40 км/ч на горизонтальной дороге с сухим, чистым и ровным покрытием нормированы. Они приведены в Правилах дорожного движения.

Эффективность тормозной системы в большой степени зависит от технического состояния тормозной системы и шин. В случае проникновения в тормозную систему масла или воды снижается коэффициент трения между тормозными накладками и барабанами (или дисками), и тормозной момент уменьшается. При износе протекторов шин уменьшается коэффициент сцепления. Это влечет за собой снижение тормозных сил. В эксплуатации часто тормозные силы на правых и левых колесах автомобиля различны, что вызывает его поворот вокруг вертикальной оси. Причинами могут быть различный износ тормозных накладок и барабанов или шин или проникновение в тормозную систему одной стороны автомобиля масла или воды, уменьшающих коэффициент трения и снижающих тормозной момент.

### 2.4.5. УСТОЙЧИВОСТЬ АВТОМОБИЛЯ

Устойчивостью автомобиля называют его свойство сохранять направление движения, противостоять опрокидыванию и поперечному скольжению. Различают продольную и поперечную (курсовую) устойчивость. Более вероятна и опасна потеря поперечной устойчивости.

Курсовой устойчивостью автомобиля называют его свойство двигаться в нужном направлении без корректирующих воздействий со стороны водителя, т. е. при неизменном положении рулевого колеса. Автомобиль с плохой курсовой устойчивостью все время неожиданно меняет направление движения. Это создает угрозу другим транспортным средствам и пешеходам. Водитель, управляя неустойчивым автомобилем, вынужден особенно внимательно следить за дорожной обстановкой и постоянно корректировать движение, чтобы предотвратить выезд за пределы дороги. При длительном управлении таким автомобилем водитель быстро утомляется, повышается возможность ДТП.

Нарушение курсовой устойчивости происходит в результате действия возмущающих сил, например порывов бокового ветра, ударов колес о неровности дороги, а также из-за резкого поворота управляемых колес водителем. Потеря устойчивости может быть вызвана и техническими неисправностями (неправильная регулировка тормозных механизмов, излишний люфт в рулевом управлении или его заклинивание, прокол шины).

Особенно опасна потеря курсовой устойчивости при большой скорости. Автомобиль, изменив направление движения и отклонившись даже на небольшой угол, может через короткое время оказаться на полосе встречного движения. Так, если автомобиль, движущийся со скоростью около 80 км/ч, отклонится от прямолинейного направления всего на 5°, то через 2,5 с он переместится в сторону почти на 1 м и водитель может не успеть вернуть автомобиль на прежнюю полосу.

Часто автомобиль теряет устойчивость при движении по дороге с поперечным уклоном (косогору) и при повороте на горизонтальной дороге. Если автомобиль движется по косогору (рис. 2.13, а), сила тяжести $G$ составляет с поверхностью дороги угол $\beta$ и ее можно разложить на две составляющие: силу $P_1$, параллельную дороге, и силу $P_2$, перпендикулярную ей. Сила $P_1$ стремится сдвинуть автомобиль под уклон и опрокинуть его. Чем больше угол косогора $\beta$, тем больше сила $P_1$, следовательно, тем вероятнее потеря поперечной устойчивости. При повороте автомобиля причиной нарушения устойчивости является центробежная сила $P_ц$ (рис. 2.13, б), направленная от центра поворота и приложенная к центру тяжести автомобиля. Она прямо пропорциональна квадрату скорости автомобиля и обратно пропорциональна радиусу кривизны его траектории.

Поперечному скольжению шин по дороге противодействуют силы сцепления, которые зависят от коэффициента сцепления. На сухих, чистых покрытиях силы сцепления достаточно велики, и автомобиль не теряет устойчивости даже при большой поперечной силе. Если дорога покрыта слоем мокрой грязи или льда, то автомобиль может занести

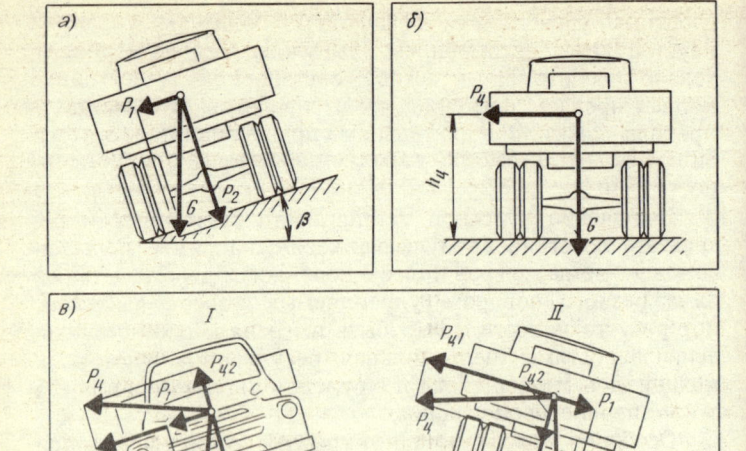

Рис. 2.13. Схема сил, действующих на автомобиль:
*а* — при движении по косогору; *б* — при повороте на горизонтальной дороге; *в* — при повороте на двухскатной дороге

даже в том случае, когда он движется с небольшой скоростью по сравнительно пологой кривой.

Максимальная скорость, с которой можно двигаться по криволинейному участку радиусом $R$ без поперечного скольжения шин,

$$v_{ск} = 11{,}3\sqrt{R\varphi_х}. \qquad (2.2)$$

Так, выполняя поворот на сухом асфальтобетонном покрытии ($\varphi_х = 0{,}7$) при $R = 50$ м, можно двигаться со скоростью около 66 км/ч. Преодолевать тот же поворот после дождя ($\varphi_х = 0{,}3$) без скольжения можно лишь при скорости 40–43 км/ч. Поэтому перед поворотом следует уменьшать скорость тем больше, чем меньше радиус предстоящего поворота.

Формула (2.2) определяет скорость, при которой колеса обоих мостов автомобиля скользят в поперечном направлении одновременно. Такое явление в практике наблюдается редко. Гораздо чаще начинают скользить шины одного из мостов – переднего или заднего. Поперечное скольжение переднего моста возникает редко и к тому же быстро прекращается. В большинстве случаев скользят колеса заднего моста, которые, начав двигаться в поперечном направлении, скользят все быстрее. Такое ускоряющееся поперечное скольжение называется заносом. Для гашения начавшегося заноса нужно повернуть рулевое колесо в сторону заноса. Автомобиль при этом начнет двигаться по более пологой кривой, радиус поворота увеличится, а центробежная сила уменьшится. Поворачивать рулевое колесо нужно плавно и быстро, но не на очень большой угол, чтобы не вызвать заноса в противоположную сторону. Как только занос прекратится, нужно также плавно и быстро вернуть рулевое колесо в нейтральное положение.

Часто занос возникает во время экстренного торможения, когда сцепление шин с дорогой уже использовано для создания тормозных сил. В этом случае следует немедленно прекратить или ослабить торможение и тем самым повысить поперечную устойчивость автомобиля.

Под действием поперечной силы автомобиль может не только скользить по дороге, но и опрокинуться на бок или на крышу. Возможность опрокидывания зависит от положения центра тяжести автомобиля. Чем выше от поверхности дороги находится центр тяжести, тем вероятнее опрокидывание. Особенно часто опрокидываются автобусы, а также грузовые автомобили, занятые на перевозке легковесных, объемных грузов (сено, солома, ящики с табачными или макаронными изделиями, контейнеры) и жидкостей. Под действием поперечной силы рессоры с одной стороны автомобиля сжимаются и кузов его наклоняется, увеличивая опасность опрокидывания.

Максимальная скорость, с которой можно преодолевать поворот без опрокидывания,

$$v_{опр} = 8\eta\sqrt{RB/h_ц}, \qquad (2.3)$$

где $\eta$ — коэффициент, учитывающий поперечный наклон (крен) кузова на подвеске; $\eta \approx 0{,}9$ для легковых автомобилей и $\eta \approx 0{,}8$ для грузовых и автобусов; $B$ — колея автомобиля, м; $h_ц$ — высота центра тяжести (см. рис. 2.13, *б* ), м.

Если по формулам (2.2) и (2.3) подсчитать скорости $v_\text{ск}$ и $v_\text{опр}$, то почти всегда окажется, что $v_\text{ск} < v_\text{опр}$. Следовательно, при одной и той же скорости поперечное скольжение шин и занос более вероятны, чем опрокидывание. Однако это не совсем верно, так как, определяя скорость $v_\text{ск}$, мы считали, что центробежной силе противодействуют только силы сцепления, удерживающие автомобиль. Но, возможно, что пеперечному скольжению автомобиля помешает какое-либо препятствие (неровность дороги, бордюрный камень тротуара и т. д.). В этом случае автомобиль может опрокинуться и без скольжения шин.

Особенно опасным является сочетание криволинейного участка дороги с поперечным уклоном. На рис. 2.13, *в* показаны два автомобиля, движущихся по криволинейному участку: автомобиль *I* – по внешнему краю дороги, а автомобиль *II* – по внутреннему. Разложим силу веса $G$ и центробежную силу $P_\text{ц}$ у каждого автомобиля на два направления: перпендикулярное к дорожному полотну (силы $P_2$ и $P_\text{ц2}$) и параллельное ему (силы $P_1$ и $P_\text{ц1}$). У автомобиля *II* силы $P_2$ и $P_\text{ц2}$ складываются, увеличивая силу сцепления шин с дорогой. Силы же $P_1$ и $P_\text{ц1}$ действуют в противоположных направлениях и частично уравновешивают одна другую. У автомобиля *I*, напротив, сила $P_\text{ц2}$, действуя в направлении, противоположном силе $P_2$, уменьшает силу сцепления шин с дорогой, а силы $P_1$ и $P_\text{ц1}$ складываются, увеличивая возможность нарушения устойчивости автомобиля. Таким образом, на дорогах с двускатной проезжей частью, всегда более опасен левый поворот автомобиля.

Для создания необходимой безопасности движения на дорогах с малым радиусом поворота устраивают односкатный поперечный профиль – вираж. На вираже проезжая часть и обочины имеют поперечный уклон к центру кривой. При наличии виража независимо от направления движения автомобиля составляющие сил $P_\text{ц}$ и $G$ направлены так же, как у автомобиля *II*, и обеспечивают сохранение поперечной устойчивости. Поперечный уклон виража увеличивают при уменьшении радиуса кривой.

### 2.4.6. УПРАВЛЯЕМОСТЬ АВТОМОБИЛЯ

Под управляемостью понимают свойство автомобиля изменять направление движения при воздействии водителя на рулевое управление. Управляемость зависит от многих причин, что не дает возможности оценить ее каким-то одним показателем.

Хорошая управляемость автомобиля обеспечивается, если его конструкция удовлетворяет следующим требованиям:

рулевой привод обеспечивает такое соотношение углов поворота управляемых колес, при котором они катятся без бокового скольжения;

у управляемых колес исключаются произвольные колебания и обеспечивается хорошая стабилизация;

углы увода переднего и заднего мостов находятся в определенном соотношении;

водитель имеет возможность определить силы, действующие на управляемые колеса.

Рассмотрим, как удовлетворяются эти требования у современного автомобиля.

Качение управляемых колес без бокового скольжения шин по дороге при криволинейном движении обеспечивается поворотом правого и левого колес на различные углы. Так, при повороте вправо правое колесо должно быть повернуто на больший угол по сравнению с левым. При левом повороте, наоборот, больше должен быть угол поворота левого колеса. Разница между углами поворота колес тем больше, чем меньше радиус кривой, по которой движется автомобиль.

Нужное соотношение углов поворота обеспечивается работой рулевой трапеции. Если форма трапеции нарушена (изогнута поперечная тяга или поворотный рычаг), то изменится и соотношение углов поворота: колеса начнут проскальзывать по дороге, затрудняя управление автомобилем. Кроме того, резко ускорится изнашивание шин. У легковых автомобилей форма рулевой трапеции может быть нарушена вследствие неправильной регулировки схождения. Регулировать схождение у автомобилей с трапецией, имеющей две боковых тяги, нужно так, чтобы обе тяги имели одинаковую длину. На практике часто схождение регулируют, поворачивая только одну тягу (обычно левую). Это недопустимо, так как при этом трапеция становится несимметричной и правильное соотношение углов поворота колес утрачивается.

Управляемые колеса под воздействием толчков от неровностей дороги постоянно отклоняются от нейтрального положения. Свойство управляемых колес сохранять нейтральное положение и автоматически в него возвращаться называется **стабилизацией**. Автомобиль с хорошей стабилизацией может двигаться прямолинейно, даже если водитель не держит в руках рулевое колесо. При выходе такого автомобиля из поворота управляемые колеса без участия водителя автоматически возвращаются в нейтральное положение.

Стабилизация колес обеспечивается благодаря наклону шкворней (или шкворневых пальцев) поворотных цапф в поперечном и продольном направлениях. При поперечном наклоне шкворня на угол β (рис. 2.14, *а*) уменьшается расстояние *а* между средней плоскостью колеса и осью шкворня (плечо поворота). Уменьшение плеча поворота облегчает управление автомобилем. Кроме того, при повороте колеса вокруг шкворня с поперечным наклоном колесо стремится опуститься ниже поверхности дороги, как показано штриховыми линиями, а так как это невозможно, то поднимается передняя часть автомобиля. При выходе автомобиля из поворота передняя часть автомобиля опускается, облегчая возвращение передних колес в исходное положение.

При продольном наклоне шкворня на угол γ (рис. 2.14, *б*) его ось пересекается с дорогой впереди центра контакта шины на расстоянии *b* (плечо стабилизации). При повороте автомобиля под влиянием центробежной силы $P_ц$ в зонах контакта шины с дорогой возникают поперечные реакции $R_y$. Действуя на плече *b*, эти реакции создают моменты,

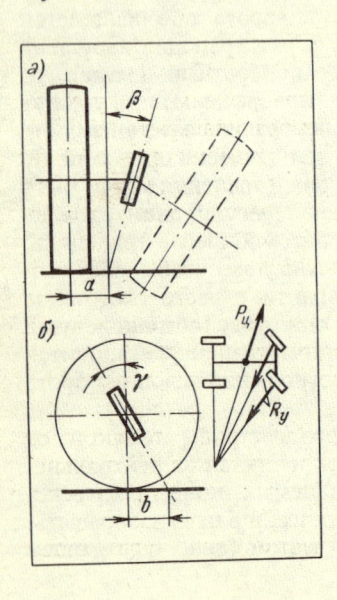

Рис. 2.14. Способы, обеспечивающие стабилизацию колес:
*а* — поперечный наклон шкворня; *б* — продольный наклон шкворня

возвращающие передние колеса в исходное положение при выходе автомобиля из поворота.

При неправильной установке шкворней ухудшается стабилизация и могут возникнуть их колебания. Колебания колес, затрудняющие управление автомобилем, появляются также из-за неуравновешенности (дисбаланса) колес. При вращении неуравновешенного колеса действуют центробежные силы, периодически стремящиеся повернуть колесо в стороны и оторвать его от дороги. При большом дисбалансе колебания колес так велики, что водитель вынужден уменьшить скорость. **Поворачиваемостью автомобиля** называют его свойство изменять направления движения без поворота управляемых колес. Различают шинную и креновую поворачиваемость. Шинная поворачиваемость связана с явлением увода колес (см. рис. 2.10, *г*).

Вследствие увода автомобиль отклоняется от траектории, которая задана ему водителем при повороте управляемых колес. Если у автомобиля угол увода передней оси больше, чем задней, то он движется по кривой большего радиуса (более пологой). Такой автомобиль имеет *недостаточную поворачиваемость*. Он хорошо сохраняет прямолинейное направление движения, т. е. обладает хорошей курсовой устойчивостью. Однако водителю для изменения направления движения автомобиля требуется затратить большее усилие. Если угол увода задней оси больше, чем у передней, то автомобиль при том же угле поворота управляемых колес движется по кривой меньшего радиуса. Он обладает *излишней поворачиваемостью*, легче изменяет направление движения и, как правило, имеет худшую курсовую устойчивость. Шинная поворачиваемость изменяется при изменении нагрузки. В большинстве случаев автомобили в порожнем состоянии имеют недостаточную шинную поворачиваемость, а в нагруженном – излишнюю.

Креновая поворачиваемость связана с конструкцией подвески. Под действием поперечной силы кузов поворачивается в поперечной плоскости и перемещает элементы подвески. Те, в свою очередь, поворачивают в горизонтальной плоскости оси автомобиля так, что он начинает двигаться по криволинейной траектории, хотя управляемые колеса его будут находиться в нейтральном положении. По аналогии с шинной поворачиваемостью креновая поворачиваемость может быть недостаточной или излишней в зависимости от того, угол поворота какой оси в результате крена окажется большим.

Креновая поворачиваемость может либо усиливать,

либо ослаблять шинную поворачиваемость. Причем в различных условиях это влияние может быть различным. Как говорят, "автомобиль перестает слушаться руля". Особое значение имеет привычка водителя к определенному автомобилю, его навык в использовании особенностей управляемости.

Управляемость автомобиля зависит от технического состояния его ходовой части и рулевого управления. Уменьшение давления в одной из шин увеличивает ее сопротивление качению и увод, поэтому автомобиль постоянно отклоняется в сторону шины с меньшим давлением. Увеличенные зазоры в деталях рулевого привода приводят к произвольным колебаниям передних колес. Затрудняет управление автомобилем и лишает водителя обратной связи чрезмерная затяжка пробок продольной тяги, подшипников и рабочей пары рулевого механизма.

### 2.4.7. ИНФОРМАТИВНОСТЬ АВТОМОБИЛЯ

Под информативностью понимают свойство автомобиля обеспечивать необходимой информацией водителя и других участников движения. В любых условиях воспринимаемая водителем информация имеет важнейшее значение для безопасного управления автомобилем. При недостаточной видимости, особенно ночью, информативность среди других эксплуатационных свойств автомобиля оказывает особенное влияние на безопасность движения.

Различают внутреннюю и внешнюю информативность.

*Внутренняя информативность* — это свойство автомобиля обеспечивать водителя информацией о работе агрегатов и механизмов. Она зависит от конструкции панели приборов, устройств, обеспечивающих обзорность, рукояток, педалей и кнопок управления автомобилем.

Расположение приборов на панели и их устройство должны позволять водителю тратить минимальное время для наблюдения за показаниями приборов. Педали, рукоятки, кнопки и клавиши управления должны быть расположены так, чтобы водитель легко их находил, особенно ночью.

Обзорность зависит в основном от размера окон и стеклоочистителей, ширины и расположения стоек кабины, конструкции стеклоомывателей, системы обдува и обогрева стекол, расположения и конструкции зеркал заднего вида. Обзорность также зависит от удобства сиденья.

*Внешняя информативность* — это свойство автомобиля информировать других участников движения о своем положении на дороге и намерениях водителя по изменению направления и скорости движения. Она зависит от размеров, формы и окраски кузова, расположения световозвращателей, внешней световой сигнализации, звукового сигнала.

Грузовые автомобили средней и большой грузоподъемности, автопоезда, автобусы благодаря своим габаритам более заметны и лучше различимы, чем легковые автомобили и мотоциклы. Автомобили, окрашенные в темные цвета (черный, серый, зеленый, синий), из-за трудностей их различения в 2 раза чаще попадают в ДТП, чем окрашенные в светлые и яркие цвета.

Система внешней световой сигнализации должна отличаться надежностью работы и обеспечивать однозначное толкование сигналов участниками дорожного движения в любых условиях видимости. Фары ближнего и дальнего света, а также другие дополнительные фары (прожектор, противотуманные) улучшают внутреннюю и внешнюю информативность автомобиля при движении ночью и в других условиях ограниченной видимости.

## Контрольные вопросы

1. Какие эксплуатационные свойства автомобиля определяют его конструктивную безопасность? Какими элементами конструкции автомобиля обеспечивается каждое из этих свойств?
2. Как влияют компоновочные параметры на безопасное управление автомобилем?
3. Какие силы действуют на автомобиль при прямолинейном движении? Как должен учитывать водитель взаимодействие этих сил при управлении автомобилем?
4. Что характеризуют остановочный и тормозной пути автомобиля? От каких факторов они зависят?
5. Какие силы действуют на автомобиль при движении по криволинейным участкам дороги? Как эти силы влияют на устойчивость движения автомобиля?
6. От каких факторов зависит возможность заноса и опрокидывания автомобиля? Как должен действовать водитель в случае начавшегося заноса?
7. Что называют управляемостью автомобиля? Какие требования конструкции обеспечивают хорошую управляемость автомобиля?
8. Как влияют увод колес и крен кузова на поворачиваемость автомобиля?
9. Что называют информативностью автомобиля? От чего зависит каждый из видов информативности автомобиля?

## Глава 2.5. ТЕХНИКА ПОЛЬЗОВАНИЯ ОРГАНАМИ УПРАВЛЕНИЯ

### 2.5.1. РАБОЧЕЕ МЕСТО ВОДИТЕЛЯ

От подготовки автомобиля к рейсу во многом зависят своевременность выполнения задания на перевозку и безопасность движения. Возникшая в пути неисправность бывает причиной не только длительного простоя, но и ДТП. Перед выездом в рейс особое внимание должно быть уделено проверке технического состояния механизмов автомобиля, от которых зависит безопасность движения.

Необходимо убедиться в полной исправности тормозной системы, рулевого управления, шин, приборов освещения и сигнализации, стеклоочистителей, зеркал заднего вида, спидометра, ремней безопасности и др. Тщательная подготовка автомобиля намного снижает вероятность неисправности, однако полностью застраховаться от нее нельзя. Поэтому перед рейсом нужно проверить комплектность и исправность водительского инструмента. Желательно иметь в пути небольшой комплект запасных частей (ремень вентилятора, камеру, свечи зажигания, лампочки приборов освещения). Нельзя забывать аптечку, огнетушитель, знак аварийной остановки и буксирный трос.

Физическое и психическое состояние водителя во многом зависит от оборудования его рабочего места – кабины автомобиля. Ее нужно содержать в исправном состоянии, поддерживать нормальную температуру, постоянный воздухообмен, принимать меры для обеспечения низкого уровня шума и вибраций.

Исправная работа приборов и оборудования не отвлекает водителя от наблюдения за дорогой. Не следует загромождать кабину предметами, которые мешают управлению автомобилем. Перемещаясь во время движения по полу кабины, они могут попасть под педали управления и нарушить их работу.

Правильная посадка водителя в кабине обеспечивает наименьшую усталость и хорошую видимость дороги. Если

Рис. 2.15. Посадка водителя в кабине автомобиля

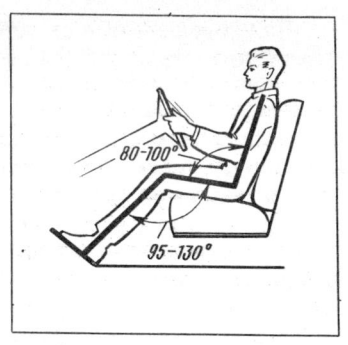

вскоре после начала движения водитель ерзает, меняет положение тела, сиденье и его спинка отрегулированы неправильно.

Сиденье нужно отрегулировать так, чтобы ноги можно было свободно поставить на педали, не вытягивая и не сгибая их в коленях. Спина должна удобно опираться на спинку, руки на рулевом колесе должны быть слегка согнуты в локтях (рис. 2.15). Правильность посадки определяется, кроме того, углами между корпусом и бедром (80—100°) и бедром и голенью (95—130°). Во время движения правая нога находится на педали управления дроссельной заслонкой, левая опирается на пол слева от педали сцепления.

Если сиденье расположено слишком далеко от органов управления, водитель вынужден подтягиваться вперед, держась за рулевое колесо. При этом спина его отрывается от опоры, и мышцы ее все время напряжены. Если сиденье выдвинуто слишком далеко вперед, водитель сильно сгибает руки и ноги. Это мешает свободно пользоваться органами управления. Стремление водителя принять удобную позу, не прибегая к регулировке сиденья, ведет к преждевременному утомлению.

Приняв правильную позу, водитель регулирует ремни безопасности таким образом, чтобы под пристегнутый ремень на уровне груди входила ладонь. Отрегулировав ремни, нужно проверить, насколько удобно пользоваться переключателями на приборном щитке и рычагом коробки передач. Если конструкцией предусмотрена регулировка положения рычага переключения передач по высоте, а также подголовника, нужно этим воспользоваться. Подголовник устанавливают так, чтобы он препятствовал перемещению головы назад и упирался средней частью в затылок.

Для хорошего обзора дороги позади автомобиля нужно отрегулировать положение зеркал заднего вида (рис. 2.16). Внутреннее зеркало устанавливают так, чтобы в его правой части был виден правый край заднего окна. В правой части внешнего зеркала должен быть виден кончик ручки задней дверки легкового автомобиля или верхняя часть заднего колеса грузового. При движении автомобиля можно проверить правильность регулировки, наблюдая за опережающим слева автомобилем: как только его отражение начнет исчезать из внутреннего зеркала, оно тут же должно появиться во внешнем.

Рулевое колесо следует держать двумя руками. Правильное положение рук соответствует положению стрелок часов "без четверти три" (рис. 2.17). В зависимости от роста водителя и регулировки сиденья допустимы положения "без десяти минут два" или "без десяти минут четыре". Такие положения рук на рулевом колесе обеспечивают наибольшую точность управляющих действий.

Не следует держать руки в положении "без пяти минут час", так как это ограничивает угол поворота рулевого колеса и уменьшает точность действий. Рулевое колесо нужно держать свободно, позволяя автомобилю сохранять заданное направление. Только в случае крайней необходимости рулевое колесо нужно держать очень крепко (при движении по неровным дорогам, обледенелым участкам и др.). При поворотах рулевое колесо нужно тянуть вниз (вправо или влево), а не толкать его вверх.

При переключении передач, включении и выключении указателей поворота, при торможении стояночным тормозом и в других случаях автомобилем управляют одной рукой. В этом случае рулевое колесо нужно удерживать крепче обычного. При движении задним ходом левую руку устанавливают в положение "12 часов", правая рука может опираться на спинку соседнего сиденья, а туловище и корпус поворачивают вправо назад так, чтобы наблюдать за дорогой позади автомобиля. Однако не следует забывать, что точность управляющих действий одной рукой ниже, чем двумя.

Скорость поворота рулевого колеса должна соизмеряться со скоростью движения автомобиля. В обычных условиях рулевое колесо надо поворачивать плавно.

Педаль управления дроссельной заслонкой необходимо нажимать передней частью стопы, опираясь на каблук, а педали сцепления и тормоза – средней частью стопы. На педаль сцепления нажимают быстро, но не резко, а отпуска-

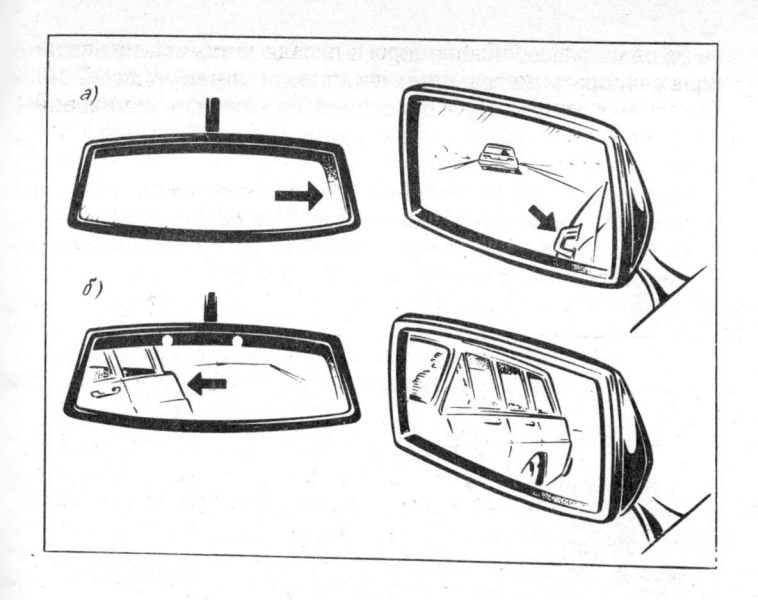

Рис. 2.16. Правильная регулировка зеркал заднего вида:
*а* — положение отрегулированных зеркал; *б* — проверка правильности регулировки

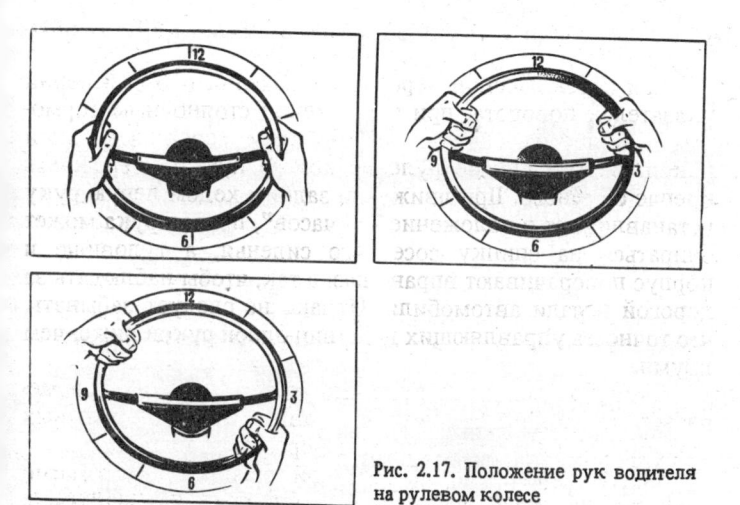

Рис. 2.17. Положение рук водителя на рулевом колесе

ют ее плавно, особенно в конце рабочего хода, что обеспечивает плавное нарастание момента двигателя, передаваемого ведущим колесам. Резкое отпускание педали сцепления приводит к тому, что автомобиль начинает двигаться рывками или останавливается двигатель.

При служебном торможении на тормозную педаль нажимают плавно, особенно во второй половине ее рабочего хода, так как в это время происходит интенсивное торможение. Отпускают тормозную педаль быстро.

### 2.5.2. ПУСК И ОСТАНОВКА ДВИГАТЕЛЯ

Перед пуском двигателя необходимо проверить уровень масла в картере, топлива в баке и охлаждающей жидкости в радиаторе, а также включить аккумуляторную батарею в сеть, проверив наличие тока (включить фары или звуковой сигнал), кроме того, нужно затянуть стояночный тормоз и поставить рычаг переключения передач в нейтральное положение.

Последовательность операций при пуске двигателя зависит от его теплового состояния.

В зависимости от технического состояния аккумуляторной батареи карбюраторный двигатель пускают либо стартером, либо пусковой рукояткой. Прогретый карбюраторный двигатель пускают стартером при открытой воздушной заслонке карбюратора. Стартер нужно включать не более 3 раз на 8–10 с с интервалами 15–20 с. После пуска двигателю нужно дать несколько секунд поработать, добиваясь устойчивой работы при малой и средней частотах вращения коленчатого вала. Затем начинают движение автомобиля.

Для пуска прогретого дизеля предварительно включают подачу топлива. Как только двигатель начнет устойчиво работать, включатель стартера отпускают. Начинать движение можно после прогрева двигателя до 70 °С.

Холодные карбюраторные двигатели надежно пускаются при температуре окружающего воздуха до –15 °С, дизели – до –5 °С. Если температура воздуха ниже указанных значений, двигатель нужно предварительно подогреть или применить специальные средства облегчения пуска.

Холодный карбюраторный двигатель при температуре ниже, чем –15 °С пускают в такой последовательности:

подкачивают бензин в поплавковую камеру карбюратора;

закрывают жалюзи радиатора;

прикрывают до упора воздушную заслонку карбюратора;

пусковой рукояткой проворачивают коленчатый вал на 10–12 оборотов;

выключают сцепление;

включают зажигание;

включают стартер не более, чем на 10 с.

Если коленчатый вал проворачивается трудно, надо вновь провернуть его пусковой рукояткой.

После того как двигатель начал работать, следует утопить кнопку воздушной заслонки на 1/4–1/3 ее хода до положения, обеспечивающего устойчивую работу двигателя, и дать ему поработать в течение 1–3 мин. Затем надо увеличить частоту вращения коленчатого вала до средней и продолжать прогрев до температуры охлаждающей жидкости 40–50 °С, постепенно утапливая кнопку воздушной заслонки.

Холодный дизель при температуре до −5 °С следует пускать в такой последовательности:

заполнить систему питания топливом, удаляя одновременно из системы воздух прокачкой ее ручным или подкачивающим насосом;

включить маслозакачивающий насос и создать требуемое давление в системе смазки;

установить рукоятку ручной подачи топлива в положение, при котором подача отключена;

установить скобу регулятора в положение включенной подачи топлива;

нажать на педаль подачи топлива на 1/3–1/2 ее полного хода;

включить стартер на 10–15 с (не более). Если дизель не начал работать с первой попытки, пуск повторить, но не более 3 раз;

прогреть дизель сначала в течение 2–3 мин при частоте вращения коленчатого вала 600–800 мин$^{-1}$, затем при 1000–1200 мин$^{-1}$ до температуры охлаждающей жидкости и масла 40–50 °С.

При более низкой температуре пуск карбюраторных двигателей и дизелей затруднен из-за повышения вязкости моторного масла, ухудшения испарения и распыления топлива, а также из-за уменьшения емкости аккумуляторной батареи. Основными средствами, обеспечивающими пуск двигателя при низких температурах, являются:

предварительный разогрев двигателя перед пуском;

применение специальных сортов масел и дизельного топлива;

установка на автомобиль перед пуском полностью заряженной теплой аккумуляторной батареи;

применение специальных пусковых приспособлений и жидкостей для облегчения пуска двигателя без предварительного разогрева.

Для остановки карбюраторного двигателя выключают зажигание, а дизеля – прекращают подачу топлива. Перед остановкой дизеля он должен поработать 3–4 мин без нагрузки при средней частоте вращения коленчатого вала. Непосредственно перед остановкой двигателя частоту вращения коленчатого вала доводят до минимальной.

### 2.5.3. ТРОГАНИЕ АВТОМОБИЛЯ С МЕСТА

При трогании автомобиля с места необходимо преодолеть силы сопротивления качению, подъему и инерции. Для этого требуется сила тяги, в несколько раз большая, чем при установившемся движении. Поэтому трогание груженого автомобиля производят на первой передаче, а незагруженного – на второй.

Трогание автомобиля с места на сухой ровной твердой дороге производят в такой последовательности:

включают указатель поворота;

выключают сцепление;

включают первую или вторую передачу;

незначительно увеличивают частоту вращения коленчатого вала;

выключают стояночный тормоз;

медленно включают сцепление до момента, когда автомобиль сдвинется с места. При этом частота вращения коленчатого вала начинает уменьшаться. Удерживая педаль сцепления в этом положении, несколько увеличивают частоту вращения коленчатого вала;

после начала движения автомобиля продолжают плавно отпускать педаль сцепления до конца, затем снимают ногу с педали. При трогании автомобиля на мягком грунте, в песке, в снегу, на подъеме необходимо при включении сцепления устанавливать повышенную частоту вращения коленчатого вала тем большую, чем больше сопротивление грунта, подъем или загрузка автомобиля. На скользких дорогах при трогании устанавливают наименьшую частоту вращения коленчатого вала.

При резком включении сцепления и большой частоте вращения коленчатого вала возникает сильный рывок автомобиля, а на скользкой дороге пробуксовка колес.

Резкое включение сцепления при малой частоте вращения коленчатого вала приводит к остановке двигателя.

Чтобы не скатиться назад при трогании автомобиля на подъеме следует: выжать педаль сцепления; включить первую передачу; медленно отпустить педаль сцепления и одновременно увеличить частоту вращения коленчатого вала. В момент, когда сцепление должно начать включаться (при правильной регулировке примерно на половине хода педали), плавно отпускают стояночный тормоз, увеличивают подачу топлива и полностью отпускают педаль сцепления. Если двигатель остановился, автомобиль затормаживают стояночным тормозом, после чего вновь начинают трогание. Если автомобиль начинает скатываться, его немедленно затормаживают любым тормозом, затем затягивают стояночный тормоз.

### 2.5.4. ПЕРЕКЛЮЧЕНИЕ ПЕРЕДАЧ

Начав движение, водитель должен стремиться перейти на высшую передачу на возможно более коротком отрезке пути. Движение на низшей передаче происходит редко, когда автомобилю требуется большая сила тяги, например, на подъеме или в условиях бездорожья, а также когда необходимо двигаться очень медленно. Длительное движение на низших передачах приводит к перерасходу топлива, перегреву двигателя, интенсивному изнашиванию деталей двигателя и трансмиссии.

Разгон автомобиля до скорости, позволяющей двигаться на высшей передаче, выполняют последовательным переключением передач в восходящем порядке. На каждой передаче автомобиль разгоняют до такой скорости, при которой на очередной передаче двигатель будет работать без перегрузки. Поспешный переход на более высокую передачу увеличивает время и путь разгона и приводит к работе двигателя с перегрузкой. Признаками перегрузки являются характерный дребезжащий шум в трансмиссии, движение автомобиля рывками, остановка двигателя.

На автомобиле с синхронизаторами в коробке передач передачи с низшей на высшую можно переключать с одинарным выключением сцепления. При этом придерживаются такого порядка:

разгоняют автомобиль;

выключают сцепление, одновременно отпуская педаль управления дроссельной заслонкой;

переводят рычаг переключения передач в положение очередной высшей передачи;

плавно отпускают педаль сцепления, одновременно увеличивая частоту вращения коленчатого вала.

Переключение передач в восходящем порядке на автомобиле без синхронизаторов в коробке передач производится с двойным выключением сцепления в следующем порядке:

выключают сцепление, одновременно отпуская педаль управления дроссельной заслонки:

переводят рычаг переключения передач в нейтральное положение;

отпускают педаль сцепления и вновь выжимают ее;

включают очередную передачу;

плавно отпускают педаль сцепления, одновременно увеличивая частоту вращения коленчатого вала.

Двойное выключение сцепления лучше уравнивает окружные скорости зацепляемых шестерен или муфт. Переключать передачи любым из способов следует в таком темпе, чтобы не уменьшилась скорость движения автомобиля. Это особенно важно на дорогах с большим сопротивлением. Переход с высшей на низшую передачу на автомобиле с синхронизаторами в коробке передач может производиться с одинарным выключением сцепления. При этом придерживаются такой последовательности:

отпускают педаль управления дроссельной заслонкой и быстро выключают сцепление;

переводят рычаг в положение очередной низшей передачи;

увеличивая частоту вращения коленчатого вала, плавно включают сцепление.

Переключение передач в нисходящем порядке на автомобиле, не имеющем синхронизаторов в коробке передач, производят с двойным выключением сцепления и промежуточной подачей топлива (перегазовкой) в следующем порядке:

отпускают педаль управления дроссельной заслонкой и быстро выключают сцепление;

переводят рычаг переключения передач в нейтральное положение;

быстро включают сцепление;

резко увеличивают частоту вращения коленчатого вала;

прекратив нажатие на педаль управления дроссельной заслонки, быстро выключают сцепление;

переводят рычаг в положение очередной передачи;

увеличивая частоту вращения коленчатого вала, плавно включают сцепление.

Синхронизаторы устанавливают почти на всех грузовых автомобилях и тягачах автопоездов. Однако, несмотря на это, рекомендуется и на них при переключении с высшей на низшую передачу применять двойное выключение сцепления. Это повышает долговечность синхронизаторов. Первая передача на многих автомобилях синхронизатора не имеет, и включать ее обязательно нужно с двойным выключением сцепления, а лучше всего после остановки автомобиля. Передачу для движения задним ходом включают только после остановки автомобиля.

На некоторых грузовых автомобилях, например на автомобилях КамАЗ, установлена коробка передач с повышающим (передним) делителем. Она содержит десять передач для движения вперед и две – назад, что намного улучшает ходовые качества автомобиля, особенно при движении в тяжелых дорожных условиях.

При движении автомобиля делитель переключают в таком порядке:

ставят кнопку переключателя делителя в верхнее или нижнее положение;

прекращают подачу топлива;

выключают сцепление и удерживают его в этом положении в течение 0,5– 1,0 с;

включают сцепление и увеличивают подачу топлива.

Делитель можно переключать одновременно с переключением передачи, для чего:

ставят кнопку переключателя делителя в верхнее или нижнее положение;

отпускают педаль управления дроссельной заслонкой;
выключают сцепление;
включают нужную передачу;
включают сцепление, увеличивая подачу топлива.

При разгоне автомобиля, имеющего коробку передач с делителем, рекомендуется такая последовательность переключения:

включить первую передачу при нахождении кнопки переключения делителя в верхнем положении;

последовательно переключить на вторую и третью передачи, не меняя положения кнопки переключателя делителя;

перейти на четвертую передачу с одновременным переключением кнопки делителя в нижнее положение;

переключить кнопку делителя в верхнее положение;

перейти на пятую передачу с одновременным переключением кнопки делителя в нижнее положение;

переключить кнопку делителя в верхнее положение.

В тяжелых дорожных условиях или при движении с груженым прицепом разгон с первой до четвертой передачи выполняют при нахождении кнопки делителя в нижнем положении, движение на четвертой и пятой передачах осуществляется с попеременным переключением кнопки делителя в верхнее или нижнее положение в зависимости от условий движения.

### 2.5.5. ТОРМОЖЕНИЕ АВТОМОБИЛЯ

Во всех случаях, кроме аварийных, торможение должно выполняться плавно. Причем чем выше скорость автомобиля и хуже сцепление колес с дорогой, тем оно должно быть более плавным. Нужно избегать торможения на поворотах, особенно автомобилей с высокорасположенным грузом, при неодинаковом сцеплении колес правой и левой сторон, при движении с боковым креном. Экстренное торможение связано с риском, однако бывает, что обойтись без него невозможно. Применяя его, водитель должен наблюдать за траекторией движения автомобиля. При начавшемся заносе следует отпускать тормозную педаль.

Служебное торможение применяют гораздо чаще, чем экстренное. При этом действующие на водителя, пассажиров и груз силы инерции значительно меньше, чем при экстренном торможении, и почти исключается возможность блокировки колес.

Эффективным средством снижения скорости является торможение двигателем. Если двигатель не отъединен от трансмиссии и педаль управления дроссельной заслонкой частично или полностью отпущена, то кинетическая энергия автомобиля расходуется на трение в трансмиссии и в двигателе, а также на сжатие газов в цилиндрах. Эти сопротивления создают тормозной момент и тормозную силу на ведущих колесах автомобиля.

Торможение двигателем используют при движении автомобиля под уклон, причем этот метод торможения в таких условиях является наиболее безопасным для большинства автомобилей и автопоездов. Благодаря дифференциалу тормозные моменты на левых и правых колесах равны между собой, что исключает занос автомобиля. По этой же причине служебное торможение на скользких и мокрых дорогах целесообразно выполнять комбинированным способом — воздействием на педаль рабочего тормоза без выключения сцепления. Такой способ особенно эффективен при включенной высокой передаче (третьей — пятой), причем лишь при сравнительно небольшом нажатии на тормозную педаль. На низших передачах и при значительном нажатии на педаль эффективность торможения снижается из-за больших инерционных сил в двигателе.

На дорогах со скользким покрытием можно применять прерывистое торможение, периодически нажимая на тормозную педаль и быстро ее отпуская. При необходимости остановиться на ограниченном по протяженности участке эффективным, особенно для грузовых автомобилей и автопоездов, является ступенчатое торможение, при котором сила нажатия на тормозную педаль увеличивается по мере снижения скорости. Если при таком способе торможения используют двигатель, сцепление выключают непосредственно перед остановкой автомобиля.

На некоторых автомобилях (КамАЗ, „Урал", ЗИЛ) устанавливают специальный вспомогательный тормоз, который обеспечивает безопасное торможение на спусках. Он используется обычно в сочетании с низшими передачами и другими тормозными системами. Выключать сцепление и переключать передачи при включенном вспомогательном тормозе нельзя. Если необходимо переключить передачу, вспомогательный тормоз выключают.

Останавливают автомобиль независимо от способа торможения (кроме экстренного в аварийных ситуациях) после снижения скорости до минимального значения нажатием на педаль рабочего тормоза при выключенной передаче. Во избежание самопроизвольного движения автомобиль затормаживают стояночным тормозом, а после остановки двигателя включают одну из низших передач.

### 2.5.6. ПОВОРОТ АВТОМОБИЛЯ

При повороте автомобиль испытывает действие центробежной силы, поэтому важнейшим условием безопасного поворота является правильный выбор скорости. Чем хуже сцепление колес с дорогой, больше вес автомобиля, выше расположен груз и меньше радиус поворота, тем меньшей должна быть скорость движения автомобиля.

Приближаясь к закруглению дороги или выбранному месту для поворота, водитель должен заблаговременно снизить скорость. Перед поворотом не следует смотреть на дорогу непосредственно перед автомобилем, а нужно стараться увидеть конец поворота или более отдаленный видимый участок дороги. Тогда водитель сможет точнее оценить крутизну поворота, раньше увидит встречное транспортное средство или препятствие, определит наиболее удобную и безопасную траекторию движения автомобиля.

При движении на повороте нужно избегать торможения, переключения передач, резкого увеличения подачи топлива.

Перед началом закругления (поворота) нужно предварительно снизить скорость. Рулевое колесо следует поворачивать плавно, без рывков. По мере уменьшения кривизны траектории постепенно увеличивают частоту вращения коленчатого вала, плавно возвращая рулевое колесо в исходное положение.

Автомобиль удерживают на заданной траектории или изменяют траекторию его движения с помощью рулевого колеса. При повороте автомобиля на небольшой угол для корректировки траектории движения при незначительных отклонениях автомобиля водитель перемещает рулевое колесо, не отпуская его, одной рукой или одновременно двумя руками. Возвращать рулевое колесо в нейтральное положение после выполнения поворота водитель должен, не ожидая его возвращения за счет стабилизирующих сил. При нарушении регулировки углов установки колес, а также в случаях чрезмерной затяжки деталей рулевого механизма, управляемые колеса могут не повернуться в исходное положение.

Поворачивать рулевое колесо при неподвижном автомобиле нежелательно, так как это приводит к износу сопряжений рулевого управления и шин. Для поворота управляемых колес автомобилю следует придать хотя бы небольшое поступательное движение вперед или назад.

### Контрольные вопросы

1. Перечислите основные требования к оборудованию и содержанию рабочего места водителя.
2. Как и для чего необходимо регулировать сиденье, ремни безопасности и зеркала заднего вида?
3. Каков порядок пуска, прогрева и остановки двигателя?

4. Какова последовательность действий водителя при трогании автомобиля с места?

5. Какова последовательность действий водителя при переключении передач в восходящем и нисходящем порядке?

6. Укажите основные приемы управления тормозной системой при служебном и экстренном торможении.

7. Назовите основные приемы управления рулевым колесом при маневрировании.

### Глава 2.6. УПРАВЛЕНИЕ АВТОМОБИЛЕМ В ОГРАНИЧЕННОМ ПРОСТРАНСТВЕ И ТРАНСПОРТНОМ ПОТОКЕ. ОСОБЕННОСТИ УПРАВЛЕНИЯ АВТОМОБИЛЕМ В НАСЕЛЕННЫХ ПУНКТАХ

#### 2.6.1. ПОНЯТИЕ О ДИНАМИЧЕСКОМ ГАБАРИТЕ АВТОМОБИЛЯ

Под воздействием ударов колес о неровности дороги, поперечного уклона или бокового ветра автомобиль отклоняется от заданного направления, и водитель практически непрерывно корректирует траекторию его движения. Даже на строго прямолинейных участках дороги автомобиль движется не прямолинейно, а по кривым больших радиусов. Размер полосы, необходимой для его движения, – *динамический габарит* (коридор) превышает его габаритную ширину.

Ширина динамического габарита зависит от скорости движения и способности водителя своевременно оценить отклонения автомобиля. При скорости 35 км/ч динамический габарит превышает габаритную ширину автомобиля на 35–45 %, а при скорости 70 км/ч – на 60–70 %. У грузовых автомобилей и особенно автопоездов динамический габарит значительно превышает ширину полосы, предусмотренную Строительными нормами и Правилами. Поэтому водители часто вынуждены вести автомобиль с меньшей скоростью, чем позволяют его технические возможности.

У автомобилей с большой габаритной высотой могут возникать значительные поперечные колебания, которые также растут с увеличением скорости. Это может привести к задеванию столбов, мачт, вертикальных поверхностей других сооружений, а также к опрокидыванию транспортного средства. Под действием боковых возмущений может нарушаться курсовая устойчивость автомобиля, особенно на скользких участках дорог. Динамический габарит увеличивается заметнее у автомобилей, имеющих излишнюю поворачиваемость. Следовательно, у груженого автомобиля он больше, чем у порожнего. Поэтому для удержания груженого автомобиля на заданной траектории движения водителю приходится испытывать более высокие физичес-

Рис. 2.18. Динамический габарит автомобиля при повороте

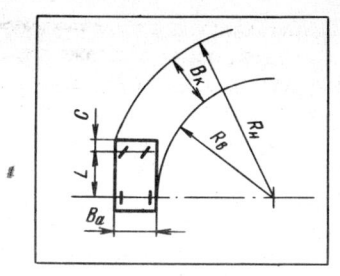

кие и психологические нагрузки. При неблагоприятных условиях из-за значительного увеличения динамического габарита возможны столкновения с попутными и встречными транспортными средствами, наезд на пешеходов или съезд за пределы проезжей части дороги.

Динамический коридор автомобиля заметно растет при криволинейном движении. Его ширина $B_к$ равна разности наружного и внешнего радиусов ($R_н$ и $R_в$) и зависит от базы автомобиля $L$, размера переднего свеса $С$ и ширины автомобиля $B_а$ (рис. 2.18). Большинство грузовых автомобилей при повороте управляемых колес на максимальный угол занимает полосу, превышающую габаритную ширину в 1,3–1,5 раза, а автобус Икарус-260 – в 2,24 раза.

Такое увеличение динамического габарита повышает опасность движения и взаимодействия транспортных средств на криволинейных участках дорог и затрудняет маневрирование их на участках с ограниченными размерами.

### 2.6.2. МАНЕВРИРОВАНИЕ АВТОМОБИЛЯ В ОГРАНИЧЕННОМ ПРОСТРАНСТВЕ

Чтобы уверенно управлять автомобилем на участках с ограниченными размерами, водитель должен чувствовать габариты своего автомобиля, представлять себе, как перемещаются крайние его точки на повороте, оценивать его динамический коридор и траектории движения передних и задних колес. Это достигается многократными тренировками. Наиболее трудно водителю со своего места определять положение крайних габаритных по ширине точек автомобиля и передних колес. Эти навыки необходимо развивать уже с первых занятий по вождению. Водитель заблаговременно выбирает хорошо видимые ему ориентиры на автомобиле (изгиб облицовки, капота или крыла, царапины на передней части автомобиля) и наблюдает за их положением относительно края проезжей части, тротуара, линии разметки и других элементов дороги. С помощью этих ориентиров он следит за автомобилем при выезде с места стоянки, при проезде по колейным мостикам и при остановке.

Для проезда ворот (тоннеля) водитель должен придерживаться следующих правил:

перед началом въезда автомобиль должен быть установлен строго перпендикулярно воротам, особенно при движении задним ходом;

скорость движения должна быть минимальной;

во время движения автомобиль ориентируют прежде всего по его левой стороне, которую водитель лучше воспринимает;

если автомобиль начал отклоняться, необходимо немедлено и плавно начинать корректировать его движение;

при движении задним ходом нужно следить за передней частью автомобиля, которая при повороте рулевого колеса отклоняется от оси движения в сторону, противоположную направлению поворота рулевого колеса.

Эти же правила нужно выполнять при постановке автомобиля в бокс, а также при подаче автомобиля к погрузочной площадке.

Разворачивать автомобиль на дорогах и площадках нужно без применения заднего хода при минимальной скорости движения. На узких проездах в начале разворота рулевое колесо поворачивают как можно быстрее до упора и только перед завершением разворота колеса быстро возвращают в нейтральное положение. Если ширина проезжей части или площадки меньше двух минимальных радиусов поворота автомобиля, разворот выполняют с применением заднего хода. Его начинают из крайнего положения быстрым поворотом рулевого колеса влево до упора при минимальной скорости (рис. 2.19). Перед остановкой рулевое колесо быстро поворачивают вправо с таким расчетом, чтобы в момент остановки автомобиля колеса были расположены прямо. В начале движения задним ходом водитель продолжает быстро поворачивать рулевое колесо вправо до отказа.

*Движение задним ходом* возможно с небольшой скоростью. Однако несмотря на это иногда происходят наезды

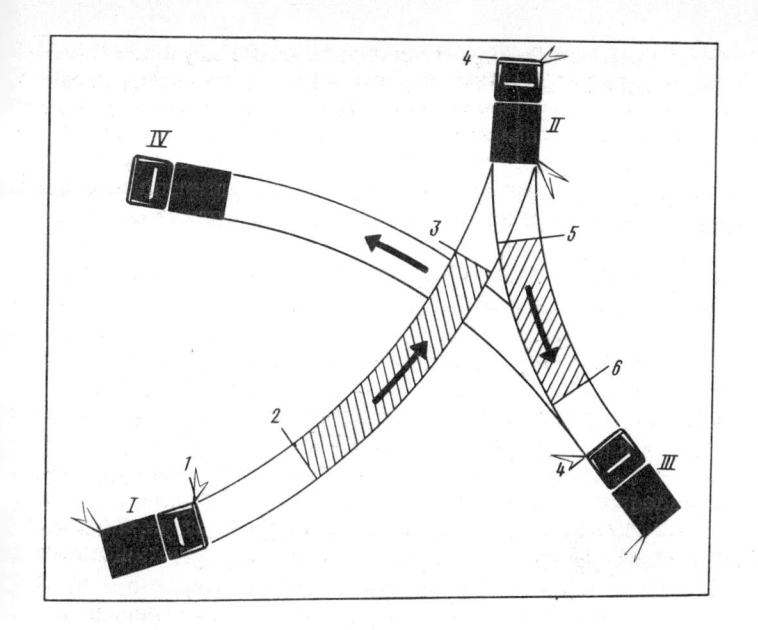

**Рис. 2.19. Схема разворота автомобиля с применением заднего хода:**

*1* — начало поворота рулевого колеса налево; *2* — рулевое колесо повернуто налево до отказа; *3* — начало поворота рулевого колеса направо; *4* — передние колеса направлены прямо; *5* — рулевое колесо повернуто направо до отказа; *6* — начало поворота рулевого колеса налево; *I—IV* — крайние положения автомобиля при выполнении маневра ( на заштрихованных участках автомобиль движется с полностью повернутыми колесами)

на людей и столкновения. Чаще всего аварийная ситуация возникает из-за неумения водителя распределять внимание при движении задним ходом, поэтому он не замечает объекта, представляющего собой опасность.

Приобретение навыков распределения внимания и управления автомобилем при движении задним ходом достигается специальными тренировками. При отсутствии опыта предупредить ошибку можно частыми перемещениями взгляда, снижением до минимума скорости движения и готовностью быстро остановить автомобиль. Никогда не окажется лишней дополнительная мера предосторожности, рекомендуемая Правилами, т.е. корректировка движения автомобиля помощником. Такая мера необходима, например, при выезде из двора на улицу с интенсивным движением и в других местах с ограниченной обзорностью. Всегда перед началом движения задним ходом нужно внимательно осмотреть дорогу вокруг автомобиля.

### 2.6.3. МЕТОДЫ ВОЖДЕНИЯ АВТОМОБИЛЯ В ПЛОТНЫХ ТРАНСПОРТНЫХ ПОТОКАХ

На дороге, свободной от транспортных средств, водитель устанавливает скорость движения автомобиля в зависимости от характеристик дороги (ширины и числа полос, профиля, качества и состояния дорожного покрытия), условий видимости и установленных Правилами ограничений. В транспортном потоке часто одно транспортное средство с ограниченной дистанцией движется за другим, причем условия для маневрирования бывают крайне стесненными. Здесь водитель лишен возможности выбирать скорость движения. Как у большинства других транспортных средств, она устанавливается под влиянием скоростного режима всего потока и прежде всего головного автомобиля-лидера. Попытка обогнать или опередить транспортные средства может создавать им помехи. Такой режим характерен для многих дорог вне населенных пунктов и в городах.

Работа водителя в плотных транспортных потоках отличается большой напряженностью. Он быстро привыкает к таким условиям, но относительно рано утомляется. Двигаясь в стесненных условиях, некоторые водители, особенно легковых автомобилей и мотоциклисты, теряют выдержку, проявляют излишний риск, пытаясь опередить поток автомобилей, что нередко приводит к возникновению опасных и аварийных ситуаций. В плотных транспортных потоках водитель должен уметь сохранять на длительное время благоразумие и выдержку.

Для плотных транспортных потоков наиболее характерны ДТП с попутными столкновениями, которые бывают при торможении лидера, особенно на мокрых и скользких дорогах. Виновниками происшествий бывают, как правило, следующие за лидером водители. Чаще всего столкновения происходят из-за ошибок водителей в выборе дистанции или их невнимательности. Опасные ситуации и ДТП возникают и из-за неумелой тактики водителя-лидера или его эгоистических наклонностей.

Каждый водитель желает оказаться первым в транспортном потоке: лучше просматривается дорога, легче оценивать дорожные условия, меньше эмоциональное напряжение. Некоторые водители функции лидера выполняют умело, что благоприятно влияет на режим всего потока. Однако отдельные водители, оказавшись первыми и боясь, что их опередят, стремятся оторваться от транспортного потока, даже превышая разрешенную скорость. За таким водителем могут устремиться и другие, предполагая недопустимость задержки транспортного потока.

Водитель-лидер должен быть предупредительным в отношении следующих за ним водителей и заблаговременно предупреждать их о каждом своем намерении. Действия лидера должны быть логически обоснованными и умело выполненными. Ситуация, изображенная на рис. 2.20, а,

Рис. 2.20. Схемы опасных ситуаций:

*а* — при запоздалом включении указателя поворотов на автомобиле-лидере; *б* — при несоблюдении безопасной дистанции

сложилась, в частности, из-за ошибочных непредупредительных действий водителя легкового автомобиля. Готовясь повернуть направо, он очень поздно включил сигнал поворота и резко затормозил.

Оказавшись головным в транспортном потоке, водитель должен оценить, что за транспортное средство следует за ним. Если лидер – автобус (или автопоезд), а за ним движется легковой автомобиль, необходимо создать более быстроходному транспортному средству условия для опережения или обгона. Если водитель лидера не сделает этого, на ближайшем участке, где потребуется снизить скорость, лидер задержит все транспортные средства, ограничивая обзорность их водителям и отрицательно влияя на их психику. От грузовых автомобилей, автопоездов, тракторов лидеру следует по возможности оторваться, что позволит более быстроходным транспортным средствам их опередить. В остальных случаях нужно стараться вести транспортное средство с равномерной скоростью, избегая рывков и резких торможений.

Двигаться за лидером намного труднее, чем им быть, так как задний водитель вынужден двигаться в режиме лидера и непрерывно наблюдать за его поведением. Основной мерой безопасности при движении за лидером является выбор дистанции. В ситуации на рис. 2.20, б причины возможного торможения лидера водителю легкового автомобиля определить трудно, так как обзор дороги впереди закрыт. Сам факт плохой видимости дороги должен насторожить водителя, заставить увеличить дистанцию и сосредоточить свое внимание на фонаре стоп-сигнала лидера.

Выбор дистанции в транспортном потоке является сложной задачей. Часто это сопряжено с риском, особенно при совместном движении в потоке транспортных средств с разными габаритными параметрами, тяговой и тормозной динамичностью. Безопасная дистанция зависит от скорости транспортного потока, размеров лидера, разницы характеристик тормозных систем и загрузки управляемого автомобиля и лидера, а также от типа и состояния дорожного покрытия. С учетом перечисленных факторов дистанцию безопасности выбирают в зависимости от скорости движения: она должна быть численно примерно равна (в метрах) скорости (в километрах в час.). Например, при движении со скоростью 50 км/ч дистанция должна быть 50 м, при скорости 70 км/ч – 70 м и т. д. Если движущееся транспортное средство не закрывает обзорность дороги, водитель имеет возможность „мыслить" за лидера и дистанция может быть сокращена. Если движущийся впереди автомобиль закрывает дорогу, причем его рабочая тормозная система имеет гидравлический привод, а на управляемом транспортном средстве тормозной привод пневматический, дистанция должна быть увеличена.

На мокрой грязной дороге дистанция также должна быть увеличена, иначе брызги грязной воды или жидкой грязи могут попасть на лобовое стекло и ухудшить видимость.

Желательно увеличивать дистанцию при больших габаритных размерах лидера в темное время суток, при утомлении водителя, а также в местах, где повышается вероятность торможения лидера (перед перекрестками, пешеходными переходами, остановками транспортных средств общего пользования).

В плотных транспортных потоках, особенно в городах, часто приходится двигаться на расстоянии до лидера меньшем, чем дистанция безопасности. В этих случаях водитель должен быть готов к мгновенному торможению. Для этого с целью сокращения остановочного пути он может заблаговременно перенести ногу на тормозную педаль с выбором свободного хода. Обнаружить места повышенной опасности при закрытом обзоре можно по разным признакам, например перекрестки – по поведению других участников движения, расположению дорожных знаков и т.п.

О намерениях водителя движущегося впереди автомобиля можно судить по таким признакам:

снижение скорости и перемещение вправо или влево с включенными указателями поворота свидетельствуют об остановке, повороте или развороте;

увеличение скорости при включенных указателях поворота и смещение автомобиля – об опережении или обгоне;

перемещение влево при включенном указателе поворота без увеличения скорости – об объезде;

перемещение вправо без снижения скорости – о встречном разъезде;

снижение скорости и перемещение к правому краю проезжей части или даже на обочину при включенном левом указателе поворота – о развороте.

Если дистанция до лидера увеличена, этим могут воспользоваться водители других автомобилей меньшей длины, с лучшей тяговой динамичностью и маневренностью, встраиваясь за лидером. На это нужно реагировать спокойно. Водитель должен хладнокровно реагировать и на непонятные или неправильные действия лидера и других участников движения. Например, если лидер увеличивает скорость, необходимо, прежде чем последовать его примеру, оценить состояние дороги и ситуацию. Если увеличение скорости нежелательно или недопустимо (например, у тяжеловесного грузового автомобиля или на скользкой дороге), лучше по возможности перестроиться или принять вправо и пропустить другие автомобили.

На многополосных дорогах в плотных транспортных потоках перестроение сопряжено с определенными трудностями, особенно для больших грузовых автомобилей, автобусов и автопоездов. Легче перестроиться на полосу, по которой автомобили движутся медленнее. В этом случае достаточно, чтобы расстояние от заднего конца автомобиля до передней части опережаемого транспортного средства было в 2 раза больше длины автомобиля. Для перестроения на полосу, по которой транспортные средства движутся быстрее, указанное расстояние должно быть в 3–4 раза больше длины автомобиля. Перестроение должно выполняться очень четко в строгом соответствии с требованиями Правил.

При следовании за транспортным средством, в кузове которого расположен плохо закрепленный груз, водитель ведет наблюдение и за положением груза. Груз может выпасть на дорогу и создать помеху движению. Обнаружив признаки плохого закрепления груза, водитель звуковым сигналом или переключением фар предупреждает об этом водителя идущего впереди автомобиля.

При внезапной остановке лидера водитель также останавливает автомобиль. Объезжать остановившиеся автомобили можно лишь после выяснения обстановки, не создавая помехи другим транспортным средствам.

### 2.6.4. ОБЪЕЗД ПРЕПЯТСТВИЯ И ВСТРЕЧНЫЙ РАЗЪЕЗД

Объезд стоящего у правого края проезжей части транспортного средства или другого препятствия, несмотря на кажущуюся простоту, связан с определенной опасностью. Прежде всего водитель должен выполнять требования Правил относительно преимущественного права при встречных разъездах (см. рис. 1.28).

Выезжать на соседнюю полосу для объезда стоящего транспортного средства надо заблаговременно, что обеспечивает водителю хорошую видимость дороги. Ошибкой являются действия водителя, когда он начинает объезд в непосредственной близости от стоящего транспортного средства, так как за ним можно не увидеть встречный автомобиль.

Большую осторожность нужно проявлять при объезде только что остановившегося транспортного средства, особенно автобуса или троллейбуса. Из него могут выйти на дорогу пассажиры, а левая дверь может неожиданно открыться. К остановившемуся автобусу или троллейбусу могут спешить пешеходы, неосмотрительно пересекая проезжую часть. В этих случаях водителю нужно быть предельно внимательным, а выполняя объезд, уменьшить скорость и увеличить интервал.

Одним из типичных ДТП с участием грузовых автомобилей, автобусов и автопоездов является столкновение на узких участках дорог. На рис. 2.21 показана опасная ситуация, предшествующая столкновению транспортных средств на узкой дороге. Основная ошибка водителей в таких ситуациях заключается в неправильной оценке динамических габаритов своего и встречного транспортных средств. В результате вместо необходимых предупредительных действий (снижение скорости, частичный съезд на обочину,

Рис. 2.21. Схема опасной ситуации при разъезде транспортных средств

остановка) водители продолжают движение без изменения его режима. Мотивами для такого решения, кроме того, могут быть: расчет на то, что необходимые действия предпримет водитель встречного транспортного средства, склонность к риску, стремление благополучно проскочить в расчете на случай.

Опасность разъезда велика в местах резкого сужения дорог на мостах, в тоннелях, на дороге, суженной снежными сугробами, на закруглениях с малыми радиусами, на участках с низким значением коэффициента сцепления. В таких местах у некоторых водителей возможна иллюзия о незначительном сужении проезжей части. Такая ошибка возможна, в частности, из-за того, что водитель ведет автомобиль ближе к середине дороги, ориентируясь на осевую линию (реальную или мнимую), а не на край проезжей части.

Опасность разъезда с грузовыми автомобилями и автобусами при движении с большой скоростью возрастает, кроме того, из-за взаимодействия мощных встречных потоков воздуха. При незначительных интервалах после разъезда потоки воздуха могут вызвать поперечное смещение автомобиля, имеющего малые размеры. Поэтому водителю легкового автомобиля следует быть осторожным при разъезде на узкой дороге с быстро идущим междугородным автобусом или большегрузным автомобилем. Интервал рекомендуется увеличивать до следующих значений: при скорости 50 км/ч он должен быть не менее 1,5 м, а при скорости 90 км/ч – не менее 2,0 м. Если ширина проезжей части меньше 6,5 м, выполнить эти условия невозможно. Здесь водителю следует воспользоваться наиболее надежным средством безопасности – снизить скорость транспортного средства или даже остановиться.

### 2.6.5. УПРАВЛЕНИЕ АВТОМОБИЛЕМ ПРИ ОБГОНЕ

Безопасный обгон может быть гарантирован при точном выполнении требований Правил, совершенной технике управления автомобилем, точном расчете водителем маневра на основе хороших навыков оценки обстановки и прогнозирования ее развития. Ошибки при обгоне нередко приводят к аварийным ситуациям, которые сопровождаются тяжелыми последствиями.

Намерение совершить обгон возникает у водителя тогда, когда по его мнению транспортное средство впереди движется медленно. В этом случае водителю прежде всего нужно убедиться в целесообразности обгона. Если идущее впереди транспортное средство движется с малой скоростью, а установленный на дороге режим и интенсивность движения позволяют двигаться с более высокой скоростью, обгон целесообразен.

Однако нередко водители совершают обгон без необходимости и рискуют только ради утверждения своего превосходства. Так, например, совершенно не оправдан обгон при высокой плотности транспортного потока, а также когда состояние дороги не позволяет после обгона двигаться с более высокой скоростью. Обгон не оправдан также, если заведомо известно, что после него предстоит вынужденная остановка, например перед светофором.

Обгон можно выполнять только при хорошей видимости всего участка дороги. В этой зоне не должно быть закрытых поворотов дороги, перекрестков или каких-либо препятствий на проезжей части.

Обзор дороги будет неполным, если движущееся впереди транспортное средство имеет большие габаритные размеры и расстояние до него ограничено. Поэтому наблюдение за дорогой нужно начинать издалека или, если это возможно, сместив автомобиль несколько влево, ближе к осевой линии. Ситуация на рис. 2.22, а сложилась из-за грубой ошибки водителя легкового автомобиля. Он готовился обогнать на близком расстоянии автопоезд, который ограничивал обзорность. Изучая расположенную впереди дорогу, нужно установить наличие встречных транспортных средств. Сближение с ними происходит со скоростью, равной сумме скоростей обоих автомобилей. При небольшой интенсивности движения автомобили, как правило, движутся на пределе ограничений, установленных Правилами, и скорость сближения очень высока. Так, в населенном пункте скорость сближения может быть 120 км/ч, а вне населенных пунктов она может достигать 140—180 км/ч. Расчеты показывают, что безопасный обгон возможен, если расстояние до встречного автомобиля превышает необходимый для обгона путь в 2—3 раза. Прогнозируя развитие обстановки, нужно исходить из того, что к моменту возвращения автомобиля на правую полосу расстояние до встречного автомобиля должно быть не менее 40 м в населенных пунктах и 60 м — вне их.

Путь обгона зависит от разности скоростей обгоняющего и обгоняемого автомобилей. Наименьшие время и путь обгона получаются при разности скоростей 10—15 км/ч в населенных пунктах и 15—25 км/ч вне населенных пунктов. Если превышение скорости 5—10 км/ч, время и путь обгона заметно увеличиваются и обгон становится опасным.

Для безопасного обгона необходимо, чтобы ширина проезжей части позволяла выдерживать интервал относительно обгоняемого автомобиля 1,0—1,5 м, а ее поверхность не имела выбоин, неровностей или наледи, из-за которых может быть нарушена устойчивость управляемого или обгоняемого автомобиля. При обгоне автопоездов интервал необходимо увеличивать в расчете на их значительные динамические габариты.

Во время движения по встречной полосе с большой скоростью из-за сокращения размеров поля концентрации

Рис. 2.22. Схемы опасных ситуаций, возникающих при выполнении обгонов: *а* — недостаточная дистанция до обгоняемого автомобиля; *б* — обгон вслед за обгоняющим автомобилем; *в* — обгон нескольких транспортных средств

внимания можно не заметить помеху. Если по левой полосе дороги идут пешеходы, обгон лучше не начинать. Опасно начинать обгон, если для его выполнения придется съезжать на левую обочину, тем более если она неровная или сырая.

Распространенной ошибкой является выполнение обгона вслед за другим обгоняющим автомобилем. Это особенно опасно, если автомобиль-лидер закрывает дорогу (рис. 2.22, *б*). Его водитель хорошо просматривает дорогу и имеет возможность обеспечить безопасность, а водитель, движущийся за лидером, этой возможности может быть лишен.

Приняв решение об обгоне, водитель включает левый указатель поворота и при необходимости увеличивает скорость. Как правило, обгон совершается на прямой передаче. Режим движения должен быть таким, чтобы оставался запас мощности двигателя, позволяющий при необходимости увеличить скорость. Приблизившись к обгоняемому автомобилю на 25–30 м, водитель выезжает на полосу встречного движения. При движении в плотных транспортных потоках выезжать на встречную полосу можно с меньшего, чем указано, расстояния. При этом водитель энергично увеличивает скорость на протяжении всего маневра вплоть до момента возвращения на правую полосу.

На песчаной или иной дороге с большим сопротивлением движению, а также на подъеме обгон следует выполнять на пониженной передаче. На сырой дороге, покрытой грязью или мокрым снегом, обгонять надо при работающем стеклоочистителе, который включают заблаговременно перед выездом на встречную полосу движения. Во время обгона нежелательно, чтобы водитель что-либо включал или выключал. Обе его руки должны надежно держать рулевое колесо.

Перестроение на правую полосу движения нужно начинать из такого положения, когда исключаются помехи обгоняемому транспортному средству, а его водитель имеет возможность наблюдать включенные правые указатели поворота. На пути движения обгоняющего автомобиля может неожиданно возникнуть препятствие. Водитель в таких случаях должен или ускорить обгон, или прекратить его, уменьшив скорость и перестроившись на правую полосу. Причем для выработки решения водитель располагает крайне ограниченным временем. От него требуются большое самообладание, высокая точность расчета и действий. Решение зависит от характера препятствий, взаимного положения, габаритов, скорости взаимодействующих транспортных средств, динамических качеств автомобиля, ширины и состояния дороги.

Если скорость обгоняемого автомобиля сравнительно невелика, возможно, что торможение окажется более опасным, чем попытка завершить обгон с максимальной скоростью. Если водитель решил перестроиться на правую полосу, тормозить нужно с максимально допустимой интенсивностью, но не до остановки, а до наименьшей устойчивой скорости. Пропустив обгоняемый автомобиль, водитель перестраивается на свою полосу.

Перестроение бывает затрудненным при обгоне одновременно нескольких транспортных средств (рис. 2.22, в). Решиться на обгон колонны транспортных средств можно лишь при отсутствии вероятности появления встречных автомобилей, а также при движении колонны с очень малой скоростью. Попав в обстановку, подобную изображенной на рис. 2.22, в, водитель может предупредить ДТП только интенсивным торможением. Возможно, что для предупреждения столкновения одному из водителей придется съехать на обочину.

## 2.6.6. ПРИЕМЫ УПРАВЛЕНИЯ АВТОМОБИЛЕМ НА ПЕРЕКРЕСТКАХ

Основные особенности управления автомобилем в транспортном потоке справедливы и для населенных пунктов. Однако движение автомобилей в крупных населенных пунктах сопряжено с дополнительными трудностями. Здесь много пешеходов, перекрестков, разнообразных средств регулирования, улиц различной ширины и с разным покрытием. Из-за более стесненных условий водитель в городе испытывает значительно более высокое напряжение, чем при работе на загородных дорогах.

Несмотря на то что средняя скорость движения транспортных средств в городах по сравнению с загородными дорогами меньше почти наполовину, водителю приходится выполнять в 3 раза больше управляющих действий, причем темп их бывает настолько высок, что при отсутствии натренированности отдельные действия не выполняются. В городе водителю часто приходится воспринимать одновременно несколько значимых для него объектов (пешеходы, транспортные средства, средства организации движения, разнообразные помехи), на которых нужно концентрировать внимание. Как правило, многие из этих объектов ведут себя активно и действуют одновременно. Это приводит к увеличению времени реакции, особенно времени, расходуемого для оценки обстановки и выработки решения.

Наиболее типичными для крупных населенных пунктов ДТП являются столкновения транспортных средств на перекрестках и наезды на пешеходов.

На перекрестках водителю приходится воспринимать и оценивать поведение одновременно нескольких транспортных средств и групп пешеходов. Некоторые перекрестки отличаются ограниченной обзорностью. На них неожиданно могут появиться новые транспортные средства. Ограниченные размеры отдельных перекрестков затрудняют или делают невозможным маневрирование грузовых автомобилей и автобусов.

Проезд регулируемых перекрестков для водителя не столь сложен. Гораздо труднее ему на нерегулируемых перекрестках. На них чаще допускают разнообразные ошибки водители, обязанные уступить дорогу. Во многих случаях это происходит из-за отсутствия достаточной информации о ситуации на подходах к зоне перекрестка. Так, например, в ситуации на рис. 2.23 водитель грузового

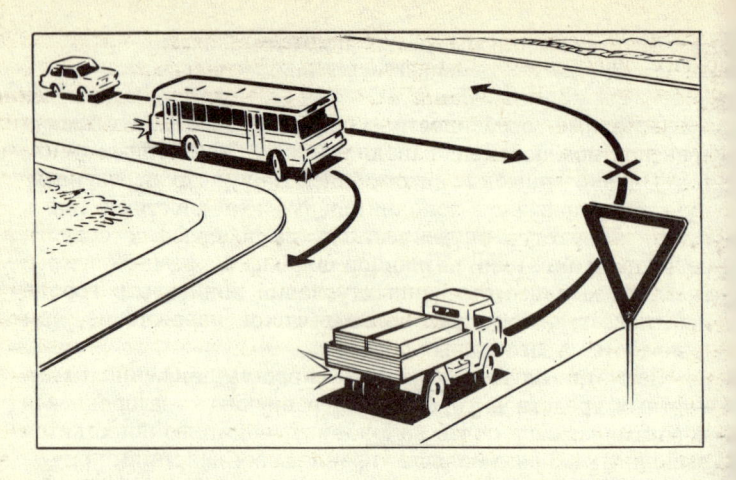

Рис. 2.23. Схема опасной ситуации на нерегулируемом перекрестке

автомобиля принял решение проехать перекресток, основываясь на первом впечатлении о безопасной обстановке, игнорируя закрытый автобусом обзор. Если бы водитель дождался проезда автобуса или осторожнее выезжал на перекресток, то заметил бы приближающийся легковой автомобиль. В данной ситуации, кстати, заслуживает упрека и водитель легкового автомобиля. Пользуясь правом обгона на данном перекрестке, он пренебрег возможной опасностью в зоне ограниченной обзорности. Опытный водитель по отдельным признакам может определить приближение транспортного средства к перекрестку по пересекаемой дороге. Такими признаками могут быть ускоренное движение пешеходов на проезжей части, отражение в витринном стекле приближающегося автомобиля и др. При отсутствии каких-либо признаков из-за препятствия, ограничивающего обзорность, следует выезжать медленно, чтобы при необходимости сразу остановить автомобиль.

На нерегулируемых перекрестках с неограниченным обзором нужно уметь точно оценивать скорость приближающихся автомобилей, расстояние до них, время для проезда в нужном направлении. Ошибки в оценке хотя бы одного из этих параметров увеличивают вероятность возникновения аварийной обстановки. Такие навыки у многих отсутствуют. Поэтому в подобных ситуациях основным правилом безопасности является отсутствие поспешности, тогда у водителя появится возможность избежать ошибки в оценке приближающегося автомобиля.

Действия водителя при проезде перекрестка должны отличаться строгой последовательностью и четкостью. Подъезжая к перекрестку, необходимо оценить его тип, обзорность на нем, число полос, необходимость и целесообразность перестроения. Если впереди движется автомобиль, нужно увеличить дистанцию с расчетом, что водители тормозят с разной интенсивностью. Перед перекрестком и на его территории нужно добиваться взаимопонимания с другими участниками движения. Указатель поворота следует включать заблаговременно, но лишь тогда, когда для перестроения есть условия. Если перед перекрестком скопились автомобили и недостаточно ясна обстановка, с включением указателя поворота не следует спешить.

Перед выездом на перекресток предварительно нужно выбрать траекторию движения автомобиля. Пересекать перекресток следует, лишь убедившись в полной безопасности, даже при разрешающих сигналах светофора или регулировщика.

Хотя проезд регулируемых перекрестков представляет меньшую опасность, но и на них нужно быть осторожным.

В ожидании разрешающего сигнала нужно не только наблюдать за светофором, но стараться предвидеть возможные ситуации на перекрестке. Задерживаться перед перекрестком при разрешающем сигнале не следует, если нет на то причин. Нужно выбирать такую скорость, при которой в случае необходимости можно было остановить автомобиль на безопасном расстоянии.

### 2.6.7. ПЕШЕХОД НА ПРОЕЗЖЕЙ ЧАСТИ

Пешеходы на проезжей части для водителя представляют собой наибольшую опасность. Не случайно, что около трети всех ДТП составляют наезды на пешеходов, причем большинство их происходит в городах. У многих водителей при управлении автомобилем появляется склонность к недоброжелательному отношению к пешеходам. Следует подчеркнуть, что такая позиция не помогает, а скорее мешает решить проблему безопасного взаимодействия водителей и пешеходов.

Водитель управляет транспортным средством — источником повышенной опасности, и пешеходы это сознают.

Однако многие из них, желая пересечь проезжую часть, отличаются ограниченным терпением, неосторожностью и отсутствием логики поведения. Отдельные недисциплинированные или склонные к риску пешеходы умышленно провоцируют конфликтные ситуации. Водитель должен быть готов к любым неожиданностям со стороны пешеходов. Чаще всего наезды на пешеходов случаются из-за неумения водителей различать и оценивать признаки вероятного появления пешеходов.

Наезды бывают в различных местах, каждое из которых имеет типичные признаки опасности. Так, в зоне остановки общественного транспорта признаком опасности является стоящий или подъезжающий к остановке автобус (троллейбус, трамвай). Автобус ограничивает обзорность и водителям, и пешеходам (рис. 2.24, *а, б*). У пешеходов, вышедших из автобуса, может возникнуть стремление быстро перебежать дорогу. Если водитель видит пешеходов, выходящих из-за автобуса или троллейбуса, он должен немедленно затормозить, так как неизвестно, сумеет ли пешеход остановиться или попытается перебежать дорогу перед автомобилем.

Другим опасным местом является пешеходный переход. Здесь пешеход, не вникая в тонкости Правил, может рассчитывать на свое преимущество. Опасность может усугубляться ограниченным обзором (рис. 2.24, *в*), скоплением пешеходов, среди которых один окажется нетерпеливым. Водитель из-за группы людей может его не заметить. Поэтому при приближении к пешеходному переходу нужно снизить скорость и, избегая выезда на него при больших

Рис. 2.24. Схемы опасных ситуаций в местах возможного появления пешеходов на проезжей части:

*а, б* — в зоне остановки общественного транспорта; *в, г* — в зоне пешеходного перехода

скоплениях людей, дать им возможность покинуть проезжую часть.

На регулируемых пешеходных переходах и перекрестках нужно предвидеть опасность даже при запрещающем для пешеходов сигнале светофора. На широких улицах можно судить о наличии опасности по поведению других водителей, которые прекратили движение, пропуская пешехода, не успевшего освободить проезжую часть (рис. 2.24, *г*).

Наезды на пешеходов случаются и в разнообразных неразрешенных для перехода местах. Характерным признаком опасности в таких местах являются объекты, которые как бы „притягивают" пешехода. К таким местам относятся магазины, кинотеатры, места проведения спортивных мероприятий, остановки общественного транспорта. Ограничивать обзор в таких местах могут стоящие транспортные средства, заборы, густые зеленые насаждения в непосредственной близости от проезжей части и т.п.

Любой из признаков опасности должен служить для водителя сигналом, требующим от него немедленных действий. Основным из таких действий является снижение скорости. Кроме того, нужно постараться увеличить интервал относительно объекта, закрывающего обзор дороги и сосредоточить внимание в направлении вероятного появления пешеходов.

Опасным является движение вдоль тротуара, на котором движется много пешеходов, особенно, если этот тротуар узкий. Один из пешеходов может неожиданно выйти на проезжую часть. Часто это тот, кто движется спиной к водителю или несет предмет, закрывающий ему обзор. Водитель в таких случаях должен двигаться на возможно большем расстоянии от тротуара и быть готовым к любым неожиданностям.

Опытный водитель должен представлять, как ведут себя различные пешеходы на проезжей части. Например, молодые люди, как правило, переходят дорогу спокойно, следят за транспортными средствами и редко препятствуют их движению. Многие пожилые люди имеют привычку переходить дорогу, не обращая внимания на движение транспортных средств, хотя, заметив опасность, некоторые из них, особенно пожилые женщины, проявляют рассеянность и суетливость.

Наибольшую опасность для водителей на проезжей части представляют дети. Они не осознают опасности, беззаботно выбегают на проезжую часть, иногда умышленно перебегают дорогу перед приближающимся автомобилем. Очень опасны дети на велосипедах и самокатах. Водитель должен воспринимать появление ребенка на проезжей части или даже у края тротуара как сигнал опасности, объезжать его на возможно большем расстоянии и снижать скорость до безопасного предела. Нужно проявлять повышенную бдительность при движении в зоне школ, детских площадок, пионерских лагерей.

Водители должны быть предельно внимательны к

инвалиду, переходящему дорогу. Ему нужно предоставлять возможность для спокойного перехода, при необходимости остановив автомобиль. При переходе дороги слепыми пешеходами нельзя подавать звуковой сигнал, так как он только нервирует их.

Особую опасность на проезжей части или вблизи от нее создают пьяные пешеходы. Они обычно ведут себя нелогично, неосторожно, а иногда и агрессивно. Водитель никогда не может с уверенностью предугадать поведение пьяного, поэтому должен немедленно принять необходимые меры предосторожности: остановиться, объехать пьяного на таком расстоянии, чтобы тот не смог натолкнуться на автомобиль.

Трудно взаимодействовать с пешеходами в конце рабочего дня и вечером, когда усталые люди спешат домой, особенно в условиях, затрудняющих ориентирование на дорогах (плохое освещение дороги, снег, дождь, сильный ветер). Однако чем сложнее ситуация, тем нужно более доброжелательно относиться к пешеходам и не досаждать им, пугая звуковым сигналом, ослепляя светом фар или забрызгивая их грязью.

## Контрольные вопросы

1. От каких факторов зависит динамический габарит автомобиля и как он влияет на безопасность движения?
2. Какие правила безопасности должен выполнять водитель при проезде габаритных ворот?
3. Какие приемы управления автомобилем обеспечивают разворот на узких проездах?
4. Какими мерами обеспечивается безопасность движения задним ходом?
5. Как должен вести себя в транспортном потоке водитель автомобиля-лидера?
6. Как необходимо управлять транспортным средством, следующим в транспортном потоке за автомобилем-лидером?
7. Назовите правила выбора безопасной дистанции в транспортном потоке.
8. Как безопасно управлять автомобилем при объезде препятствий?
9. Какие меры безопасности должен предусмотреть водитель при встречном разъезде на узких участках дорог?
10. Какие особенности дорожной обстановки должен оценить водитель, намеревающийся произвести обгон?
11. Как необходимо управлять автомобилем при выполнении обгона?

12. Как должен действовать водитель, если на пути обгона возникла помеха для движения?

13. Какие меры безопасности должен предусмотреть водитель при проезде нерегулируемых (регулируемых) перекрестков?

14 Какие меры безопасности должен предусмотреть водитель для предупреждения наезда на пешеходов в зоне остановок общественного транспорта (в зоне пешеходных переходов, в местах скопления пешеходов, в местах возможного появления детей)?

## Глава 2.7. УПРАВЛЕНИЕ АВТОМОБИЛЕМ В ТЕМНОЕ ВРЕМЯ СУТОК, В СЛОЖНЫХ И ОСОБЫХ ДОРОЖНЫХ УСЛОВИЯХ

### 2.7.1. ДВИЖЕНИЕ АВТОМОБИЛЯ НОЧЬЮ

Управление автомобилем в темное время сильно усложняется. С наступлением темноты ухудшается видимость дороги и расположенных на ней объектов. Фары автомобиля освещают лишь ограниченный участок дороги, причем объекты появляются в освещенной зоне внезапно, для опознания их требуется больше времени, чем днем. Время реакции водителя ночью увеличивается в среднем в 2 раза.

В темное время суток в условиях недостаточной видимости почти невозможно цветоощущение предметов. Они отличаются не по цвету, а по яркости, причем яркость объектов дорожной обстановки (транспортные средства, пешеходы) и контрастность их относительно дороги сильно снижаются. Расстояние, на котором обнаруживаются транспортные средства ночью, сокращается почти вдвое по сравнению со светлым временем, однако водителю кажется, что они находятся на большем расстоянии. Вообще в вечерние сумерки и на рассвете у многих водителей появляется так называемый оптический обман. Контуры предметов расплываются, автомобили не белого и не ярко-желтого цветов сливаются с фоном и покрытием дороги. В свете фар искажаются предметы и неровности дороги.

Резкие и частые изменения освещенности и яркости предметов требуют непрерывной адаптации зрения, в результате глаза водителя быстро утомляются. Наибольшая опасность возникает при ослеплении водителя светом фар: видимость резко ухудшается, а зачастую и совершенно пропадает. Если при ослеплении водитель не выполнит предписание Правил („не меняя полосу движения, снизить скорость и остановиться"), то в течение времени темновой адаптации движение автомобиля окажется неуправляемым, причем даже при малой скорости (30–40 км/ч) автомобиль может пройти 100 м и более. В этих условиях водитель не

Рис. 2.25. Схема опасной ситуации при ослеплении водителя светом фар

имеет возможности не только увидеть опасность или препятствие, но и выдержать траекторию движения автомобиля. Как правило, он следит лишь за тем, чтобы рулевое колесо не меняло положения. Однако автомобиль способен изменить траекторию без участия водителя и выйти за пределы дороги (рис. 2.25). Более всего подвержен ослеплению утомленный водитель.

Статистика показывает, что на темное время суток приходится почти половина всех ДТП с наиболее тяжелыми последствиями. Увеличение аварийности происходит, в частности, из-за ослабления контроля за движением. Снижение интенсивности движения порождает у многих водителей уверенность в том, что можно двигаться с более высокой скоростью и более свободно маневрировать, чем днем, а ослабление контроля порождает чувство безнаказанности.

Значительно ухудшаются условия видимости во время снегопада, проливного дождя и, особенно, при тумане. Туман закрывает ориентиры, изменяет окраску лучей всех цветов, кроме красного. Так, желтый свет в тумане становится красноватым, а зеленый – желтоватым. Пелена тумана может быть настолько густой, что даже с включенными фарами нельзя ничего различить на расстоянии 3–5 м.

В темное время и в условиях недостаточной видимости водитель большую часть времени находится в состоянии повышенного эмоционального напряжения, поэтому он намного быстрее утомляется, чем в светлое время.

## 2.7.2. ОСНОВНЫЕ ПРИЕМЫ УПРАВЛЕНИЯ АВТОМОБИЛЕМ НОЧЬЮ

К работе на автомобиле ночью нужно тщательно готовиться. Устранение технической неисправности в пути в темное время суток требует больше времени, сложнее обнаружить и устранить причину неисправностей, особенно таких, как течь масла или охлаждающей жидкости. Поэтому при проверке технического состояния автомобиля не должно быть мелочей. Неаккуратная укладка инструмента, ветоши, приспособлений также может оказаться помехой в пути. Если эти предметы окажутся разбросанными, то в темноте, а возможно и в стужу или под дождем водитель потратит много времени на отыскивание нужного предмета. Особое внимание нужно уделить очистке, проверке комплектности и исправности осветительных приборов, стеклоочистителей и стеклоомывателей. Многие водители игнорируют необходимость регулировки света фар – мероприятия, которое обеспечивает правильное распределение света на дороге и снижает вероятность ослепления. Проверять и регулировать свет фар необходимо хотя бы 1 раз в год.

Получив задание, водитель должен более тщательно, чем для дневного рейса, изучить предстоящий маршрут, что может облегчить ориентирование в пути и предвидение разработанных ситуаций.

Скорость движения в темное время суток почти во всех случаях должна быть меньше скорости в дневное время. Ее необходимо устанавливать такой, чтобы остановочный путь автомобиля был меньше расстояния видимости. Если это правило не соблюдается, то наезд на возникшее в зоне видимости препятствие или столкновение с ним предотвратить намного труднее.

Сближаясь с встречным автомобилем, водитель должен быстро определить, движется он или стоит на месте. Убедиться в этом можно по тени, отбрасываемой передней частью автомобиля или по отражению света фар увлажненной поверхностью дороги. Переключать фары на ближний свет необходимо тогда, когда водитель испытывает ощущение неудобства или когда переключил свет водитель встречного автомобиля. После переключения следует установить скорость в соответствии с уменьшенным расстоянием видимости и наблюдать за правым краем проезжей части. Периодически нужно просматривать свою полосу, но избегать задержки взгляда на фарах встречного автомобиля. Это позволит сохранить наилучшее зрительное ощущение и поможет заметить препятствие, которое окажется на полосе движения или появится справа от нее.

Если водитель встречного автомобиля не включает дальний свет, нужно предупредить его повторным переключением. В случае, когда он продолжает нарушать Правила, или если после переключения состояние неудобства не исчезает, нужно снизить скорость, осторожно принять вправо и остановиться на своей полосе. Так же рекомендуется поступать и при встречном движении колонны автомобилей с включенными фарами.

Большую осторожность следует проявлять, если встречное транспортное средство следует с выключенным светом или с одной включенной фарой. Не исключено, что навстречу движется автомобиль с неисправными фарами (обеими или одной). Когда неисправна левая фара, опасность вполне реальна, так как левая сторона автомобиля незаметна и возможно столкновение. Чтобы предупредить его, нужно увеличить интервал до полуторной ширины грузового автомобиля или, приняв вправо, остановиться.

Ночью сильно затрудняется оценка расстояния до встречного автомобиля или его скорости. Поэтому при наличии каких-либо признаков встречного автомобиля от намерения совершить обгон нужно отказаться. Приближаясь к обгоняемому автомобилю, нужно сменить дальний свет на ближний на расстоянии не менее 150 м от него. При этом дорога хорошо просматривается благодаря свету фар обгоняемого автомобиля. Дальний свет можно включить перед завершением обгона.

Повороты дороги ночью выглядят иначе, чем днем. Трудно оценить их кривизну, а следовательно, и выбрать безопасную скорость. При поворотах лучше освещается внешняя полоса движения. В случае, если автомобиль оборудован противотуманными или широкоугольными фарами, их следует включать перед началом поворота.

При движении на неосвещенных дорогах большую опасность представляет транспортное средство, остановленное на проезжей части или вблизи ее. Поэтому даже для кратковременной остановки нужно стараться выезжать за пределы дороги.

При движении по мокрой или грязной дороге необходимо периодически останавливаться и протирать лобовое стекло, фары, фонари указателей поворота и стоп-сигнала. Кроме того, для хорошей очистки лобового стекла необходимо постоянно следить за состоянием стеклоомывателя и щеток стеклоочистителя. Если автомобиль движется по разбитой дороге, рекомендуется пользоваться ближним светом фар, который при ограниченной скорости лучше освещает дорогу непосредственно перед автомобилем.

Типичными ошибками малоопытных водителей при движении по незнакомым дорогам являются потеря ориентировки и заезды на левую полосу или на правую обочину. Удобнее и проще всего ориентироваться по линиям продольной разметки, ярким ограждениям по краям дороги, светоотражателям на ограждающих столбиках, а также по зеленым насаждениям, расположенным в зоне света фар. При этом нужно помнить, что ограждающие столбики или светоотражатели, как правило, предупреждают о том, что в этом месте имеется опасность — поворот, насыпь, мост и т.п. По характеру света фар встречных автомобилей водитель может определять профиль дороги. Периодическое появление и исчезновение света свидетельствует о пересеченном профиле. Если замеченный свет не исчезает, дорога впереди ровная.

Учитывая интенсивное утомление водителя при работе в темное время суток, желательно, чтобы продолжительность ее не превышала 6 ч. С целью восстановления работоспособности нужно обязательно делать перерывы на 5—8 мин: первый после 2—3 ч движения, а последующие через 1—1,5 ч, причем отдых должен быть активным. Желательно также, чтобы после 4—5 ч движения перерыв был продолжительный с приемом горячей пищи. После ночного рейса, как и перед ним, водителю необходим хороший отдых.

В тумане свет включенных, отрегулированных фар белого света не улучшает, а даже ухудшает видимость, так как лучи сильно рассеиваются, поглощаются и отражаются. Поэтому при тумане нужно пользоваться противотуманными фарами. Если же их нет, включают ближний свет фар. Скорость движения нужно ограничить, она (в километрах в час) не должна превышать половины расстояния видимости (в метрах). Например, при видимости 20 м скорость должна быть не более 10 км/ч. Рекомендуется при движении держать открытым окно кабины и прислушиваться к шуму от движения других транспортных средств.

Двигаться нужно как можно ближе к правому краю проезжей части. Если нужно остановиться, водитель несколько раз быстро нажимает на тормозную педаль, включая фонарь стоп-сигнала для предупреждения следующих за ним водителей. Если необходимо повернуть влево или объехать стоящее транспортное средство, водитель должен осмотреть дорогу через приоткрытую дверку и убедиться в отсутствии попутных транспортных средств. Периодически нужно подавать звуковые сигналы и отвечать на сигналы других водителей. Учитывая искажение туманом цветового ощущения, при приближении к светофору нужно замедлить движение автомобиля и внимательно изучить сигнал светофора. Выезжать на перекресток можно только, если есть полная уверенность в том, что движение разрешается.

### 2.7.3. ВОЖДЕНИЕ ПО ГРУНТОВЫМ ДОРОГАМ

Грунтовые дороги, за исключением песчаных, в сухом состоянии проходимы для автомобилей, однако для них характерно большое число поворотов, неровностей и различных препятствий. Более ровными являются полевые дороги. На лесных дорогах часто встречаются ямы, твердые корневища, непросыхающие канавы. Как правило, сопротивление движению автомобиля на грунтовой дороге больше, чем на дороге с твердым покрытием. На гладкой и малопесчаной дороге возможно движение со скоростью 50—60 км/ч и даже более высокой. Однако чаще водители ведут автомобили по грунтовой дороге на небольшой скорости в постоянной готовности к преодолению препятствий. Если выбоины на дороге расположены равномерно, то движение возможно без переключения передачи, однако непрерывно нужно корректировать траекторию движения рулевым колесом. Небольшие ямы и выступы объезжают или пропускают между колесами. Большие ухабы, канавы и другие препятствия преодолевают на низших передачах.

Перед ямой нужно притормозить и включить низшую передачу. Когда передние колеса въедут в углубление ямы, нажимают на педаль управления дроссельной заслонкой и на повышенных оборотах выезжают из нее. После того как яму проедут передние колеса, снова притормаживают автомобиль. Затем также проводят через яму задние колеса.

Глубокие канавы и кюветы преодолевают под прямым углом. Если их преодолевать под острым углом, из-за крена автомобиля возникнет неодинаковая нагрузка на ведущие колеса и разгруженное колесо может пробуксовывать.

Влажная грунтовая дорога (кроме песчаной) становится скользкой, и автомобиль может легко соскользнуть в канаву или кювет. Во время сильных дождей и после весеннего снеготаяния грунтовые дороги становятся труднепроходимыми для обычных автомобилей. В низинных местах их заливает вода, которая скрывает от водителя поверхность дороги. В размягченном грунте колеса прорезают глубокую колею, где они обычно буксуют.

Для преодоления неглубоких луж можно не снижать скорость, но предварительно нужно закрыть жалюзи. В глубоких лужах вода встречной волны может быть подхвачена лопастями вентилятора и разбрызгана в подкапотном пространстве. Здесь, попадая на приборы системы зажигания, она делает их временно неработоспособными. Такие места преодолевают на небольшой скорости при включенной первой или второй передаче. Если двигатель остановится и попытки запустить его не дадут желаемого результата, необходимо открыть капот и протереть или обдуть воздухом приборы зажигания, проветрить в течение 10–15 мин подкапотное пространство, после чего двигатель должен работать исправно.

На раскисшей грунтовой дороге с накатанной колеей лучше всего двигаться по колее. Уплотненный на ее дне грунт способствует лучшему сцеплению и меньшему сопротивлению качению колес. Двигаясь по колее, водитель направляет автомобиль строго по середине, наблюдая за ее глубиной. Если есть опасность задевания низшими точками автомобиля за грунт, колею пропускают между колес или объезжают ее. Из колеи автомобиль выводится быстрым поворотом рулевого колеса в месте, где глубина колеи наименьшая. Если вывод из колеи затруднен, можно прорыть направляющие канавки для передних колес.

Движение по колее осуществляется на одной из низших передач. Частота вращения коленчатого вала должна быть несколько выше средней, но с таким расчетом, чтобы можно было разогнаться для преодоления труднопроходимых участков. Изменять скорость, в том числе при торможении, надо плавно, переключение передач и остановка нежелательны.

Не следует использовать колею на сильно увлажненных и заболоченных участках, где обычно под верхним слоем находится разжиженный грунт. Сначала нужно убедиться в его проходимости. По такому участку автомобиль нужно вести по возможности быстрее, избегая крутых поворотов рулевого колеса. Нельзя допускать буксования колес, так как они могут зарыться в грунт. Если это произойдет, нужно остановиться и прежде, чем начинать движение, подложить под ведущие колеса хворост, сучья, жерди. Если нижние части автомобиля задевают грунт, необходимо при помощи домкрата или ваги поднять задний мост и подложить под колеса подручные материалы. Вагой может служить бревно длиной 3–4 м (рис. 2.26, *а*). Застрявший автомобиль можно вытащить при помощи лебедки, используя в качестве упора дерево, зарытый столб и т.п. (рис. 2.26, *б*). Если на застрявшем автомобиле отсутствует лебедка, вытащить автомобиль можно при помощи троса, прикрепленного одним концом к упору, а другим – к диску ведущего колеса.

На мокрых профилированных дорогах с глубокими кюветами без колеи двигаться нужно по гребню дороги с малой скоростью.

Для повышения проходимости на автомобилях могут быть использованы разнообразные средства: цепи противоскольжения, съемные браслеты, противобуксовочные

Рис. 2.26. Вытаскивание застрявшего автомобиля:
*а* — вывешивание вагой; *б* — с помощью лебедки

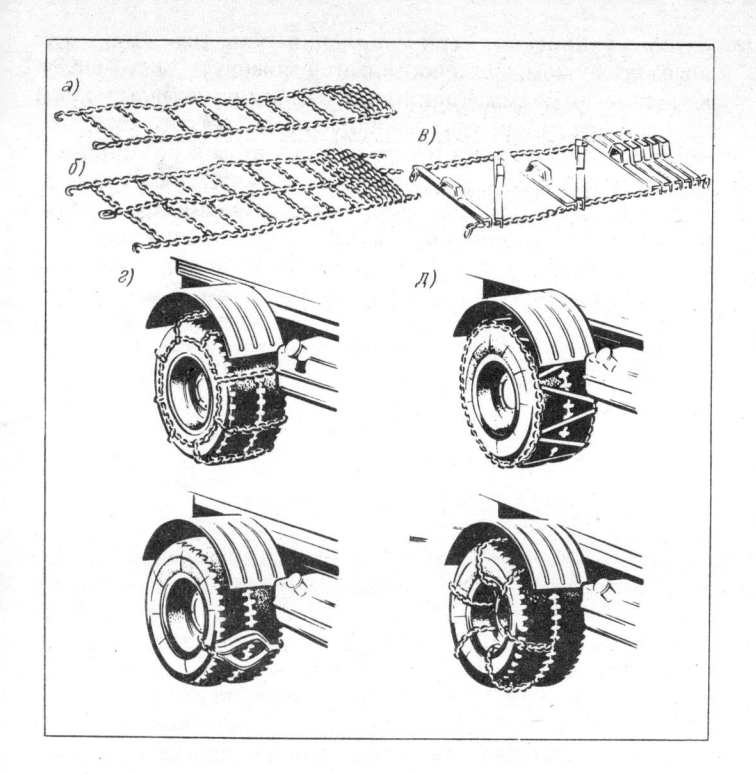

Рис. 2.27. Средства повышения проходимости автомобиля:

*а* и *б* — мелкозвенчатые цепи противоскольжения для одинарных и сдвоенных колес соответственно; *в* — траковые цепи противоскольжения; *г* — колодка; *д* — браслеты

колодки (рис. 2.27). На автомобилях повышенной проходимости включают передний ведущий мост и устройство для блокировки дифференциала.

При движении по колейным или щитовым дорогам нельзя резко тормозить, так как это может раскатать и вывести из строя настил. Выезжать на настил нужно на понижающей передаче. Во избежание проваливания колеса при повреждении шины нужно избегать наезда на ослабленные крепления бревен или досок, а также на скобы и гвозди.

На заснеженных дорогах нужно двигаться только по накатанной колее. Даже небольшое отклонение от нее нежелательно, так как под снегом обычно скрыты край дороги, кювет и разнообразные препятствия. Движение колес одного борта автомобиля по снегу может вызвать резкое увеличение сопротивления качению. При этом возникает момент, способный развернуть автомобиль. Короткие подъемы, покрытые глубоким снегом, лучше преодолевать с разгона. Перед спуском в глубоком снегу предварительно нужно определить толщину покрова в низине, так как застрявший автомобиль будет трудно подавать назад. Для разъезда с встречными автомобилями выбирают более широкие участки дороги или места с неглубоким снегом. Разъезжаться нужно на небольшой скорости с соблюдением особой осторожности. На дорогах с высокими сугробами, ограничивающими видимость, на поворотах подают звуковые и световые сигналы, а скорость движения снижают до минимальной.

### 2.7.4. ВОЖДЕНИЕ ПО БЕЗДОРОЖЬЮ

Для работы в условиях бездорожья автомобиль должен быть оснащен дополнительным оборудованием и средствами для повышения проходимости. Нужно иметь лопаты, второй домкрат, цепи противоскольжения, топор, трос. На грузовых автомобилях нужно иметь, кроме того, несколько прочных досок, деревянную вагу, песок, пилу. Цепи противоскольжения надевают при подходе к труднопроходимому участку. Двигаться с такими цепями по дорогам с твердым покрытием недопустимо, так как это приводит к преждевременному изнашиванию шин и разрушению дорожного покрытия.

При движении без дороги по лесу могут неожиданно возникать разнообразные препятствия. Скорость движения должна быть невелика, особенно при проезде участков с выступающими корнями деревьев. Нужно вести непрерывное наблюдение за ветками деревьев и кустов, которые могут повредить фары, радиатор, капот двигателя, кузов. При движении через мелкий кустарник и густую траву водителю нужно проявлять особую осмотрительность. В них могут быть скрыты пни, стволы поваленных деревьев, камни, ямы и пр. Рекомендуется двигаться по следу прошедших автомобилей. При отсутствии следов двигаться по незнакомому лесу нужно после разведки маршрута.

По пашне следует двигаться вдоль борозды или под острым углом к ней, а не поперек борозды (рис. 2.28), что приводит, как правило, к буксованию и застреванию автомобиля. При движении по мокрой пашне следует

Рис. 2.28. Преодоление пашни:
*а* — неправильно; *б* — правильно

использовать средства повышения проходимости. Двигаться нужно по одной из низших передач при средней частоте вращения коленчатого вала.

Для движения по песчаной местности надо стараться использовать накатанную колею и выбирать такое направление движения, при котором исключались бы крутые повороты и подъемы. Небольшие песчаные участки нужно преодолевать с разгона, а затяжные – на понижающей передаче при частоте вращения коленчатого вала двигателя выше средней и по возможности, не переключая передачи. Буксование колес не допускается, так как при этом ведущие колеса быстро зарываются в песок.

Движение по песчаным буграм и барханам, а также по местности с солончаками можно начинать только после предварительной разведки. Барханы преодолевают с максимального разгона под прямым углом к основанию бархана. При этом боковой крен не допускается. Если колеса автомобиля в результате буксования зарылись, образовавшиеся под ними валы расчищают и укладывают под колеса доски, щиты, трапы, сетки или другой подручный материал.

Небольшие снежные сугробы проезжают с разгона. По глубокому снегу нужно двигаться, не останавливаясь и не переключая передачи: при включении сцепления автомобиль, встречая большое сопротивление, быстро остановится, а тронуть его с места в глубоком снегу трудно. Если автомобиль остановился в сугробе, нужно отъехать по колее на 10—15 м и попробовать преодолеть сугроб с разгона. Если это не даст положительного результата, нужно перед автомобилем расчистить лопатой снег на необходимом для разгона расстоянии и еще раз попытаться преодолеть сугроб.

Для движения по снежной целине нужно выбирать возвышенные открытые участки местности, где снежный покров менее глубокий, чем в других местах. При этом нужно иметь в виду, что у подножия холма всегда бывает наибольшая глубина снега.

При движении по песку или снежной целине двигатель работает с большими нагрузками, легко перегревается, а давление масла снижается. Поэтому рекомендуется чаще проверять наличие охлаждающей жидкости, уровень и давление масла. В случае перегрева необходимо остановить автомобиль и дать двигателю остыть.

При движении по мокрому лугу автомобиль легко теряет курсовую устойчивость, так как управляемые колеса легко скользят вбок. Для преодоления мокрого луга выбирают места с чистым и невысоким травяным покровом.

Рис. 2.29. Движение по заболоченному лугу

Места с нарушенным травяным покровом укрепляют хворостом или по ним укладывают доски (настил и т.п.). По заболоченному лугу, размокшему чернозему и глине автомобиль нужно вести с возможно более высокой скоростью, не допуская остановок и крутых поворотов и избегая попадания на прежнюю колею (рис. 2.29). При буксовании колес не рекомендуется увеличивать частоту вращения коленчатого вала. Если буксование не прекращается, нужно воспользоваться подручными материалами. При длительной работе на таких участках нужно надеть цепи противоскольжения.

### 2.7.5. ВОЖДЕНИЕ АВТОМОБИЛЯ НА КРУТЫХ ПОВОРОТАХ, ПОДЪЕМАХ И СПУСКАХ

Любой крутой поворот дороги, подъем или спуск повышают опасность движения автомобиля и усложняют управление им. Перед крутыми поворотами, как правило, обзорность дороги ограничена. При повороте на автомобиль, водителя, пассажиров и груз действуют центробежные силы, в результате возможно нарушение поперечной устойчивости. При прохождении закруглений дороги значительно увеличивается динамический габарит автомобиля, что создает опасность встречных разъездов.

При движении автомобиля на подъеме или спуске на него действует скатывающая сила. Для преодоления подъема водитель должен выбрать такой режим движения, при котором будет невозможной остановка автомобиля. На спуске скатывающая сила направлена в сторону движения автомобиля, и водитель должен действовать так, чтобы предупредить произвольный разгон.

При прохождении крутых поворотов, затяжных подъемов и спусков водитель испытывает повышенное эмоциональное напряжение. Большую часть времени он сосредоточивает внимание на траектории и скорости движения автомобиля, действии боковых сил, состоянии проезжей части. В таких условиях затрудняется оценка поведения других участников движения. Управление автомобилем усложняется еще и тем, что практически каждый поворот или уклон дороги имеет свою специфику: крутизну, ширину проезжей части, покрытие, обзорность.

Основной мерой безопасности при прохождении крутых поворотов является снижение скорости движения автомобиля, так как уменьшается вероятность заноса или опрокидывания и облегчается возможность принятия необходимых мер при затрудненном встречном разъезде. Аварийные ситуации на рис. 2.30 возникли из-за того, что скорость движения легковых автомобилей в обоих случаях не соответствовала крутизне поворота и дорожной обстановке. Под действием центробежной силы даже на относительно пологом повороте из-за плохого сцепления шин с дорогой автомобиль сносит за пределы дороги (см. рис. 2.30, *а*). А в ситуации на рис. 2.30, *б* скорость движения для прохождения правого поворота с ограниченным обзором выбрана без учета возможности появления встречного транспортного средства. Чем круче поворот и чем хуже качество и состояние покрытия, тем больше нужно снижать скорость движе-

Рис. 2.30. Аварийные ситуации на крутых поворотах:
*а* — выезд автомобиля на обочину; *б* — выезд на левую сторону дороги

ния. При оценке крутизны поворота легко допустить ошибку даже в случаях, когда дорога просматривается на всем протяжении. Встречаются закругления с переменным радиусом, когда после относительно плавного входа в поворот крутизна неожиданно растет. Сильно искажается восприятие закругления при наблюдении за дорогой с относительно высокой точки. В связи с этим при подходе к крутому повороту нужно снижать скорость с запасом порядка 15–20 %. Например, если водитель считает, что безопасная скорость для движения на данном повороте приблизительно равна 60 км/ч, то нужно снизить ее до 45–50 км/ч. Эта мера компенсирует возможную ошибку.

Если в процессе прохождения поворота возникает необходимость дополнительного снижения скорости, во избежание заноса нужно пользоваться двигателем, а не рабочими тормозами.

Водитель должен умело выбирать момент начала снижения скорости перед входом в поворот, так как двигаться по криволинейному участку с заторможенными колесами опасно. Однако не следует начинать торможение слишком рано. Желательно завершать снижение скорости непосредственно перед началом вращения рулевого колеса.

Проходить поворот желательно без переключения передач при среднем положении педали управления дроссельной заслонкой. Перед выходом из поворота одновременно с возвращением рулевого колеса в нейтральное положение можно увеличивать скорость движения, причем нажимать на педаль управления дроссельной заслонкой нужно тем плавнее, чем круче поворот.

Для уменьшения возможности заноса или опрокидывания нужно вести автомобиль по такой траектории, при которой максимально использовалась бы вся ширина проезжей части, предназначенной для движения в данном направлении. Так, на дорогах с одной полосой для движения в каждом направлении правый поворот нужно начинать от осевой линии, а левый – от правого края проезжей части. Это, кроме того ухудшает обзор дороги перед закрытыми поворотами.

При прохождении поворотов водитель должен распределять внимание так, чтобы оценивать траектории передних и задних частей автомобиля, а на закрытых поворотах, кроме того, нужно не упустить момент появления встречного транспортного средства. При повороте автомобиля на скользких участках водитель должен следить за движением колес, особенно, когда возникает необходимость торможения.

Короткие и пологие подъемы и спуски встречаются в городах и на равнинной местности. Для холмистой местности и в городах типичны подъемы и спуски большой протяженности и крутизны. В таких условиях от водителя требуется большое напряжение внимания для обнаружения и безошибочной оценки опасности.

Признаками опасности являются: сам подъем, характеризующийся определенной крутизной и протяженностью; выбоины и скользкие участки посередине дороги и у ее краев. Наиболее типичными ошибками водителей на дорогах с продольным уклоном являются неправильные оценки крутизны уклона, характера и качества дорожного покрытия и выбор приема управления автомобилем. Скатывание автопоезда в ситуации на рис. 2.31, *а* произошло из-за того, что водитель, неверно оценив крутизну и протяженность подъема, включил передачу, не обеспечивающую нужную силу тяги. Водитель пытался включить понижающую передачу без „перегазовки", но не смог. Двигатель остановился, и автопоезд начал скатываться назад. Водитель легкового автомобиля (рис. 2.31, *б*) пытался преодолеть подъем со скользким покрытием с разгона, однако разгон оказался недостаточным, ведущие колеса забуксовали и автомобиль наехал на столбики ограждения.

С разгона можно преодолевать короткие, хорошо просматриваемые подъемы. Причем разгонять автомобиль нужно интенсивно путем более быстрого, чем в равнинных условиях, увеличения частоты вращения коленчатого вала, но без рывков. Затяжные подъемы преодолевают на низших передачах, а при наличии на автомобиле раздаточной коробки или делителя ими при необходимости следует воспользоваться. Передачу выбирают в зависимости от крутизны подъема и массы автомобиля с таким расчетом, чтобы ее в процессе преодоления подъема не было нужды переключать. Во время подъема скорость будет снижаться тем интенсивнее, чем круче подъем. Поэтому передача должна быть такой, чтобы снижение скорости компенсировалось дополнительной подачей горючей смеси. Начинать движение на подъем нужно при положении педали управления дроссельной заслонкой, выжатой на 1/2—1/3 ее хода (чем круче подъем, тем больше запас).

Автомобили могут без затруднения на дорогах с твердым покрытием преодолевать подъемы следующей крутизны:

| Передача | Первая | Вторая | Третья | Четвертая | Пятая |
|---|---|---|---|---|---|
| Крутизна, % | 30—34 | 18—20 | 10—12 | 6—8 | 3—5 |

Рис. 2.31. Опасные ситуации при движении автомобилей на крутых подъемах
*а* — столкновение с задним автомобилем; *б* — наезд на столбики ограждения дороги

Большие значения относятся к легковым автомобилям, а меньшие — к грузовым.

При ошибке в выборе передачи переключение нужно сопровождать сильной „перегазовкой". Приемы управления автомобилем и скорость его движения на спуске должны выбираться с учетом крутизны уклона, ширины дороги и состояния ее покрытия. Движение накатом допустимо на пологих спусках. При этом двигатель выключать нельзя, так как вместе с ним окажутся выключенными гидроусилитель рулевого управления и компрессор тормозной системы. Недопустимо движение накатом даже на отлогих спусках по обледенелой или заснеженной дороге, так как водитель должен быть готовым при первой необходимости тормозить двигателем.

Ситуации, изображенные на рис. 2.32, сложились из-за того, что водители при движении на спуске неверно оценили его характеристики и допустили ошибочные действия. Водитель грузового автомобиля (см. рис. 2.32, *а*) допустил движение на несоответствующей крутизне уклона передаче. Желая снизить скорость, он попытался затормозить и включить низшую передачу, но не справился с управлением. Водитель автопоезда (рис. 2.32, *б*) на отлогом обледенелом

Рис. 2.32. Опасные ситуации при движении автомобилей на крутых спусках:
*а* — выезд на обочину; *б* — выезд на левую сторону дороги

спуске двигался со скоростью, не соответствующей состоянию дорожного покрытия. Пытаясь принять вправо, чтобы уступить дорогу встречному автомобилю, он притормозил, что привело к заносу автопоезда.

Для преодоления затяжных и крутых спусков перед спуском следует снижать скорость и включать необходимую передачу. Это правило особенно важно выполнять водителям грузовых автомобилей, автобусов и автопоездов большой массы. Выбирать передачу надо таким образом, чтобы двигатель работал на малых оборотах. На затяжных крутых спусках необходимо включать такую же передачу, как и для преодоления подъема такой же крутизны.

Водитель, изменяя положение педали управления дроссельной заслонкой, корректирует скорость движения, не допуская ее роста до опасных значений.

При остановке на крутых подъемах и спусках во избежание произвольного движения колеса автомобиля нужно упереть в бордюр, камень или другое препятствие, включив заднюю или первую передачу и стояночный тормоз. Если на спуске или за ним образовался затор, рекомендуется выбрать место для остановки и дождаться освобождения дороги. При неблагоприятной погоде (сильный снегопад, ветер, туман) на крутых подъемах и спусках горных дорог благоразумнее всего проявить выдержку и не спешить.

Дороги в горной местности характеризуются большим числом затяжных подъемов и спусков, крутыми поворотами малого радиуса с крайне ограниченной обзорностью. Горные дороги, как правило, проходят вплотную к отвесным скалам с одной стороны и к обрыву с другой. Резкие колебания температуры воздуха сопровождаются выпадением осадков. На высоте 4000 м человек чувствует недостаток кислорода, появляются сердечные и головные боли. На такой высоте мощность двигателя уменьшается почти наполовину, вода в системе охлаждения закипает при температуре около 85 °C, из-за изменения электрического сопротивления возникают перебои в системе зажигания, давление в рессивере не превышает 450 кПа, а внутреннее давление в шинах растет. Все это требует специальной подготовки автомобиля, а водитель должен пройти специальную стажировку.

В горах следует двигаться на невысоких скоростях с соблюдением предельной осторожности. Переключают передачи только на прямых участках дороги. В любых местах двигаться можно только по правой стороне. Очень опасен выезд на обочину у обрыва без следов других автомобилей. На мягких грунтах и на обочине, покрытой снегом, это часто грозит обвалом.

При тумане и во время сильного дождя, когда видимость не превышает 10 м, автомобиль останавливают в стороне от проезжей части, включают свет и при необходимости подают звуковые сигналы. Во время длительной стоянки на большой высоте нужно проверять состояние воды в системе охлаждения. При резком понижении температуры воздуха двигатель прогревают или сливают воду из системы охлаждения.

### 2.7.6. ВОЖДЕНИЕ АВТОМОБИЛЯ ПО СКОЛЬЗКИМ ДОРОГАМ

Управление автомобилем на обледенелой дороге связано с предупреждением его буксования и заноса, съезда с дороги и даже опрокидывания. Начинать движение на таких дорогах нужно на второй или третьей передаче при малой частоте вращения коленчатого вала. Включать сцепление, поворачивать рулевое колесо, изменять положение педали управления дроссельной заслонкой, тормозить нужно как можно плавнее, не выключая сцепление. При движении на поворотах торможение и увеличение частоты вращения коленчатого вала недопустимы. При заносе на повороте, если позволяет обстановка, можно выключить сцепление и прекратить нажатие на педаль управления дроссельной заслонкой.

Зимой на внешне чистой дороге могут неожиданно встретиться участки, покрытые ледяной или снежной коркой. Если водитель заметит впереди такой участок, нужно немедленно снизить скорость. Торможение заканчивают до въезда на такой участок, если даже скорость не удалось погасить. Особенно опасно торможение, когда лед окажется под колесами одного борта автомобиля, так как из-за большой разницы тормозных сил автомобиль может резко развернуться.

Обледенелые подъемы и спуски преодолевают на низших передачах. При буксовании автомобиля на подъеме рекомендуется включить передачу заднего хода, спуститься к основанию подъема, после чего предпринять новую попытку преодолеть подъем, но с более энергичным разгоном.

При продолжительной работе на участках скользкой дороги давление в шинах на не полностью груженных автомобилях можно уменьшить на 1/3. Это увеличит площадь контакта шин с дорожным покрытием, что несколько снизит опасность их скольжения.

### 2.7.7. ПРЕОДОЛЕНИЕ БРОДА. ВОЖДЕНИЕ ПО ЛЕДОВОЙ ПЕРЕПРАВЕ

Для переезда реки вброд нужно обследовать ее дно, глубину, твердость грунта, выявить наличие ям и больших камней. Признаками брода являются дороги, подходящие к реке с обеих сторон, уширение реки на ее прямом участке, пологие берега на изгибах реки, отсутствие растительности на берегах. Выбирая место переезда, нужно проверить брод, установить вешки для ориентирования движения.

Броды небольшой глубины (когда вода не доходит до лопастей вентилятора) преодолевают без предварительной подготовки автомобилей. Для легковых автомобилей предельная глубина такого брода равна 0,4–0,5 м, а для грузовых 0,6–0,8 м. Перед преодолением брода необходимо закрыть жалюзи. Ехать нужно равномерно на первой передаче при средней скорости вращения коленчатого вала двигателя, не останавливаясь и не снижая оборотов, иначе вода может проникнуть в глушитель. При этом двигатель остановится. При остановке автомобиля вода начинает вымывать грунт из-под колес и растет их погружение, создавая трудности трогания автомобиля с места.

Перед выездом на противоположный берег частоту вращения коленчатого вала плавно увеличивают. После переправы необходимо просушить фрикционные накладки тормозов, для чего выполняют несколько легких притормаживаний рабочим тормозом.

Для преодоления брода повышенной глубины двигатель, агрегаты и узлы автомобиля герметизируют специальными приспособлениями, пластилином или замазкой, изоляционной лентой, солидолом.

Перед преодолением водной преграды по льду определяют место переправы, толщину и прочность льда. Признаками переправы являются следы от прошедших транспортных средств, надежные места спуска на лед и выезда на берег. На пути переправы лед должен быть чистым и иметь вид сплошной стекловидной массы без прослоек снега и воздушных пор, причем он должен быть прочно связан с берегом. Для определения толщины льда через 15–25 м вырубают лунки и в них делают замеры с помощью линейки или молотка. Толщина льда 15 см достаточна для движения автомобиля массой до 2 т. Утолщение льда на каждые 5 см допускает увеличение нагрузки на 1 т. Прочность льда водоемов с соленой водой меньше, чем у пресных водоемов, на 25–30 %.

Если толщина льда для переправы недостаточна, при необходимости можно укладывать на лед деревянные настилы. Полоса переправы должна быть расчищена от снега.

Движение по льду производится с открытой дверцей кабины водителя, людей из кузова и кабины высаживают. Двигаться нужно плавно со скоростью не более 10 км/ч без резких поворотов, торможения, переключения передач и остановок.

При появлении треска, сильного прогиба льда или при появлении воды на поверхности льда скорость движения плавно увеличивают. Не рекомендуется двигаться на автомобиле по льду весной при начавшемся разрушении льда.

### 2.7.8. ВОЖДЕНИЕ АВТОМОБИЛЯ В ЗОНЕ ДОРОЖНЫХ СООРУЖЕНИЙ

Тяжелые ДТП происходят на железнодорожных переездах. Основными их причинами являются недооценка водителями опасности, которую представляют собой переезд, и грубые нарушения требований безопасности, предписанных Правилами.

Статистика аварийности на переездах показывает, что работники охраны железнодорожных переездов часто допускают разнообразные нарушения: не включают предупредительную сигнализацию, не закрывают или не открывают шлагбаум или делают это с опозданием, не контролируют исправность сигнальной аппаратуры. Поэтому к негорящим огням или открытому шлагбауму водителю нужно относиться с сомнением, особенно если видимость колеи железной дороги ограничена (рис. 2.33). Подъезжая к железнодорожному переезду, нужно заблаговременно снизить скорость, а при ограниченном обзоре железнодорожной колеи остановиться.

Прежде чем пересекать железнодорожный переезд, водителю нужно обратить внимание на наличие на нем дефектов покрытия или настила, неровностей, которые могут послужить причиной задержки. Начинать движение в

Рис. 2.33. Опасная ситуация на железнодорожном переезде при плохой обзорности

случае приближения поезда не следует, если есть хотя бы малейшая опасность задержки на путях.

Чтобы избежать остановки на рельсах, нужно включить понижающую передачу. Если впереди движется автомобиль, нужно установить такую дистанцию, чтобы в случае остановки его можно было объехать. В темное время суток пересекать переезд нужно с включенным ближним светом фар, а ожидать проезда поезда – с включенными габаритными огнями. При приближении к железнодорожному переезду на ветках местного значения возможно появление локомотива или дрезины, у которых отсутствует или не включен головной прожектор, что затрудняет их своевременное обнаружение.

Чрезвычайно опасно движение через железнодорожный переезд без шлагбаума в тумане, когда можно не заметить дорожные знаки и предупредительные сигналы, а также свет приближающегося поезда. В таких случаях нужно быть особенно осторожным.

Пересекать переезд нужно по возможности быстрее, но так, чтобы не повредить автомобиль на выступах и выбоинах.

Если по каким-либо причинам на переезде заглохнет двигатель автомобиля, нужно попытаться его пустить обычным способом. Если это не удается, нужно попытаться освободить переезд любым способом, в том числе с помощью пассажиров или транспортных средств. Можно убрать автомобиль с переезда посредством стартера или

Рис. 2.34. Элементы устройства деревянного моста, по которым определяют его грузоподъемность:
*1* — сваи; *2* — насадка; *3* — прогон; *4* —настил

пусковой рукоятки. Для этого устанавливают первую передачу или передачу заднего хода и коленчатый вал двигателя поворачивают стартером или пусковой рукояткой (при выключенном зажигании). Тяжеловесные транспортные средства можно удалить с переезда посредством буксира или выталкиванием другими транспортными средствами.

Мосты и подъезды к ним следует рассматривать как опасные участки на дороге, требующие от водителей соблюдения мер предосторожности. Отсутствие обочин на мостах создает у водителей впечатление значительного сужения. Поэтому несмотря на то, что проезжая часть на всех автомобильных мостах несколько шире, чем на прилегающем участке дороги, водители стремятся прижаться к осевой линии, что часто затрудняет встречный разъезд.

Во многих случаях подъезды к мостам выполняют под углом. Чем круче такая кривая, тем бо́льшую опасность представляет она для въезжающих на мост и съезжающих автомобилей. В месте соединения проезжих частей прилегающих дорог с мостами часто бывают ямы, колдобины, неровности. Кроме того, перед въездом на многие мосты обзорность ухудшена. Поэтому на подходах к большинству мостов скорость движения должна быть заблаговременно снижена до безопасных пределов. Двигаться по мосту нужно с постоянной скоростью, соблюдая безопасную дистанцию.

С наступлением холодов при въезде на мост надо остерегаться гололедицы, хотя ее еще может не быть на полотне дороги. Это объясняется тем, что пролетные строения моста быстро охлаждаются. Обледенению способствует также повышенная влажность воздуха от испарения воды.

На автомобильных дорогах с твердым покрытием мосты построены капитально и об их грузоподъемности, если она ограничена, судят по дорожным знакам. На грунтовых дорогах часто встречаются деревянные мосты, состояние и грузоподъемность которых нигде не обозначены. Прежде чем выезжать на такой мост, водитель должен остановиться, тщательно осмотреть подъезды к нему, убедиться в его прочности и определить грузоподъемность. Грузоподъемность деревянного моста определяют по размеру пролета между сваями, по толщине свай, насадок, прогонов и настила (рис. 2.34). При этом учитывают состояние отдельных деталей моста (наличие трещин, гнили и т. п.).

Приближенно грузоподъемность может быть определена с помощью размеров элементов моста:

| Диаметр, см: | | | | |
|---|---|---|---|---|
| сваи | 15—16 | 17 | 18 | 25 |
| насадки | 18—20 | 20—22 | 22—25 | 25—30 |
| прогона | 22—25 | 26—28 | 29—30 | 32—36 |
| Толщина настила, см | 6—8 | 7—9 | 9 | 10 |
| Грузоподъемность моста, т | 15 | 30 | 50 | 100 |

Двигаться по деревянному мосту нужно с малой скоростью, избегая рывков, торможений и остановок. Резкие торможения могут привести к порче жердевого или бревенчатого настила и к аварии. На узких деревянных мостах нужно двигаться в один ряд и избегать встречных разъездов.

Устройство пересечений в разных уровнях – важное средство увеличения пропускной способности дорог и улучшения организации движения. В целях обеспечения безопасности на пересечении с различными съездами необходимо, чтобы водитель перед изменением направления движения смог быстро определить, каким съездом он должен воспользоваться. Порядок движения и маневрирования на развязке регламентируется дорожными знаками и разметкой. Кроме того, на подступах к развязке обычно выставляют щиты со схемой движения.

Опыт показывает, что аварийная обстановка на развязке возникает из-за того, что водитель, проехав нужный ему поворот, выезжает на закрытые для движения в данном направлении ветви дорожной развязки. Водитель, который по какой-либо причине не повернет на нужный ему съезд, должен следовать в прежнем направлении, как правило, до следующей развязки. Скорость движения, если она не ограничена дорожным знаком, нужно выбирать при подходе к пересечению в зависимости от кривизны путепровода и видимости на нем.

При движении под мостами и путепроводами видимость ухудшена, так как поле зрения сокращено опорами и пролетными строениями. Поэтому, проезжая такие места, нужно придерживаться правого края проезжей части. Путепровод создает впечатление большего или меньшего сужения в зависимости от соотношения ширины и высоты проезда под ним. Так, например, высокий путепровод кажется суженным по сравнению с путепроводом меньшей высоты.

Современные тоннели имеют достаточные размеры для движения транспортных средств и обозначены соответствующими дорожными знаками и вертикальной разметкой. Однако на дорогах можно встретить тоннели с ограниченными размерами и без необходимого обозначения. В таких случаях водитель должен убедиться в безопасности, прежде чем начать движение через тоннель.

### 2.7.9. УПРАВЛЕНИЕ АВТОМОБИЛЕМ ПРИ БУКСИРОВКЕ

Буксирующий автомобиль подают к месту сцепки задним ходом на минимальной скорости с таким расчетом, чтобы при сцепке автомобили находились на одной прямой линии.

Начинать движение необходимо плавно на первой передаче, причем при буксировании на гибкой сцепке перед троганием предварительно натягивают связующее звено. Буксируемый автомобиль нужно вести строго по колее буксирующего. Нужно стараться выдерживать скорость равномерной. Маршрут движения выбирают с таким расчетом, чтобы по возможности избежать крутых поворотов. Резкое торможение при буксировке нежелательно, а для остановки скорость нужно снижать плавно постепенным переходом на низшие передачи без применения рабочего тормоза. На подъемах и спусках останавливаться нежелательно.

Водитель буксируемого автомобиля непрерывно наблюдает за движением и сигналами буксирующего, причем сигналы указателями поворота он должен дублировать. Водитель должен стараться, чтобы трос был в натянутом состоянии, для чего надо подтормаживать рабочим тормозом. Провисание троса приводит к рывкам, а иногда к его обрыву или повреждению сцепных устройств.

Если у буксируемого автомобиля рабочий тормоз имеет пневматический привод, двигатель его должен работать для поддержания давления воздуха в системе. Такая необходимость отпадает, если буксирующий автомобиль имеет устройство для питания сжатым воздухом тормозной системы буксируемого автомобиля (КрАЗ-255). Не допускается длительная буксировка с неработающим двигателем автомобилей, имеющих гидроусилитель рулевого управления, так как при этом заметно увеличивается нагрузка на рулевой механизм.

### 2.7.10. УПРАВЛЕНИЕ АВТОМОБИЛЕМ ПРИ ДВИЖЕНИИ В КОЛОННЕ

Вождение автомобиля в колонне значительно сложнее управления одиночным автомобилем и требует от водителя предельной собранности и внимательности. Двигаясь в колонне на заданной дистанции, водитель лишен необходимой обзорности. Он должен вести автомобиль строго вслед за движущимся впереди транспортным средством. Срезать углы на поворотах или смещаться влево для улучшения обзора дороги не разрешается. В связи с этим многие препятствия возникают перед водителем неожиданно. Это требует постоянной готовности к немедленным действиям, упреждающим аварийную обстановку.

В начале колонны должны двигаться более тяжеловесные и тихоходные транспортные средства, что позволит избежать их отставания и сильного увеличения дистанции между автомобилями. От действий водителя головного автомобиля зависит организованность движения всей колонны. Головной автомобиль движется со скоростью 15–20 км/ч. После того как старший колонны убедится, что все автомобили начали движение, он плавно увеличивает скорость и доводит ее до заданной.

Скорость движения должна устанавливаться в соответствии с поставленной задачей и дорожными условиями. При хорошей видимости днем на улучшенных грунтовых дорогах скорость может быть 30–40 км/ч, а на дорогах с твердым покрытием 40—50 км/ч. При движении колонны ночью с включенными фарами скорость ограничивают до 20—25 км/ч, а при движении в условиях светомаскировки до 10 км/ч. Несоблюдение водителем головного автомобиля скоростного режима приводит к тому, что колонна растягивается.

В процессе движения длина (глубина) колонны непрерывно изменяется. Эти изменения зависят от профиля пути, состояния дорожного покрытия, скорости движения, числа автомобилей в колонне, мастерства водителей. Даже на совершенно ровной дороге можно наблюдать, как колонна то сжимается, то растягивается, несмотря на то, что головной автомобиль движется с постоянной скоростью. Это происходит из-за неумения некоторых водителей выдерживать дистанцию. Чем больше в колонне автомобилей, тем больше будет изменяться ее длина. На любом маршруте встречаются препятствия, неровности, спуски, подъемы, которые требуют снижения скорости при их преодолении. Один водитель преодолевает такое препятствие с минимальной потерей скорости и сразу восстанавливает заданную дистанцию. Другой значительно снижает скорость и затем догоняет колонну с трудом. Следующий за ним водитель вынужден догонять колонну на еще более высокой скорости, а последний в колонне автомобиль часто идет на предельно допустимой скорости. Старший колонны и водитель головного автомобиля, изменяя режим движения, должны предупреждать чрезмерно большое увеличение длины колонны и скорости движения ее автомобилей.

Подъемы по возможности преодолевают с разгона, для чего водитель головного автомобиля увеличивает скорость с таким расчетом, чтобы увеличить дистанцию между автомобилями и дать им возможность разогнаться. После преодоления подъема скорость головного автомобиля уменьшают до момента, пока все автомобили не преодолеют подъем.

При движении колонны в тумане скорость уменьшают, а дистанции сокращают до таких пределов, чтобы водитель постоянно видел задние фонари идущего впереди автомобиля. В тумане, как и в пыли, колонна движется только по правой стороне дороги, остановка колонны не допускается. На скользких дорогах дистанцию увеличивают примерно в 2 раза по сравнению с нормальной. Выход на обледенелый или покрытый укатанным снегом подъем или спуск разрешается лишь после того, как впереди идущий автомобиль его преодолел.

Перед крупными населенными пунктами, после выхода из них, а также после преодоления труднопроходимых участков скорость движения головного автомобиля и дистанции в колонне уменьшают, колонна подтягивается. В целях безопасности перед крупными населенными пунктами нужно делать небольшие привалы, а населенные пункты проходить с пониженной скоростью. Движение накатом в колонне не допускается.

Для остановки колонны по возможности надо выбирать площадку за пределами дороги. Стоянка на обочине допускается только на участках с хорошей видимостью. Дистанция между автомобилями при остановках сокращается до 2—3 м. Остановки (привалы) колонны делают через каждые 2 ч движения на 15—20 мин. Во время такой остановки водитель должен осмотреть автомобиль, устранить возникшие неисправности и закрепить груз. При движении колонны более 7 ч организуют большой привал (2—3 ч) для отдыха и питания людей, дозаправки и обслуживания автомобилей.

## Контрольные вопросы

1. Чем отличаются условия движения автомобилей в темное время суток?

2. Какими осветительными приборами необходимо пользоваться при движении ночью?

3. Какие меры предосторожности должен принимать водитель при управлении автомобилем в темное время суток и в условиях недостаточной видимости?

4. Как должен водитель управлять автомобилем, чтобы не допустить ослепления светом фар?

5. В чем заключается особенность управления автомобилем по грунтовым дорогам?

6. Какие меры предосторожности необходимо соблюдать при движении по заснеженному участку дороги?

7. Какие необходимо использовать приемы безопасного управления автомобилем при движении по бездорожью?

8. Каковы условия безопасного управления автомобилем на крутых поворотах (подъемах и спусках)?

9. Почему недопустимо использование наката при движении на крутых спусках и на скользкой дороге?

10. Какие меры безопасности должны соблюдаться при движении по горной дороге?

11. Какие меры предосторожности должен выполнять водитель при преодолении брода?

12. Какие меры предосторожности должен соблюдать водитель при движении по льду водоема?

13. Какими приемами безопасного управления автомобилем нужно пользоваться водителю при движении в зоне железнодорожных переездов?

14. Какие меры предосторожности необходимо соблюдать при движении по мостам, виадукам и под ними?

15. Назовите основные приемы безопасного управления автомобилем при буксировке механических транспортных средств?

16. Как должны выбираться и изменяться скорость и дистанция между автомобилями при движении в колонне?

### Глава 2.8. ЭКОНОМИЧНОЕ УПРАВЛЕНИЕ АВТОМОБИЛЕМ

#### 2.8.1. МЕТОДЫ УМЕНЬШЕНИЯ ПОТЕРЬ ТОПЛИВА ПРИ ПУСКЕ И ПРОГРЕВЕ ДВИГАТЕЛЯ

Экономичное управление автомобилем является очень важной задачей. Она связана с растущим дефицитом топлива нефтяного происхождения. Кроме того, повышенный расход топлива сопровождается загрязнением окружающей среды и повышенным изнашиванием деталей автомобиля. Поэтому водитель в повседневной работе должен стремиться экономить топливо.

Все потери топлива, к которым причастен водитель, можно разделить на две группы. Первая группа связана с прямыми потерями, которые возникают вследствие подтекания топлива из системы питания или испарения, неправильной заправки, некачественного технического обслуживания и ремонта автомобиля. Эти потери характеризуют уровень технической культуры и нравственности водителя.

Вторая группа потерь связана с выбросом части топлива с отработавшими газами в виде продуктов неполного сгорания. Эти потери во многом зависят от навыков водителя в выборе рациональных режимов работы двигателя. Технически грамотное выполнение таких операций и приемов управления автомобилем, как предпусковая подготовка и пуск двигателя, начало движения, разгон, движение в разнообразных условиях, может обеспечить экономию 5–20 % топлива.

На выполнение операций, связанных с подготовкой двигателя к пуску, пуском и его прогревом расходуется определенная часть заправленного топлива. При неблагоприятных погодных условиях в открытом хранении автомобиля суммарные потери топлива на эти операции доходят до 3 % общего его расхода. Наиболее высоки потери топлива при пуске и прогреве двигателя зимой. В это время приготовление горючей смеси в карбюраторных двигателях происходит только за счет легкоиспаряющейся части бензина, которая не превышает 10 %. Это означает, что 90 %

топлива не участвует в процессе сгорания и выбрасывается с отработавшими газами. В дизельном двигателе распыливание топлива зимой ухудшается из-за увеличения его вязкости.

К основным причинам, затрудняющим пуск холодного двигателя, относятся:

несоответствие сорта и качества топлива техническим условиям предприятия-изготовителя;

нарушение правильной работы пусковой системы карбюратора;

неудовлетворительное состояние аккумуляторной батареи или стартера;

повышенная вязкость моторного масла;

неплотное прилегание впускного трубопровода или карбюратора к своим фланцам;

недостаточная частота вращения коленчатого вала двигателя.

В гл. 2.5 описаны правила подготовки к пуску и пуска двигателей при различной его температуре. Соблюдение их обеспечивает и сокращение потерь топлива.

Работу пусковой системы карбюратора нужно периодически проверять. Признаком ее неисправности является затрудненный пуск холодного двигателя или резко возрастающий расход топлива. В пусковых системах с ручным управлением причиной неисправности является заедание тяги, рычага или заслонки, а в автоматически управляемых системах – заедание заслонки или неисправность биметаллической пружины.

Пуск двигателя при низкой температуре намного облегчается в случае применения северных сортов топлива и моторных масел.

После пуска холодного двигателя его следует подогреть в течение 4–5 мин при минимальной частоте вращения коленчатого вала, а затем в течение 3–5 мин при повышенной частоте до температуры 30...40 °С (меньшее значение относится к зимним условиям эксплуатации). При этой температуре расход топлива на 10–15 % выше, чем при рабочей температуре охлаждающей жидкости, равной 80...90 °С. В холодном коллекторе топливо плохо испаряется и около 40 % его, поступая в камеру сгорания в виде пленки, не сгорает. Поэтому для облегчения пуска холодного двигателя и уменьшения расхода топлива желательно подогревать впускной трубопровод, например, с помощью нагретой в горячей воде и выжатой тряпки.

## 2.8.2. РЕЖИМЫ ЭКОНОМИЧНОГО УПРАВЛЕНИЯ АВТОМОБИЛЕМ

После длительной стоянки автомобиля холодные детали его трансмиссии и ходовой части оказывают дополнительное сопротивление движению и являются причиной добавочного расхода топлива. Поэтому движение холодного автомобиля нужно начинать на первой передаче. Прогрев масла в механизмах трансмиссии, подшипниках ходовой части и шин завершается в зависимости от условий движения через 10—25 км пробега. Однако во время остановок трансмиссия и ходовая часть автомобиля остывают быстрее, чем его двигатель.

Чтобы разгон автомобиля был экономичным, продолжительность движения на промежуточных передачах должна быть сведена до минимума, а переключение должно производиться в определенные моменты.

Так, продолжительность разгона грузового автомобиля средней грузоподъемности типа ЗИЛ-130-76 путем последовательного переключения передач до наиболее экономичной скорости, равной 60 км/ч, на ровном горизонтальном участке с твердым покрытием не должна превышать 26 с, а путь разгона 300 м. Включать очередную передачу надо при следующих значениях скорости движения автомобиля и частоте вращения коленчатого вала двигателя:

|  | Скорость, км/ч | Частота вращения, мин$^{-1}$ |
|---|---|---|
| Вторая передача | 9 | 2300 |
| Третья " | 15 | 2100 |
| Четвертая " | 25—30 | 1800—1900 |
| Пятая " | 30—35 | 1500—1600 |

Наибольшая экономия топлива при разгоне достигается при открытии дроссельной заслонки приблизительно на 50 %. Такие режимы у быстроходных карбюраторных двигателей обеспечивают и наибольшее ускорение автомобиля. Разгон автомобиля при небольшом открытии дроссельной заслонки занимает больше времени и связан с излишним расходом топлива. Разгон при открытой дроссельной заслонке более чем на 75 % также неэффективен.

Экономичный разгон автомобиля с дизелем на каждой из промежуточных передач из-за наличия всережимного регулятора достигается при полной подаче топлива. Переключать на очередную высшую передачу необходимо при частоте вращения коленчатого вала двигателя, равной 65—75 % максимальной частоты вращения. Путь разгона автомобиля КамАЗ-5320 с нагрузкой 8,1 т до скорости 60 км/ч не должен превышать 350 м. Включать очередные передачи надо при следующих значениях скорости движения автомобиля (км/ч): вторая передача — 10; третья — 20; четвертая — 35; пятая — 60. Чем выше передача и чем большую протяженность пути автомобиль движется на ней с постоянной скоростью, тем он работает более экономично. Движение автомобиля с постоянной скоростью обеспечивает снижение расхода топлива на 35—40 % по сравнению с движением на неустановившихся режимах. Для грузовых автомобилей наиболее экономичная работа соответствует скорости 60—65 км/ч. С такими скоростями грузовые автомобили движутся на загородных дорогах около 40 % всего времени. На центральных улицах крупных городов наиболее типичной является скорость несколько больше 20 км/ч, а на объездных маршрутах около 30 км/ч. Причем, если на загородных дорогах продолжительность включения высшей передачи для грузовых автомобилей составляет 94—97 % всего времени движения, то в городских условиях 40—50 %.

Переход на высшую передачу целесообразен с точки зрения экономии топлива, если общее время, затрачиваемое на разгон автомобиля, будет меньше, чем продолжительность движения на высшей передаче. Автомобиль должен двигаться с постоянной скоростью на наивысшей для данных условий передаче. Для правильного выбора необходимой передачи можно рекомендовать следующее. Если двигатель работает устойчиво при частоте вращения коленчатого вала, равной приблизительно 50 % максимальной частоты, целесообразно переходить на более высокую передачу.

Экономичные режимы работы двигателя находятся между 45 и 75 % максимальной частоты вращения коленчатого вала.

Снижать скорость движения нужно плавно, по возможности двигаться накатом. Рабочим тормозом в этих случаях целесообразно пользоваться лишь для остановки автомобиля в определенном месте. Таким способом, например, нужно вести автомобиль, приближаясь к перекрестку, на котором включен запрещающий сигнал светофора. Вне населенных пунктов на ровных участках дорог с твердым покрытием, а также при наличии небольших продольных уклонов использование метода движения „разгон—накат" обеспечивает экономию топлива 5—10 %. Причем экономичность метода „разгон-накат" достигается, если путь наката превышает путь разгона не менее чем на 35 %. Испытания показали, что при движении автомобиля ВАЗ-2105 этим методом при средней скорости 75 км/ч достигается экономия топлива около 9 %. Для обеспечения наибольшего экономического эффекта нельзя допускать большого снижения скорости автомобиля в конце наката. Так, для грузовых автомобилей при снижении скорости до 50—55 км/ч вне населенных пунктов нужно начинать разгон.

При движении автомобиля по холмистой, а тем более горной местности двигатель расходует значительно больше топлива, чем на ровной дороге. Это объясняется тем, что чаще приходится двигаться на пониженной передаче. Кроме того, под влиянием низкого атмосферного давления ухудшается наполнение цилиндров и снижается мощность двигателя. Описанные методы преодоления подъемов и спусков в достаточной мере отвечают и требованиям экономии топлива.

Наименьшее количество топлива расходуется при движении автомобиля по горизонтальной дороге с твердым и сухим покрытием. Движение по дорогам с плохим покрытием связано с увеличенным сопротивлением качению, вследствие чего расход топлива повышается на 20 % и более. При этом увеличивается изнашивание деталей автомобиля и особенно его шин. Поэтому, если есть возможность доехать к объекту по более протяженному участку, но с хорошим покрытием, рекомендуется выбрать лучшую, хотя и более длинную дорогу.

Расход топлива увеличивается как в жаркую погоду, так и во время морозов. Высокая температура воздуха способствует образованию переобогащенной смеси. В холодное время года расход топлива возрастает из-за значительных тепловых потерь в двигателе и увеличения сопротивления трансмиссии.

Работа двигателя на холостом ходу во время остановок автомобиля должна быть сведена до минимума. В случае прекращения движения на срок более 2 мин двигатель нужно останавливать. Система холостого хода оказывает заметное влияние на экономию топлива потому, что она продолжает работать и на режимах частичных нагрузок (до 30—40 % мощности). Снижение расхода топлива на 1—1,5 % удается получить при своевременной регулировке системы холостого хода.

### 2.8.3. ПРИБОРЫ ДЛЯ КОНТРОЛЯ РАСХОДА ТОПЛИВА ПРИ ДВИЖЕНИИ АВТОМОБИЛЯ

Водитель не имеет возможности непрерывно контролировать результаты своих действий с точки зрения экономичного управления автомобилем. При освоении методов экономичного управления можно использовать бортовые технические средства обучения, такие, как эконометры, тахографы и индикаторы неисправностей.

*Эконометры* позволяют выбирать и сравнивать режимы движения автомобиля. Конструкции их весьма разнообразны – от простейших до сложных электронных устройств. Наибольшее распространение получили пневмомеханические эконометры, принцип действия которых основан на зависимости расхода топлива от разрежения во впускном трубопроводе.

При использовании вакуумно-механического эконометра (рис. 2.35) разрежение, создаваемое двигателем, передается из впускного трубопровода *1* через штуцер *2* и соединительный шланг *3* к упругому рабочему органу *4*. Перемещаясь, рабочий орган *4* через зубчатый сектор *6* поворачивает стрелку. Расход топлива регистрируется на шкале *5*.

*Тахографы* предназначены для учета и анализа работы автомобилей на линии. Тахограф представляет собой электромеханический прибор, устанавливаемый в кабине водителя на щитке приборов. Привод прибора аналогичен приводу спидометра. Тахографы позволяют регистрировать скорость движения автомобиля, суммарный пройденный путь и текущее время, а также частоту вращения коленчатого вала и расход топлива. Все показания записываются

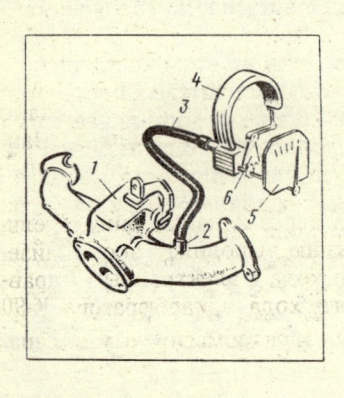

Рис. 2.35. Схема вакуумно-механического эконометра

на специальной ленте. После окончания работы записанные параметры дешифрируют и подвергают анализу. Для междугородных перевозок используют тахографы с пакетом дисков. Оснащение грузовых автомобилей тахографами позволяет добиваться уменьшения расхода топлива и повышения эффективности использования рабочего времени водителя.

Повысить эффективность использования автомобилей удается, в частности, благодаря приспособлению его конструкции к диагностированию технического состояния. А применение экономайзеров принудительного холостого хода с электронным управлением (на автомобилях ЗИЛ и ВАЗ) не только позволяет диагностировать техническое состояние дизеля, но улучшает топливную экономичность на 1,5–2 % и более чем в 2 раза уменьшает выброс углекислого газа при замедлении движения автомобиля. Это достигается автоматическим закрытием дроссельной заслонки.

Такие устройства получили развитие наряду с внедрением многокамерных карбюраторов с последовательным (ступенчатым) открытием дроссельных заслонок. В двухкамерных карбюраторах первичная камера обеспечивает экономичную работу автомобиля на холостом ходу, режимах малых и средних нагрузок, особенно в условиях городских режимов движения. Вторичная камера вступает в работу при больших нагрузках и эффективна при высоких скоростях движения.

При резком закрытии дроссельной заслонки горючая смесь временно обогащается. Для предотвращения этого между карбюратором и впускным трубопроводом устанавливают ограничитель разрежения. Принцип его работы заключается в том, что на режиме принудительного холостого хода под действием высокого разрежения открывается клапан и во впускной трубопровод поступает дополнительное количество воздуха. Использование ограничителя, кроме того, уменьшает содержание углекислого газа и расход масла в изношенных двигателях на 15–20 %, однако при этом несколько увеличивается расход топлива. Наиболее эффективный путь экономии топлива на режиме принудительного холостого хода достигается полным прекращением подачи топлива через каналы принудительного холостого хода. Эту функцию выполняют экономайзеры принудительного холостого хода с электронным управлением. Так, каналы холостого хода в карбюраторе К-90 (рис. 2.36) перекрываются двумя электромагнитными клапа-

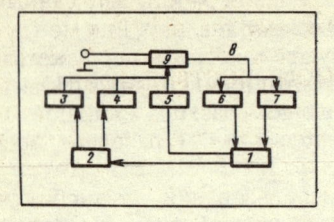

Рис. 2.36. Схема экономайзера ПХХ карбюратора К-90:
*1* — карбюратор; *2* — двигатель; *3* — датчик частоты вращения коленчатого вала; *4* — датчик положения дроссельной заслонки; *5* — датчик температуры охлаждающей жидкости; *6* и *7* — электромагнитные клапаны; *8* — соединительный кабель; *9* — электронный блок управления

нами *6* и *7*, управление которыми осуществляется от датчика *3* частоты вращения коленчатого вала и от датчика *4* положения дроссельной заслонки.

## Контрольные вопросы

1. Как добиваться наименьшего расхода топлива при пуске и прогреве двигателя?
2. Какие приемы управления автомобилем обеспечивают наилучшую экономию топлива?
3. В каких условиях целесообразно управление автомобилем методом „разгон-накат"?
4. Как целесообразно управлять дроссельной заслонкой (подачей топлива) при различных режимах движения автомобиля?

# Раздел 3

# ПЕРВАЯ МЕДИЦИНСКАЯ ПОМОЩЬ ПОСТРАДАВШИМ

### Глава 3.1. ОБЩИЕ ПОЛОЖЕНИЯ

#### 3.1.1. ДОРОЖНО-ТРАНСПОРТНЫЙ ТРАВМАТИЗМ

Дорожно-транспортный травматизм за последние десятилетия стал крупнейшей социальной проблемой. Многие экономически развитые страны переживают настоящую эпидемию автомобильных катастроф, а число их жертв достигло колоссальных цифр. Велики потери и в Советском Союзе. У нас в стране в 1983–1987 гг. в ДТП погибло около 220 тыс. чел., 1,2 млн. получили ранения. Ежегодные потери рабочего времени составляли из-за этого 350–400 млн. чел.-дней, что наносит существенный ущерб экономике.

Опыт показывает, что жизнь пострадавших нередко зависит от того, какая им будет оказана помощь в первые минуты после ДТП. По мнению японских специалистов, если пострадавший находился в состоянии клинической смерти не более 3 мин, вероятность того, что жизнь удастся спасти, составляет 75 %. При увеличении этого промежутка до 5 мин вероятность уменьшается до 25 %, по прошествии 10 мин человека спасти не удается.

Во Франции 60 % жертв ДТП погибает в течение первых 100 мин. В Советском Союзе из-за несвоевременного оказания медицинской помощи при ДТП погибает 23 % пострадавших.

По данным Московского городского научно-исследовательского института скорой помощи им. Н. В. Склифосовского, примерно у 17 % погибших в ДТП причиной смерти были кровотечение, асфиксия (удушье) и другие состояния, требовавшие немедленной доврачебной медицинской помощи, которая им не была вовремя оказана. Установлено также, что из числа всех, получивших тяжелые травмы при ДТП, 60 % погибает на месте и 8 % при эвакуации в лечебные учреждения.

### 3.1.2. ПРИНЦИПЫ ОРГАНИЗАЦИИ И ПОСЛЕДОВАТЕЛЬНОСТЬ ОКАЗАНИЯ МЕДИЦИНСКОЙ ПОМОЩИ

Положением о системе поэтапного оказания медицинской помощи пострадавшим при дорожно-транспортных происшествиях (приложение 1 к приказу Минздрава СССР № 3 от 4 января 1983 г. предусмотрены три последовательных этапа этой помощи:

*первый* – на месте ДТП. Он включает самопомощь и взаимопомощь лицами, оказавшимися на месте происшествия, а также помощь вызванных медицинских работников;

*второй* – при транспортировке пострадавших в лечебное учреждение;

*третий* – в лечебном учреждении.

Предусмотрены также порядок выделения и закрепления лечебно-профилактических учреждений за участками автомобильных дорог и установка на них дорожных знаков с указанием места расположения пунктов первой помощи. На дорогах устанавливают также знаки, которые обозначают ближайшее лечебно-профилактическое учреждение. Пункт первой помощи обозначается дорожным знаком 6.1. На знаке 6.2 указывается расстояние до больницы, в которой может быть оказана медицинская помощь пострадавшим при ДТП в полном объеме. Приказом Минздрава СССР утверждено также положение о порядке выдачи и установки опознавательного знака автомобиля, управляемого водителем-врачом (приложение 5 к приказу). Такой знак устанавливают на автомобилях только тех врачей, которые могут оказать пострадавшим при ДТП квалифицированную помощь. Списки этих врачей составляет главный врач лечебного учреждения и утверждают местные органы здравоохранения. Автомобили, принадлежащие врачам, могут быть обозначены специальным опознавательным знаком только с их согласия. Врачу при этом выдают удостоверение и талон на право бесплатного использования любого транспортного средства в случаях, угрожающих жизни больного или пострадавшего.

### 3.1.3. ТРЕБОВАНИЯ ОБ ОКАЗАНИИ МЕДИЦИНСКОЙ ПОМОЩИ

В соответствии с п. 4.4 Правил при ДТП водители, причастные к нему, должны „... принять возможные меры для оказания доврачебной медицинской помощи пострадавшим, вызвать „Скорую медицинскую помощь", а если это невозможно, отправить пострадавших на попутном или отвезти на своем транспортном средстве в ближайшее лечебное учреждение. . .". Кроме того, водитель должен предоставлять транспортное средство:

работникам милиции, дружинникам и внештатным сотрудникам милиции для доставки в ближайшее лечебное учреждение лиц, нуждающихся в безотлагательной медицинской помощи;

медицинским работникам, следующим в попутном направлении для оказания медицинской помощи, а также независимо от направления движения врачам и среднему медицинскому персоналу для проезда к больному в случаях, угрожающих его жизни, или для транспортировки такого больного в ближайшее лечебное учреждение (п. 3.4 Правил).

Водители, нарушившие эти правила, несут уголовную ответственность.

Дорожно-транспортное происшествие рассматривается как преступление в зависимости от тяжести наступивших последствий, в частности, от тяжести травм, полученных пострадавшим. Особенно большая ответственность ложится на водителя, если происшедшее по его вине ДТП приводит к смерти пострадавшего. Критерием, определяющим, можно ли умершего считать погибшим при ДТП, является срок, в течение которого наступает смерть. Этот срок неодинаков в разных странах. Так, в Венгрии и Польше он составляет 2 дня, в Австрии 3 дня, во Франции 6 дней, а в Италии и СССР 7 дней. По определению ЕЭК ООН погибшим считается лицо, скончавшееся в течение 30 сут после ДТП. Согласно УК РСФСР, все телесные повреждения делятся на тяжкие, менее тяжкие и легкие. Наказание виновного в ДТП водителя зависит от того, к какому виду телесных повреждений будут отнесены травмы пострадавшего.

К тяжким относятся телесные повреждения: опасные для жизни; повлекшие за собой потерю зрения, слуха, языка, руки, ноги; повлекшие за собой расстройство здоровья и стойкую утрату трудоспособности не менее чем на 1/3 (35 %).

К менее тяжким относятся телесные повреждения: не опасные для жизни; без потери органа или функций; вызвавшие длительное расстройство здоровья (свыше 4 недель); повлекшие за собой значительную, стойкую утрату работоспособности менее 1/3 (15– 35 %).

К легким относятся телесные повреждения: повлекшие за собой кратковременное расстройство здоровья (7–28 дней) или незначительную стойкую утрату работоспособности (менее 15 %); не повлекшие за собой кратковременного расстройства здоровья, а также повлекшие расстройство здоровья на срок менее 7 дней или незначительную стойкую утрату трудоспособности.

### 3.1.4. ОСНАЩЕНИЕ ПОСТОВ ГОСАВТОИНСПЕКЦИИ И АВТОМОБИЛЕЙ СРЕДСТВАМИ ДЛЯ ОКАЗАНИЯ МЕДИЦИНСКОЙ ПОМОЩИ

Для оказания неотложной медицинской помощи пострадавшим в ДТП стационарные посты ГАИ в соответствии с приказом Минздрава СССР № 3 от 4 января 1983 г. (приложение 3) оснащаются следующими средствами:

| | |
|---|---|
| Жгут кровоостанавливающий, резиновый, шт | 2 |
| Ножницы для разрезания одежды, шт. | 1 |
| Шпатель для языка прямой, плоский, металлический, шт. | 1 |
| Шина проволочная, металлическая, шт: | |
| для верхней конечности | 1 |
|    " нижней " | 1 |
| Носилки санитарные, шт. | 1 |
| Щит медицинский складной (изготавливается на местах), шт | 1 |
| Шкаф медицинский, одностворчатый, шт. | 1 |
| Бинт марлевый, стерильный размером (см), бумажная упаковка: | |
| 7х5 | 1 |
| 10х5 | 1 |
| Салфетки марлевые, стерильные (16х14 см), бумажная упаковка | 1 |
| Пластырь бактерицидный (6х10 см) | 1 |
|    " липкий (6,0х4,5 см) | 1 |
| Раствор йода спиртовой, 5 %-ный, ампулы | 6 |
|    " аммиака 10 %-ный (нашатырный спирт), ампулы | 6 |
| Валидол в таблетках, пенал | 1 |
| Нитроглицерин в таблетках, пенал | 1 |
| Бинт медицинский, эластичный, трубчатый, нестерильный, упаковка: | |
| № 1 (масса 1,5 г) | 1 |
| № 2 (" 3,5 г) | 1 |
| № 3 (" 4 г) | 1 |

Для оказания первой медицинской помощи в дороге предусмотрено оснащение транспортных средств аптечкой со следующим имуществом (приложение 6 к приказу):

валидол в таблетках 0,06 при болях в области сердца, таблетку кладут под язык;

калий перманганат (марганцовка) используют наружно, в водных растворах для полоскания рта, горла и промывания ран (раствор должен быть розового цвета);

водный раствор аммиака 10 %-ный (нашатырный спирт) применяют как раздражающее кожу и отвлекающее средство для вдыхания при обмороке, угаре;

раствор йода, спиртовый, 5 %-ный (настойка йода) применяют наружно как антисептическое средство;

жгут кровоостанавливающий используют для временной остановки кровотечения из артерий конечностей;

лейкопластырь бактерицидный применяют для лечения ссадин, порезов и небольших ран после ожогов.

Приложением 7 приказа предусмотрено также создание комплексных бригад из сотрудников ГАИ и здравоохранения в составе инспектора дорожно-патрульной службы и медицинского работника (врача или фельдшера). Такие бригады оказывают медицинскую помощь пострадавшим при ДТП и участникам движения, пострадавшим по другим причинам, информируют участников движения о расположении близлежащих (закрепленных) лечебных учреждений и расстояние до них, о маршруте следования и времени их работы. Они выявляют лиц, управляющих транспортными средствами в нетрезвом состоянии, и направляют их в лечебное учреждение на экспертизу алкогольного опьянения. Комплексные бригады располагаются на стационарных постах ГАИ или в специальных патрульных автомобилях ГАИ, предназначенных для оказания медицинской помощи пострадавшим при ДТП и эвакуации их в лечебные учреждения.

### Контрольные вопросы

1. Чем характеризуются этапы оказания медицинской помощи на месте ДТП?
2. Перечислите требования к водителю, причастному к ДТП, по оказанию помощи пострадавшим?

### Глава 3. 2. АНАТОМИЯ, ФИЗИОЛОГИЯ ЧЕЛОВЕКА И ПЕРВАЯ МЕДИЦИНСКАЯ ПОМОЩЬ ПРИ ОПАСНЫХ ДЛЯ ЖИЗНИ СОСТОЯНИЯХ

#### 3.2.1. ОРГАНИЗМ КАК ЕДИНОЕ ЦЕЛОЕ

Организм человека функционирует как единое целое. И. П. Павлов в своем учении о высшей нервной деятельности человека и животных убедительно показал, что взаимодействие и взаимозависимость внутренних и внешних проявлений жизнедеятельности организма координирует центральная нервная система. Он установил, что в организме нет ни одного органа и функции, которые не находились бы в той или иной мере под контролем центральной нервной системы. Организм человека постоянно связан с внешней средой, из которой он получает питательные вещества, кислород и одновременно выделяет в нее отработанные продукты жизнедеятельности. На организм воздействуют все изменения внешней среды – колебания температуры, движение и влажность воздуха, солнечная инсоляция и т. д. Связь и активное приспособление организма к окружающей его внешней среде осуществляются корой больших полушарий головного мозга, которая одновременно является высшим регулятором всей деятельности организма.

Целостность организма выражается и в том, что при заболевании и травме страдают не только больные, поврежденные органы или части тела, но всегда проявляется и общая реакция организма. Это выражается в изменении функций нервных клеток и нервных центров, что ведет к поступлению в кровь необходимых гормонов, витаминов, солей и других веществ, участвующих в регулировании жизнедеятельности организма. В результате повышаются его энергетические и защитные возможности. Это помогает преодолевать возникшие нарушения, способствует их компенсации или восстановлению.

На протекание болезненного процесса или травмы положительное или отрицательное влияние оказывает и отношение человека к своему состоянию. Активная борьба с недугом, оптимизм улучшают протекание всех жизненных процессов, сокращают сроки выздоровления, а при травмах – помогают восстановлению нарушенных функций.

Для оценки характера травм и состояния пострадавших при ДТП необходимо знание основ анатомии и физиологии человека. Анатомия – наука о строении человеческого тела. Физиология – наука о функционировании органов и систем человеческого организма. Знание этих предметов позволяет грамотно оказать первую медицинскую помощь, своевременно и правильно эвакуировать пострадавших в лечебное учреждение. Это имеет первостепенное значение для восстановления их здоровья, а нередко и сохранения жизни.

**Органы дыхания.** Организм человека непрерывно расходует энергию, источником которой являются питательные вещества (белки, жиры и углеводы), поступающие с пищей. Энергия, скрытая в этих веществах, освобождается при их окислении в присутствии кислорода, который поступает при дыхании через легкие в кровь и разносится по всем тканям организма. К органам дыхания относятся воздухоносные пути (полость рта, глотка, гортань, трахея, бронхи) и легкие. Бронхи в легких делятся на все более мелкие, и самые маленькие из них заканчиваются пузырьками-альвеолами. При вдохе легкие расширяются, давление в них уменьшается, и атмосферный воздух по воздухоносным путям поступает в альвеолы. Альвеолы окружены мельчайшими кровеносными сосудами. Через тонкие стенки альвеол и сосудов кислород поступает в кровь, а углекислота из крови переходит в альвеолы и выдыхается. Взрослый человек в состоянии покоя совершает 16–20 дыхательных движений в минуту. Частота дыхания увеличивается при физической нагрузке. При травмах дыхательные пути могут быть перекрыты, что приводит к остановке дыхания. Жизнь пострадавшему в таких случаях может спасти только своевременно оказанная помощь.

**Органы пищеварения.** Пищеварение заключается в механической (измельчение, увлажнение, перетирание) и химической обработке пищи. Пищеварение начинается в полости рта, затем пища по пищеводу поступает в желудок, двенадцатиперстную кишку, тонкий и толстый кишечник.

В органах пищеварения сложные молекулы белков, жиров и углеводов расщепляются на более простые соединения. В этих процессах участвуют ферменты, вырабатываемые пищеварительными железами полости рта, желудка и кишечника. Из полости рта пища поступает в пищевод.

Пищевод имеет сужения, в которых могут задерживаться проглоченные инородные тела. Пища продвигается по пищеводу в желудок в результате сокращения мышц пищевода. В желудке пища в течение 6–8 ч подвергается действию ферментов и становится жидкой или полужидкой. В таком состоянии она периодически, небольшими порциями поступает в кишечник. В тонком кишечнике происходит всасывание, т.е. переход различных веществ из пищеварительного тракта в лимфу и кровь, которые доставляют их к клеткам тканей и органов.

**Сердечно-сосудистая система.** Сердце и кровеносные сосуды образуют сердечно-сосудистую систему. Задачей кровообращения является доставка к органам тела необходимого количества крови для того, чтобы удовлетворить их потребность в кислороде и питательных веществах. Кровь по сосудистой системе движется благодаря непрерывной работе сердца. Оно работает подобно нагнетающему и всасывающему насосу (рис. 3.1).

*Сердце* человека состоит из левого *5* и правого *2* предсердий и из левого *6* и правого *8* желудочков. Левое предсердие и левый желудочек отделены от правого предсердия и правого желудочка вертикальной перегородкой. Левое предсердие может сообщаться с правым желудочком, а правое предсердие с правым желудочком только через отверстия в горизонтальной перегородке. Эти отверстия закрываются клапанами, которые открываются только в сторону желудочков. Из левого желудочка кровь поступает

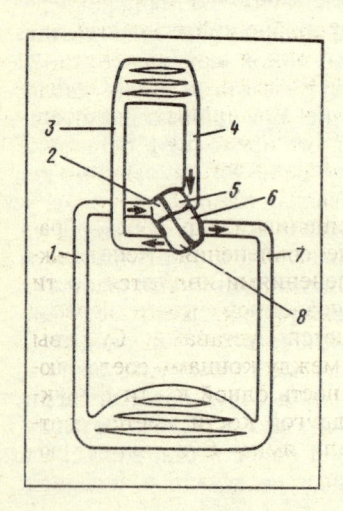

Рис. 3.1. Схема кровообращения человека:
*1* — верхняя и нижняя полые вены; *2* — правое предсердие; *3* — легочная артерия; *4* — легочные вены; *5* — левое предсердие; *6* — левый желудочек; *7* — аорта; *8* — правый желудочек

в самый крупный сосуд – аорту *7*, а из правого желудочка в легочную артерию *3*. Между левым желудочком и аортой, а также между правым желудочком и легочной артерией также имеются клапаны, которые открываются лишь в сторону аорты и легочной артерии. Таким образом, клапанный аппарат сердца обеспечивает движение крови лишь в одном направлении: из предсердия в желудочки и из желудочков в артерии.

Движение крови совершается в замкнутой системе по большому и малому кругам кровообращения (см. рис. 3.1). *Большой круг кровообращения* начинается от левого желудочка и заканчивается в правом предсердии. Кровь из левого желудочка поступает в аорту, которая делится на все более мелкие сосуды, переходящие в сеть мельчайших сосудов-капилляров. Через тонкие стенки капилляров кислород и питательные вещества поступают в ткани, а углекислый газ из тканей в кровь. Капилляры соединяются в мелкие, а затем все в более крупные сосуды, называемые венами. Венозная кровь по верхней и нижней полым венам поступает в правое предсердие.

*Малый круг кровообращения* начинается из правого желудочка, из которого кровь по легочной вене течет в капилляры легких. Здесь она отдает углекислый газ, выдыхаемый легкими в окружающий воздух, и насыщается кислородом, поступающим в легкие при вдохе. Обогащенная кислородом кровь по легочным венам возвращается в левое предсердие, из которого поступает в левый желудочек и далее опять в большой круг кровообращения.

**Опорно-двигательный аппарат.** Кости скелета, скелетные мышцы и суставы образуют опорно-двигательный аппарат. Скелет черепа, грудной клетки и таза служит для защиты жизненно важных органов – мозга, легких, сердца и т.д. Кости скелета подразделяются на длинные, короткие и плоские. К длинным относятся трубчатые кости конечностей; к коротким – позвонки, пяточная кость; к плоским – лопатка, ребра, кости черепа и таза.

Кости скелета в местах соединения между собой образуют подвижные и неподвижные сочленения. Неподвижными или малоподвижными сочленениями являются кости запястья, предплюсны, дужки позвонков, кости черепа. Подвижные сочленения называются суставами. Суставы характеризуются наличием щели между концами соединяющихся костей. Суставная поверхность одной кости выпуклая и называется головкой, на другой кости имеется соответствующая головке впадина или ямка. Суставы заключены в суставную сумку. В толще суставной сумки расположены прочные суставные связки. Суставами конечностей являются: плечевой, локтевой, лучезапястный, тазобедренный, коленный, голеностопный, а также суставы кисти и стопы.

Движения в суставах осуществляются скелетными мышцами. Почти в каждом движении участвует несколько мышц. Амплитуда движений, последовательность их сокращения и расслабления координируются центральной нервной системой.

*Позвоночник* является основным стержнем тела и его опорой. Он состоит из 23–24 отдельных позвонков (7 шейных, 12 грудных, 4–5 поясничных), крестца и копчика. Позвоночник защищает находящийся в позвоночном канале спинной мозг и участвует в движении туловища и головы.

**Нервная система.** Взаимосвязь между органами, быстрые точные и согласованные ответы организма на различные раздражители, а также разнообразные, координированные двигательные акты обеспечиваются благодаря нервной системе человека. Она делится на центральную, периферическую и вегетативную нервные системы. К центральной нервной системе относится головной и спинной мозг. Периферическая нервная система – это нервы, по которым распространяются нервные импульсы с периферии в нервные центры и в обратном направлении из нервных центров ко всем органам. Вегетативная или автономная нервная система регулирует жизненные процессы внутренних органов.

При повреждении головного мозга наступают нарушения двигательных функций, расстройства психики, а в тяжелых случаях – смерть. При повреждении крупных нервов и спинного мозга наступает полный или частичный паралич частей тела ниже места повреждения, т.е. неспособность к произвольным движениям.

### 3.2.2. ИЗВЛЕЧЕНИЕ ПОСТРАДАВШЕГО ИЗ АВТОМОБИЛЯ, ОЦЕНКА ЕГО СОСТОЯНИЯ

Первую помощь при автомобильных травмах нередко приходится оказывать в весьма сложной и неблагоприятной обстановке. Это объясняется тем, что ДТП часто возникают в условиях интенсивного дорожного движения или в отдаленной местности на безлюдных дорогах, в жаркий летний день, дождь, туман, а зимой в снегопад, метель, мороз, в темное время суток и т.д. Подход к пострадавшему может быть затруднен, если двери и окна автомобиля невозможно открыть или тело зажато между деформированными частями автомобиля.

В таких случаях первоочередной задачей является извлечение пострадавшего из автомобиля или освобождение частей его тела. Это требует умения и большой осторожности, так как неумелое выполнение этих операций может усугубить тяжесть полученных травм и быть причиной гибели человека. Перед извлечением пострадавшего следует освободить от всего, что мешает этому. При этом следует особенно щадить пострадавшие части тела. Переносить пострадавшего лучше всего на носилках. Если нет носилок, можно их сделать из подручного материала, например на две жерди натянуть мешки, рогожу, одеяла и т. д.

Первая доврачебная медицинская помощь направлена на облегчение страданий человека и подготовку его к эвакуации в лечебное учреждение. Если есть возможность, то с одновременным оказанием доврачебной помощи следует вызвать скорую медицинскую помощь или медицинского работника.

Необходимо учитывать, что возникающая при травме угроза жизни человеку может нарастать. Промедление с оказанием первой помощи в таких случаях может привести к смерти пострадавшего. Кроме того, своевременно и правильно оказанная первая помощь предупреждает осложнения, положительно влияет на дальнейшее восстановление нарушенных функций и сокращает сроки восстановления работоспособности пострадавшего.

При тяжелой травме и большой кровопотере неподвижность находящегося в бессознательном состоянии пострадавшего, отсутствие у него пульса и дыхания создают впечатление, что он умер и оказание медицинской помощи бесполезно. Однако такое заключение может быть ошибочным, так как при резком угнетении жизненных функций признаки жизни могут быть выявлены только при более тщательном обследовании. В этих целях необходимо найти пульс, послушать сердце, поднести ко рту зеркало, которое запотевает даже при слабом дыхании. Признаком жизни является и реакция зрачков на свет. Необходимо раздвинуть веки и закрыть глаз рукой. При отнятии руки зрачок суживается. Если освещенность слабая, то следует поднести к глазу свет от фонарика или, соблюдая осторожность, зажженную спичку. При приближении света зрачок суживается, при удалении расширяется.

Однако даже при отсутствии признаков жизни до прибытия медицинских работников следует бороться за жизнь человека.

Первоочередной задачей при оказании доврачебной помощи является устранение опасности, угрожающей жизни пострадавшего. Такая опасность возникает при потере сознания, обильном кровотечении, нарушении сердечной деятельности и дыхания, шоке. Первую помощь при ДТП чаще всего оказывает водитель или пассажиры, которые не пострадали или получили более легкую травму, а также лица из других транспортных средств. Однако среди участников и очевидцев ДТП может не оказаться людей, умеющих оказать первую помощь. Поэтому такую помощь должен уметь оказать каждый водитель.

Пострадавшего необходимо уложить в безопасном месте. Если в холодное время года нет возможности занести его в теплое помещение, то пострадавшего следует положить на настил из досок, веток, на сено, одежду и т. д. Затем надо ослабить стягивающие части одежды и внимательно осмотреть. Если пострадавший в сознании, он сам укажет место повреждения. *Первую медицинскую помощь следует оказывать в такой последовательности:* остановить кровотечение, угрожающее жизни; если отсутствует дыхание — приступить к искусственному дыханию; если не прощупывается пульс, то одновременно с искусственным дыханием проводить непрямой массаж сердца; обработать рану и наложить повязку, при переломах костей наложить шину.

### 3.2.3. КРОВОТЕЧЕНИЕ И МЕТОДЫ ЕГО ОСТАНОВКИ

Кровотечение возникает в результате повреждения сосудов при травмах. Кровотечение бывает артериальное, венозное и капиллярное.

При артериальном кровотечении из раны пульсирующей струей вытекает ярко-красного цвета кровь. При венозном кровотечении кровь темно-красного цвета вытекает равномерно, непрерывной струей. Кровотечение из крупных сосудов, особенно артерий, быстро приводит к большим потерям крови, что угрожает жизни пострадавшего. При капиллярном кровотечении отдельных кровоточащих сосудов не видно, кровоточит вся поверхность раны. Такое кровотечение может самопроизвольно остановиться.

По месту травмы различают наружное, внутреннее и смешанное кровотечение. При наружном кровотечении кровь вытекает из раны, при внутреннем – в грудную, брюшную и другие полости, а также органы и ткани. Смешанное кровотечение возникает при открытых ранениях брюшной или грудной полости. Кровотечение является одной из причин шока – тяжелого состояния, которое может быть причиной гибели пострадавшего. *При оказании медицинской помощи первое, что нужно сделать – это остановить кровотечение.*

Различают временную и постоянную остановку кровотечения. Временно остановить кровотечение может каждый, кто оказывает первую помощь. Для временой остановки кровотечения конечности ей придается возвышенное положение, на рану накладывают давящую повязку, прижимают пальцем кровоточащий сосуд, максимально сгибают конечность, накладывают жгут или закрутку.

При повреждении вен, а также мелких артерий кровотечение можно остановить, наложив давящую повязку. Для этого необходимо смазать края раны настойкой йода и закрыть ее стерильной салфеткой. Затем из бинта или завернутой в бинт ваты нужно сделать плотный клубок, прижать его к месту кровотечения и туго прибинтовать. При отсутствии ваты можно использовать поролон и пористую резину из обивки автомобиля. Однако в этих случаях рану предварительно нужно закрыть несколькими слоями стерильных салфеток, бинта или чистой материи.

Для экстренной остановки кровотечения из крупных сосудов в определенном месте выше места повреждения прижимают артерию (рис. 3.2). Прижимать сосуд нужно несколькими пальцами, усилия определяются моментом прекращения кровотечения. Однако длительная остановка кровотечения пальцевым прижатием невозможна. Поэтому необходимо как можно быстрее сменить этот способ.

Самым надежным методом временной остановки кровотечения является наложение жгута или закрутки (рис. 3.3). Если нет жгута, то его можно заменить ремнем, подтяжками. Накладывают жгут на конечность выше места кровотечения и только поверх одежды или подкладки. Для подкладки могут быть использованы полотенце, платок, шарф, сложенный в несколько слоев бинт или любая другая материя. Приподнятую конечность сжимают двумя-тремя оборотами жгута. Концы жгута закрепляют с помощью находящихся на его концах крючка и цепочки, а при их отсутствии концы завязывают узлом. Затягивать жгут слишком туго не следует, так как это может привести к повреждению сосудов, нервов и тканей. Вместе с тем слабо наложенный жгут сдавливает только вены, что усиливает артериальное кровотечение. Поэтому конечность сжимают жгутом с усилием, достаточным лишь для полного прекращения кровотечения.

Наложение жгута прекращает доступ крови к тканям, что по прошествии 1,5–2 ч может вызвать их омертвение. Чтобы этого не произошло, к жгуту прикрепляют записку с указанием времени его наложения. Уже через 1 ч жгут следует ослабить до появления пульса ниже его наложения.

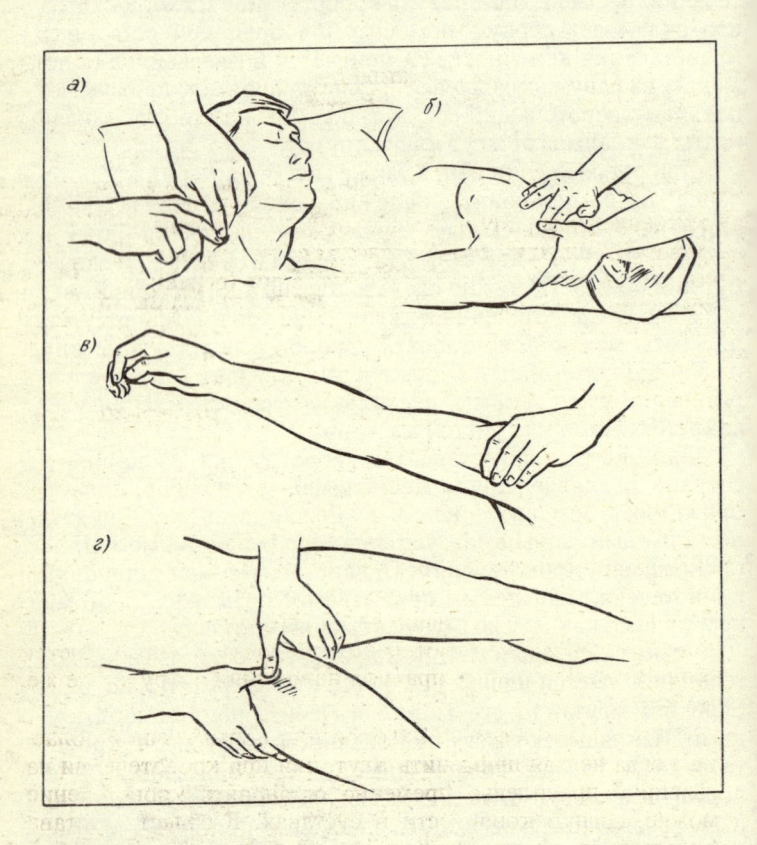

Рис. 3.2. Места прижатия артерии:
*а* — сонной; *б* — подключичной; *в* — плечевой; *г* — бедренной

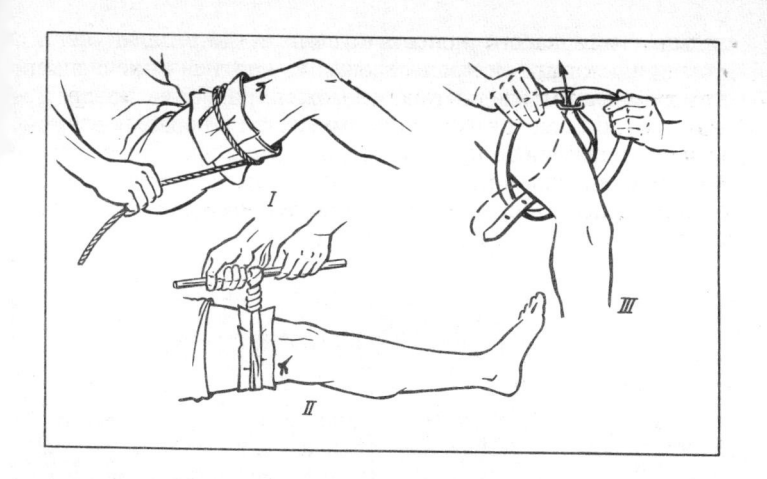

Рис. 3.3. Остановка кровотечения с помощью:
*I* — резинового жгута; *II* — закрутки; *III* — ремня

Если кровотечение прекратилось, жгут можно заменить наложением на рану давящей повязки. При продолжении кровотечения жгут снова затягивают на 1 ч. После наложения жгута необходима иммобилизация (ограничение подвижности) конечности, которая обеспечивается наложением шин или заменяющих их приспособлений. В холодное время года конечность следует хорошо утеплить, так как ткани, расположенные ниже места наложения жгута и не получающие крови, могут замерзнуть и омертветь. Пострадавшего с наложенным жгутом следует немедленно эвакуировать в лечебное учреждение для окончательной остановки кровотечения.

При отсутствии жгута кровотечение может быть остановлено закруткой. Выше места кровотечения из ремня, бинта, платка делают петлю, в которую вставляют палочку, дощечку, ветку и, вращая ее, затягивают конечность до полной остановки кровотечения. Палочку привязывают к конечности. Остальные правила наложения закрутки те же, что и жгута.

При кровотечении в паховой или подмышечной области, когда нельзя применить жгут, или при кровотечении из голени и предплечья временно остановить кровотечение можно, согнув конечности в суставах. В область сустава вкладывают тугую подушечку из марли, ваты, любой материи, поролона, губчатой резины и т. д. Затем максимально сгибают конечность в суставе и закрепляют ее в этом положении. При кровотечении из верхней конечности его временно можно остановить, оттянув локти назад и связав их. При этом ключица прижимается к первому ребру и сдавливает подключичную артерию. Способом максимального сгибания суставов можно остановить кровотечение из подключичной, бедренной, подколенной и плечевой артерий.

### 3.2.4. ПЕРВАЯ ПОМОЩЬ ПРИ ОСТАНОВКЕ ДЫХАНИЯ И СЕРДЦА

При опасных для жизни состояниях может наступить клиническая смерть, главным признаком которой является остановка сердца и дыхания. Однако изменения в организме, которые при этом происходят в течение нескольких минут, носят обратимый характер. Немедленное и правильное применение в этих случаях методов оживления (реанимации) может спасти человеку жизнь. К простейшим и всем доступным методам реанимации относятся искусственное дыхание и непрямой массаж сердца (рис. 3.4).

При проведении искусственного дыхания пострадавшего укладывают на спину на твердое ложе, расстегивают

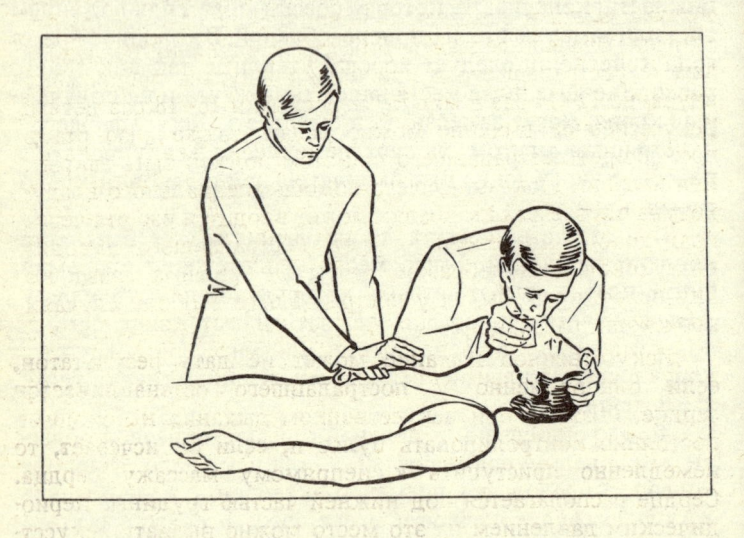

Рис. 3.4. Одновременное проведение непрямого массажа сердца и искусственного дыхания

одежду. Голову и плечи поворачивают в сторону, и пальцем, обмотанным марлей или бинтом, очищают рот и глотку от сгустков крови, слизи, снимают зубные протезы, проверяют, не запал ли язык в дыхательное горло. Оказывающий помощь становится с правой стороны пострадавшего и, положив под шею правую руку, приподнимает шею. При этом голова запрокидывается назад, и дыхательные пути, которые могут быть закрыты запавшим языком, открываются. Затем, нажимая ребром левой ладони на лоб, нужно удерживать голову в запрокинутом положении, а большим и указательным пальцами зажать нос. После этого правую руку нужно вытащить из-под шеи и, надавливая на подбородок, открыть рот. Оказывающий помощь делает вдох и, приложив свои губы ко рту пострадавшего, производит резкий выдох. Рот пострадавшего предварительно следует прикрыть марлей или тонким платком.

Во время выполнения оказывающим помощь вдоха необходимо закрыть рот пострадавшего, а при выдохе обязательно открыть. Если не закрывать периодически рот пострадавшего, то мягкое небо может закрыть сообщение с носоглоткой, что приводит к закупорке дыхательных путей на вдохе.

Вдувать воздух в легкие можно и через металлические или пластмассовые трубки — воздуходувы, которые целесообразно иметь в комплекте медицинских автомобильных аптечек. Вначале делают 3—5 быстрых вдуваний воздуха в легкие пострадавшего и при наличии пульса продолжают вдувание 12—14 раз в минуту взрослым и 16—18 раз детям. Искусственное дыхание можно делать также „изо рта в нос", но рот пострадавшего при этом должен быть закрыт. При наличии у оказывающего помощь специального воздуходува вдуваемый им воздух может вводится изо рта через воздуховод, введенный в рот пострадавшего. Вводят воздуховод таким образом, чтобы он прижимал язык ко дну полости рта. Выдох у пострадавшего в обоих случаях происходит пассивно.

Искусственное дыхание может не дать результатов, если одновременно у пострадавшего останавливается сердце. Поэтому при искусственном дыхании необходимо постоянно контролировать пульс и, если он исчезает, то немедленно приступить к непрямому массажу сердца. Сердце располагается под нижней частью грудины. Периодическим давлением на это место можно вызвать искусственное сокращение и расслабление сердца. Пострадавшего укладывают на спину на землю, пол, стол. Оказывающий помощь становится справа или слева и кладет ладонь левой руки в поперечном направлении на нижнюю часть грудины, а ладонь правой руки – сверху (см. рис. 3.4). Сжатие грудной клетки происходит за счет давления туловища оказывающего помощь. Смещение грудины по направлению к позвоночнику должно составлять 4–6 см. Темп сжатия 60 движений в минуту.

При оказании помощи одним человеком после одного-двух быстрых вдуваний воздуха в легкие пострадавшего производится 10–12 сжатий грудной клетки. Если помощь оказывают двое, то на одно вдувание должно приходиться пять сжатий грудной клетки. При эффективном массаже сердца кожные покровы розовеют, зрачки сужаются и начинают реагировать на свет, появляются пульс и самостоятельное дыхание.

### 3.2.5. СОЛНЕЧНЫЙ И ТЕПЛОВОЙ УДАРЫ

Водитель транспортного средства должен уметь оказать первую помощь пострадавшим не только в результате ДТП, но и при других несчастных случаях в пути. Такие случаи могут возникнуть с пассажирами или лицами, сопровождающими груз (экспедиторами). В частности, в определенных условиях у этой категории участников дорожного движения может произойти солнечный или тепловой удар.

Симптомы их близки и проявляются внезапно. Солнечный удар возникает в ясный летний день при длительном пребывании на солнце без головного убора. Появляются шум в ушах, головокружение, тошнота, рвота, температура тела повышается до 38–39 °C, отмечаются потливость, покраснение кожи лица, резко учащаются пульс и дыхание. В тяжелых случаях могут наступить сильное возбуждение, потеря сознания и даже смерть.

Тепловой удар наступает при длительном пребывании в условиях высоких температур окружающего воздуха. При этом нарушается равновесие между теплообразованием и теплоотдачей. Уменьшению теплоотдачи способствуют также высокая влажность воздуха, плотная одежда, отсутствие вентиляции в закрытых кабинах. Кроме указанных выше признаков, при тепловом ударе отмечается затруднение дыхания, появляются вялость, зевота, сонливость, нарушается координация движений, затем пострадавший теряет сознание и может наступить смерть.

При оказании первой помощи при солнечном и тепловом ударах нужно как можно быстрее понизить температуру тела. Пострадавшего помещают в тень или прохладное помещение, раздевают до пояса, снимают обувь и кладут на спину. Под голову помещают подушку или веши, которые ее могут заменить, дают понюхать нашатырный спирт, поят холодными напитками, на область сердца и лоб кладут смоченный холодной водой платок, грелку с холодной водой или льдом. При возможности нужно вызвать скорую медицинскую помощь или на транспортном средстве доставить больного в медицинское учреждение.

Водитель также должен избегать перегревания организма. Для предупреждения теплового и солнечного ударов необходимо: надевать легкую одежду и головной убор светлого цвета, ограничить время пребывания на солнце или в жарком помещении, установить хорошую вентиляцию в кабине автомобиля, при возможности использовать купание и чаще пить прохладную воду.

### 3.2.6. ОТРАВЛЕНИЕ ОКИСЬЮ УГЛЕРОДА (УГАРНЫМ ГАЗОМ) И ЭТИЛИРОВАННЫМ БЕНЗИНОМ

Окись углерода (CO) содержится в отработавших газах автомобиля. Она не имеет запаха и цвета. Поэтому появление ее в кабине водители не замечают. Особенно опасно отравление в небольших гаражах, где уже через 5 мин работы двигателя могут возникнуть смертельные концентрации CO. Отравление возможно при движении автомобилей большими плотными колоннами, а также во время сна или продолжительного отдыха в кабине автомобиля с работающим двигателем. Отравление окисью углерода проявляется головными болями, слабостью, головокружением, шумом в ушах, тошнотой, рвотой, побледнением. В тяжелых случаях отравление может привести к смерти.

Пострадавшего нужно вынести на свежий воздух, расстегнуть одежду и начать делать искусственное дыхание. Если состояние пострадавшего не улучшается, следует вызвать скорую помощь или транспортировать его в медицинское учреждение.

Отравление этилированным бензином происходит от содержащегося в нем тетраэтилсвинца (ТЭС). Отравление может произойти в результате поступления этилированного бензина в организм через кожу при мытье рук, желудочно-кишечный тракт при случайном проглатывании или употреблении в пищу соприкасавшихся с ним продуктов, а также при вдыхании паров этилированного бензина. При остром отравлении появляются головные боли, потливость, общая слабость, нарушение сна, снижение памяти, ощущение инородного тела во рту. При попадании яда в желудок наступает рвота и возникают боли в подложечной области. В тяжелых случаях отмечаются понижение артериального давления и температуры тела, потеря сознания.

Пострадавшего следует удалить из зоны поражения, водой с мылой смыть бензин с кожи, промыть желудок водой или 2 %-ным раствором столовой соды. Желудок промывают путем многократного обильного питья с последующим вызыванием рвоты. При бессознательном состоянии пострадавшего немедленно доставляют в лечебное учреждение.

### 3.2.7. ОБМОРОК

Обморок – это внезапная кратковременная потеря сознания, возникающая в результате недостаточного кровоснабжения мозга. Причинами обморока могут быть сильное нервное потрясение, резкая боль, кровотечение, длительное стояние на ногах в душном помещении, чрезмерная вентиляция легких при усиленном дыхании, резкий переход из горизонтального положения в вертикальное.

Обмороку предшествует слабость, головокружение, тошнота, звон в ушах, потемнение в глазах, холодный пот. Иногда потеря сознания возникает без предшествующих признаков, и человек внезапно падает. Отмечается бледность, выступает холодный пот, пульс слабый, редкий, иногда едва прощупывается, стопы и руки становятся холодными, зрачки сужены, дыхание поверхностное.

Пострадавшего нужно вынести на свежий воздух или открыть окна, форточки, двери, расстегнуть одежду, стесняющую шею, грудь, живот. Для улучшения кровоснабжения головного мозга пострадавшего нужно уложить на спину с головой, опущенной ниже туловища, и приподнятыми ногами. Затем лицо и грудь обрызгивают холодной водой, дают понюхать нашатырный спирт или другое вещество с резким запахом, растирают виски одеколоном или уксусом, конечности согревают грелками. Если пострадавший не приходит в сознание, нужно проверить, не закрыл ли язык дыхательные пути. При этом следует открыть ему рот и вытащить язык. При остановке или резком ослаблении пульса и дыхания производят искусственное дыхание и непрямой массаж сердца.

## 3.2.8. ШОК

Шок переводится на русский язык, как „удар" или „толчок". Под шоком понимают ответную реакцию организма, характеризующуюся глубоким расстройством жизненных функций (кровообращения, дыхания, обмена веществ). Чаще всего шок возникает при тяжелых травмах, обширных ожогах и массивных кровопотерях. Иногда он развивается сразу после травмы в результате чрезмерного перераздражения нервных центров потоком болевых импульсов. В других случаях в результате всасывания в кровь ядовитых продуктов, образующихся в травмированных тканях, постепенно развивается токсический шок. Развитию шока способствуют большая потеря крови, охлаждение тела, голод, жажда, тряская перевозка. Ввиду особой тяжести автомобильных травм они нередко приводят к развитию шока.

Различают две фазы шока: возбуждение (эректильная фаза) и угнетение (торпидная фаза). Возбуждение наступает непосредственно после травмы и носит кратковременный характер. Отмечаются двигательное и речевое возбуждение, жалобы на боль. Сознание сохранено, пострадавший недооценивает тяжесть своего состояния. Резко повышена болевая чувствительность. Голос глуховат, фразы отрывистые, взгляд беспокойный. Лицо бледное, артериальное давление нормальное или повышено.

Возбуждение быстро (в течение нескольких минут), реже постепенно, переходит в угнетение всех жизненных функций. В этой фазе резко падает артериальное давление, пульс частый, неровный, едва прощупывается. Кожные покровы бледные с землистым оттенком, покрыты холодным липким потом. Пострадавший заторможен, на вопросы не отвечает или отвечает чуть слышным шепотом. Дыхание поверхностное, зрачки расширены. Отношение к окружающему безучастное, но сознание сохранено. В тяжелых случаях наблюдается рвота, непроизвольные кало- и мочеиспускание.

При оказании первой медицинской помощи необходимо освободить пострадавшего от действия травмирующего фактора. При ДТП таким фактором может быть сдавливание частей тела деформированными деталями автомобиля. Затем следует остановить кровотечение, а после этого — ограничить подвижность травмированных конечностей, т.е. произвести их иммобилизацию. Пострадавшего необходимо согреть, для чего его укутывают в одеяло или любую теплую одежду, дают горячую воду, чай, кофе, но только если нет подозрения на повреждение органов брюшной полости. Если есть возможность, дают обезболивающие средства (анальгин, аспирин, амидопирин). Транспортировка пострадавшего в состоянии шока в лечебное учреждение должна быть быстрой, но крайне осторожной, чтобы не причинить ему новых болевых ощущений и этим не усугубить тяжесть шока.

### 3.2.9. ПОРАЖЕНИЕ ЭЛЕКТРИЧЕСКИМ ТОКОМ

При поражении электрическим током пострадавший не всегда может выпустить из рук предмет — источник электричества, так как происходит судорожный спазм мышц. Пострадавший теряет сознание, отмечаются синюшность или бледность кожных покровов, судорожные сокращения мышц, конечностей или всего тела, ослабление дыхания и сердечной деятельности. В тяжелый случаях наступает остановка сердца и дыхания.

При оказании первой помощи прежде всего необходимо прекратить действие тока. Если пострадавший в сознании, но не может разжать руки, ему следует подпрыгнуть или упасть. Чтобы прекратить действие тока, надо выкрутить предохранительную пробку, вынуть вилку из розетки, выключить рубильник, рассечь провод или оттянуть неизолированный провод сухой палкой от тела пострадавшего. При этом оказывающий помощь должен стоять на сухой деревянной доске, резиновом коврике из автомобиля, на автомобильной камере, шине и т. д. На руки надевают резиновые перчатки или обматывают их сухой прорезиненной, шерстяной или шелковой материей. После освобождения пострадавшего его следует, если он находится в сознании, напоить большим количеством горячей жидкости (не алгокольными напитками и черным кофе). На обожженные участки кожи накладывают стерильную повязку. При отсутствии признаков жизни („мнимая смерть") производят искусственное дыхание и непрямой массаж сердца. После восстановления самостоятельного дыхания пострадавшего, хорошо укрытого от холода, доставляют в лежачем положении в лечебное учреждение.

## 3.2.10. УТОПЛЕНИЕ

Утопление – это перекрытие дыхательных путей водой или какой-либо иной жидкостью, илом, грязью. Смерть при утоплении может наступить в течение 2–3 мин в результате прекращения поступления в легкие кислорода, что называется асфиксией (удушьем). Возможна и мгновенная остановка сердца. Это может произойти в результате внезапного действия холода при падении в воду, а также при попадании в верхние дыхательные пути даже небольшого количества воды. Утопающего или утонувшего следует как можно быстрее вытащить из воды. Он даже при быстром извлечении внешнем видом напоминает мертвого. Кожа и слизистые оболочки резко синюшные, вены на голове и шее набухшие, лицо одутловатое, ушные раковины, губы и кончики пальцев фиолетово-синего цвета. Из рта и носа выделяется много пены с примесью крови.

Необходимо удалить из рта и носа ил, грязь, песок, положить пострадавшего на живот на согнутое колено таким образом, чтобы голова была ниже грудной клетки. Затем несколькими энергичными движениями, сдавливающими грудную клетку, постараться удалить воду из трахеи и бронхов. Затем пострадавшего укладывают на ровную поверхность и при отсутствии дыхания приступают к искусственному дыханию, а при отсутствии сердечной деятельности одновременно проводят непрямой массаж сердца. Предварительно необходимо освободить пострадавшего от стесняющей одежды, расстегнуть воротник рубашки, ремень, пояс, юбку, брюки. Искусственное дыхание и массаж сердца следует проводить длительно до тех пор, пока не восстановятся самостоятельное дыхание и сердечная деятельность. Затем следует быстро доставить пострадавшего в лечебное учреждение, продолжая в пути искусственное дыхание и массаж сердца, если происходит их ослабление или остановка.

### Контрольные вопросы

1. Опишите методы остановки кровотечения?
2. Назовите порядок проведения искусственного дыхания?
3. Как проводить непрямой массаж сердца?
4. Назовите признаки травматического шока. В чем заключается первая медицинская помощь при таком состоянии?

## Глава 3.3. ПЕРВАЯ МЕДИЦИНСКАЯ ПОМОЩЬ ПРИ ТРАВМАХ

### 3.3.1. ОСНОВНЫЕ ПОНЯТИЯ О ТРАВМАХ

Травмой называется повреждение тканей человеческого тела, какого-либо органа или всего организма в целом. К травмам относятся: раны, ожоги, отморожения, ушибы, растяжения, вывихи, переломы, сотрясения головного мозга и повреждения внутренних органов. Повреждения, которые возникают при нарушении целостности кожи, слизистых оболочек или органов тела, называются ранами.

*Раны* по способу их возникновения бывают резаные, рубленые, колотые, ушибленные, рваные, огнестрельные, укушенные. При ДТП раны чаще всего бывают ушибленные и рваные. Такие раны являются наиболее тяжелыми. В окружности этих ран находится большое количество нежизнеспособных, размятых и загрязненных тканей, ввиду чего они часто осложняются нагноением или даже возникновением таких тяжелых для жизни заболеваний, как столбняк и газовая гангрена. Это происходит в результате попадания из загрязненной раны в кровь белезнетворных микробов.

Мероприятия, направленные на уничтожение или ослабление микробов в ране, называются антисептикой, а мероприятия, предупреждающие попадание микробов в рану, – асептикой. Антисептика достигается механическим удалением с поверхности раны обломков ранящего предмета, грязи, обрывков одежды и т. д. Обрабатывать рану следует по возможности чистыми, вымытыми руками. Если это нельзя сделать, то нужно протереть руки спиртом, бензином, а ногти смазать настойкой йода. Кожные покровы вокруг раны смазывают настойкой йода, спиртом, неэтилированным бензином, но слегка, чтобы не вызвать ожога. Нельзя допустить, чтобы эти средства попали в рану. Это вызовет ожог поврежденных тканей и замедлит заживление.

Если рана сильно кровоточит, то вначале следует остановить кровотечение, затем перевязать рану, используя для этого индивидуальный перевязочный пакет, бинт, вату, марлю или другой чистый материал. Рану нельзя ополаскивать водой, заливать спиртом, йодной настойкой, засыпать порошком или накладывать на нее мазь. Если из раны выступают мозг, легкие, кишечник, то их прикрывают чистой марлей (материей), *но ни в коем случае не вдавливают внутрь*. При обширных ранах конечности ее следует после наложения повязки иммобилизовать.

Повязка дожна быть наложена плотно, но не очень туго. Для повязки лучше всего использовать индивидуальный перевязочный пакет, в котором находится стерильный перевязочный материал (рис. 3.5). Пакет берут в левую руку, а правой за надрезанный край склейки прорезиненного мешочка резким движением открывают пакет. Затем извлекают завернутый в пергаментную бумагу перевязочный материал. Бумагу разворачивают левой рукой и берут конец бинта с пришитой к нему ватно-марлевой подушечкой за сторону, обозначенную цветной ниткой. Правой рукой берут скатку бинта и руки разводят в стороны. Между руками натягивается отрезок бинта с расположенными на нем неподвижной и подвижной подушечками. При сквозном ранении одну подушечку накладывают на входное, другую на выходное отверстие раны. При одном отверс-

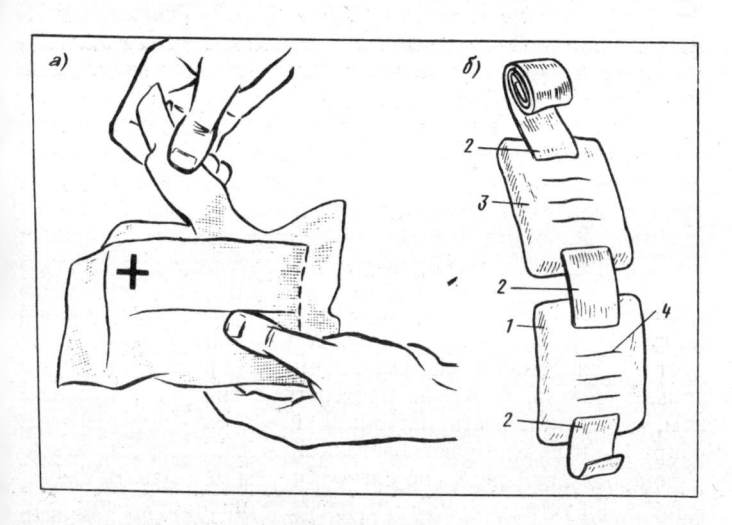

Рис. 3.5. Индивидуальный перевязочный пакет:
*а* — вскрытие пакета; *б* — пакет в развернутом виде:
*1* — неподвижная подушечка; *2* — бинт; *3* — подвижная подушечка; *4* —. цветные нитки

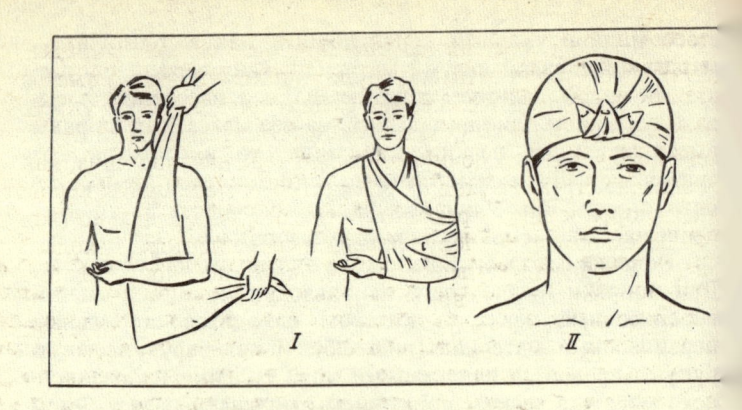

Рис. 3.6. Косыночные повязки на раны:
*I* — плеча и предплечья; *II* — головы

тии раны обе подушечки накладывают на него. В пакете имеются ампула с йодной настойкой и булавка, которой после бинтования закрепляют бинт. При пользовании пакетом нельзя касаться руками той стороны подушечки, которая будет наложена на рану. При отсутствии пакета и бинта можно сделать бинты из чистых простынь, рубашек, полотенца и другого материала.

Существуют определенные правила наложения повязок.

**Косыночные повязки** (рис. 3.6) делают из куска материи в виде равнобедренного треугольника. Применяют их для подвешивания руки при повреждениях кисти, плеча, предплечья. Руку сгибают в локте под прямым углом, и косынку подводят к ней так, чтобы один из длинных концов (верхний) укладывался над ключицей со стороны травмированной руки, а второй конец (нижний) свешивался вниз. Верхушка косынки должна выходить наружу из-под локтя. Завернув нижний конец вверх, проводят его на надплечье здоровой стороны и сзади на шею, где связывают с другим концом косынки. Верхушку косынки загибают вокруг локтя и укрепляют впереди локтя булавкой. При перевязке головы косынку кладут на затылок и темя, верхушку опускают на лицо. Концы связывают на лбу и фиксируют их булавками, а верхушку загибают на завязанные концы на темя и также укрепляют ее булавкой.

При травмах носа, подбородка, затылка, темени накладывают **пращевидные повязки** (рис. 3.7).

**Крестообразные или восьмиобразные повязки** накладывают при травмах затылка, груди или кисти. *При травмах в области затылка* (рис. 3.8, вид *I*) бинт двумя турами укрепляют вокруг головы (ходы *1, 2*) на уровне лба, затем ведут его косо через затылочную область слева направо вниз, как показано стрелкой (ход *3*), обходят шею с боковой и передней сторон и далее проводят бинт снизу вверх налево (ход *4*). Затем обходят голову спереди и снова повторяют ходы *3* и *4*. В области затылка ходы бинта перекрещиваются. Закрепляют повязку вокруг головы.

*При травмах груди* (рис. 3.8, вид *II*) бинтовать начинают с круговых движений вокруг грудной клетки (показано стрелкой), затем из правой подмышечной области бинт ведут по передней поверхности груди косо на левое плечо (ход *2*), проходят сзади через спину поперек на правое надплечье, откуда бинт ведут снова по передней поверхности груди в область левой подмышки, перекрещивая тур (ход *3*). Далее бинт ведут сзади через спину к правой подмышечной впадине и вновь повторяют описанный восьмиобразный

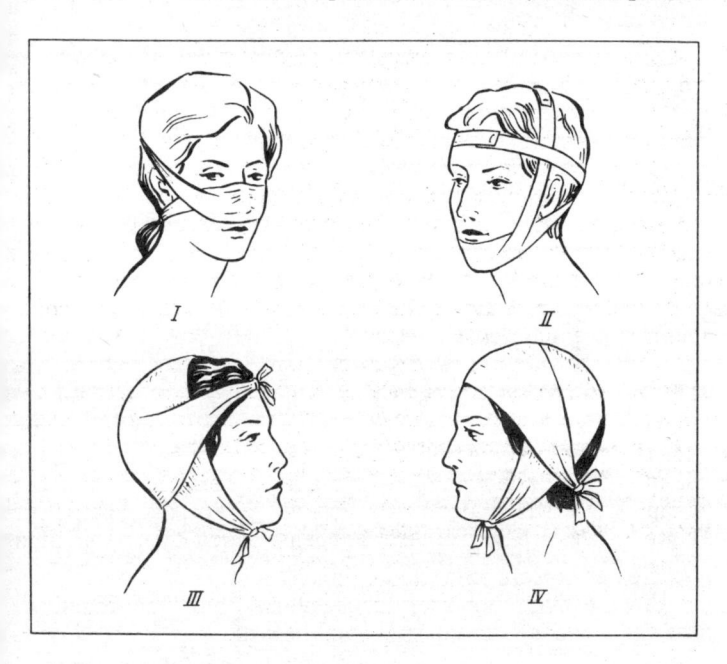

Рис. 3.7. Пращевидные повязки на рану:
*I* — носа; *II* — подбородка; *III* — затылка; *IV* — темени

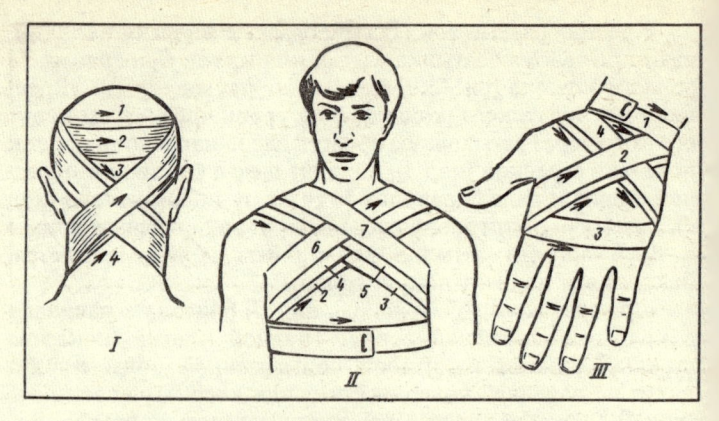

Рис. 3.8. Крестообразная или восьмиобразная повязка на рану:
*I* — в области затылка; *II* — груди; *III* — кисти; *1—8* — ходы бинта (цифрами показаны ходы бинта)

ход (ходы *4, 5*). Закрепляют повязкой вокруг грудной клетки.

*При травмах кисти* (рис. 3.8, вид *III*) повязку накладывают так: бинт закрепляют вокруг запястья, затем ведут его косо через тыл кисти и после полуокружного хода на ладонной поверхности снова возвращаются на тыл кисти. Здесь делают перекрест через предыдущий ход бинта. Закончив этот восьмиобразный ход, делают следующие, постепенно доходя до основания кисти, где и закрепляют повязку вокруг запястья.

**Колосовидную повязку** (рис. 3.9) на область плеча накладывают в такой последовательности: бинт ведут со стороны здоровой подмышечной впадины по передней поверхности груди и далее на плечо (ход *1*). Обойдя плечо спереди, снаружи и сзади, бинт ведут через подмышку и поднимают его косо по плечу в направлении стрелки (ход *2*), перекрещивают предыдущий тур на передней поверхности груди и плеча. Далее бинт ведут по задней поверхности спины к здоровой подмышечной впадине. Отсюда начинается повторение ходов *1* и *2* (*3* и *4*). При этом каждый новый ход ложится несколько выше предыдущего, образуя в месте перекреста бинтов вид колоса.

**Спиральную повязку** применяют для бинтования пальца (пальцев) кисти и грудной клетки.

*При травмах пальца кисти* (рис. 3.10, вид *I*) бинт укрепляют двумя-тремя циркулярными ходами в области запястья. Затем его ведут косо через тыл кисти (ход *2*) к концу

Рис. 3.9. Колосовидная повязка на область плеча

больного пальца, откуда спиральными оборотами бинтуют весь палец до основания. Далее через тыл кисти (ход *8*) бинт ведут снова на запястье, где его закрепляют. Указательный палец бинтуют в последовательности, показанной на рис. 3.10, вид *II*.

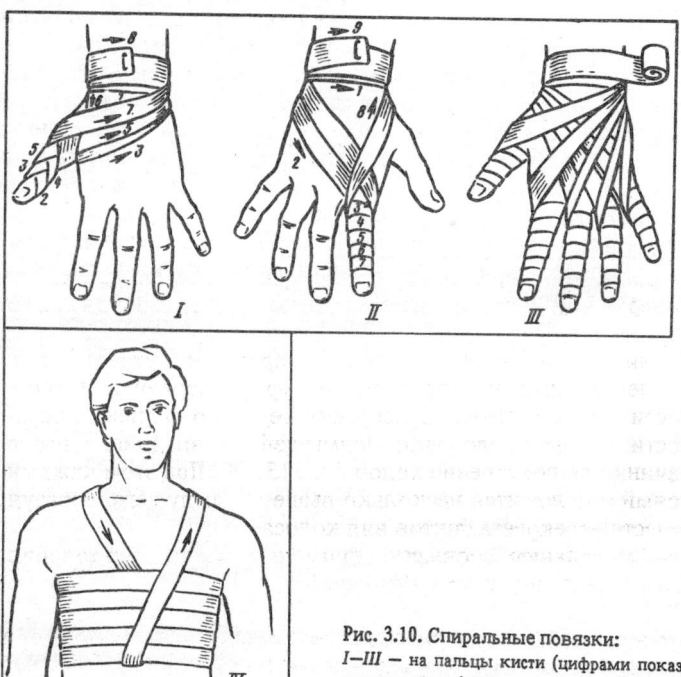

Рис. 3.10. Спиральные повязки:
*I—III* — на пальцы кисти (цифрами показаны ходы бинта); *IV* — на грудную клетку

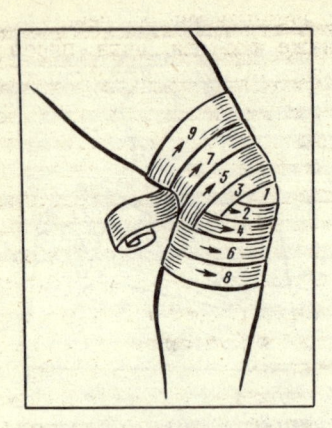

Рис. 3.11. Черепашья повязка на коленный сустав

При перевязке всех пальцев вначале нужно забинтовать спирально один палец. Затем бинт ведут по тыльной поверхности через запястье и бинтуют таким же образом следующий, пока не будут забинтованы все пальцы (рис. 3. 10, вид *III*).

*При травмах грудной клетки* (рис. 3.10, вид *IV*) повязку накладывают так, чтобы она не сползала с грудной клетки. Для этого пользуются добавочной бинтовой лентой, которую до наложения повязки укладывают косо через грудь на левое плечо и оттуда в косом направлении через спину. Далее с нижней части груди спиральными круговыми ходами, поднимаясь вверх, забинтовывают всю грудную клетку до подмышек, где и закрепляют круговые ходы. Свободно висящую начальную часть ленты перекидывают через правое плечо и сзади связывают с другим свободным концом бинта.

**Черепашью повязку** применяют для бинтования суставов (рис. 3.11). Повязку накладывают на суставы при их согнутом положении. Начинают с кругового хода через середину сустава (*1*), затем делают подобные же ходы выше и ниже предыдущего (*2 и 3*). Последующие туры все более расходятся, постепенно закрывая всю область сустава (ходы *4 и 5, 6 и 7, 8 и 9*). Ходы перекрещиваются в подколенной впадине. Закрепляют повязку вокруг бедра.

### 3.3.2. ОЖОГИ

Ожоги бывают термические и химические. Термические ожоги возникают под действием высоких температур (пламя, горячая или горящая жидкость, раскаленные предметы). Химические ожоги появляются от действия крепких кислот, щелочей, а также фосфора, йода, паров бензина, керосина и других веществ. В зависимости от тяжести поражения ожоги делят на четыре степени.

*При ожогах первой степени* появляются краснота, отечность и болезненность, которые через 2–3 дня проходят. *При ожогах второй степени* на красной отечной коже образуются пузыри, наполненные прозрачной, желтой жидкостью. Жидкость в пузырях быстро мутнеет и превращается в студенистую массу. Если ожог не осложняется инфекцией, то через 2–3 недели наступает выздоровление. *При ожогах третьей степени* отмечается омертвение поверхностных слоев кожи и на поверхности ожога образуется плотная корка – струп. *При ожогах четвертой степени* омертвение распространяется на всю толщу кожи и глубже лежащие ткани.

Пострадавшего следует вынести из зоны действия высокой температуры или прекратить действие поражающего фактора другим путем. Пламя с горящей одежды гасят укутыванием пострадавшего одеялом, брезентом, обливанием водой. При обширных ожогах нужно разрезать одежду, прилипшие к ожогам участки ткани обрезать и оставить на месте. Нельзя прокалывать пузыри, смазывать обожженную поверхность любыми мазями или засыпать порошками. При химических ожогах обожженные участки промывают водой, щелочные ожоги обрабатывают 1–2 %-ным раствором борной, лимонной или уксусной кислоты. Кислотные ожоги промывают мыльным раствором или 2 %-ным раствором столовой соды. Обожженные поверхности прикрывают чистой материей. При обширных ожогах используют чистые простыни. Пострадавшего в холодное время года следует укутать в одеяло, напоить большим количеством жидкости (чай, минеральная вода) и транспортировать в лечебное учреждение.

### 3.3.3. ОТМОРОЖЕНИЕ И ОБЩЕЕ ЗАМЕРЗАНИЕ

Отморожение возникает в результате воздействия низких температур на кожу и более глубоко лежащие ткани. Иногда отморожение может наступить незаметно. Отмечаются побледнение соответствующей части тела, ее похолодание, потеря чувствительности. Реакция в виде боли и других проявлений появляется лишь после согревания пораженной ткани. Различают четыре степени отморожения.

*При первой степени* на отмороженном участке кожи ощущаются зуд, жжение, боль, затем теряется чувствительность. Эти явления продолжаются несколько дней. Затем кожа принимает обычный вид, но иногда остаются синюшная окраска и повышенная чувствительность этого участка к холоду. *Вторая степень* характеризуется образованием пузырей, наполненных прозрачной жидкостью. *Третья степень* сопровождается омертвением на различную глубину кожи и глубже лежащих тканей. *При четвертой степени* омертвение тканей достигает большой глубины и захватывает кости.

Пострадавшего необходимо поместить в теплое помещение, дать ему горячий чай, кофе. Отмороженные части тела надо растирать, а после потепления и порозовения кожи протереть спиртом, водкой и наложить асептическую повязку. Затем пострадавшего следует укутать одеялами и согревать грелками. Запрещается растирать кожу при наличии пузырей. Нельзя растирать кожу снегом, так как он еще больше охлаждает ее и может травмировать или загрязнить пораженный участок. Если возможно, то пострадавшего кладут в теплую ванну, повышая ее температуру в течение 20–30 мин с 18 до 37 °C. Нельзя смазывать кожу вазелином или мазями, так как это затруднит лечение пораженной кожи в лечебном учреждении.

Общее замерзание наступает при длительном воздействии низких температур. Оно характеризуется вялостью, усталостью, ознобом, затем наступает сон, и человек погибает. Помощь та же, что и при отморожении, но при отсутствии признаков жизни необходимо сразу же начинать делать искусственное дыхание и массаж сердца.

### 3.3.4. УШИБЫ, РАСТЯЖЕНИЯ, ВЫВИХИ, ПЕРЕЛОМЫ

Ушибом называется повреждение мягких тканей, не сопровождающееся нарушением целостности кожи. В месте ушиба появляются боль, припухлость, отмечается местное повышение температуры, более или менее выраженное кровоизлияние и нарушение функции пострадавшей части тела. Кровоизлияние в виде синяка возникает в результате разрыва сосудов. При поверхностном ушибе синяк появляется через несколько часов, а при ушибе глубоких тканей через 2–3 дня.

Первая помощь должна быть направлена на снижение болей и уменьшение кровоизлияния. Снижение болей достигается созданием покоя поврежденному органу, для чего ушибленную руку подвешивают на косынку, суставы фиксируют повязкой или наложением шин. Для уменьшения кровоизлияния пострадавшей части тела придают возвышенное положение, к месту ушиба прикладывается пузырь, наполненный холодной водой или льдом. При тяжелых ушибах, особенно головы, живота, позвоночника, грудной клетки, пострадавшего следует транспортировать в лечебное учреждение.

Растяжение связок чаще всего возникает в коленных и голеностопных суставах. При этом связки надрываются. Появляется отечность в области сустава, а через несколько часов возникает синюшный кровоподтек. Отмечается сильная боль, которая усиливается при движении. Однако пострадавший может передвигаться.

Первая помощь направлена на уменьшение болей, что достигается наложением на сустав фиксирующей повязки и его неподвижностью.

Вывих – это смещение суставных концов одной или нескольких образующих суставов костей, сопровождающееся повреждением суставной сумки и связочного аппарата. Вывихнутой считается кость, сместившаяся к периферии от сустава. Вывих может быть полным, когда суставные поверхности костей полностью перестают соприкасаться друг с другом, и неполным (подвывих), когда между суставными поверхностями имеется частичное соприкосновение.

При вывихе появляется резкая боль в конечности и наблюдается отсутствие движений в поврежденном суставе. Конечность принимает вынужденное положение. Так, при вывихе в плечевом суставе рука согнута в локте и слегка отведена от туловища. При вывихе в тазобедренном суставе нога согнута в колене и повернута носком внутрь, реже наружу. Контуры сустава по сравнению со здоровым изменены, конечность укорочена или удлинена.

Первая помощь направлена на уменьшение болей фиксированием конечности в положении, которое она приняла после травмы, и прикладыванием к поврежденному суставу пузыря (грелки) с холодной водой или льдом. Верхнюю конечность фиксируют подвешиванием на косынку, нижнюю при помощи шин. В случае открытого вывиха (с разрывом кожи) на рану накладывают стерильную повязку. Пострадавшего нужно срочно транспортировать в лечебное учреждение. При вывихе в суставах верхней конечности эвакуируют сидя, нижней – лежа. Вправлять вывих нельзя,

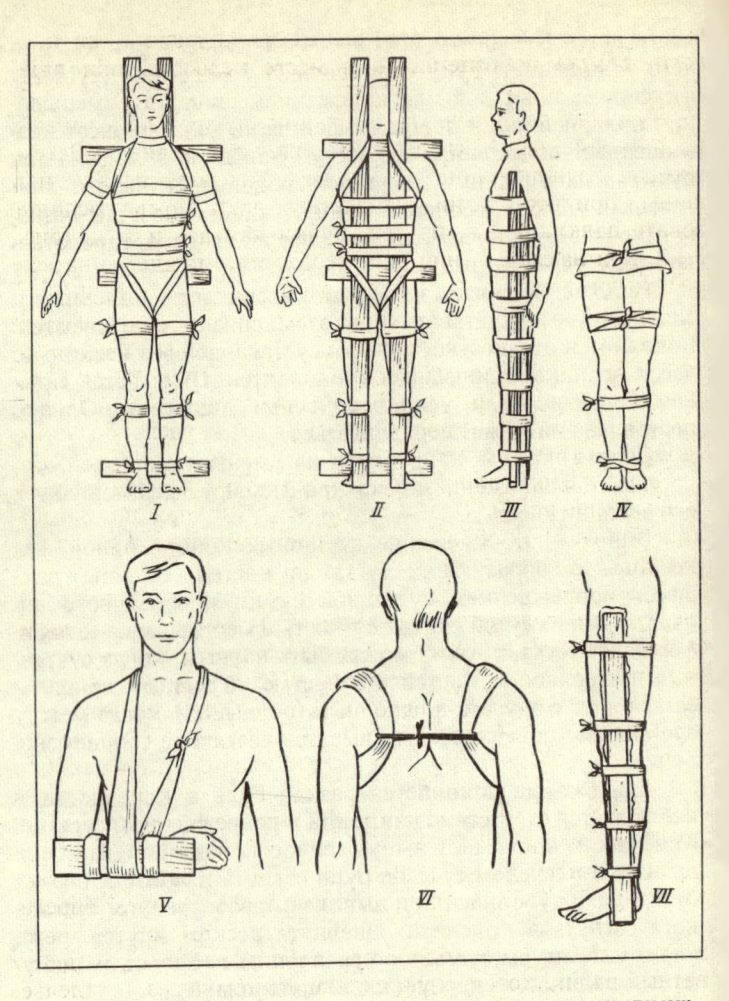

Рис. 3.12. Иммобилизация при помощи подручных средств при переломах:
I, II — позвоночника; III — IV — бедра; V — предплечья; VI — ключицы; VII — голени

так как неграмотные действия могут ухудшить состояние пострадавшего.

Переломы — это нарушение целости кости. Они довольно часты при ДТП. Переломы бывают закрытые и открытые. Закрытый перелом не сопровождается разрывом кожи. При разрыве кожи, когда отломки костей выступают наружу, перелом называют открытым. При переломе костей конечностей и их смещении отмечаются укорочение руки или ноги, резкая болезненность в месте перелома при движении.

При открытых переломах кожу вокруг раны смазывают настойкой йода и накладывают стерильную повязку. Затем иммобилизуют конечность. Для иммобилизации используют шины. При отсутствии стандартных шин можно использовать палки, доски, прутья, пучки камыша и т. д. (рис. 3.12). При накладывании шин необходимо придерживаться следующих правил:

поврежденную конечность нельзя вытягивать;

если в месте перелома открытая рана и сильное кровотечение, то сначала накладывают жгут, затем повязку на рану и шины с двух сторон конечности;

обе шины должны захватывать суставы, расположенные выше и ниже места перелома;

шину перед наложением необходимо обернуть мягкой тканью или ватой. Поднимать конечность при переломах костей и снимать обувь с пострадавшего нужно осторожно, не причиняя боли.

При переломах костей верхней конечности ей придают следующиее положение: руку немного отводят в плечевом суставе, сгибают в локтевом под прямым или острым углом ладонью к животу с отведенной к тылу кистью. Пальцы должны быть полусогнуты и охватывать плотный ватно-марлевый шарик.

*При переломе костей плеча* для иммобилизации может быть наложена металлическая шина Крамера, которая имеется среди медицинского имущества на постах ГАИ. Шину накладывают от плечевого сустава здоровой руки, затем ведут по надлопаточной области и спускаются по задней наружной поверхности плеча и предплечья поврежденной руки до основания пальцев (рис. 3.13). Предварительно необходимо подложить в подмышечную впадину ватный валик, который укрепляют бинтом через надплечье здоровой руки.

*При переломе костей предплечья* шину накладывают по разгибательной поверхности от верхней трети плеча до конца пальцев. Угол сгибания в локтевом суставе должен быть острым, если перелом в нижней трети предплечья, или тупым, если перелом у локтевого сустава.

*При переломе кисти и пальцев* шину накладывают с ладонной поверхности предплечья от локтевого сгиба до кончиков пальцев.

*При переломе бедра* ногу фиксируют двумя шинами –

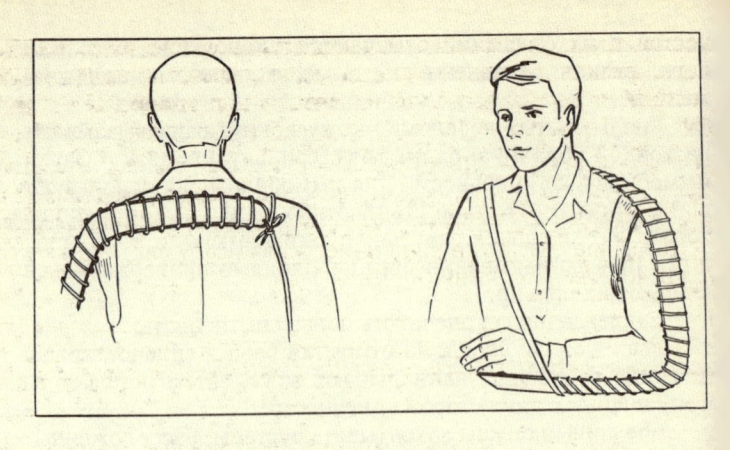

Рис. 3.13. Иммобилизация плеча шиной Крамера

наружной и внутренней. Наружную шину накладывают от подмышечной впадины до подошвы стопы, внутреннюю — от паха до подошвы. Прибинтовывают шины к туловищу и к ноге. При переломе костей голени также накладывают наружную и внутреннюю шины. Она должна проходить от места, расположенного выше коленного сустава, до подошвы стопы. При наложении шин на нижнюю конечность стопу нужно бинтовать под углом 90° к голени.

Нижнюю челюсть фиксируют пращевидной повязкой. При переломе ключицы изменяется внешний вид ключицы и опускается плечо. Первая помощь заключается в подвешивании руки на косынку или прибинтовывании ее к туловищу.

*При переломах позвоночника* возникают боли в области перелома, а при повреждении спинного мозга могут быть паралич конечностей, потеря чувствительности, задержка мочи и кала. Перелом позвонков может быть и без повреждения спинного мозга. В результате движений пострадавшего целостность позвоночника нарушается при смещении костных отломков. Поэтому пострадавший должен быть в лежачем положении. Поднимать его нужно очень осторожно и по команде. Пострадавшего укладывают на доску, к которой его прибинтовывают и в таком положении эвакуируют.

*При переломе костей таза* нередко повреждаются расположенные внутри него органы. Такая травма относится к наиболее тяжелым. Пострадавший в лежачем положении не может поднять ногу. Его следует уложить на широкую доску (щит), на которую предварительно кладут матрац или заменяющую его подстилку. Ноги пострадавшего надо согнуть в коленях, развести и подложить под них валик.

При переломах позвоночника и костей таза нередко возникает шок. Поэтому транспортировка и особенно перекладывание пострадавшего должны быть чрезвычайно щадящими. При этом необходимо учитывать, что малейшее смещение отломков причиняет сильную боль, что может способствовать возникновению шока.

### 3.3.5. СОТРЯСЕНИЕ МОЗГА, ТРАВМЫ ГРУДИ И ЖИВОТА

Сотрясение мозга возникает при сильных ударах или ушибах головы. Пострадавший теряет сознание на период от нескольких секунд до нескольких часов и даже дней. Возникает рвота, иногда многократная. При возвращении сознания он ничего не помнит о событиях, предшествовавших травме.

Пострадавшего следует положить на бок или на спину, причем голова должна быть повернута на бок. Такое положение препятствует попаданию в дыхательные пути рвотных масс или западению языка. В таком положении пострадавшего доставляют в лечебное учреждение.

*При травмах грудной клетки* возможны переломы ребер. При этом появляется резкая болезненность при движении и особенно нажатии на место перелома.

Первая помощь выражается в тугом бинтовании грудной клетки бинтами или полотенцами. Особенно опасны проникающие ранения грудной клетки. Если при этом повреждается сердце, аорта, легкие, то возникает сильное кровотечение, которое может привести к смерти. При проникающем ранении грудной клетки, даже если не повреждены находящиеся в ней органы, в плевральную полость поступает наружный воздух (рис. 3.14, *а*). Давление в плевральной полости ниже атмосферного, поэтому поступающий воздух приводит к спадению легкого, смещению сердца, сдавливанию легкого здоровой стороны и расстройству кровообращения. Такое повреждение грудной клетки называется открытым пневмотораксом, который создает угрозу для жизни пострадавшего.

Для предупреждения открытого пневмоторакса необходимо быстро закрыть рану грудной клетки при помощи липкого пластыря, прорезиненной обертки от индивидуаль-

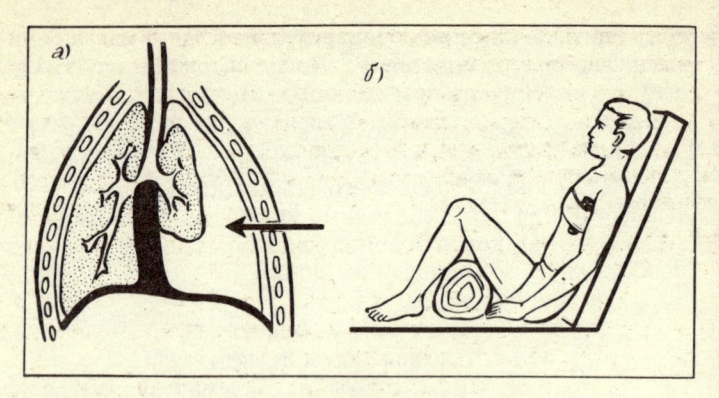

Рис. 3.14. Проникающее ранение грудной клетки:
*а* — открытый пневмоторакс; *б* — способ транспортировки пострадавшего

ного пакета, клеенки, воздухонепроницаемой пленки и туго прибинтовать их. Транспортировать пострадавшего в лечебное учреждение нужно как можно быстрее в сидячем положении (рис. 3.14, *б*).

Ранения живота (брюшной стенки) чрезвычайно опасны, так как при этом могут быть повреждены органы брюшной полости, что требует немедленной операции. Если через рану в брюшной стенке выпадают кишки или другие органы, то их ни в коем случае нельзя вправлять в рану. После обработки кожи вокруг раны на выпавшие органы накладывают стерильную марлю (подушечки от индивидуального пакета), а по бокам от органов – толстый слой ваты. Все это закрывают бинтовой повязкой или полотенцем, простыней, прошив края их ниткой или застегнув булавками. При любом ранении в живот пострадавшего нельзя кормить, поить и давать через рот лекарства. Транспортировать необходимо в положении лежа с приподнятой верхней частью туловища и согнутыми в коленях ногами.

При падении человека животом на твердый предмет или при сильном ударе по животу возникают закрытые повреждения органов брюшной полости. В таких случаях возможны разрывы печени, селезенки, почек, в результате чего возможно сильное внутреннее кровотечение. Возникают сильные боли в животе, тошнота, живот твердый, напряженный. Пострадавший бледный и не может стоять. Часто развивается шок. Пострадавшего нельзя поить и кормить. Его укладывают так же, как и при открытых ранениях живота, предпринимают противошоковые мероприятия и быстро доставляют в больницу.

## Контрольные вопросы

1. Каковы правила обработки ран и наложения повязок?
2. В чем заключается первая помощь при ожогах?
3. Каковы признаки перелома костей и в чем заключается первая медицинская помощь при таких травмах?

# Раздел 4

# ОСНОВЫ ПРАВОВЕДЕНИЯ ДЛЯ ВОДИТЕЛЕЙ

## Глава 4.1. ОСНОВНЫЕ НОРМАТИВНЫЕ АКТЫ, ДЕЙСТВУЮЩИЕ НА АВТОМОБИЛЬНОМ ТРАНСПОРТЕ

### 4.1.1. ИСТОЧНИКИ ТРАНСПОРТНОГО ПРАВА

Отношения людей, связанные с использованием путей сообщения и транспортных средств, определяются совокупностью юридических норм и правил – транспортным правом. На автомобильном транспорте особое значение имеют Правила дорожного движения, которыми водитель постоянно руководствуется в своей деятельности. Водитель должен хорошо знать характер и меру ответственности за нарушение Правил и норм поведения на автомобильном транспорте. Выполняя задание на перевозку пассажиров или грузов, он должен иметь представление об обязанности и ответственности предприятий, которым принадлежит транспортное средство, а также организаций и граждан, которые пользуются им.

На предприятиях министерств автомобильного транспорта действует республиканский Устав автомобильного транспорта, который является нормативным актом республики. В Уставе рассмотрены планирование и организация перевозок, порядок заключения договоров и расчетов с облуживаемыми организациями, определения рациональных маршрутов и схем грузопотоков.

Основным нормативным актом о трудовой деятельности являются Основы законодательства Союза ССР и союзных республик о труде. В развитие Основ в каждой союзной республике действует Кодекс законов о труде (КЗоТ). КЗоТ РСФСР введен в действие с 1 апреля 1972 г.

Производственная деятельность водителей происходит в трудовом коллективе предприятия (учреждения, организации). Деятельность трудового коллектива формируется на основе Конституции СССР, Закона СССР о трудовых коллективах, Закона СССР о государственном предприятии (объединении) и других нормативных актов.

### 4.1.2. ПОРЯДОК ДОПУСКА ВОДИТЕЛЕЙ К УПРАВЛЕНИЮ ТРАНСПОРТНЫМИ СРЕДСТВАМИ

В соответствии с Положением о порядке допуска водителей к управлению транспортными средствами, приема экзаменов и выдачи гражданам водительских удостоверений, утвержденным министром внутренних дел СССР 6 января 1987 г., все транспортные средства подразделяются на категории: „А", „В", „С", „D", „Е", трамвай, троллейбус, мотоколяска. Отметка о категории в едином водительском удостоверении дает право водителю на управление следующими транспортными средствами:

„А" – мотоциклами, мотороллерами, мотонартами и другими мототранспортными средствами;

„В" – автомобилями (с правом работы по найму или без него), полная масса которых не превышает 3500 кг и число сидячих мест в которых (кроме сиденья водителя) не превышает восьми;

„В" (временное с ограничениями) – автомобилями (без права работы по найму), полная масса которых не превышает 3500 кг и число сидячих мест которых (кроме сиденья водителя) не превышает восьми;

„С" – грузовыми автомобилями, полная масса которых превышает 3500 кг;

„D" – автомобилями, предназначенными для перевозки пассажиров и имеющими более 8 сидячих мест (кроме сиденья водителя);

„Е" – составами транспортных средств с тягачами, относящимися к транспортным средствам категории „В", „С" или „D", при наличии в удостоверении отметки о разрешении управлять транспортными средствами указанных категорий или одной из них.

Водителям транспортных средств категорий „В", „С" и „D" разрешается также управлять соответствующими транспортными средствами с прицепом, полная масса которого не превышает 750 кг. Для управления транспортными средствами указанных категорий с прицепами, полная масса которых превышает 750 кг, а также сочлененными автобусами в водительском удостоверении должна быть отметка и в графе „Е".

Принимают экзамены у водителей и выдают удостоверения на право управления транспортными средствами всех категорий регистрационно-экзаменационные подразделения ГАИ МВД СССР.

Для получения водительского удостоверения категорий

„А" – „D" нужно пройти медицинское освидетельствование и подготовку в учебной организации по учебной программе, согласованной с ГАИ МВД СССР. К экзаменам для получения удостоверения на право управления транспортными средствами категорий „А" и „В" (без права работы по найму) после самостоятельной подготовки могут быть допущены лица:

окончившие высшие или средние специальные учебные заведения, в которых программой предусмотрено изучение автомобильного дела;

проживающие в населенных пунктах, где отсутствуют учебные организации или курсы по подготовке водителей;

не имеющие возможности по роду выполнения своей работы посещать занятия в учебных организациях, например моряки дальнего плавания.

На теоретическом экзамене проверяют знания Правил дорожного движения и других теоретических предметов, предусмотренных программой обучения, а на практическом – навыки управления транспортным средством соответствующей категории.

Право на управление транспортными средствами категории „Е" или „D" предоставляется водителям с непрерывным годичным стажем работы, прошедшим переподготовку по соответствующей программе и сдавшим экзамены в ГАИ (табл. 4.1).

Таблица 4.1

| Лицо добивается права на управление транспортным средством категории | Имеется право на управление транспортными средствами категории | Сдается экзамен |
|---|---|---|
| „Е" | „В" и „С" | Практический на составе транспортных средств |
|  | „В", „С" и „D" | То же |
|  | „С" и „D" | " |
|  | „D" | Практический на сочлененном автобусе |
| „D" | „В" и „С" | Теоретический и практический на автобусе |
|  | „В" | То же |
|  | „С" | " |

Для водителей автомобилей установлены три класса квалификации: третий, второй и первый. Порядок их присвоения определен Общими положениями Единого тарифно-квалификационного справочника (ЕТКС), утвержденного постановлением Госкомтруда СССР и Секретариата ВЦСПС от 31 января 1985 г., а также Квалификационными характеристиками профессий водителей автотранспорта и городского электротранспорта.

Класс квалификации присваивают и повышают водителю только на предприятии, где он работает. Заявление водителя и представление руководителя подразделения (начальника колонны, отряда) с учетом мнения совета производственной бригады рассматривает квалификационная комиссия. Комиссия рассматривает заявления водителей, имеющих водительское удостоверение с отметками, дающими право управления транспортными средствами следующих категорий: для третьего класса – „В" или „С"; для второго – „В", „С" и „Е", либо „D" и „Е" или только „D"; для первого – „В", „С", „D" и „Е".

Для присвоения второго и первого классов водители, кроме того, должны регулярно выполнять планы (графики) перевозок, соблюдать трудовую и производственную дисциплину, не иметь за последние 3 года нарушений Правил дорожного движения, повлекших ДТП и лишение водительских прав, а также нарушений в течение последнего года правил технической эксплуатации, техники безопасности и рабочих инструкций.

Помимо того, условием повышения классности является следующий непрерывный стаж работы водителем (независимо от стажа работы на данном предприятии):

для присвоения второго класса – не менее 3 лет водителем третьего класса;

для присвоения первого класса – не менее 2 лет водителем второго класса.

Окончательное решение о присвоении классности принимает администрация предприятия по согласованию с профсоюзным комитетом. Это решение оформляют приказом и заносят в трудовую и расчетную книжки водителя.

Для усиления материальной заинтересованности водителей в повышении квалификации и профессионального мастерства положением об оплате труда предусмотрена ежемесячная надбавка за классность. Ее размер определяется в процентах от тарифной ставки за все отработанное в качестве водителя время и зависит от категории автомобиля. Например, водителям грузовых автомобилей второго класса доплачивают 10 %, а водителям первого класса — 25% тарифной ставки. Установленные размеры надбавки за классность сохраняются и для предприятий, перешедших на новые условия оплаты труда водителей, предусмотренные постановлением ЦК КПСС, Совета Министров СССР и ВЦСПС от 17 сентября 1986 г.

Классность может быть снижена, если дисциплина или результаты работы водителя перестали соответствовать предъявляемым требованиям. В таких случаях квалификационная комиссия делает представление администрации, которая может понизить водителю класс, получив на это согласие профсоюзного комитета. Решение оформляют приказом, после чего вносят изменения в трудовую и расчетную книжки.

## Контрольные вопросы

1. Как должен осуществляться допуск водителей к управлению транспортными средствами?
2. Каков порядок повышения классной квалификации водителей?

## Глава 4.2. ОСНОВНЫЕ СВЕДЕНИЯ ПО ТРУДОВОМУ ЗАКОНОДАТЕЛЬСТВУ

### 4.2.1. ТРУДОВОЙ ДОГОВОР

Между трудящимися и администрацией предприятия заключается трудовой договор. Трудящиеся обязуются честно и добросовестно выполнять определенную работу, соблюдать дисциплину труда, а администрация – правильно оплачивать труд и обеспечивать условия, предусмотренные законом и коллективным договором. Коллективный договор дает трудящимся право участвовать в экономическом и социальном планировании, разработке трудового распорядка, мер поощрения и наказания, а также выборе руководителей предприятия.

В большинстве случаев трудовой договор заключают на неопределенный срок, предполагая, что работников оформляют на постоянную работу. Можно заключить договор и на время выполнения определенной работы или на заранее обусловленный срок (до 3 лет).

Трудящиеся, как правило, объединены в профсоюзные организации. Основными задачами профсоюзов (профсоюзных комитетов) являются надзор за соблюдением законодательства о труде, рассмотрение трудовых споров, организация страхования и управление санаторно-курортными и туристскими учреждениями.

Прием водителя на работу оформляется письменным приказом или распоряжением администрации. Приступить к работе можно и по устному распоряжению. В этом случае трудовой стаж исчисляется с момента фактического начала работы. Иногда для поступающего устанавливают испытательный срок (до одной недели для рабочих), цель которого – определить соответствие работника поручаемой ему работе. Без испытательного срока принимают лиц в возрасте до 18 лет и молодых рабочих, закончивших профтехучилища.

Администрация не имеет права требовать выполнения работы, не обусловленной трудовым договором, без взаимной договоренности. Однако в случае производственной необходимости (стихийное бедствие, авария, несчастный случай, порча имущества, замена отсутствующего работника) перевод, как исключение, допустим на срок не более 1 мес в течение года.

Трудовой договор может быть расторгнут. Основаниями для этого, согласно ст. 29 КЗоТ РСФСР, могут быть: соглашение (обоюдное желание) сторон; истечение срока договора; инициатива рабочего или служащего; инициатива администрации либо требование профсоюзного органа; акт уполномоченных органов (военкомат, суд) и др.

Для расторжения рабочим или служащим трудового договора он должен предупредить об этом администрацию письменно за 2 мес.

Основаниями для расторжения трудового договора по инициативе администрации с согласия профсоюзного комитета могут быть:

ликвидация или сокращение численности работников предприятия;

несоответствие работника занимаемой должности;

систематическое невыполнение работником своих обязанностей без уважительных причин;

прогул;

неявка на работу в течение более 4 мес подряд вследствие нетрудоспособности, не считая отпуска по беременности и родам;

восстановление рабочего или служащего, ранее выполнявшего эту работу;

появление на работе в состоянии опьянения и др.

### 4.2.2. РЕЖИМ ТРУДА И ОТДЫХА ВОДИТЕЛЕЙ

Администрация должна строго регламентировать рабочее время и время отдыха своих работников. Для водителей, работающих на шестидневной рабочей неделе, продолжительность ежедневной работы не должна превышать 7 ч, а накануне выходного дня 6 ч. При работе в ночное время (22–6 ч) продолжительность работы сокращается на 1 ч.

При суммированном учете рабочего времени продолжительность смены не может быть более 10 ч, а с разрешения министерства и по согласованию с ЦК отраслевого профсоюза – более 12 ч.

При выполнении международных перевозок, когда пребывание водителя в автомобиле предусмотрено более 12 ч, в кабине должно быть оборудовано спальное место, причем в рейс направляются два водителя. При междугородных перевозках после 3 ч непрерывного вождения должен быть предусмотрен отдых на 10 мин, а в дальнейшем через каждые 2 ч. Продолжительность ежедневного (междусменного) отдыха должна быть не менее двойной продолжительности времени работы в предшествующий отдыху рабочий день (смену). Например, если водителю предстоит работать в течение 8 ч, продолжительность отдыха должна быть не менее 16 ч.

Различают два вида ежегодных отпусков – основной и дополнительный. Дополнительный отпуск представляется в связи с особенностью деятельности или в порядке поощрения за длительную работу на одном предприятии. Госкомтрудом СССР и Президиумом ВЦСПС установлено право на дополнительный отпуск продолжительностью:

12 рабочих дней водителям автобусов регулярных линий (в том числе заказных), маршрутных такси и автомобилей, в том числе специальных (кроме пожарных), грузоподъемностью от 3 т и более;

6 рабочих дней водителям автомобилей медицинской помощи и санитарных, грузовых автомобилей грузоподъемностью 1,5–3 т, а также водителям легковых автомобилей-такси при работе в городах республиканского, краевого, областного подчинения и на междугородных трассах.

Труд работников автотранспортного предприятия регламентируется правилами внутреннего трудового распорядка, которые включают: порядок приема и увольнения рабочих и служащих; основные обязанности рабочих и служащих; основные обязанности администрации; рабочее время и его использование; поощрения за успехи в работе; ответственность за нарушение трудовой дисциплины.

Трудовые споры между администрацией и работниками предприятия могут возникать по вопросам применения законодательства о труде и установления ими изменения условий труда. Трудовые споры разрешаются на основе Положения о порядке рассмотрения трудовых споров, утвержденного Указом Президиума Верховного Совета СССР от 20 мая 1974 г.

## Контрольные вопросы

1. Назовите обязанности рабочих, служащих и администрации по трудовому договору.

2. Охарактеризуйте режим труда и отдыха водителей, направляемых в междугородные рейсы.

## Глава 4.3. ОТВЕТСТВЕННОСТЬ ВОДИТЕЛЯ

### 4.3.1. ПРАВО СОБСТВЕННОСТИ НА ТРАНСПОРТНЫЕ СРЕДСТВА

Право собственности — это совокупность юридических норм (правил), закрепляющих за собственниками права владеть, пользоваться и распоряжаться средствами производства и предметами потребления по своему усмотрению и в своих интересах. Различают собственность государственную, колхозов и кооперативных организаций, профсоюзов или иных общественных организаций и личную собственность граждан.

Основной формой собственности в СССР является государственная социалистическая собственность. Государство выделяет в распоряжение предприятий и учреждений необходимое имущество и предоставляет им право собственности для выполнения возложенных на них задач.

Государственные организации владеют и пользуются транспортными средствами в соответствии со своей основной деятельностью.

Предприятие должно содержать и эксплуатировать транспортные средства на основании следующих документов:

Правила технической эксплуатации подвижного состава автомобильного транспорта;

Положение о техническом обслуживании и ремонте подвижного автомобильного транспорта;

Положение о техническом обслуживании и ремонте подвижного состава автомобильного транспорта в сельском хозяйстве;

Правила дорожного движения (в части требований к техническому состоянию и оборудованию транспортных средств);

ГОСТ 25478–82, регламентирующий требования безопасности к техническому состоянию транспортных средств и методы их проверки.

Техническое состояние транспортных средств контролируют службы эксплуатации и безопасности движения предприятий, организаций и учреждений. Кроме того, технический надзор за транспортными средствами осуществляет Госавтоинспекция. Надзор включает проведение периодических Государственных технических осмотров механических транспортных средств и проверки на дороге.

Государственные технические осмотры проводят на основании Правил, утвержденных приказом министра внутренних дел № 252 от 19 декабря 1988 г. Транспортные средства индивидуальных владельцев проверяют 1 раз в 2 года с 1 января по 31 июля. Если индивидуальное транспортное средство используется в кооперативе или для обслуживания населения, то технический осмотр проводят ежегодно.

Государственный техосмотр транспортных средств предприятий, организаций и учреждений проводят ведомственные комиссии как правило 1 раз в год, а транспортных средств, предназначенных для перевозки пассажиров, - 2 раза в год. Сроки проведения технических осмотров устанавливают Советы Министров союзных республик. В соответствии с Указом Президиума Верховного Совета СССР от 21 марта 1988 г. владельцы транспортных средств – государственные, кооперативные и другие общественные предприятия и организации, имеющие автомобили, мотоциклы и другие самоходные машины и механизмы на пневматическом шасси, а также граждане СССР и иностранные лица ежегодно уплачивают налог. От уплаты налога с владельцев транспортных средств освобождаются предприятия автомобильного транспорта общего пользования, осуществляющие перевозки пассажиров в городах, инвалиды Великой Отечественной войны либо другие инвалиды из числа военнослужащих.

Размер налога зависит от типа транспортного средства и мощности двигателя. За владение легковым автомобилем устанавливается плата 50 к с каждой лощадиной силы (либо 68 к. с каждого киловатта мощности), за владение мотоциклом 36 к. (40, 8 к.), за владение грузовым автомобилем 1 р. (1 р. 36 к.).

Техническое состояние транспортных средств должно отвечать требованиям, изложенным в Правилах дорожного движения. Исправным считают полностью укомплектованное транспортное средство с удовлетворительным внешним видом, техническое состояние которого отвечает этим требованиям. Транспортное средство, не отвечающее хотя бы одному из необходимых условий, считается неисправным. Его эксплуатация запрещается до устранения неисправности и повторного представления на осмотр.

Владельцам исправных автомобилей, прошедших осмотр, Госавтоинспекция выдает талон, в котором указывается месяц представления автомобиля к следующему осмотру.

При проверке технического состояния на дороге транспортное средство не должно задерживаться более 20 мин (без учета времени на устранение неисправности). В случае выявления неисправности работник Госавтоинспекции составляет акт и принимает в отношении водителя меры администативной ответственности. При обнаружении неисправностей тормозной системы, рулевого управления, приборов освещения, колес и шин, а также при повышенной токсичности отработавших газов дальнейшая эксплуатация (а если есть необходимость, то и движение) автомобиля запрещается. При этом с транспортного средства, состоящего на учете в данном городе (районе), снимают номерные знаки, которые возвращают после устранения неисправности и повторной проверки транспортного средства по месту учета.

### 4.3.2. ВИДЫ ПРАВОНАРУШЕНИЙ

Участник дорожного движения, действующий в противоречии с Правилами или другим нормативным актом, совершает правонарушение и должен за это отвечать в соответствии с существующими законами. В зависимости от характера правонарушения различают дисциплинарные или административные проступки, гражданские правонарушения и преступления.

*Дисциплинарные проступки* – это действия, нарушающие установленный порядок деятельности организации, предприятия, учреждения.

*Административные проступки* выражаются в нарушениях государственного или общественного порядка, посягательстве на социалистическую собственность, права и свободу граждан, виновном (умышленном или неосторожном) действии либо бездействии.

*Гражданские правонарушения* – это действия, связанные с вредом, причиненным личности или имуществу гражданина, а также вредом, причиненным организации.

*Преступления (уголовные правонарушения)* выражаются в посягательстве на советсткий общественный строй, социалистическую систему хозяйства, социалистическую и личную собственность, сопротивлении представителям власти или общественности, действиях против общественного порядка и здоровья населения, посягательстве на жизнь граждан.

По каждому из видов правонарушений по закону установлена определенная ответственность.

### 4.3.3. АДМИНИСТРАТИВНАЯ ОТВЕТСТВЕННОСТЬ

Административная ответственность за нарушение Правил дорожного движения возлагается на виновных на основании Указа Президиума Верховного Совета СССР от 15 марта 1983 г.

Меры административной ответственности изменены и дополнены Указом Президиума Верховного Совета СССР от 6 февраля 1989 г. Все граждане, виновные в нарушении Правил, несут административную ответственность, если нарушения по своему характеру не влекут за собой уголовной ответственности. Например, административная ответственность наступает, если нарушение Правил не вызвало человеческой жертвы, травм или повреждений транспортных средств, грузов, дорог, дорожных и других сооружений или иного имущества с нанесением существенного материального ущерба. Минимальная сумма материального ущерба, которая дает основания считать материальный ущерб существенным, в настоящее время определяется судебной практикой в пределах 450–500 р.

Мерами административной ответственности за нарушение Правил дорожного движения являются взыскания, которые могут быть в виде предупреждения, штрафа или лишения права управления транспортным средством.

*Предупреждение* выносится в письменной форме.

*Штраф* налагается на участников движения и должностных лиц в сумме, зависящей от характера правонарушения.

*Лишение права управления транспортным средством* применяется за грубые или систематические нарушения правил пользования транспортным средством на срок, зависящий от обстоятельств правонарушения.

При наложении взыскания учитывают характер совершенного нарушения, личность нарушителя, степень его вины, а также смягчающие или отягчающие ответственность обстоятельства. Смягчающими обстоятельствами могут быть чистосердечное раскаяние виновного, принятые меры по предотвращению вредных последствий нарушения, добровольное возмещение ущерба или устранение причиненного вреда. Отягчающими обстоятельствами являются, например, продолжение противоправного поведения.

Все нарушения Правил по степени их тяжести и характеру назначаемого наказания сведены в 11 групп (табл. 4.2).

О совершении нарушения Правил дорожного движения работник милиции, а в его отсутствие уполномоченный на то народный дружинник либо представитель военной

Таблица 4.2

| Номер группы | Характер нарушения Правил дорожного движения | Мера наказания | |
|---|---|---|---|
| | | за нарушение | в том числе повлекшее повреждение транспортных средств, дорог, дорожных сооружений или имущества |
| 1 | Превышение установленной скорости движения, проезд на запрещающий сигнал светофора или жест регулировщика, несоблюдение требований дорожных знаков приоритета, запрещающих и предписывающих дорожных знаков, разметки проезжей части дорог о несоблюдении преимущества в движении, нарушение правил перевозки людей, обгона, проезда остановок общественного транспорта или пешеходных переходов, пользования осветительными приборами в темное время суток или в условиях недостаточной видимости | Предупреждение или штраф 10 р. | Штраф 30 р. или лишение права управления ТС на срок 3—6 мес. |
| | Те же нарушения, повлекшие создание аварийной обстановки, т.е. вынудившие других участников движения резко изменить скорость, направление движения или принимать иные меры к обеспечению собственной безопасности или безопасности других граждан | Штраф 20—50 р. или лишение права управления ТС на срок до 3 мес. | |

*Продолжение табл. 4.2*

| Номер группы | Характер нарушения Правил дорожного движения | Мера наказания | |
|---|---|---|---|
| | | за нарушение | в том числе повлекшее повреждение транспортных средств, дорог, дорожных сооружений или имущества |
| 2 | Невыполнение требований работника милиции об остановке ТС (сигнал жестом руки или жезлом с одновременным сигналом свистком, а также с помощью громкоговорящего устройства) | То же | — |
| 3 | Управление механическими ТС, имеющими неисправности тормозной системы или рулевого управления, или переоборудованными без соответствующего разрешения, или не зарегистрированными в установленном порядке, или не прошедшими государственного технического осмотра | Предупреждение или штраф 5 р. | Штраф 30 р. или лишение права управления ТС на срок 3—6 мес |
| | Нарушение правил пользования ремнями безопасности или мотошлемами | То же | — |
| 4 | Участие в групповом передвижении в городах и других населенных пунктах, создающем помехи дорожному движению или угрозу безопасности движения | Штраф 50 р. или лишение права управления ТС на срок до 3 мес. | Штраф 50 р. или лишение права управления ТС на срок до 3—6 мес. |
| 5 | Нарушение правил проезда железнодорожных переездов | Штраф 30 р. или лишение права управления ТС на срок до 6 мес | |
| 6 | Управление ТС лицами, не имеющими права управления этими средствами, а равно передача управления ТС лицу, не имеющему права управления | Штраф 30 р. | Штраф от 30—50 р. |

*Продолжение табл. 4.2*

| Номер группы | Характер нарушения Правил дорожного движения | Мера наказания | |
|---|---|---|---|
| | | за нарушение | в том числе повлекшее повреждение транспортных средств, дорог, дорожных сооружений или имущества |
| 7 | Управление ТС в состоянии опьянения, передача управления ТС лицу, находящемуся в состоянии опьянения, уклонение от прохождения в установленном порядке освидетельствования на состояние опьянения | Штраф 200 р. или лишение права управления всеми ТС на срок 1—3 года | |
| | Те же действия лиц, не имеющих права управления ТС | Штраф 200 р. | |
| 8 | Иные нарушения правил дорожного движения, не указанные выше (например, нарушения правил остановки или стоянки, расположения ТС на проезжей части, подачи предупредительных сигналов, учебной езды, перевозки грузов, буксировки, установки номерных знаков и др.) | Предупреждение | Штраф 10—30 р. |
| 9 | Пешеходы за неподчинение сигналам регулирования дорожного движения, переход проезжей части в неустановленных местах | Предупреждение или штраф 5 р. | — |
| | Лица, управляющие мопедами и велосипедами, возчики и другие лица, пользующиеся дорогами, за несоблюдение требований дорожных знаков приоритета, запрещающих или предписывающих дорожных знаков | То же | |
| | Лица, указанные выше, за нарушение правил дорожного движения, повлекшие создание аварийной обстановки | Штраф 10—30 р. | |

*Продолжение табл. 4.2*

| Номер группы | Характер нарушения Правил дорожного движения | Мера наказания ||
|---|---|---|---|
| | | за нарушение | в том числе повлекшее повреждение транспортных средств, дорог, дорожных сооружений или имущества |
| 10 | Руководители предприятий, учреждений, организаций или иные должностные лица, ответственные за техническое состояние и эксплуатацию ТС за: | | |
| | выпуск на линию ТС, имеющих неисправности, с которыми запрещена их эксплуатация, или переоборудованных без соответствующего разрешения, или не зарегистрированных в установленном порядке, или не прошедших государственного технического осмотра; | Штраф 10—50 р. | — |
| | допуск к управлению ТС водителей, находящихся в состоянии опьянения, или лиц, не имеющих права управления ТС | Штраф 100 р. | — |
| | Должностные лица, ответственные за состояние дорог, железнодорожных переездов и других дорожных сооружений за нарушение правил содержания дорог и дорожных сооружений в безопасном для движения состоянии или непринятие мер к своевременному запрещению или ограничению движения на отдельных участках дорог, когда пользование ими угрожает безопасности движения | Штраф 30—100 р. | — |

*Окончание табл. 4.2*

| Номер группы | Характер нарушения Правил дорожного движения | Мера наказания ||
|---|---|---|---|
| | | за нарушение | в том числе повлекшее повреждение транспортных средств, дорог, дорожных сооружений или имущества |
| 11 | Участники дорожного движения и другие лица за повреждение дорог, железнодорожных переездов, других дорожных сооружений или технических средств организации дорожного движения, а также за умышленное создание помех для дорожного движения, в том числе путем загрязнения дорожного покрытия | Штраф 20—50 р. | |

Примечание. В таблице использовано сокращение ТС — транспортное средство.

автомобильной инспекции составляет протокол. При составлении протокола нарушителю разъясняют его права и обязанности. Протокол подписывают лицо, его составившее, и нарушитель. При наличии свидетелей и потерпевших протокол может быть подписан также и ими. Если нарушение совершено несколькими лицами, то протокол составляют на каждого нарушителя.

При совершении нарушений 1-й, 3-й, 8-й и 9-й групп (см. табл. 4.2) в случаях, если они не повлекли создание аварийной обстановки или повреждения транспортных средств, дорог, дорожных сооружений или имущества и когда лицо не оспаривает допущенное нарушение и налагаемое на него административное взыскание в виде предупреждения или штрафа, протокол не составляется. В этих случаях административное взыскание выносится на месте совершения нарушения. О взимании штрафа в размере не более 10 р. нарушителю выдается квитанция установленного образца, являющаяся документом строгой финансовой отчетности. В случае предупреждения нарушителю вручают специальный бланк по следующей форме:

## ПРЕДУПРЕЖДЕНИЕ

**Гражданин**

за нарушение правил дорожного движения Вы, на основании Указа Президиума Верховного Совета СССР от 15 марта 1983 г. „Об административной ответственности за нарушение правил дорожного движения",

ПРЕДУПРЕЖДЕНЫ

**Госавтоинспекция**

"___" _____ 19____ г.


В остальных случаях при вынесении наказания в виде штрафа оформляют административный протокол.

Штраф вносится нарушителем в учреждение Сберегательного банка СССР. При неуплате штрафа в срок его взыскивают в принудительном порядке путем вычета из заработка нарушителя.

Если нарушитель оспаривает наложенное взыскание, то обязательно составляют административный протокол. При отказе нарушителя от подписания протокола в нем делают запись об этом. Лицо, совершившее нарушение, вправе написать объяснение и замечания по содержанию протокола, а также изложить мотивы своего отказа от его подписания. В этих случаях взыскание выносится постановлением по делу о нарушении правил дорожного движения.

Если за нарушения может быть наложено административное взыскание в виде лишения права управления транспортным средством, то у водителя изымают водительское удостоверение на срок до вынесения постановления по делу. Ему выдают временное разрешение на право управления транспортным средством, о чем делают запись в протоколе. Если выносится постановление о лишении права управления транспортным средством, водительское удостоверение не возвращается. Действие временного разрешения продлевается на срок, установленный для подачи жалобы, или до принятия решения по жалобе. Срок лишения права управления транспортным средством исчисляется со дня вынесения постановления. Орган, наложивший административное взыскание, может сократить срок лишения права управления транспортным средством по ходатайству общественной организации или трудового коллектива. Это возможно при добросовестном отношении к труду и примерном поведении лица, лишенного права управления транспортным средством, по истечении не менее половины назначенного срока. Лица, пользующиеся транспортными средствами в связи с инвалидностью, не могут быть лишены прав, за исключением случаев управления в состоянии опьянения.

Если можно предположить, что управляющий транспортным средством находится в состоянии опьянения, его отстраняют от управления и подвергают медицинскому освидетельствованию на опьянение. Порядок направления граждан на освидетельствование и проведения освидетельствования предусмотрен Инструкцией, утвержденной МВД СССР, Минздравом СССР и Минюстом СССР от 29 июня 1983 г. При уклонении водителя от освидетельствования в присутствии двух свидетелей составляют протокол о нарушении Правил, в котором указывают признаки опьянения и действия нарушителя по уклонению от освидетельствования. Документы, подтверждающие факт опьянения, прилагают к административному протоколу.

За управление транспортным средством в состоянии опьянения водителей, имеющих право управления несколькими видами транспортных средств, лишают права управления всеми видами транспортных средств.

Для своевременного и правильного рассмотрения дела, пресечения нарушения Правил и составления протокола работник милиции вправе подвергнуть лицо, совершившее правонарушения, административному задержанию на срок не более 3 ч.

Дела о нарушениях, предусматривающих наказания в виде предупреждения или штрафа в размере не более 10 р., рассматривают, как правило, на месте нарушения должностные лица Госавтоинспекции.

Дела о нарушениях, предусматривающих наказания в виде штрафа, размер которого может превышать 10 р., или лишения права управления транспортным средством рассматривает начальник отделения (отдела, управления) Госавтоинспекции или его заместитель. При отсутствии в отделе внутренних дел города или района Госавтоинспекции указанные дела рассматривает начальник или заместитель начальника отдела внутренних дел. В рассмотрении таких дел могут принимать участие представители трудовых коллективов и общественных организаций.

Лица в возрасте 16—18 лет за нарушение Правил подлежат административной ответственности на общих основаниях. С учетом личности нарушителя и характера совершенного проступка дела в отношении указанных лиц могут быть переданы на рассмотрение районных (городских) комиссий по делам несовершеннолетних. В случае нарушения Правил лицами в возрасте до 16 лет вопрос о мерах воздействия рассматривают комиссии по делам несовершеннолетних.

Дела о нарушениях 10-й группы (см. табл. 4.2) рассматривают соответствующие должностные лица ГАИ и административные комиссии при исполнительных комитетах районных или городских Советов народных депутатов.

Военнослужащие и призванные на сборы военнообязанные, а также работники органов внутренних дел за нарушение Правил несут ответственность на общих основаниях, но к ним не может быть применен штраф. Материалы об их нарушениях могут быть направлены по месту их службы: командиру части, начальнику органа, учреждения для решения вопроса о привлечении виновного к дисциплинарной ответственности.

Дело о нарушении Правил рассматривают в присутствии лица, привлекаемого к ответственности. В отсутствие этого лица дело может быть рассмотрено лишь в случае, если его своевременно известили, но он не ходатайствовал об отложении рассмотрения дела.

Если лицо совершило нескольких нарушений, дела которых одновременно рассматривает одно и то же должностное лицо, взыскание налагают в пределах санкции, установленной за более серьезное нарушение. Рассмотрев дело о нарушении Правил, должностное лицо выносит постановление о наложении административного взыскания либо о прекращении дела производством.

О наложении административного взыскания за управление транспортным средством в состоянии опьянения доводят письменно до сведения администрации или общественной организации по месту работы, учебы или жительства нарушителя.

Если с учетом характера совершенного правонарушения и личности нарушителя к нему целесообразно применять меру общественного воздействия, он может быть освобожден от административной ответственности с передачей материалов на рассмотрение товарищеского суда, общественной организации или трудового коллектива.

Законодательством СССР и союзных республик предусмотрена административная ответственность на автомобильном транспорте не только за нарушения Правил дорожного движения. Так, например, Кодексом РСФСР об административных правонарушениях, принятых на девятой сессии

Верховного Совета РСФСР десятого созыва 20 июня 1984 г. предусмотрена ответственность за эксплуатацию транспортных средств с превышением нормативов содержания загрязняющих веществ в выбросах. Выпуск в эксплуатацию таких автомобилей, а также транспортных средств, у которых уровень шума превышает нормативы, влечет предупреждение или наложение штрафа на должностных лиц в размере до 100 руб. Эксплуатация гражданами таких транспортных средств влечет предупреждение или наложение штрафа в размере до 30 р.

Самовольное использование в корыстных целях, в том числе в целях личной наживы, транспортных средств, принадлежащих предприятиям, учреждениям и организациям, влечет наложение штрафа на граждан в размере до 100 р., на должностных лиц до 200 р., а на водителей до 100 р. или лишение права управления транспортными средствами на срок до одного года.

Незаконный отпуск или приобретение бензина или других топливно-смазочных материалов, принадлежащих государственным или общественным предприятиям, при отсутствии признаков хищения влечет штраф 20—100 р.

### 4.3.4. ДИСЦИПЛИНАРНАЯ ОТВЕТСТВЕННОСТЬ

Дисциплинарная ответственность предусмотрена за дисциплинарный проступок, который проявляется в нарушении трудовой дисциплины, т.е. неисполнении или неполном исполнении работником по его вине возложенных на него трудовых обязанностей. От административного правонарушения дисциплинарный проступок отличается в основном тем, что нарушается не общий порядок государственного управления (например, безопасность дорожного движения), а трудовой распорядок конкретного предприятия. Поэтому дисциплинарное взыскание налагает администрация предприятия, а не государственные органы.

Дисциплинарная ответственность регламентирована Типовыми правилами внутреннего распорядка, которые предусмотрены КЗоТ союзных республик. Основными дисциплинарными взысканиями являются: замечание; выговор; строгий выговор; перевод на нижеоплачиваемую работу или перемещение на низшую должность на срок до 3 мес (в том числе на должность, не обусловленную трудовым договором); увольнение.

Дисциплинарное взыскание выносят не позднее 1 мес со

дня обнаружения проступка, не считая времени болезни работника или пребывания его в отпуске, но не более чем через 6 мес со дня проступка.

За дисциплинарный проступок к виновному могут быть приняты разнообразные меры общественного воздействия: обсуждение на собрании трудового коллектива, заседании профсоюзного комитета, профсоюзном или комсомольском собрании; освещении проступка в стенной печати; разбор его на заседании товарищеского суда. Мерами общественного воздействия могут быть товарищеское замечание, общественный выговор, ходатайство перед администрацией о принятии в отношении виновного более строгого взыскания.

По действующему законодательству к нарушителям трудовой дисциплины могут применяться не только дисциплинарные и общественные взыскания, но и некоторые другие меры правового воздействия. К их числу относятся лишение премий, предусмотренных системой оплаты труда, лишение вознаграждения за результаты работы по итогам за год; уменьшение продолжительности очередного отпуска за прогулы; непредоставление льготных путевок в санатории и дома отдыха; перенос очереди на улучшение жилой площади; изменение времени предоставления очередного отпуска. Все эти меры воздействия не относятся к дисциплинарным взысканиям и могут применяться к нарушителям трудовой дисциплины в качестве дополнительных.

Право ставить вопрос о применении к нарушителям трудовой дисциплины предусмотренных законодательством дополнительных мер воздействия предоставлено и трудовым коллективам. Трудовой коллектив вправе снимать наложенное им взыскание досрочно, а также ходатайствовать перед администрацией о досрочном снятии дисциплинарного взыскания, если член коллектива не допустил нового нарушения дисциплины и проявил себя как добросовестный работник (ст. 9 Закона СССР о трудовых коллективах).

Некоторые виды нарушений трудовой дисциплины относят одновременно к числу административных нарушений, которые влекут также административное взыскание в виде штрафа. Так, распитие спиртных напитков на производстве (на рабочих местах, в помещениях и на территории предприятий, учреждений, организаций) или пребывание на работе в нетрезвом состоянии влечет наложение административного взыскания в виде штрафа 30—50 р. К лицам, совершившим указанные и подобные правонарушения, наряду с наложением на них административного взыскания могут быть применены также меры дисциплинарного взыскания (Указ Президиума Верховного Совета СССР от 16 мая 1985 г. „Об усилении борьбы с пьянством").

Дисциплинарный проступок или административное правонарушение могут быть связаны с нанесением материального ущерба, который должен быть возмещен виновным. Пределы материальной ответственности рабочих и служащих предусмотрены законодательством СССР и союзных республик. Согласно Положению о материальной ответственности рабочих и служащих за ущерб, причиненный предприятию, учреждению, организации (утверждено Указом Президиума Верховного Совета СССР от 13 июля 1976 г.), они обязаны возмещать лишь прямой действительный ущерб. Под этим следует понимать утрату, ухудшение или понижение ценности имущества, необходимые затраты на восстановление, приобретение имущества или иных ценностей, а также излишние выплаты. Размер ущерба, причиненного предприятию, определяют на основании бухгалтерского учета исходя из себестоимости материальных ценностей за вычетом износа по установленным нормам.

Возмещают материальный ущерб по распоряжению администрации. Ущерб, как правило, возмещают в полном размере.

Особое внимание должно уделяться возмещению материального ущерба, причиненного действиями очковтирателей, занимающихся приписками результатов труда, а также расхитителей автомобильного топлива. С работников автомобильного транспорта всех отраслей народного хозяйства в случае перерасхода топлива по их вине взыскивается 100 % стоимости перерасходованного топлива, исчисляемой по розничным ценам. Реализация указанной меры во многом способствует закрытию каналов для разворовывания автомобильного топлива и пресечению приписок на автомобильном транспорте.

### 4.3.5. УГОЛОВНАЯ ОТВЕТСТВЕННОСТЬ

Всякое преступление характеризуется признаками, связанными с объектом посягательства, личностью преступника и обстановкой преступления. Совокупность этих признаков называется составом преступления. Объектами посягательства могут быть социалистическая или личная собственность, жизнь и здоровье граждан.

Личность преступника — субъект преступления — характеризуется психическим отношением к совершенному им опасному действию или бездействию. При оценке психических мотивов важно установить вину, которая может выражаться в форме умысла или неосторожности. Бывают ситуации, когда человек не мог предвидеть последствий своих действий. При этом можно констатировать, что в его действиях не было вины и состав преступления отсутствует. В ситуации, когда человек не предвидел, но должен был и мог предвидеть последствия своих действий, его вина — преступная небрежность. Если человек предвидит возможность опасных последствий в результате своих действий, но рассчитывает их предотвратить, его вина — преступная самонадеянность.

Если человек явно намерен совершить общественно опасное действие, значит он имеет умысел на преступление. В этом случае он наиболее опасен для общества.

Обстановка преступления характеризуется его противоправностью, связью между действием и его последствиями, способом действия и его общественной опасностью.

Состав преступления должен содержать основания для уголовной ответственности, в которых должны присутствовать доказательства общественной опасности действия и его противоправность, а также вины личности, совершившей действия.

Уголовное наказание отличается от административного и общественного воздействий строгостью мер государственного принуждения. Оно назначается только по приговору суда от имени государства. Однако наказание имеет цель, кроме того, перевоспитать преступника и предупредить новые преступления. При назначении наказания суд учитывает характер и степень общественной опасности преступления, личность виновного и обстоятельства, смягчающие или отягчающие ответственность.

К смягчающим обстоятельствам относятся: чистосердечное раскаяние, совершение преступления в состоянии сильного душевного волнения, принятие виновным мер по предотвращению вредных последствий преступления.

Отягчающими ответственность обстоятельствами считают низменные побуждения преступления, особая жестокость, состояние опьянения, а также то обстоятельство, что лицо ранее уже совершало какое-либо преступление.

Уголовным законодательством предусмотрены следующие виды наказаний: исправительные работы без лишения свободы; высылка; ссылка; лишение свободы; конфискация имущества; общественное порицание; штраф; лишение права занимать определенные должности или заниматься определенной деятельностью.

Суд может назначить наказание условно. При этом устанавливается испытательный срок для исправления.

Преступления на автомобильном транспорте происходят чаще всего в результате нарушения Правил дорожного движения и эксплуатации транспортных средств, что приводит к ДТП. Лицо, совершившее ДТП, в зависимости от степени вины может быть привлечено к уголовной ответственности.

Уголовная ответственность на автомобильном транспорте может наступить за: управление транспортным средством в состоянии опьянения и допуск таких лиц к управлению, выпуск в эксплуатацию технически неисправных транспортных средств, угон транспортных средств, самовольное их использование, оставление без помощи лица, находящегося в опасном для жизни состоянии, а также за незаконный отпуск бензина или других топливно-смазочных материалов.

Уголовная ответственность за перечисленные преступления осуществляется на основании УК РСФСР, принятого на сессии Верховного Совета РСФСР 27 октября 1960 г. с последующими изменениями и дополнениями, а также аналогичных уголовных кодексов других союзных республик (табл. 4.3).

Необходимым условием наступления уголовной ответственности является установление причинной связи между нарушением действующих правил и наступлением вредных последствий.

Таблица 4.3

| № статьи УК РСФСР | Характер преступления | Меры наказания |
|---|---|---|
| 94[1] | 1. Самовольное использование в корыстных целях ТС, принадлежащих предприятиям, совершенное после наложения административного взыскания за такое же нарушение | Лишение свободы или исправительные работы на срок до 2 лет, или штраф 300—1000 р., с лишением права занимать определенные должности или без такового |
| | 2. Те же действия, причинившие крупный ущерб | Лишение свободы на срок до 5 лет |

*Продолжение табл. 4.3*

| № статьи УК РСФСР | Характер преступления | Меры наказания |
|---|---|---|
| 127 | 1. Неоказание помощи лицу, находящемуся в опасном для жизни состоянии, необходимой и не терпящей отлагательства, если она заведомо могла быть оказана виновным без опасности для себя или других лиц, либо несообщение надлежащим учреждениям и лицам о необходимости оказания помощи | Исправительные работы на срок до 6 мес или общественное порицание, или меры общественного воздействия |
| | 2. Заведомое оставление без помощи лица, находящегося в опасном для жизни состоянии и лишенного возможности принять самостоятельные меры по малолетству, старости, болезни или своей беспомощности в случае, если виновный имел возможность оказать помощь и был обязан заботиться о нем, либо поставил его в опасное для жизни состояние | Лишение свободы или исправительные работы на срок до 2 лет |
| 156[4] | 1. Незаконный отпуск бензина, принадлежащего государственным или общественным предприятиям при отсутствии признаков хищения, если это действие совершено лицом, подвергавшимся административному взысканию за такое же нарушение | Исправительные работы на срок до одного года или штраф 100—200 р. с лишением права заниматься определенной деятельностью или без такового |
| | 2. Те же действия, совершенные лицом, ранее судимым за такое же преступление | Лишение свободы или исправительные работы на срок до 2 лет или штраф 100—300 р. с лишением права занимать определенные должности |
| 211 | 1. Нарушение правил безопасности движения и эксплуатации ТС лицом, управляющим ТС, повлекшее причинение потерпевшему менее тяжкого или легкого телесного повреждения либо причинившего существенный материальный ущерб | Лишение свободы на срок до 3 лет или исправительные работы на срок до 2 лет или штраф до 300 р. с лишением права управлять ТС на срок до 2 лет или без такового |

*Продолжение табл. 4.3*

| № статьи УК РСФСР | Характер преступления | Меры наказания |
|---|---|---|
| 211 | 2. Те же действия, повлекшие смерть потерпевшего, или причинение ему тяжкого телесного повреждения | Лишение свободы на срок до 10 лет с лишением права управлять ТС на срок до 5 лет или без такового |
| | 3. Действия, предусмотренные п. 1, повлекшие гибель нескольких лиц | Лишение свободы на срок 3—15 лет с лишением права управлять ТС на срок до 5 лет или без такового |
| $211^1$ | 1. Управление ТС лицом, находящимся в состоянии опьянения, совершенное повторно в течение года | Лишение свободы на срок до одного года, или исправительные работы на срок до 2 лет, или штраф до 300 р. с лишением права управления ТС на срок 3—5 лет |
| | 2. То же действие, совершенное лицом, ранее судимым за такое преступление | Лишение свободы на срок до 3 лет с лишением права управления ТС на 5 лет |
| $211^2$ | Лицо, ответственное за техническое состояние или эксплуатацию транспортных средств, за выпуск в эксплуатацию заведомо технически неисправных ТС или иное грубое нарушение правил эксплуатации, обеспечивающих безопасность движения, если это повлекло последствия, указанные в ст. 211 | Лишение свободы на срок до 5 лет, или исправительные работы на срок до 2 лет, или штраф 100—300 р. с лишением права занимать должности связанные с ответственностью за техническое состояние или эксплуатацию ТС на срок до 5 лет или без такового |
| $211^3$ | Лицо, ответственное за техническое состояние или эксплуатацию ТС, за допуск к управлению ТС водителей, находящихся в состоянии опьянения, если это повлекло причинение потерпевшему телесного повреждения, смерть либо причинившее существенный материальный ущерб | Лишение свободы на срок до 5 лет, или исправительные работы на срок до 2 лет, или штраф 100—300 р. с лишением права занимать должности, связанные с ответственностью за техническое состояние или эксплуатацию ТС на срок до 5 лет |

*Окончание табл. 4.3*

| № статьи УК РСФСР | Характер преступления | Меры наказания |
|---|---|---|
| 212¹ | 1. Угон ТС без цели их хищения | Лишение свободы, или исправительные работы на срок до одного года, или штраф до 100 р., либо меры общественного воздействия |
| | 2. Те же действия, совершенные повторно либо по предварительному сговору группой лиц, а равно соединенные с насилием, не опасным для жизни и здоровья потерпевшего, или угрозой применения такого насилия | Лишение свободы на срок до 3 лет или исправительные работы на срок до 2 лет |
| | 3. Действия, перечисленные в пп. 1 и 2, соединенные с насилием, опасным для жизни и здоровья потерпевшего, или с угрозой применения такого насилия | Лишение свободы на срок 3—7 лет |
| 213 | Нарушение действующих на транспорте правил об охране порядка и безопасности движения, если это повлекло гибель людей или иные тяжкие последствия | Лишение свободы на срок до 5 лет |
| 252 | Нарушение правил вождения или эксплуатации боевой, специальной или транспортной машины, повлекшее несчастные случаи с людьми или другие тяжкие последствия | Лишение свободы на срок 2—10 лет |

Примечание. В таблице использовано сокращение ТС — транспортное средство.

### 4.3.6. ГРАЖДАНСКАЯ ОТВЕТСТВЕННОСТЬ

Гражданская ответственность устанавливает право граждан на возмещение им материального ущерба за причинение вреда противоправными действиями других граждан или предприятий (учреждений, организаций). Гражданская ответственность в СССР регламентируется гражданским кодексом РСФСР (ГК РСФСР), принятым на сессии Верховного Совета РСФСР 11 июня 1964 г. с последующими изменениями и дополнениями. Аналогичные гражданские кодексы приняты в других союзных республиках.

*Вред* означает нарушение охраняемого правом блага, повлекшее его умаление. Под вредом, причиненным личности, понимают умаление имущественных благ, в том числе и заработной платы, вызванное причинением увечья или иным повреждением здоровья гражданина. Гражданское законодательство предусматривает покрытие виновным материального ущерба, а также расходов на восстановление здоровья, а в случае смерти потерпевшего — расходов на похороны.

Основаниями для гражданской ответственности за причиненный вред являются противоправное поведение лица, причинившего вред, причинная связь между противоправными действиями и вредом, а также вина причинителя вреда.

*Противоправными* является действие, противоречащее закону или нормативному акту и нарушающее гражданские права других лиц.

*Под виной* понимается отношение лица к совершенному им противоправному действию. Сознательное нарушение Правил дорожного движения или легкомысленное отношение к их требованиям, повлекшее ДТП, делает нарушителя виновным.

*Причинная связь* между правонарушением и ущербом имеется в тех случаях, когда причинитель вреда в состоянии предвидеть последствия своих действий, поэтому может руководить своими действиями таким образом, чтобы не затрагивать законных прав и интересов окружающих лиц. Например, управляя автомобилем в плотном транспортном потоке, водитель должен соблюдать такую дистанцию до движущегося впереди транспортного средства, которая исключила бы столкновение с ним. Если же столкновение произойдет из-за несоблюдения водителем дистанции, вина его и наличие причинной связи между противоправными действиями и вредом очевидны. Ущерб, нанесенный в результате ДТП предприятию или частному лицу, подлежит возмещению.

Все механические транспортные средства, в том числе и автомобиль, являются источниками повышенной опасности. При их эксплуатации возможны случаи, когда источник повышеной опасности не поддается (или не в полной мере поддается) контролю человека. В результате возникает опасность для окружающих людей, причем ответственность за вред, причиненный источником повышенной опасности, может наступить и при отсутствии вины. Это предусмотрено ст. 454 ГК РСФСР. Она обязывает организации и граждан, деятельность которых сопряжена с повышенной опасностью для окружающих, возместить вред, причиненный источником повышенной опасности. Например, бывают случаи наезда на больного или преклонного возраста человека, который неожиданно вышел на проезжую часть, не обращая внимания на движущийся автомобиль. Водитель не несет ни административной, ни уголовной ответственности, так как противоправными были действия пешехода. Однако здоровью пешехода причинен вред источником повышенной опасности.

В этом случае нанесенный материальный ущерб по закону должен быть возмещен владельцем этого источника.

Владелец транспортного средства может быть освобожден от ответственности, если докажет, что вред возник вследствие непреодолимой силы или умысла потерпевшего. *Под непреодолимой силой* понимается чрезвычайное событие, которое, будучи объективно непредотвратимым при данных обстоятельствах, воздействует на источник повышенной опасности и тем самым вызывает наступление вредных последствий. Чаще всего в качестве непреодолимой силы выступают такие стихийные явления, как резкий порыв ветра (наводнение, землетрясение), но могут выступать и другие объективные факторы. Вопрос о том, является ли данный фактор непреодолимой силой, разрешается в каждом конкретном случае.

Вина потерпевшего выражается обычно в форме умысла или неосторожности. Законодательство освобождает от гражданской ответственности владельца источника повышенной опасности при наличии умысла, а иногда – грубой неосторожности пострадавшего. Примером грубой неосторожности служат случаи, когда потерпевший в момент причинения ему вреда находился в состоянии опьянения.

Ст. 458 ГК РСФСР позволяет суду дифференцированно устанавливать меру гражданской ответственности, если грубая неосторожность самого потерпевшего содействовала возникновению или увеличению вреда. В зависимости от степени вины потерпевшего, а при вине причинителя и в зависимости от степени его вины, размер возмещения должен быть уменьшен либо в возмещении вреда должно быть отказано.

Ответственность за вред, причиненный в ДТП, несет юридическое лицо — владелец источника повышенной опасности. В качестве юридического лица выступает предприятие, учреждение или организация, в которой эксплуатируются транспортные средства, или граждане, владеющие транспортными средствами на правах частной собственности.

Вред, причиненный водителем ведомственного автомобиля при исполнении им служебных обязанностей, обязано возместить предприятие. Однако предприятие может предъявить к водителю, виновному в причинении вреда, обратный иск. Такой иск называется *регрессным*. По приговору суда на основании регрессного иска лицо, виновное в причинении вреда, обязано возместить предприятию сумму, которая была выплачена для возмещения ущерба. В этом случае непосредственный виновник выступает в качестве **третьего лица.**

Если автомобиль был передан на какое-то время другому лицу по доверенности, то новый владелец берет на себя ответственность за вред. Если владелец находится рядом с лицом, управляющим в данный момент автомобилем, а передача управления не оформлена юридически, владелец остается прежним и несет ответственность за наступившие вредные последствия.

Автомобиль может причинить вред помимо воли владельца в результате виновных действий **третьего лица,** например лица, угнавшего транспортное средство. В этом случае вред должен быть возмещен непосредственно лицом, причинившим вред. Однако, если владелец, оставив автомобиль, не принял должные меры по предотвращению угона, то он может быть привлечен к ответственности наряду с непосредственным виновником.

При столкновении транспортных средств в отличие от случаев наезда на пешеходов ответственность наступает только по принципу вины того из водителей, который, нарушив Правила, совершил противоправные действия и должен возместить ущерб, включая расходы на ремонт поврежденного автомобиля и сумму, учитывающую потерю товарного вида автомобилем. При взаимной вине водителей столкнувшихся транспортных средств ущерб возмещают оба водителя.

### Контрольные вопросы

1. Для какой цели и в каком порядке проводится государственный технический осмотр транспортных средств?

2. Какие виды административных взысканий установлены законом и как они реализуются?

3. Какую меру административного взыскания налагают за нарушение Правил дорожного движения, указанного преподавателем?

4. Какие меры дисциплинарного и общественного воздействия могут быть применены к нарушителю трудовой дисциплины на автотранспортном предприятии?

5. Чем отличаются преступления от других видов правонарушений и уголовная ответственность от других видов ответственности?

6. Какие меры уголовной ответственности предусмотрены за управление транспортным средством лицом, находящимся в состоянии опьянения?

7. Перечислите основные виды автотранспортных преступлений.

8. Какая наступает ответственность за вред, причиненный источником повышенной опасности, и как она реализуется?

## Глава 4.4. ПРАВОВАЯ ОХРАНА ПРИРОДЫ

Транспорт, в том числе автомобильный, является одним из важнейших элементов материально-технической базы современного общества. Чем выше уровень развития транспорта, тем доступнее для народа природные богатства страны, тем богаче и разностороннее культура. Однако наряду с преимуществами, которые обеспечивает транспортная система, ее деятельность сопровождается отрицательным воздействием на окружающую среду. При сжигании в двигателях топлива в воздух выбрасывается более 200 химических соединений и элементов. Наиболее вредными и опасными для здоровья людей и живого мира являются окись углерода, окислы азота, сернистые соединения, несгоревшие углеводороды и свинец. Один легковой автомобиль при пробеге 1 км может выделить такое количество окиси углерода, которого достаточно для насыщения воздуха до предельно допустимого значения около 80 тыс. м.

Земля, необходимая для движения и стоянки автомобилей, изымается из народного хозяйства и не может быть использована для других нужд. На производство и эксплуатацию автомобилей и оборудования расходуется большое количество высококачественных материалов, что способствует истощению мировых ресурсов. В крупных городах и населенных пунктах с оживленным движением уровень шума от транспортных потоков достигает 120–130 дБ. Это превосходит уровень, который может переносить человек без вредных для себя последствий (80–90 дБ). Все это свидетельствует о том, что борьба с вредным влиянием автомобильного транспорта на окружающую среду является актуальной социальной проблемой, охватывающей все слои нашего общества, все отрасли народного хозяйства страны.

Конституция СССР обязывает всех граждан в интересах будущих поколений беречь природу и охранять ее богатства. В постановлении ЦК КПСС и Совета Министров СССР от 7 января 1988 г. „О коренной перестройке дела охраны природы в стране" указывается как важнейшая задача всей страны"... настойчивое и последовательное проведение линии партии на сохранение и приумножение природных ресурсов, улучшение состояния окружающей среды, исходя из признания жизненной необходимости решения этих вопросов... для всего человечества".

Цель охраны природы состоит в обеспечении наиболее благоприятных условий существования человека как биологического и социального организма. При разработке методов правовой охраны природы она рассматривается как объект, подлежащий охране. Установлены права и обязанности лиц и организаций по сохранению, улучшению и воспроизводству элементов природы, оздоровлению окружающей человека среды, предупредительные, запретительные меры природопользования, а также юридическая ответственность за ущерб, причиняемый природе и ее ресурсам.

Государственный комитет СССР по охране природы (Госкомприрода СССР) отвечает за организацию рационального использования и воспроизводства природных ресурсов. Комитету предоставлены определенные права.

За нарушение законов об охране природы предприятия, должностные лица или граждане должны нести ответственность.

Административная ответственность применяется в виде обязательства устранить причиненный вред, штрафа или предложения об отстранении от занимаемой должности.

Уголовная ответственность наступает, когда причиняется существенный вред объектам природы или окружающей человека среде, например, за слив автотранспортным предприятием отработавших жидкостей и топливно-смазочных материалов в водоемы. Уголовная (а также гражданская) ответственность наступает, кроме того, за нарушения функционирования охраняемых государством природных объектов.

### Контрольные вопросы

1. Как проявляется вредное воздействие транспортных средств на окружающую среду?
2. Какая ответственность предусмотрена за нарушение Закона СССР об охране природы?

### Глава 4.5. ГОСУДАРСТВЕННОЕ СТРАХОВАНИЕ

#### 4.5.1. ТРУДОВОЙ СТАЖ

Государственное социальное страхование рабочих и служащих – это одна из форм реализации права граждан СССР на материальное обеспечение. Такое право предусмотрено Конституцией СССР в случаях болезни, потери трудоспособности, а также потери кормильца. В СССР развито социальное страхование рабочих, служащих, колхозников пособиями по временной нетрудоспособности; выплатой пенсий по возрасту, инвалидности и по случаю потери кормильца; трудоустройством граждан, частично утративших трудоспособность; заботой о престарелых гражданах и об инвалидах.

Социальному страхованию подлежат все рабочие и служащие. Причем все виды выплат по социальному страхованию производятся за счет государственных и колхозных средств без каких-либо удержаний из заработной платы рабочих и служащих. Социальное страхование в СССР обеспечивает охрану и повышение уровня жизни трудящихся, укрепление их здоровья.

Профсоюзы назначают и выплачивают пособия по социальному страхованию, участвуют через своих представителей в комиссиях по назначению пенсий, управляют санаторно-курортным обслуживанием, добиваются лучшей организации медицинской помощи и охраны здоровья рабочих и служащих, контролируют деятельность органов социального страхования.

Ст. 238 КЗоТ РСФСР определяет следующие виды обеспечения по социальному страхованию рабочих, служащих и членов их семей:

пособия по временной нетрудоспособности (в том числе женщин по беременности и родам);

пособия по случаю рождения ребенка;

пособия на погребение;

пенсии.

Одним из условий, определяющих право на получение

пособия или пенсии и их размер, является трудовой стаж рабочего или служащего. Трудовой стаж — это продолжительность работы или другой общественно-полезной деятельности, предусмотренной Законом. Законодательство различает общий, непрерывный и специальный трудовой стаж.

*Общий трудовой стаж* — это суммарная продолжительность работы (временной, сезонной, постоянной) с момента начала трудовой деятельности. Сюда включается, кроме собственно работы на государственных предприятиях (в учреждениях, организациях), в колхозах, общественных организациях на платной работе, служба в Советской Армии, время обучения в учебных заведениях (если времени обучения предшествовала работа в качестве рабочего или служащего), период временной нетрудоспособности и другие случаи, предусмотренные законодательством.

*Непрерывный трудовой стаж* — это период непрерывной работы на одном и том же предприятии. Предусматривается сохранение непрерывного трудового стажа, например, в связи с переходом на другую работу, если перерыв в работе не превысил трех недель, учебу, уходом на пенсию и др.

Непрерывный трудовой стаж не сохраняется при поступлении на работу после увольнения в связи с систематическим неисполнением работником без уважительных причин трудовых обязанностей, прогулом, появлением на работе в нетрезвом состоянии.

*Специальный трудовой стаж* — это продолжительность работы на определенных ее видах, в особых условиях или на некоторых должностях, например, работа в тяжелых или вредных условиях, научно-педагогическая работа в высших учебных заведениях, преподавательская работа в средних школах и т. д. Наличие такого стажа учитывается при назначении пенсий по старости, инвалидности и по случаю потери кормильца, а также при определении права на дополнительный отпуск и дополнительное вознаграждение за выслугу лет.

Пособие по временной нетрудоспособности выдают при болезни, связанной с потерей трудоспособности, при санаторно-курортном лечении, при болезни члена семьи в случае ухода за заболевшим, при карантине, а также при временном переводе на другую работу в связи с заболеванием туберкулезом или при профессиональном заболевании. Основанием для выплаты пособия является больничный листок (листок нетрудоспособности), выдаваемый врачами.

Размер пособия по временной нетрудоспособности зависит от причины потери трудоспособности и стажа непрерывной работы. Если нетрудоспособность наступила у рабочего или служащего вследствие профессионального заболевания, то пособие выдается в размере 100 % заработка независимо от стажа. В других случаях рабочим и служащим, состоящим в профсоюзе, пособие выплачивается в следующих размерах при непрерывном стаже работы.

| Стаж, годы | Процент заработка |
|---|---|
| До 3 | 50 |
| 3—5 | 60 |
| 5—8 | 80 |
| 8 и более | 100 |

Рабочим и служащим, не достигшим 18 лет, выплачивают 60 % заработка, а рабочим и служащим, не являющимся членами профсоюза, пособие выдают в половинном размере против указанных норм. Размер страхования исчисляют исходя из среднего заработка потерпевшего за 12 мес. Возмещение выплачивают со дня потери трудоспособности в течение срока, на который врачи признали у потерпевшего утрату трудоспособности.

Рабочие и служащие, умышленно причинившие вред своему здоровью с целью уклонения от работы и других обязанностей или притворяющиеся больными (симулянты), лишаются пособия. Пособие не выплачивают также при заболеваниях вследствие опьянения или действий, связанных с опьянением, а также вследствие злоупотребления алкоголем (травмы, алкогольный психоз и т.п.).

Существуют также разнообразные виды материального обеспечения в случае болезни: бесплатная медицинская помощь, санаторно-курортное лечение, лечение без отрыва от производства.

Для санаторного лечения трудящихся предназначены санатории и санатории-профилактории. В санатории больных лечат в основном природными средствами (лечебная грязь, минеральная вода, климат) в сочетании с другими средствами лечения. В санатории-профилактории лечебная и оздоровительная работа осуществляется в основном без отрыва от производства. Для отдыха трудящихся широко используют дома отдыха, пансионаты, базы отдыха предприятий, туристские базы. Основной формой организованного отдыха детей трудящихся в летнее время являются пионерские лагеря. Расходы на питание, лечение, культурно-бытовое обслуживание отдыхающих по решению профсоюзного органа могут оплачиваться за счет средств социального страхования в размере 100 или 70 % их стоимости. Путевки в пионерские лагеря предоставляют либо бесплатно, либо с частичной оплатой их родителями в размерах, определяемых ВЦСПС.

Часто для лечения ряда заболеваний (язвенная болезнь желудка, болезни печени и почек, сахарный диабет) применяют диетическое питание. За счет средств социального страхования его предоставляют рабочим и служащим на основании медицинских заключений и по решению комиссий социального страхования, а там, где их нет, – заводских, местных или цеховых комитетов профсоюзов. Путевки на диетическое питание предоставляют на срок до 2, а иногда до 3 мес.

#### 4.5.2. СТРАХОВАНИЕ УЩЕРБА

Государство осуществляет страхование по предупреждению и возмещению ущерба, возникающего в результате стихийных бедствий и несчастных случаев. Такое страхование организуют только государственные страховые организации – Госстрах СССР и его отделения в республиках и других регионах страны. Страхователями могут быть граждане, колхозы, иные кооперативные и общественные организации.

Страхование может быть имущественным или личным. При имущественном страховании страхователь обязан производить выплаты в случае гибели или порчи имущества (транспортных средств, домашнего имущества, посевов, животных), а при личном страховании – в случаях потери здоровья, достижения определенного возраста, смерти.

Страхование как имущественное, так и личное может быть обязательным и добровольным. Примером обязательного личного страхования может служить страхование пассажиров транспортных средств (авиационных, автомобильных, железнодорожных), обслуживающих межреспубликанские рейсы на случай, который может произойти в пути и привести к смерти или утрате работоспособности. Страховая сумма при этом входит в стоимость билета, а максимальная денежная сумма, подлежащая выплате пострадавшему пассажиру, равна 1000 р.

При страховании оговаривают предельный размер выплат страхователя (страховое обеспечение, страховую сумму). Размер сумм, выплачиваемых при личном и имущественном страхованиях, составляет или полный размер страхового обеспечения(страховой суммы), или его часть. Например, при частичной утрате общей трудоспособности возможна только частичная выплата страховой суммы.

Размер денежных сумм, которые подлежат выплате страхователю при частичной гибели имущества, застрахованного не в полной сумме страховой оценки, определяют по правилам страхования. Например, если оценка страхуемого автомобиля составляет 5000 р., страховая сумма — 2000 р., а убыток — 1600 р., то страховое возмещение составит 1600 р. При убытке более 2000 р. страховое возмещение составит 2000 р.

Страховое возмещение выплачивают как потерпевшему лицу, так и виновнику ДТП (аварии), если оба они являются страхователями.

Если в результате ДТП транспортное средство подлежит восстановлению на ремонтном предприятии, не имеющем специального технологического оборудования предприятия-изготовителя, то после ремонта оно теряет свой товарный вид, а страхуемая сумма в последующем уменьшается на определённую величину. Сумма, равная размеру *потери товарного вида*, подлежит выплате пострадавшему при страховом возмещении, которую инспекция Госстраха взыскивает по регрессному иску с виновного. Потеря товарного вида транспортного средства виновного не возмещается. Основанием для отказа в выплате потери товарного вида является отсутствие виновного в столкновении транспортных средств или обоюдная вина водителей.

Основаниями для отказа в выплате страховой суммы являются случаи, если страхователь не сообщил о ДТП в Госавтоинспекцию и Госстрах или ДТП явилось следствием его умышленных действий, либо он находился в состоянии опьянения или не имел права на управление транспортным средством.

Неоплаченные страхователем страховые платежи по обязательному страхованию подлежат взысканию в принудительном порядке, а при добровольном — могут быть поводом для изменения или прекращения договора страхования.

### Контрольные вопросы

1. В каких случаях предусмотрены выплаты по имущественному и личному страхованию?

2. Какой установлен порядок страхования автомобиля и страхового возмещения при ДТП (аварии)?

## СПИСОК ЛИТЕРАТУРЫ

Андре Бонн. Мастерство управления автомобилем. — 2-е изд., доп. —М.: Транспорт, 1985. — 86 с.

Вождение автомобильной техники. М.: Воениздат, 1983. — 286 с.

Гусев П. П., Давыдов Г. П., Мельников Э. Б. Основы Советского государства и права. 8-е изд., стер. — М.: Просвещение, 1982. — 402 с.

Ерохов В. И. Экономичная эксплуатация автомобиля. — М.: ДОСААФ, 1986. — 128 с.

Жулев В. И. Водитель и безопасность дорожного движения. — М.: ДОСААФ, 1984. — 158 с.

Иларионов В. А., Кошелев М. В., Мишурин В. М. Водитель и автомобиль. — М.: Транспорт, 1985. — 246 с.

Кристиан Жирондо. Безопасность движения: прошлое, настоящее, будущее. — М.: Юрид. лит., 1983. — 224 с.

Правила добровольного комбинированного страхования автомобиля, водителя и багажа. — М.: Финансы и статистика, 1985. — 15 с.

Правила дорожного движения. — М.: Транспорт, 1986. — 48 с.

Ройтман Б. А., Суворов Ю. Б., Суковицын В. И. Безопасность в эксплуатации. — М.: Транспорт, 1987. — 207 с.

Сабинин А. А. Автомобиль и дороги. — М.: ДОСААФ, 1984. — 128 с.

Советское гражданское право. Т.II. — М.: Юрид. лит., 1980. — 384 с.

Советское трудовое право. — М.: Юрид. лит., 1985. — 559 с.

Хеллат Румвольт. Давайте без аварий. — Таллин: Валгус, 1985. — 112 с.

# ОГЛАВЛЕНИЕ

Введение .................................................. 3

## Раздел 1. Правила дорожного движения

**Глава 1.1. Обязанности участников движения и должностных лиц по обеспечению безопасности дорожного движения** ... 5
   1.1.1. Общие положения ................................. 5
   1.1.2. Основные понятия и термины ..................... 10
   1.1.3. Общие обязанности водителей .................... 19
   1.1.4. Обязанности водителей в особых случаях ......... 22
   1.1.5. Обязанности пешеходов и пассажиров .............. 26
   1.1.6. Обязанности должностных лиц автотранспортных и других организаций по обеспечению безопасности дорожного движения ........................................... 28
   Контрольные вопросы ..................................... 31

**Глава 1.2. Порядок движения, остановка и стоянка транспортных средств** ................................................ 32
   1.2.1. Предупредительные сигналы ...................... 32
   1.2.2. Начало движения, изменение направления движения ................................................. 37
   1.2.3. Расположение транспортных средств на проезжей части .................................................. 46
   1.2.4. Скорость движения и дистанция .................. 52
   1.2.5. Обгон и встречный разъезд ...................... 58
   1.2.6. Остановка и стоянка ............................ 63
   Контрольные вопросы ..................................... 69

**Глава 1.3. Дорожные знаки. Дорожная разметка** ............ 70
   1.3.1. Классификация дорожных знаков .................. 70
   1.3.2. Предупреждающие знаки .......................... 71
   1.3.3. Знаки приоритета ............................... 80
   1.3.4. Запрещающие знаки .............................. 82
   1.3.5. Предписывающие знаки ........................... 94
   1.3.6. Информационно-указательные знаки ............... 100
   1.3.7. Знаки сервиса .................................. 111
   1.3.8. Знаки дополнительной информации (таблички) ..... 111
   1.3.9. Назначение и классификация дорожной разметки ... 116
   Контрольные вопросы ..................................... 123

**Глава 1.4. Регулирование дорожного движения. Проезд перекрестков, пешеходных переходов и железнодорожных переездов** ................................................. 125
   1.4.1. Сигналы светофора .............................. 125
   1.4.2. Сигналы регулировщика .......................... 130
   1.4.3. Общие правила проезда перекрестков ............. 133
   1.4.4. Регулируемые перекрестки ....................... 137
   1.4.5. Нерегулируемые перекрестки ..................... 141
   1.4.6. Пешеходные переходы и остановки транспортных средств общего пользования ............................. 146
   1.4.7. Железнодорожные переезды ....................... 148
   Контрольные вопросы ..................................... 150

**Глава 1.5. Особые условия движения** .................... 151
   1.5.1. Движение по автомагистралям ................. 151
   1.5.2. Приоритет транспортных средств общего пользования ............................................. 152
   1.5.3. Пользование внешними световыми приборами ..... 154
   1.5.4. Буксировка механических транспортных средств... 157
   1.5.5. Учебная езда ................................ 161
   1.5.6. Движение в колонне. Обязанности водителей по сигналам гражданской обороны ........................ 162
   Контрольные вопросы................................ 168
**Глава 1.6. Перевозка людей и грузов** ..................... 169
   1.6.1. Перевозка людей ............................. 169
   1.6.2. Перевозка грузов ............................ 171
   Контрольные вопросы................................ 174
**Глава 1.7. Оборудование и техническое состояние транспортных средств** ............................................... 175
   1.7.1. Номерные, опознавательные знаки, предупредительные устройства, надписи и обозначения ................ 175
   1.7.2. Общие требования к транспортным средствам ..... 181
   1.7.3. Неисправности и условия, при которых запрещается эксплуатация транспортных средств .................... 
   Контрольные вопросы ............................... 189

## Раздел 2. Основы управления автомобилем и безопасность движения

**Глава 2.1. Дорожно-транспортные происшествия** ............. 191
   2.1.1. Классификация и статистика дорожно-транспортных происшествий ........................................ 191
   2.1.2. Контроль за безопасностью дорожного движения .... 192
   2.1.3. Механизм дорожно-транспортного происшествия ... 194
   Контрольные вопросы ............................... 195
**Глава 2.2. Профессиональная надежность водителя** .......... 196
   2.2.1. Психофизиологические особенности профессиональной деятельности водителя ............................ 196
   2.2.2. Прием информации............................. 198
   2.2.3. Переработка информации ...................... 208
   2.2.4. Время реакции ............................... 213
   2.2.5. Работоспособность водителя .................. 217
   2.2.6. Нравственность водителя ..................... 222
   2.2.7. Подготовленность водителя ................... 225
   Контрольные вопросы................................ 228
**Глава 2.3. Дорожные условия** ............................. 229
   2.3.1. Характеристика автомобильных дорог .......... 229
   2.3.2. Качество и состояние дорожного покрытия ..... 234
   Контрольные вопросы................................ 239
**Глава 2.4. Эксплуатационные свойства автомобиля** .......... 240
   2.4.1. Понятие о конструктивной безопасности автомобиля ............................................... 240
   2.4.2. Компоновочные параметры автомобиля .......... 241

2.4.3. Тяговая динамичность автомобиля . . . . . . . . . . . . . 242
2.4.4. Тормозная динамичность автомобиля . . . . . . . . . . 245
2.4.5. Устойчивость автомобиля . . . . . . . . . . . . . . . . . . . . . 248
2.4.6. Управляемость автомобиля . . . . . . . . . . . . . . . . . . . 252
2.4.7. Информативность автомобиля . . . . . . . . . . . . . . . . 256
Контрольные вопросы . . . . . . . . . . . . . . . . . . . . . . . . . 257

**Глава 2.5. Техника пользования органами управления** . . . . . . 258
2.5.1. Рабочее место водителя . . . . . . . . . . . . . . . . . . . . . . 258
2.5.2. Пуск и остановка двигателя . . . . . . . . . . . . . . . . . . . 262
2.5.3. Трогание автомобиля с места . . . . . . . . . . . . . . . . . 264
2.5.4. Переключение передач . . . . . . . . . . . . . . . . . . . . . . . 265
2.5.5. Торможение автомобиля . . . . . . . . . . . . . . . . . . . . . 268
2.5.6. Поворот автомобиля . . . . . . . . . . . . . . . . . . . . . . . . . 269
Контрольные вопросы . . . . . . . . . . . . . . . . . . . . . . . . . 270

**Глава 2.6. Управление автомобилем в ограниченном пространстве и транспортном потоке. Особенности управления автомобилем в населенных пунктах** . . . . . . . . . . . . . . . . . . . . . . . . . . . . . 272
2.6.1. Понятие о динамическом габарите автомобиля . . . . . 272
2.6.2. Маневрирование автомобиля в ограниченном пространстве. . . . . . . . . . . . . . . . . . . . . . . . . . . . . . . . . 273
2.6.3. Методы вождения автомобиля в плотных транспортных потоках . . . . . . . . . . . . . . . . . . . . . . . . 276
2.6.4. Объезд препятствия и встречный разъезд . . . . . . . 280
2.6.5. Управление при обгоне . . . . . . . . . . . . . . . . . . . . . . 282
2.6.6. Приемы управления автомобилем на перекрестках 287
2.6.7. Пешеход на проезжей части . . . . . . . . . . . . . . . . . . 289
Контрольные вопросы . . . . . . . . . . . . . . . . . . . . . . . . . 293

**Глава 2.7. Управление автомобилем в темное время суток, в сложных и особых дорожных условиях** . . . . . . . . . . . . . . . 295
2.7.1. Движение автомобиля ночью . . . . . . . . . . . . . . . . . 295
2.7.2. Основные приемы управления автомобилем ночью . . . . . . . . . . . . . . . . . . . . . . . . . . . . . . . . . . . . . . 297
2.7.3. Вождение по грунтовым дорогам. . . . . . . . . . . . . . 300
2.7.4. Вождение по бездорожью . . . . . . . . . . . . . . . . . . . . 304
2.7.5. Вождение автомобиля на крутых поворотах, подъемах и спусках . . . . . . . . . . . . . . . . . . . . . . . . . . 307
2.7.6. Вождение автомобиля по скользким дорогам . . . 314
2.7.7. Преодоление брода. Вождение по ледовой переправе. . . . . . . . . . . . . . . . . . . . . . . . . . . . . . . . . . . 315
2.7.8. Вождение автомобиля в зоне дорожных сооружений 316
2.7.9. Управление автомобилем при буксировке . . . . . . . 320
2.7.10. Управление автомобилем при движении в колонне . . . . . . . . . . . . . . . . . . . . . . . . . . . . . . . . . . . . 321
Контрольные вопросы . . . . . . . . . . . . . . . . . . . . . . . . . 323

**Глава 2.8. Экономичное управление автомобилем** . . . . . . . . . . 325
2.8.1. Методы уменьшения потерь топлива при пуске и прогреве двигателя . . . . . . . . . . . . . . . . . . . . . . . . . 325
2.8.2. Режимы экономичного управления автомобилем 327

2.8.3. Приборы для контроля расхода топлива при
движении автомобиля .................... 330
Контрольные вопросы..................... 332

# Раздел 3. Первая медицинская помощь пострадавшим

## Глава 3.1. Общие положения ................... 333
3.1.1. Дорожно-транспортный травматизм ............. 333
3.1.2. Принципы организации и последовательность
оказания медицинской помощи ................ 334
3.1.3. Требования об оказании медицинской помощи .....
3.1.4. Оснащение постов Госавтоинспекции и автомобилей
средствами для оказания медицинской помощи ........ 336
Контрольные вопросы .................... 337
## Глава 3.2. Анатомия, физиология человека и первая медицинская помощь при опасных для жизни состояниях ....... 338
3.2.1. Организм как единое целое ................ 338
3.2.2. Извлечение пострадавшего из автомобиля, оценка
его состояния ........................ 342
3.2.3. Кровотечение и методы его остановки ........... 344
3.2.4. Первая помощь при остановке дыхания и сердца ..... 348
3.2.5. Солнечный и тепловой удары ............... 350
3.2.6. Отравление окисью углерода (угарным газом)
и этилированным бензином................... 351
3.2.7. Обморок ......................... 352
3.2.8. Шок ........................... 353
3.2.9. Поражение электрическим током ............. 354
3.2.10. Утопление ....................... 355
Контрольные вопросы .................... 355
## Глава 3.3. Первая медицинская помощь при травмах ....... 356
3.3.1. Основные понятия о травмах ............... 356
3.3.2. Ожоги .......................... 362
3.3.3. Отморожение и общее замерзание ............. 363
3.3.4. Ушибы, растяжения, вывихи, переломы .......... 364
3.3.5. Сотрясение мозга, травмы груди и живота ......... 369
Контрольные вопросы..................... 371

# Раздел 4. Основы правоведения для водителей

## Глава 4.1. Основные нормативные акты, действующие на автомобильном транспорте ................... 372
4.1.1. Источники транспортного права .............. 372
4.1.2. Порядок допуска водителей к управлению транспортными средствами ...................... 373
Контрольные вопросы .................... 376
## Глава 4.2. Основные сведения по трудовому законодательству .... 377
4.2.1. Трудовой договор .................... 377
4.2.2. Режим труда и отдыха водителей............. 378
Контрольные вопросы..................... 379

**Глава 4.3. Ответственность водителя** . . . . . . . . . . . . . . . 380
    4.3.1. Право собственности на транспортные средства . . . . . 380
    4.3.2. Виды правонарушений . . . . . . . . . . . . . . . . . 382
    4.3.3. Административная ответственность . . . . . . . . . . . 383
    4.3.4. Дисциплинарная ответственность . . . . . . . . . . . . 392
    4.3.5. Уголовная ответственность . . . . . . . . . . . . . . . 394
    4.3.6. Гражданская ответственность . . . . . . . . . . . . . . 399
    Контрольные вопросы . . . . . . . . . . . . . . . . . . . . . 402
**Глава 4.4. Правовая охрана природы** . . . . . . . . . . . . . . . . 404
    Контрольные вопросы . . . . . . . . . . . . . . . . . . . . . 405
**Глава 4.5. Государственное страхование** . . . . . . . . . . . . . . 406
    4.5.1. Трудовой стаж . . . . . . . . . . . . . . . . . . . . . 406
    4.5.2. Страхование ущерба . . . . . . . . . . . . . . . . . . 409
    Контрольные вопросы . . . . . . . . . . . . . . . . . . . . . 410
**Список литературы** . . . . . . . . . . . . . . . . . . . . . . . . 411

---

*Учебник*

ИЛАРИОНОВ Виталий Алексеевич,
КУПЕРМАН   Арнольд Иосифович,
МИШУРИН Виталий Михайлович

**ПРАВИЛА ДОРОЖНОГО ДВИЖЕНИЯ
И ОСНОВЫ БЕЗОПАСНОГО УПРАВЛЕНИЯ
АВТОМОБИЛЕМ**

Технический редактор *Л. М. Суковатова*
Корректор-вычитчик *С. М. Лобова*
Корректор *А. М. Крулевич*
ИБ № 4311

---

Подписано в печать 19.07.90. Формат 84×108¹/₃₂. Бум. офсетная № 2.
Гарнитура Пресс Роман. Офсетная печать. Усл. печ. л. 21,84. Усл.
кр.-отт. 22,05. Уч.-изд. л. 23,03. Доп. тираж 50 000 экз. Зак. 4351.
Цена 60 коп. Изд. №1-1-3/6 № 5118.

Текст набран в издательстве на наборно-печатающих автоматах
Ордена „Знак Почёта" издательство „ТРАНСПОРТ",
103064, Москва, Басманный туп., 6а

---

Ордена Трудового Красного Знамени
типография издательства
**Куйбышевского обкома КПСС**,
443086, г. Куйбышев, пр. Карла Маркса, 201